www.ingramcontent.com/pod-product-compliance
Lightning Source LLC
LaVergne TN
LVHW050625051026
849532LV00002B/278
* 9 7 8 9 3 5 8 7 2 1 5 0 8 *

پروفیسر محمد انورالدین
کی ادبی خدمات

ڈاکٹر فاطمہ اختر

Prof Mohammed Anwaruddin ki Adabi Khidmat
by: Fatima Akhtar
Edition: October '2023
Publisher& Printer:
Taemeer Publications, Hyderabad.

ISBN 978-93-5872-150-8

کتاب	:	**پروفیسر محمد انورالدین کی ادبی خدمات**
مصنف	:	**ڈاکٹر فاطمہ اختر**
صنف	:	تحقیق و تنقید
ناشر	:	تعمیر پبلی کیشنز (حیدرآباد، انڈیا)
سالِ اشاعت	:	۲۰۲۳ء
صفحات	:	۳۵۰
کمپوزنگ	:	لولو گرافکس، حیدرآباد
سرورق	:	تعمیر ویب ڈیزائن

فہرست مشمولات

انتساب!

اُردو کے ان محققین کے نام

جنہوں نے پروفیسر محمد انورالدین صاحب سے

علم کے موتی حاصل کئے اور تحقیق وتنقید کے میدان میں

نمایاں کارکردگی انجام دے رہے ہیں۔

ڈاکٹر فاطمہ اختر

پیش لفظ

پروفیسر محمد انور الدین دکن کے ایک نامور محقق اور ماہر صحافت ہیں۔ ہندوستان کی مشہور مرکزی یونیورسٹی حیدرآباد سنٹرل یونیورسٹی میں استاد اردو رہے اور پروفیسر اور صدر شعبہ اردو کے ذی وقار عہدے سے وظیفہ پر سبکدوش ہوئے۔ دوران ملازمت آپ نے اپنے کئی شاگردوں کو صحافت اور تحقیق و تنقید کے مضامین پڑھائے۔ آپ کے لائق شاگردوں نے دنیا بھر میں اپنے استاد کی تعلیم و تربیت کا نام روشن کیا۔ پروفیسر محمد انور الدین صاحب اپنی ذات میں ایک انجمن ہیں۔ تحقیق و تنقید اور اردو صحافت کے موضوع پر آپ کی تحریر کردہ کتابیں اپنے موضوع پر اہم مواد پیش کرتی ہیں۔ مسابقتی امتحانات میں ممتحن کے فرائض انجام دینا اردو کے سمیناروں اور ورکشاپ میں شرکت اور مختلف جامعات میں بہ حیثیت ممتحن آپ کی شرکت آپ کو ایک مثالی استاد بناتی ہیں۔ پروفیسر محمد انور الدین صاحب کی ادبی خدمات کا احاطہ کرتے ہوئے ورنگل کے ایک علمی گھرانے سے تعلق رکھنے والی ڈاکٹر فاطمہ اختر نے شعبہ اردو عثمانیہ یونیورسٹی کے تحت یہ تحقیقی کاوش ''پروفیسر محمد انور الدین کی ادبی خدمات'' پیش کی ہے میں فاضل مصنفہ کو اس اہم تحقیقی کام کے لیے مبارکباد پیش کرتا ہوں اور اس امید کا اظہار کرتا ہوں کہ وہ اردو تحقیق و تنقید کے شعبے میں مزید کارہائے نمایاں انجام دیں۔ اس کتاب کے قارئین کی رائے ضرور ان کی حوصلہ افزائی کا باعث ہوگی۔

ڈاکٹر محمد اسلم فاروقی

کچھ اس کتاب کے بارے میں

حیدرآباد دکن نے کئی نامور سپوت پیدا کئے ہیں جنہوں نے اپنی علمی وادبی خدمات سے دنیا بھر میں دکن کا نام روشن کیا ہے۔اردو تحقیق وصحافت کے شعبہ میں جن ماہرین ادب نے اپنا نام ادب کی دنیا میں روشن کیا ہے ان میں شعبہ اردو یونیورسٹی آف حیدرآباد سے تعلق رکھنے والے سابق صدر شعبہ اردو پروفیسر محمد انورالدین بھی ہیں۔جن کی تحقیقی کتاب حیدرآباد کے ادبی رسائل آزادی سے قبل ایک اہم کتاب تصور کی جاتی ہے۔پروفیسر محمد انورالدین کے تحقیقی وتنقیدی کارنامے اس قابل تھے کہ بعد تحقیق انہیں منظر عام پر لایا جائے چنانچہ اس تحقیقی کتاب ''پروفیسر محمد انورالدین کی ادبی خدمات'' میں حیدرآباد کے اسی لائق استاد اردو کے کارناموں کا احاطہ کیا گیا ہے۔پروفیسر محمد انورالدین صاحب نے اردو کے نامور استاد پروفیسر گیان چندجین کے نگرانی تحقیقی کام کیا تھا۔اور بعد میں شعبہ اردو یونیورسٹی آف حیدرآباد میں صحافت اور تحقیق کے مضامین پڑھاتے ہوئے کئی نامور شاگرد پیدا کئے۔آپ کے زیر نگرانی تعلیم حاصل کرنے اور تحقیقی کام کرنے والے شاگرد کسی نہ کسی کالج اور یونیورسٹی میں استاد اردو کی خدمات انجام دے رہے ہیں۔پروفیسر محمد انورالدین نیاک ممبر ہیں۔مختلف جامعات کے ممتحن ہیں۔اور حیدرآباد سے فروغ اردو کے کام کرتے رہتے ہیں۔آپ کی ادبی خدمات کا احاطہ کرتی یہ کتاب قارئین اردو کے پیش نظر ہے۔امید ہے اردو کے باذوق قارئین اس کتاب کی پذیرائی کریں گے۔

ڈاکٹر فاطمہ اختر

☆ باب اول

حالات زندگی اور شخصیت

عالمی شہرت یافتہ یونیورسٹی آف حیدرآباد میں اپنی گراں قدر خدمات انجام دینے والے پروفیسر محمد انورالدین اردو کے نامور محقق ونقاد بھی ہیں۔صدر شعبہ اردو خدمات انجام دینے کے بعد وظیفہ پر سبکدوش ہوئے۔انہوں نے بطور محقق اپنی شناخت بنائی ہے۔عثمانیہ یونیورسٹی سے ۱۹۷۵ء میں ایم۔اے کیا اور ۱۹۷۹ء میں ایم فل کی تکمیل کی۔سنٹرل یونیورسٹی، حیدرآباد سے ۱۹۸۳ء میں پی ایچ ڈی کی ڈگری حاصل کی۔آپ کے دور میں تین تحقیقی مجلوں کی اشاعت عمل میں آئی۔گیارہ سے زائد کتابوں کے مصنف ہیں۔ان کے علاوہ متعدد مقتدر رسالوں میں آپ کے تحقیقی مضامین چھپ چکے ہیں۔آپ کی نگرانی میں زائد از سو طلبہ نے پی ایچ ڈی اور ایم فل کی تکمیل کی ہے۔آپ نے کئی قومی سیمیناروں میں شرکت کی اور اپنے تحقیقی مقالے پڑھے۔اردو اکیڈیمی، نے آپ کو ۲۰۰۰ء میں بہترین استاد کا اعزاز دیا۔تحقیقی منہاجیات، متنی تنقید اور اردو صحافت آپ کے خصوصی موضوعات ہیں۔

ڈاکٹر محمد انورالدین کی ولادت ۵/جولائی ۱۹۴۹ء کو آغا پورہ، حیدرآباد میں ہوئی۔آپ کے والد بزرگوار محمد معین الدین حسین تھے۔اور والدہ نعیم النساء بیگم تھیں۔آپ کو ان دونوں سے بے انتہا لگاؤ تھا۔ان کے پیار والفت میں انورالدین پلے اور بڑھے۔ان کے اجداد نے بڑی آسودہ حال زندگی گزاری تھی۔مگر والد کے زمانے میں اجداد کی سی خوشحالی نہ رہی۔ان کے والد پیشے کے اعتبار سے محکمہ بلدہ امین کے عہدہ پر فائز تھے، جب محمد انورالدین چھ سال کی عمر کو پہنچے تو والد محترم داغ مفارقت دے گئے۔مرحوم بڑے نامور شخص تھے۔قریب زمانے میں ہی حیدرآباد میں جو سیاسی انقلاب آیا، اس نے بہت سوں کی زندگی میں مشکلات کھڑی کردیں تھیں۔

ابتدائی تعلیم

والد بزرگوار محمد معین الدین حسین کوئی اثاثہ پس انداز کئے بغیر اس دنیا سے رخصت ہوئے۔ان کے انتقال کے بعد انورالدین کو بہت سخت مشکلات کا سامنا کرنا پڑا۔مگر ان کی والدہ ایک باہمت خاتون تھیں ۔انہوں نے ثابت قدمی کے ساتھ ان نامساعد حالات کا مقابلہ کیا اور کسی سے کوئی امداد قبول نہیں کی ۔محمد انورالدین کے والد چونکہ محکمہ بلدہ میں امین تھے اور ان کا تبادلہ مختلف اضلاع میں ہوتا تھا اس لئے محمد انورالدین کی ابتدائی تعلیم بھی مختلف اضلاع میں ہوئی ۔مگر باقاعدہ تعلیم کا آغاز حیدرآباد ہی میں ہوا۔ چنانچہ ابتدائی تعلیم کی تکمیل انورالعلوم اسکول ناملی سے کی اور میٹرک (10+2) کا امتحان دارالعلوم اسکول سے ہی کامیاب کیا۔

اس دوران ان کی رغبت اردو کی کلاسیکی ادب سے بڑھی ۔ان کا وہ نہایت گہرائی سے مطالعہ کرتے اور نئی فکر وسوچ کے ساتھ اس کے عقدوں کو حل کرتے ۔انہوں نے اپنی تخلیقات مقامی ادبی رسائل کو بھیجنا شروع کیا جو شائع ہونے لگے اور رفتہ رفتہ ان کا دائرہ کل ہند سطح تک بڑھ گیا۔

اعلیٰ تعلیم

محمد انورالدین نے اعلیٰ تعلیم کے حصول کے لئے ملک کی ممتاز درسگاہ جامعہ عثمانیہ کا رخ کیا۔ یہاں سے ۱۹۷۶ء میں ایم ۔اے کیا، اردو امتیازی نمبرات سے پاس کیا اور اسی یونیورسٹی سے اعلیٰ تعلیم جاری رکھتے ہوئے اردو کے نامور نقاد جدید لب ولہجہ کے شاعر پروفیسر مغنی تبسم کی نگرانی میں ''عالمی امن تحریک اور اردو ادب'' کے موضوع پر لکھ کر ۱۹۷۹ء میں ایم ۔فل کی تکمیل کی ۔اسی عرصہ میں سنٹرل یونیورسٹی ، حیدرآباد کا قیام عمل میں آیا۔اس مرکزی جامعہ میں شعبہ اردو کا آغاز ہوا۔محمد انورالدین نے ڈاکٹریٹ کی سند کے حصول کے لئے اس جامعہ کا رخ کیا۔داخلہ کے لئے سخت مسابقتی امتحان سے گزرنا پڑا، اپنی شبانہ روز محنت ومشقت کی بدولت وہ میرٹ میں

اول آئے۔ اول پی ایچ ڈی میں ان کا داخلہ ہوگیا۔ دوران تحقیق ان کی تعلیمی قابلیت و استعداد کو مد نظر رکھتے ہوئے یونیورسٹی نے انھیں (JRF) جونیر ریسرچ فیلوشپ اور (SRF) سینئر ریسرچ فیلوشپ کے لئے منتخب کیا۔ اس طرح شعبہ اردو کے پہلے JRF ہونے کا اعزاز انھیں حاصل ہوا۔ موصوف نے اپنا مقالہ اردو کے مایہ ناز محقق و نقاد پروفیسر گیان چند جین کی نگرانی میں قلمبند کیا۔ مقالہ کا عنوان ''حیدرآباد دکن کے علمی و ادبی رسائل کا تحقیقی و تنقیدی جائزہ ۱۹۴۷ء تک'' تھا۔ تکمیل کر کے ۱۹۸۳ء میں پی ایچ ڈی کی ڈگری حاصل کی، اور شعبہ اردو یونیورسٹی آف حیدرآباد سے ڈاکٹریٹ کی سند حاصل کرنے والے آپ پہلے اسکالر بھی ہیں۔

ملازمت

ڈاکٹریٹ کی سند ملنے کے چھ ماہ بعد یکم جولائی ۱۹۸۵ء کو ڈاکٹر محمد انورالدین کا یونیورسٹی آف حیدرآباد میں بحیثیت لکچرر تقرر عمل میں آیا۔ اس طرح انھیں اپنی انتھک محنت، جد و جہد، علمی لیاقت اور والدہ کی دعاؤں کی بدولت زیادہ عرصے تک تلاش معاش کی صعوبتوں کو برداشت نہیں کرنا پڑا۔ اردو زبان و ادب کی خدمت کرنے اور اس قافلہ کو منزل مقصود کی طرف گامزن کرنے میں آج بھی وہ پوری مستعدی سے خدمات انجام دے رہے ہیں۔

آپ کے دور میں تین تحقیقی مجلوں کی اشاعت عمل میں آئی۔ گیارہ سے زائد کتابوں کے مصنف ہیں۔ ان کے علاوہ متعدد مقتدر رسالوں میں آپ کے تحقیقی مضامین چھپ چکے ہیں۔ آپ کی نگرانی میں کئی طلبہ نے پی ایچ ڈی اور ایم فل کی تکمیل کی ہے۔ آپ نے کئی قومی سیمیناروں میں شرکت کی اور اپنے تحقیقی مقالے پڑھے۔ اردو اکیڈیمی نے آپ کو ۲۰۰۰ء میں بہترین استاد کا اعزاز دیا۔ تحقیقی منہاجیات، متنی تنقید اور اردو صحافت آپ کے خصوصی موضوعات ہیں۔

ڈاکٹر محمد انورالدین کی سیرت و شخصیت کے تعارف کے لیے صرف ایک لفظ ''انور'' کافی ہے۔ وہ نور ہی نور ہیں۔ توارث، علمی ماحول اور تربیت کی کرشمہ سازیوں نے ان کی سیرت

اور شخصیت کو ایسے سانچے میں ڈھال دیا ہے جس میں ڈھلنے کے بعد بشری تقاضوں اور کمزوریوں پر کسی حد تک قابو حاصل ہو جاتا ہے۔

اللہ نے انھیں اچھی شکل وصورت عطا کی ہے۔ اچھی پوشاک اور اچھی گفتگو سے ان کی شخصیت اور زیادہ نکھر گئی ہے۔ انہوں نے درد مند دل پایا ہے۔ وضع داری کے ساتھ غم گساری اور انکساری کا بھی مظاہرہ کرتے ہیں۔ وہ غیرت وخودداری، وضعداری، منکسر المزاجی، عالی ظرفی، شاگردوں اور علمی شخصیتوں سے فیاضی، شگفتہ مزاجی اور وطن دوستی جیسے اوصاف سے ملتمس ہیں۔ ان کی شخصیت قدیم وجدید علوم کا مجموعہ ہونے کے ساتھ علم دوستی اور وطن پرستی کا مجموعہ بھی ہے۔ ان کے لکچر اتنے عالمانہ اور دلچسپ ہوتے ہیں کہ غیر اردو داں طلبہ بھی ان کی کلاس میں شرکت کرتے ہیں۔ تحقیق وتاریخ اور ادب کی گہرائیوں میں اترتے ہیں تو گوہر مقصود لے کر ہی باہر آتے ہیں۔ تنقیدی بصیرت سے کام لیتے ہوئے خوب خوب داد تحقیق دیتے ہیں۔

کلاس میں اصل موضوع پر کم ،لیکن متعلقہ موضوعات پر اس طرح بولتے ہیں کہ بہت سی کتابوں کے مطالعے سے سننے والوں کو بے نیاز کر دیتے ہیں۔ وہ اپنے طلبہ کو اتنی اور ایسی کتابیں پڑھنے پر مجبور کرتے ، ورنہ شاید وہ یہ کبھی نہ پڑھتے۔ اگر کوئی طالب علم کسی لفظ کے معنی معلوم کرنا چاہتا تو کہتے ”میں نے تمام الفاظ کے معنی کا ٹھیکہ نہیں لے رکھا ہے۔ لائبریری میں تشریف لے جایئے اور لغت میں معنی دیکھئے۔“

وہ خود اپنے نام کے ساتھ لمبے چوڑے تعریفی کلمات کے شائق نہیں ہیں ۔ لیکن معاصرین کا ذکر بڑی فراخ دلی سے کرتے ہیں۔ وہ جس کے بارے میں لکھتے ہیں، اس کے حفظ ومراتب کا خیال رکھتے ہیں ۔ نفاست وپاکیزگی کا بظاہر مذہب سے کوئی تعلق نہیں ہوتا۔ لیکن مذہب کی جو جمالیات ہے، اس سے بھی انکار نہیں کیا جاسکتا۔ اس کا مظاہرہ ڈاکٹر صاحب کی گفتگو ،پسند وناپسند، طرزِ زندگی اور زندگی کی مختلف اداؤں اور حرکتوں سے ہوتا رہتا ہے۔

اساتذہ

محمد انورالدین کوملک کے ممتاز محققین، نقاد اور نامور ادباء سے تلمذ کا موقع ملا جس کی وجہ سے ان کی علمی صلاحیتوں کو جلا ملی۔ ان اساتذہ میں نامور محقق پروفیسر گیان چند جین، پروفیسر مغنی تبسم، پروفیسر غلام عمر خاں، ڈاکٹر حفیظ قتیل اور ڈاکٹر حمید شطاری، پروفیسر سیدہ جعفر اور پروفیسر رفیعہ سلطانہ اہمیت کے حامل ہیں۔ ویسے وہ سبھی اساتذہ کے چہیتے تھے خصوصاً پروفیسر گیان چند جین انھیں بہت عزیز رکھتے تھے اور ان کی تعلیمی لیاقت کی بدولت ان سے علمی کام لیتے تھے۔

پروفیسر مغنی تبسم کے عزیز شاگردوں میں بھی ان کا شمار ہوتا ہے۔ ان کی ذاتی صلاحیتوں کے علاوہ اپنے مشفق اور مہربان محمد انورالدین میں جو بھی تحقیقی وتنقیدی صلاحیتیں ہیں انہی قابل اساتذہ کی بدولت ہے۔

ساتھی اساتذہ

یونیورسٹی آف حیدرآباد میں ڈاکٹر محمد انورالدین کا تقرر بحیثیت لکچرر عمل میں آیا۔ اس وقت سے لے کر تا حال درجہ ذیل اساتذہ آپ کے ساتھی تھے یا موجود ہیں۔ آپ کے قدیم ساتھی اساتذہ میں ڈاکٹر سید مجاور حسین رضوی، ڈاکٹر ثمینہ شوکت، پروفیسر اکبر حیدری، ڈاکٹر فیروز احمد، پروفیسر گیان چند جین، پروفیسر رحمت یوسف زئی، ڈاکٹر میر محبوب حسین اور ان کے عزیز شاگرد ڈاکٹر نسیم الدین فریس قابل ذکر ہیں۔

بحیثیت استاد

ڈاکٹر محمد انورالدین کا شعبہ اردو یونیورسٹی آف حیدرآباد میں بحیثیت لکچرر یکم جولائی ۱۹۸۵ء کو تقرر عمل میں آیا۔ انھوں نے شعبہ تدریس میں ترقی کرتے ہوئے ۲۰ر فروری ۱۹۹۱ء کو ریڈر کے عہدہ پر فائز ہوئے، بہت کم اساتذہ اس عہدے سے آگے ترقی کر کے پروفیسر کے عہدے تک پہنچ پاتے ہیں۔ پروفیسر بننا ہر استاد کا خواب ہوتا ہے۔ محمد انورالدین کو اللہ تعالیٰ نے

پروفیسر شپ بھی عطا کی وہ یکم اگست ۱۹۹۸ء میں بحیثیت پروفیسر شعبہ اردو یونیورسٹی آف حیدرآباد بنے۔ بعد میں شعبہ اردو کی صدارت بھی کی دور حاضر میں ملک کے چند ممتاز سینئر پروفیسروں میں ان کا شمار ہوتا ہے۔

وہ اصول پسند، وقت کے قدر دان اور نظم وضبط کے سخت پابند ہیں۔ طلباء اور ریسرچ اسکالرس کے ساتھ ان کا رویہ نہایت مخلصانہ اور مشفقانہ رہتا ہے اور کمرۂ جماعت کی تدریس کے علاوہ بھی زائد وقت دیتے اور مفید مشوروں سے نوازتے۔ طلباء کے مزاج اور ان کے گھریلو مشکلات کو محسوس کرتے ہوئے ان کے ساتھ تعاون فرماتے۔ اپنے اسکالرس کے ساتھ نہایت محبت سے پیش آتے۔ اصلاح کا انداز بہت ہی سلجھا ہوا ہوتا، اگر کوئی اسکالر یا طالب علم غلطی کرتا تو بہت ہی نرمی سے اس کو سمجھاتے اور اس کی حتی الامکان مدد فرماتے۔ موضوع کے انتخاب سے لے کر مواد کی فراہمی اور پھر مقالہ کی تکمیل تک ہر ممکن طریقے سے اسکالرس کی مدد فرماتے۔ یہی وجہ ہے کہ طلباء کی کثیر تعداد ان کی نگرانی میں ایم فل یا پی ایچ ڈی کرنے کی خواہشمند ہوتی ہے۔

تدریسی تجربہ

پروفیسر محمد انورالدین کا شمار اردو کے قابل اور وسیع تجربہ کے حامل اساتذہ کرام میں ہوتا ہے۔ تا حال کم وبیش ۲۹ سالہ وسیع تجربہ رکھتے ہیں۔ طلبہ اور اسکالرس کی کثیر تعداد ان سے علم کی دولت سے مالا مال ہوئی ہے۔ آج ان کے شاگرد ہندوستان کے ہر خطہ میں پھیلے ہوئے ہیں۔ تدریسی اور دیگر محکموں میں اعلیٰ عہدوں پر فائز ہیں اور جو اسکالرس ان کی زیر نگرانی ایم فل اور پی ایچ ڈی کا مقالہ مکمل کر چکے ہیں، وہ مقالات اکثر کتابی صورت میں شائع ہو کر قبولیت خاص وعام حاصل کر چکے ہیں۔ اب تک ایم۔ فل کے اسکالرس ان کی نگرانی میں اپنے مقالات ترتیب دے چکے ہیں اور پی ایچ ڈی اسکالرس کو ڈاکٹر صاحب کی زیر نگرانی تحقیق کا شرف حاصل ہو چکا ہے۔ اس کے علاوہ ایک یو جی سی ریسرچ اسوسی ایٹ کی بھی نگرانی کر چکے ہیں۔ ڈاکٹر صاحب کے خاص مضامین جن کے اکسپرٹ کی حیثیت سے مدعو کئے جاتے ہیں یہ ہیں۔ طریقۂ تحقیق، اردو

صحافت، متنی تنقید، تاریخ ادب اردو، ادبی تحریکات ور جحانات ، دکنی زبان وادب ، کلاسیکل اور جدید افسانہ، جدید تنقید۔

صدارتی میعاد

یونیورسٹی آف حیدرآباد کی تاریخ میں ڈاکٹر محمد انور الدین کو سب سے طویل مدت تک صدر شعبہ اردو ہونے کا اعزاز حاصل ہے۔ پہلی میعاد یکم اپریل ۱۹۹۴ء تا ۳۱/ڈسمبر ۲۰۰۱ء تک تھی۔ دوسری میعاد یکم جنوری ۲۰۰۴ء تا ۳۱/ڈسمبر ۲۰۰۶ء تک تھی۔ جملہ صدارتی میعاد گیارہ سال کے طویل عرصہ پر محیط ہے۔ ان گیارہ سالوں میں ڈاکٹر صاحب نے شعبہ اردو کو ملک کے ممتاز اور معیاری شعبوں میں لا کھڑا کیا۔

ڈاکٹر صاحب میں غیر معمولی تنظیمی صلاحیت ہے۔ شعبہ کے اساتذہ اور دیگر عملہ کے ساتھ خوشگوار تعلقات رکھتے ہوئے ان کی صلاحیت، لیاقت اور مزاج کے موافق کام لینے کے گر سے وہ بخوبی واقف ہیں۔ ڈاکٹر صاحب اپنے دور صدارت میں جامعات کے اساتذہ کے لئے ایک ریفریشر کورس اپنے رفیق شعبہ ڈاکٹر نسیم الدین فریس کے تعاون سے منعقد کرایا۔ جامعات کے اساتذہ کے لئے یہ کورس جدید معلومات پرمبنی اور طریقۂ تحقیق پر خاصی اہمیت کا حامل تھا۔ اس کے علاوہ قومی کونسل برائے فروغ اردو زبان کے تعاون سے قلی قطب شاہ میموریل لکچرس کا اہتمام بھی ڈاکٹر صاحب کی کوششوں کا نتیجہ ہے۔ جس میں نامور نقاد شمس الرحمٰن فاروقی نے اپنا توسیعی خطبہ پڑھا تھا۔

بحیثیت صدر ڈاکٹر صاحب کی تعلیمی سرگرمیاں نہایت اہمیت کی حامل ہیں۔ انھوں نے اپنے صدارتی دور میں شعبہ اردو میں طلباء کی تعلیمی ترقی کے لئے جملہ ۲۷ سمینار سمپوزیم منعقد کرائے اور ۹۰ توسیعی خطبات کا اہتمام کرایا۔ اس کے علاوہ تین میگزین کی اشاعت بھی اپنی نگرانی میں انجام دی۔ ایم۔فل کے طلباء کے لئے جملہ ۱۲ تعلیمی دوروں کے پروگرام کا اہتمام کیا۔ ۵ بار تعلیمی مقابلے اعلیٰ پیمانے پر منعقد کروائے اور ان کا سب سے بڑا کارنامہ یہ ہے کہ ڈسٹنس

ایجوکیشن میں پی جی ڈپلوما ان ماس کمیونکیشن اینڈ ٹرانسلیشن ٹیکنیک ان اردو۔ PGDMTU کا کورس شروع کروایا۔ اس کورس کے محرک بھی آپ ہی ہیں۔ آپ ہی کی مساعی جمیلہ کا ثمرہ ہے یہ کورس اردو زبان میں پہلی مرتبہ کسی یونیورسٹی میں قائم ہوا۔ روزگار پر مبنی اس کورس سے بہت سارے طلباء استفادہ کر کے آج جرنلزم اور ٹرانسلیشن کے شعبوں میں اونچے عہدوں پر فائز ہیں۔

اس کورس کی ایک اہم کتاب ''صحافت، نظریہ عمل'' ڈاکٹر صاحب ہی کی ادارت میں شائع ہوئی جو صحافت کے فن پر اہم کتاب مانی جاتی ہے۔

پروفیسر محمد انور الدین کے متفرق کارنامے

پروفیسر محمد انور الدین کئی ایک انجمنوں، اداروں اور تنظیموں سے وابستہ ہیں۔ جن کے پلیٹ فارم سے وہ اپنی کارکردگی کو پیش کیا کرتے ہیں۔ اور اس دور میں جب کہ جمہوریت کی بدولت ہر اک جناب ادارہ سازی، انجمن آرائی اور تنظیم بنانے کا کام زوروں پر ہے ایسے میں ڈاکٹر محمد انور الدین نے بھی مختلف پلیٹ فارموں کا استعمال کیا ہے۔

ا۔ وہ رسالہ ''محیط'' کے 1988 اور 1997ء کے مدیر رہے۔ جو یونیورسٹی آف حیدرآباد کا ترجمان ہے۔

۲۔ مدیر تحقیقی مجلّہ بہ اشتراک پروفیسر سیدہ جعفر، پروفیسر رحمت یوسف زئی 1993ء

۳۔ مدیر اردو زبان دانی بہ اشتراک پروفیسر مغنی تبسم، پروفیسر رحمت یوسف زئی 1996ء

۴۔ مدیر جواہر اردو بہ اشتراک پروفیسر مغنی تبسم، پروفیسر رحمت یوسف زئی 1997ء

۵۔ مدیر اردو ریڈر نویں جماعت حکومت آندھرا پردیش 1997ء

۶۔ مدیر اردو سرسری مطالعہ دسویں جماعت، حکومت آندھرا پردیش

۷۔ مہمان مدیر رسالہ ''کتاب نما'' خصوصی شمارہ پروفیسر عبدالستار دلوی 2006ء

۸۔ممبر حیدرآباد لٹریری فورم اور ممبر انجمن ترقی پسند مصنفین حیدرآباد

(بحوالہ ''تلنگانہ کے اردو شاعروں، ادیبوں، صحافیوں اور مصنفین کی ڈائرکٹری'' مرتب۔ ڈاکٹر محمد غوث، ڈائرکٹر سکریڑی تلنگانہ ریاستی اردو اکیڈیمی، ص۔125، سنہ اشاعت 2020ء)

حیدرآباد لٹریری فورم اور انجمن ترقی پسند مصنفین حیدرآباد کے رکن کی حیثیت سے انھوں نے جو سرگرمی دکھائی ہوگئی وہ تو ہے ہی تاہم اس طرح کی سرگرم تنظیموں سے وابستگی اور ڈاکٹر انوارالدین کا کام بتاتا ہے کہ وہ صرف نام کے لئے نہیں بلکہ کام کے لئے رکن بنے ہیں۔ جس کی گواہی مختلف مواقع پر ان کے ساتھیوں اور مذکورہ تنظیموں کے ذمہ داران نے دی ہے۔ مذکورہ تنظیموں کے علاوہ وہ ہندوستان بھر کی مختلف یونیورسٹیوں سے بھی ان کی وابستگی ہے۔ جس کی کچھ تفصیل درج ذیل ہے۔

۱۔ یونیورسٹی آف مدراس: ممبر بورڈ آف اسٹیڈیز، ممبر بورڈ آف اکزامز برائے ایم اے، چیرمین بورڈ آف اکزامز اور ممبر سلکشن کمیٹی

۲۔ یونیورسٹی آف دہلی: ممبر آف سلکشن کمیٹی پروفیسر و لکچررس، اکزامز برائے ایم فل و پی ایچ ڈی

۳۔ جواہر لال نہرو یونیورسٹی دہلی: ممبر آف سلکشن کمیٹی برائے پروفیسرس

۴۔ یونیورسٹی آف ممبئی: ممبر سلکشن کمیٹی برائے پروفیسر، اکزامز برائے ایم فل

۵۔ بنگلور یونیورسٹی: ممبر بورڈ آف اسٹڈیز، اکزامز برائے ایم فل، پی ایچ ڈی

۶۔ میسور یونیورسٹی: ممبر بورڈ آف اسٹڈیز، ممبر بورڈ آف اکزامز ایم اے، ایم فل اور پی ایچ ڈی

۷۔ گلبرگہ یونیورسٹی: شیموگہ (کرناٹکا) ممبر بورڈ آف اسٹڈیز، ممبر بورڈ آف اکزامز برائے ایم اے، ایم فل، پی ایچ ڈی

۸۔ الہ آباد یونیورسٹی : ممبر بورڈ آف اکزامز برائے ایم اے

۹۔ بنارس ہندو یونیورسٹی : ممبر بورڈ آف اکزامز برائے ایم اے

۱۰۔عثمانیہ یونیورسٹی: ممبر سلکشن کمیٹی برائے پروفیسر، ریڈر اور لکچرر

۱۱۔کاکتیہ یونیورسٹی ورنگل: ممبر بورڈ آف اسٹڈیز (اردو) ممبر سلکشن کمیٹی برائے ریڈر

۱۲۔سنسکرت یونیورسٹی کیرالا: ممبر سلکشن کمیٹی اکزامز برائے ایم فل و پی ایچ ڈی

۱۳۔ایس وی یونیورسٹی تروپتی : ممبر بورڈ آف اکزامز برائے ایم اے اور ایم فل

(بحوالہ ''تلنگانہ کے اردو شاعروں، ادیبوں، صحافیوں اور مصنفین کی ڈائرکٹری'' مرتب۔ ڈاکٹر محمد غوث، ڈائرکٹر رسکریڑی تلنگانہ ریاستی اردو اکیڈیمی، ص۔126 اور 127، سنہ اشاعت 2020ء)

مذکورہ وابستگیوں کے علاوہ پروفیسر محمد انورالدین کو اعزازات اور انعامات سے بھی نوازا گیا ہے۔جس کی کچھ جھلکیاں ملاحظہ کریں۔

۱۔صدر جمہوریہ ہند کی جانب سے تین سال کے لئے بحیثیت وزیٹرل سنٹرل یونیورسٹی آف کشمیر نامزد کیا گیا

۲۔یونیورسٹی گرانٹ کمیشن کے جے آر ایف رنیٹ امتحانات کے لئے آبزرور منتخب

۳۔مختلف یونیورسٹیز کے ریفریشر کورس کے لئے ریسورس پرسن کی حیثیت سے انتخاب

۴۔مجموعی خدمات کا پہلا انعام منجانب اے پی اُردو اکیڈمی

۵۔بسٹ ٹیچر ایوارڈ برائے سال 2000 منجانب اے پی اردو اکیڈمی

۶۔لائف اچیومنٹ ایوارڈ شعبہ اُردو مدراس یونیورسٹی

۷۔یونیورسٹی گرانٹ کمیشن کے دسویں پلان کی وزیٹنگ کمیٹی میں بحیثیت ایکسپرٹ منتخب

۸۔ادارہ ادبیات اُردو کی نصابی کمیٹی میں سابق سکریٹری اکزامنیشن ممبر

(بحوالہ ''تلنگانہ کے اردو شاعروں، ادیبوں، صحافیوں اور مصنفین کی ڈائرکٹری'' مرتب۔ ڈاکٹر محمد غوث، ڈائرکٹر رسکریڑی تلنگانہ ریاستی اردو اکیڈیمی، ص۔126، سنہ اشاعت 2020ء)

☆ باب دوم

علمی وادبی کارنامے

پروفیسر محمد انورالدین کی علمی وادبی خدمات وسیع سے وسیع تر ہیں۔ جہاں انھوں نے علمی وادبی مضامین تحریر کیئے، وہیں انھوں نے اپنی زندگی کو علمی وادبی خدمات کے لئے وقف کردیا۔ چونکہ ڈاکٹر اور پروفیسر رہے اس لئے روزانہ کی مشغولیات علمی وادبی ہی رہیں۔ ان کے بارے میں پروفیسر مغنی تبسم لکھتے ہیں۔

> ''ڈاکٹر محمد انورالدین عثمانیہ یونیورسٹی میں میرے شاگرد رہے ہیں۔ انھوں نے میری نگرانی میں ام۔ فل کی ڈگری کے لئے اپنا مقالہ ''عالمی امن تحریک اور اردو ادب'' تحریر کیا۔ بعدازاں یونیورسٹی آف حیدرآباد سے پروفیسر گیان چند جین کی نگرانی میں حیدرآباد دکن میں ''اردو کے علمی وادبی رسائل'' پر مقالہ لکھ کر پی ایچ۔ ڈی کی ڈگری حاصل کی''

(بحوالہ فکرونظر۔ ڈاکٹر محمد انورالدین۔ دیباچہ۔ صفحہ و)

ڈاکٹر راہی فدائی ''دکنی ادب کی تحقیق وتنقید اور محمد علی اثر''، مضمون میں لکھتے ہیں۔

> ''کسی بھی زبان کی ترقی وترویج میں اس کے دور اولیں کی پانچ صدیاں بے کار و بے معنی نہیں ہوتیں، خصوصاً اردو جیسی نوخیز وکم عمر زبان کے لیے تو یہ پانچ سو بہاریں نہایت وقیع اور بے حد یادگار ہونے کے علاوہ سرمایۂ افتخار بھی ہیں۔ کالج اور یونیورسٹی کی سطح پر قدیم اردو ادب کی اس زبوں حالی خصوصاً دکنیات سے بے توجہی و بے اعتنائی کو شدت کے ساتھ محسوس کرتے ہوئے ان سنگین حالات کے

تدارک میں مصروف کار رہنے اور اپنے زور قلم سے ان احوال کا مقابلہ کرنے کے لیے کمر بستہ رہنے والے معدودے چند مستشرقین اور ماہرین دکنیات میں چارلس اسٹیوارٹ، اشپر نگر، گارساں دتاسی، بلوم ہارٹ، حکیم شمس الحق قادری، مولوی عبدالحق، نصیرالدین ہاشمی، محمود شیرانی، ڈاکٹر زور، پروفیسر سروری، افسر صدیقی، سخاوت مرزا، جمیل جالبی، شمس الرحمٰن فاروقی، سیدہ جعفر، گیان چند، معین الدین عقیل، اور محمد علی اثر قابل ذکر ہیں۔ چنانچہ ان تمام محققین نے اپنے اپنے حوصلہ کے مطابق اپنی اپنی صلاحیتوں کو بروئے کار لا کر قدیم اردو (دکنی ادب) کی جس طرح خدمت انجام دی وہ نا قابل فراموش ہے۔ ان محققین نے ایسی تاریک راہوں میں شمع علم جلایا ہے جہاں دور دور تک روشنی کی ایک کرن بھی نظر نہیں آتی تھی۔

(بحوالہ معجم دکنیات۔ اول۔ پروفیسر محمد علی اثر۔ ص 10 اور 11)

ایسے میں ڈاکٹر محمد انورالدین صاحب نے ایک نئی راہ دِکھائی ہے۔ پروفیسر انورالدین کی تحقیق کو سراہتے ہوئے ڈاکٹر سلیمان اطہر جاوید نے لکھا ہے :

''اقبال کی تحسین کے مسئلہ پر ڈاکٹر انورالدین نے نہایت معروضی انداز میں اقبال کے ناقدین کی تحریروں کا جائزہ لیا ہے۔ اقبال کے اسلوب پر بھی ان کی تحریر اہمیت رکھتی ہے لیکن اقبال کی نظم ''نیا شوالہ'' پر ان کی تحقیق اپنا جواب آپ ہے۔ یہ مضمون اقبالیات میں اپنی جگہ رکھے گا۔ فراق کے عشق اور فانی کے شعری سفر کے بارے میں ان کا مطالعہ غور و فکر کا حامل ہے۔ خصوصاً فانی کی یاسیت کا تجزیہ اعتبار رکھتا ہے۔ اکبر کے مکاتیب پر ہمارے ہاں کم ہی لکھا گیا ہے۔ ڈاکٹر

انورالدین نے اس موضوع کا خوبی کے ساتھ محاسبہ کیا ہے کہ اکبرالہ آبادی کی شخصیت کے کئی پہلو اظہر من الشّمس ہو جاتے ہیں۔ یہ ایک اچھا مضمون ہے۔ جدیدیت کے بارے میں گفتگو کرتے ہوئے ڈاکٹر انور جدیدیت کو ترقی پسندی کا ردعمل قرار دیتے ہیں۔ یہ مضمون مختصر لیکن جامع ہے۔ اردو ناول میں حقیقت نگاری کے رجحانات پر بھی انہوں نے اچھی بحث کی ہے۔ دکنیات پر ان کے تینوں مضامین میں ''ابن نشاطی اور پھول بن'' معرکہ آراء ہے۔ دکنیات پر ہمارے ہاں تحقیق خاصی کی گئی ہے اور تنقید کم۔ ڈاکٹر انورالدین نے یہاں تنقیدی زاویہ سے زیادہ کام لیا ہے۔ اور خوبی کے ساتھ۔ استاد محترم پروفیسر سروری صاحب کی شخصیت اور تصانیف پر ڈاکٹر انور نے غیر معمولی محنت سے قلم اٹھایا ہے کہ سروری صاحب کی دلنواز شخصیت کچھ اور دلنواز ہو جاتی ہے۔ صحافت پر ڈاکٹر انورالدین کے پانچ مضامین ہیں۔ یہ تحقیقی نوعیت کے بھی ہیں اور تنقیدی نوعیت کے بھی، اسی کے ساتھ معلومات آفریں بھی۔ ڈاکٹر انور کے شستہ اندازِ تحریر نے ان مضامین کو خوشگوار اور دلچسپ بنادیا ہے''۔

(بحوالہ روزنامہ ''سیاست'' حیدرآباد، صفحہ 4، 30/ جون 1997ء)

ڈاکٹر انورالدین صاحب نے ڈاکٹر زور کی مرتبہ تواریخ و ادبی تذکروں کا بھی تفصیلی جائزہ لیا ہے۔ اردو دنیا میں ڈاکٹر زور کی شخصیت کسی تعارف کی محتاج نہیں ہے۔ وہ دکنی تحقیق کے میر قافلہ اور اردو میں لسانیات کے ابوالآباء تھے۔ انہوں نے ادب کے مختلف گوشوں کو اپنے فکر و نظر کی جولان گاہ بنایا۔ تنقید، تحقیق، لسانیات، صوتیات، افسانہ نگاری، ادبی تاریخ، سوانح نگاری، مکتوب نگاری، شاعری غرض یہ کہ ادب کا کونسا پہلو تھا جسے ان کے کلک گہر بار نے اپنی تراوش سے نہیں

سنوارا۔ موضوعات کے تنوع اور رنگا رنگی کے اعتبار سے اردو کا شاید ہی کوئی اہل قلم ان کی برابری کا دعویٰ کر سکتا ہے۔

دکنی اور دکنیات سے زور صاحب کو خاص وابستگی اور شغف تھا۔ بلکہ یہ ایک طرح سے ان کی زندگی کا حصہ بن چکے تھے۔ دکنی سے قطع نظر اردو زبان و ادب کی تاریخ بھی ان کے تحقیقی مطالعہ کا خاص موضوع تھی۔ ان تمام موضوعات سے متعلق انہوں نے بے شمار مضامین و مقالات کے علاوہ کئی کتابیں اپنی یادگار چھوڑی ہیں۔ لیکن پیش نظر مقالے میں ان کی صرف ایسی تصانیف کا ذکر کیا جائے گا جو ادب کی تاریخ اور تذکرے کے دائرے میں آتی ہیں۔ یہ تصانیف حسب ذیل ہیں:۔

۱) اردو شہ پارے

۲) تاریخ ادب اردو

۳) دکنی ادب کی تاریخ

۴) داستان ادب حیدر آباد

اردو شہہ پارے

جس زمانے میں ڈاکٹر زور اپنے ڈاکٹریٹ کے مقالے کی تکمیل نیز اردو زبان کے لسانی اور صوتیاتی مسائل پر تحقیقی کام کے سلسلے میں لندن اور پیرس میں قیام پذیر تھے اسی دوران انہیں۔ آکسفورڈ کیمبرج، پیرس اور اڈنبرا یونیورسٹی کے کتب خانوں میں قدیم اردو کی نایاب قلمی کتابوں کے مطالعے کا موقع ملا۔ ان میں بعض ایسی بھی تھیں جن کے نسخے ہندوستان میں بھی موجود نہیں تھے۔ ڈاکٹر زور نے محسوس کیا کہ ان نادر مخطوطات کو علمی دنیا میں متعارف کرانا ضروری ہے۔ اس مطمع نظر سے انہوں نے فرصت نکال کر اس ادبی ذخیرے کے بہترین حصوں کا انتخاب جمع کرنا شروع کیا۔ انتخاب کے ساتھ ساتھ وہ ان کتابوں کے مصنفین کے حالات وکوائف بھی

جمع کرتے گئے۔ چھٹیوں میں جب وہ ہندوستان آئے تو یہ سارے انتخابات ان کے ساتھ تھے۔ ان کا خیال تھا کہ اس کو یورپ ہی میں ایک انگریزی مقدمے کے ساتھ نسخے ٹائپ کے حروف میں چھپوائیں لیکن یہاں احباب کے اصرار پر انہیں اس کتاب کی طباعت اور اشاعت کے متعلق اپنے سابقہ خیال کو بدل دینا پڑا اور انہوں نے جو انتخابات فراہم کئے تھے حیدرآباد آنے کے بعد ان میں چند اور اضافے بھی کئے جن میں نواب عنایت جنگ بہادر اور پروفیسر آغا حیدر حسین کے گراں قدر کتب خانوں میں مخزونہ بعض نادر و نایاب مخطوطات کے انتخابات شامل ہیں۔ برٹش میوزیم اور انڈیا آفس کے کتب خانوں کے قلمی نسخوں میں انہیں عبداللہ قطب شاہ، غواصی اور ابن نشاطی کی تصاویر دستیاب ہوئیں۔ محکمہ آثار قدیمہ (سابقہ ریاست حیدرآباد کے گنجینۂ نوادرات) سے انہوں نے علی عادل شاہ دوم، سید شاہ اجو، ابوالحسن تاناشاہ اور محمد قلی قطب شاہ کی تصاویر کے علاوہ محمد قلی قطب شاہ محمد قطب شاہ کی چند غزلوں کے خوش خط قطعات جو انہیں کے دور میں انہیں کے لئے بطور وصلی لکھے گئے تھے کہ فوٹوز حاصل کئے اور ان سب کو اس کتاب میں شامل کیا۔

اردو شہ پارے ۱۹۲۹ء میں شائع ہوئی۔ یہ دکنی ادب کی تحقیق میں شاہ کار کا درجہ رکھتی ہے۔ اس قدر گراں مایہ کتاب ہے جس نے دکنیات کے میدان میں مطالعے کی بنیاد فراہم کی اور محققین کے لئے نئی راہیں ہموار کیں۔ اردو میں ولی اورنگ آبادی سے اٹل ادبی تاریخ لاعلمی کے دھندلکوں میں مخفی تھی۔ ڈاکٹر زور نے اس کتاب میں قدیم شہ پاروں کی روشنی میں ولی سے پہلے کی ادبی تاریخ کو مربوط مرتب کرنے کی کوشش کی۔ قدیم اردو کے شہ پاروں کے اس انتخابی عمل میں ادبیت کو ترجیح دی گئی ہے اور انہیں تاریخ وار یکے بعد دیگرے مرتب کر کے اردو زبان وادب کا ارتقاء دکھایا گیا ہے۔

اردو شہ پارے کے مشمولات اور ان کے اہم خدوخال اس طرح ہیں۔

مقدمہ

مقدمے کا آغاز تمہید کے سرنامے سے ہوتا ہے جس میں یہ صراحت کی گئی ہے کہ مقدمے

کی غرض وغایت اس دور کی مکمل ادبی تاریخ کا احاطہ نہیں بلکہ صرف یہ دکھانا ہے کہ جو شہ پارے متعارف کرائے جا رہے ہیں ان کی تخلیق کس زمانے میں، کن ہاتھوں سے، کس ماحول میں اور کس طریقے پر عمل میں آئی۔ اس سلسلے میں ڈاکٹر زور لکھتے ہیں، شاعروں اور کتابوں کے تعلق سے جو کچھ حالات لکھے گئے ہیں وہ (سوائے چند معمولی اور غیر معروف چیزوں کو چھوڑ کر) راقم کی ذاتی تفتیش اور اصل مآخذوں کے مطالعے کا نتیجہ ہیں'' مقدمہ چار ابواب پر منقسم ہے جن کی تفصیل اس طرح ہے :

باب اول :

اردو ادب کی ابتدائی کوششیں۔ جس میں شمالی ہند، گجرات اور دکن کے اولین شعراء مثلاً امیر خسرو شاہ علی جیو کام دھنی اور خواجہ نواز وغیرہ کا ذکر ہے۔

باب دوم :

''اردو ادب بیجاپور میں''۔۔اس باب میں عادل شاہی عہد کے بیجاپوری شعراء مثلاً شاہ میراں جی شمس العشاق، شاہ برہان الدین جانمؔ، آتشیؔ، مقیمیؔ، امینؔ، صنعتیؔ، رستمیؔ، ملک خوشنود نصرتیؔ اور ہاشمیؔ وغیرہ کا ذکر ہے۔

باب سوم :

اردو ادب گولکنڈہ میں، اس عنوان کے تحت دبستان گولکنڈہ کے جن شعراء کا ذکر ہے ان میں فیروزؔ، محمودؔ، محمدؔ، قلیؔ، احمدؔ، حسن شوقیؔ، عبداللہ قطبؔ، شاہ غواصیؔ، قطبیؔ جنیدیؔ اور ابن نشاطیؔ اہم ہیں۔

باب چہارم :

اردو ادب مغلوں کی حکومت میں اس باب کے ضمن میں افضل، شیخ جیون، جعفر زٹلی جیسے شعراء شمال کے علاوہ دکن اور گجرات کے عاجزؔ، ضعیفیؔ، امینؔ، ذوقیؔ، بحریؔ، عشریؔ، ولی ویلوریؔ اور ولیؔ اورنگ آبادی وغیرہ کے حالات وتصانیف پر روشنی ڈالی گئی ہے۔

ابن ابواب کے بعد مضامین اور مصنفین کے اعتبار سے اس انتخاب میں شامل شہہ پاروں کی دو علاحدہ فہرستیں دی گئی ہیں۔ اس کے بعد کتاب کا دوسرا حصہ شروع ہوتا ہے جو قدیم اردو شہ پاروں کے انتخاب پر محتوی ہے۔ اس میں بھی نظم اور نثر کے حصے علاحدہ علاحدہ ہیں۔

اردو شہ پارے کے آخری میں مقدمے کے مشمولات سے متعلق آٹھ ضمیمے شامل ہیں۔ کتاب کے آخر میں اشاریہ دیا گیا ہے۔

ڈاکٹر زور کا خیال تھا کہ اردو شہ پارے کی طرز پر اردو کے بعد کے ادبی کارناموں سے بھی انتخابات کئے جاسکتے ہیں۔ انہوں نے اس منصوبے کا خاکہ بھی تیار کیا تھا۔ جس کے تحت یہ پورا کام تین جلدوں میں تقسیم کیا گیا تھا۔ پہلی جلد ابتداء سے ولؔی سے حالی تک اور تیسری جلد حالی سے موجودہ زمانے تک کی اہم ادبی تصانیف کے انتخابات پر مشتمل تھی۔ زمانی تعین کے ساتھ زور صاحب نے دوسری اور تیسری جلد کے مرتبین کا بھی انتخاب کیا تھا۔ دوسری جلد کا کام عبدالقادر سروری صاحب اور تیسری جلد کا کام سید محمد صاحب کے تفویض کیا گیا تھا لیکن زورؔ صاحب کا یہ خواب شرمندہ تعبیر نہ ہوسکا اور اردو شہ پارے کی دوسری اور تیسری جلد کی ترتیب واشاعت تعویق و تعطل کا شکار ہوگئی۔ اس میں کوئی دورائیں نہیں ہوسکتیں کہ اردو شہ پارے کی اشاعت نے اردو زبان کی ادبی تاریخ کو طوالت بخشنے اور اردو کی قدامت اور بزرگی قائم کرنے میں بڑا حصہ لیا۔ زور صاحب نے اپنے زمانے کے دستیاب وسائل اور مواد کی روشنی میں اردو شہ پارے کو تحقیق و استناد کے اعتبار سے جامع اور ٹھوس بنانے کی پوری پوری کوشش کی تھی۔ لیکن انہیں اس کا مر کا احساس بھی تھا کہ اس قسم کے کام کبھی مکمل اور خالی از اسقام نہیں ہوتے۔ چنانچہ وہ رقم طراز ہیں:

> ''کوئی شخص بھی دعویٰ نہیں کرسکتا کہ میں جو کام پیش کررہا ہوں وہ ہر حیثیت سے مکمل ہے۔ آئے دن دکنی دور کی جونئ کتابیں برآمد ہوتی جارہی ہیں ان کی رفتار ظاہر کرتی ہے کہ بہت جلد ہمیں اس جلد کا ایک

ضمیمہ یا دوسرا حصہ شائع کرنا پڑے گا۔ بہ حالت موجودہ یہ کہا جاسکتا ہے کہ اس کتاب میں ان تمام قلمی تصنیفات کے انتخاب دے دیئے گئے ہیں جو اس وقت دستیاب ہوسکی ہیں یا جنہیں کچھ ادبی حیثیت حاصل ہے۔ یہی حال مقدمے کا بھی ہے جس میں ان شہ پاروں اوران کے مصنفین پر تاریخی حیثیت سے نظر ڈالی گئی ہے۔ یہ بھی اس د ور کے ادب اردو کی ایک مکمل تاریخ نہیں ہوسکتی جتنی معلومات فراہم کی جاسکتی تھیں۔ ان کے پیش کرنے کی حتی الامکان کوشش کی گئی ہے۔''

(مقدمہ س۔س ۷٦)

اسے زور صاحب کی بصیرت کہیے یا پیش بینی کا کمال کہ ان کا اندازہ صد فیصد درست ثابت ہوا۔ چنانچہ مابعد دور میں دکنیات کے میدان میں جو نئی تحقیقات ہوئیں ان کی روشنی میں اردو شہ پارے کے بعض مندرجات اور بیانات تصحیح طلب قرار پائے۔

تاریخ ادب اردو:

اس کتاب پر مصنف کے نام کی بجائے مرتبہ ادارہ ادبیات اردو درج ہے لیکن اہل علم پر یہ حقیقت الم نشرح ہے کہ یہ دراصل ڈاکٹر زور ہی کے تراوش قلم کا نتیجہ ہے۔ چنانچہ ماہ نامہ سب رس ۱۹٦۳ء بارگاہ میں ڈاکٹر زور کے مقالہ نما کے مرتب وقار خلیل نے اس کتاب کو ڈاکٹر زور کی تصانیف میں شامل کیا ہے (ص ۳۹۰) یہ کتاب ادارۂ ادبیات اردو حیدرآباد کی مطبوعات کے سلسلے کی ساتویں کڑی کے طور پر پہلی مرتبہ ۱۹۴۰ء میں منظر عام پر آئی اور تا حال ا سکی دس اشاعتیں نکل چکی ہیں۔ ڈاکٹر زور کے زمانے میں ادارۂ ادبیات اردو کے ہمہ گیر اور ہمہ جہتی منصوبوں میں ایک منصوبہ یہ بھی تھا کہ دنیا کی اہم زبانوں کی ادبی تواریخ اردو میں شائع کی جائیں۔ اس منصوبے کے تحت مولوی میر حسن صاحب انگریزی ادب مولوی سید

ابوالفضل صاحب عربی ادب، پروفیسر عبدالقادر سروری صاحب ہندی ادب اورڈاکٹر زور کواردو ادب کی تاریخ قلم بند کرنے کا کام تفویض کیا گیا تھا۔ڈاکٹر زور کی مرتبہ تاریخ اتنی ضخیم ہوگئی کہ اس کی طباعت کا فی الفور اہتمام نہ ہوسکا۔لیکن ادارۂ ادبیات اردو کے امتحانوں کے سلسلے میں ایک مختصراور جامع تاریخ ادب کی شدید ضرورت تھی چنانچہ زور صاحب نے اپنی ضخیم تاریخ کے سمندر کوایجاز واختصار کے کوزے میں بند کر کے تاریخ ادب اردو کی شکل میں پیش کیا۔ یہ کتاب چار حصوں پر مشتمل ہے۔

پہلا حصہ اردو کی ابتداء سے عہد ولی تک کا احاطہ کرتا ہے۔ بہ الفاظ دیگر اس میں دبستان دکن کے تمام اہم شعراءاوران کی تصانیف پر سرسری لیکن تحقیقی نظر ڈالی گئی ہے۔دوسرے حصے کے پہلے جزو میں دہلی میں اردو ادب کے آغاز سے بحث کی گئی ہے۔اس میں دور حاتم سے لے کر عہد مصحفی وانشاء تک کا جائزہ لیتے ہوئے''اردونثر کی ترقی'' کے عنوان سے فورٹ ولیم کالج کے مصنفین اوران کی تخلیقات کا اجمالی جائزہ لیا گیا ہے۔

اسی حصے کے دوسرے جزو میں دکن میں اردو ادب کا احیا کے عنوان سے اٹھارویں صدی عیسویں کے دکنی شعراءاور جدید علوم وفنون کے عنوان سے نواب شمس الامراءاوران کے دارالترجمے کی خدمات کا ذکر کیا گیا ہے۔

تیسرے حصے میں دبستان لکھنو اور دبستان دہلی کے شعراء میں ذوق، غالب، مومن، ظفر، شیفتہ، ازردہ اور مجروح قابل ذکر ہیں۔

چوتھے حصے کا عنوان''اردو ادب کا دور جدید'' ہے۔اس میں سرسید، آزاد، حالی، شبلی، نذیر احمد اور ذکاء اللہ جیسے نثر نگار اور امیر، داغ، تسنیم، اکبر، چکبست اور اقبال جیسے شعراء شامل ہیں۔اس حصے کی خاص بات یہ ہے کہ اس میں ڈاکٹر زور نے دکن کے بعض اہم شاعروں اورنثر نگاروں کوتاریخ ادب اردو کی پوری روایت کے پس منظر میں ان کا مقام متعین کرنے کی کوشش کی ہے۔اس کے علاوہ دکن کے اہل قلم میں گردھاری پرشاد باقی، ڈاکٹر احمد حسین مائل،

جلال الدین توفیق، رضی الدین حسن کیفی اور طیبہ بیگم کا ذکر شامل ہے۔

اسی باب کے دوسرے جزو میں اردو کے مختلف تحقیقی و تصنیفی اداروں مثلاً دارالترجمہ جامعہ عثمانیہ، دارالمصنفین اعظم گڑھ، انجمن ترقی اردو ہندوستانی اکیڈیمی، ادارہ ادبیات اردو اور اردو اکیڈیمی جامعہ ملیہ کا تعارف بھی کرایا گیا ہے۔ اور تیسرے جزو میں اردو صحافت کے عنوان سے اردو اخبارات ورسائل پر ایک مختصر نوٹ لکھا گیا ہے۔ کتاب کے آخر میں اشاریہ بھی دیا گیا ہے۔ یہ کتاب ڈاکٹر زور کے مطابق تحقیقی وسائنٹفک بنیاد پر مرتب کی گئی ہے۔ لیکن ظاہر ہے کہ گذشتہ نصف صدی کے دوران تحقیق وتنقید نے اتنی ترقی کی ہے کہ اس کی روشنی میں اس کتاب کی کئی باتیں ساقط الاعتبار قرار پائی ہیں۔ لیکن اختصار و جامعیت کے پہلو سے یہ کتاب بہر حال اپنی قدر و قیمت رکھتی ہے۔

دکنی ادب کی تاریخ

دکنی ادب کو تواریخ میں زور صاحب کی یہ تصنیف اختصار اور جامعیت کے اعتبار سے اپنی مثال آپ ہے۔ یہ کتاب پہلی مرتبہ ۱۹۶۰ء میں منظر عام پر آئی اور تب سے آج تک اس کے متعدد ایڈیشن نکل چکے ہیں۔ کمال تو یہ ہے کہ زائد ز ربع صدی کا عرصہ گزرنے کے باوجود اس کی اہمیت اور افادیت میں ذرہ برابر کمی نہیں آئی۔ اس گراں قدر کتاب میں ڈاکٹر زور نے ارض دکن میں دکنی زبان اور شعروادب کے ارتقاء کا بسیط اور سیر حاصل جائزہ لیا ہے۔ پوری کتاب چھ ابواب پر مشتمل ہے جن میں دکن کے قدیم ادبی وشعری مراکز مثلاً گلبرگہ، بیدر، بیجاپور، اور گولکنڈے کے سخن طرازوں اور نثر نگاروں کے حالات زندگی اور ان کی تصانیف پر ایجاز واختصار کے ساتھ بحث کی گئی ہے۔ زمانی اعتبار سے یہ کتاب ۱۳۵۰ء سے ۱۷۵۰ء تک یعنی چارسو سال کی مسافت پر مشتمل ہے۔

باب اول میں عہد بہمنی کے عنوان کے تحت جن شعراء کے حالات اور ان کی تصانیف اور ان کی تصانیف کا ذکر کیا گیا ہے ان میں شیخ عین الدین گنج العلم، سید محمد حسینی حضرت خواجہ بندہ

نواز، عبداللہ حسینی ، نظامی بیدری، مشتاق ،لطفی ، فیروز، اشرف، شاہ میراں جی شمس العشاق اور سید شہباز حسینی شامل ہیں۔لیکن ان میں شیخ عین الدین گنج العلم سے منسوب دکنی تصانیف معروف الاسم اور معدوم الوجود ہیں اور حضرت خواجہ بندہ نواز سے منسوب معراج العاشقین ڈاکٹر حفیظ قتیل صاحب مرحوم کی تحقیق کے مطابق مخدوم شاہ حسینی بلگانوری کی تصنیف ثابت ہو چکی ہے۔

دوسرے باب میں عادل شاہی عہد کے عنوان سے دبستان بیجاپور کے جن سخنوروں کے حالات اور تصانیف پر روشنی ڈالی گئی ہے ان میں شاہ برہان الدین جانم ،عبدل بیجاپوری، مقیمی ، حسن شوقی ، صنعتی ، رستمی ، ملک خوشنود، نصرتی اور ہاشمی قابل ذکر ہیں۔

تیسرے باب میں قطب شاہی عہد، گولکنڈہ اور حیدرآباد کی سرخی دبستان گولکنڈہ کے جن نمائندہ سخن طرازوں کے حالات اور ادبی کارناموں کو موضوع بحث بنایا گیا ہے ان میں محمد قلی قطب شاہ، ملا خیالی، محمود فیروز، وجہی ، غواصی ، ابن نشاطی ، شاہ اجو اور طبعی وغیرہ قابل ذکر ہیں۔

پانچواں باب ''مغل عہد، حیدرآباد اور اورنگ آباد'' کے عنوان سے ہے۔اس باب میں سترہویں صدی عیسوی کے اواخر اور اٹھارویں صدی عیسوی کے نصف اول کے جن دکنی شعراء اور ان کی تصانیف پر روشنی ڈالی گئی ہے ان میں بحری ، روحی ، مرزا، قادر، ضعیفی، عشرتی ، شاہ حسین ذوقی ، وجدی ، فراقی ، ولی ویلوری ، ولی اورنگ آبادی اور سراج اورنگ آبادی اہم ہیں۔

کتاب کا آخر باب ''دکنی ادب کا اثر شمالی ہند کی اردو پر'' ہے۔اس میں ڈاکٹر زور نے بہ دلائل یہ ثابت کیا ہے کہ شمالی ہند میں اردو زبان میں تخلیقی ادب کی روایت کا آغاز دکنی کی شعری روایت کے زیر اثر ہوا۔

یہ کتاب اردو ادب کی علاقہ داری تواریخ میں منفرد حیثیت رکھتی ہے۔اس کے بارے میں خود مصنف کا یہ خیال تھا کہ ''گویہ کتاب دکنی ادب کی تاریخ پر حرف آخر نہیں لیکن دکن کی علمی وادبی تحریکوں اور کاوشوں کو عام اردو دانوں ،طلبہ اور عوام میں متعارف کرانے کا ایک ذریعہ ہے۔

داستان ادب حیدر آباد

ڈاکٹر زور کی مرتبہ ادبی تواریخ کے سلسلے کی ایک کڑی ''داستان ادب حیدر آباد'' ہے جو ۱۹۵۱ء میں زیور طباعت سے آراستہ ہو کر منظر عام پر آئی اس کتاب میں ۱۰۰۰ھ سے ۱۳۷۰ھ یعنی تقریباً پونے چار صدیوں کے دوران شہر حیدر آباد کی علمی و ادبی تحریکات اور ان کے پس منظر نیز یہاں کی مردم خیز سرزمین سے اٹھنے والے ارباب علم و دانش اور اصحاب کمال کے حالات زندگی اور ان کی تصانیف کے مطالعے پر مشتمل ہے۔ داستان ادب حیدر آباد دس ابواب پر محیط ہے۔ پہلا باب۔ ۱۰۰۰ھ تا ۱۰۵۰ء کے دوران دکنی کے ابتدائی سخن دروں اور ان کی تصانیف کے تذکرے پر مشتمل ہے۔ دوسرا باب عہد ابن خاتون اور ابن نشاطی ۱۰۵۰ھ تا ۱۱۰۰ھ کا احاطہ کرتا ہے۔ تیسرا باب ۱۱۰۰ھ تا ۱۱۵۰ھ کے دور انتشار سے متعلق ہے چوتھے باب میں ادب و شعر کا احیا کے عنوان سے ۱۱۵۰ھ تا ۱۲۰۰ھ کے ادب کا جائزہ لیا گیا ہے۔ پانچواں باب عہد ارسطو جاہ ۱۲۰۰ھ تا ۱۲۲۰ھ کے مشاہیر ادب کے اکتسابات کا تعارف کراتا ہے۔ چھٹا باب چندا اور چندو لال ۱۲۲۰ھ تا ۱۱۵۰ھ کے آصف جاہی کے تذکرے پر مشتمل ہے۔ ساتواں باب شمس الامراء اور شمس الدین فیض ۱۲۵۰ھ تا ۱۲۸۰ھ اور آٹھواں باب مختار الملک اور وقار الملک ۱۲۸۰ھ تا ۱۳۲۰ھ اور نواں باب عہد کشن پرشاد، شاد یمین السلطنت ۱۳۲۰ھ تا ۱۳۵۰ھ کے عہد سے تعلق رکھنے والے شاعروں اور ادیبوں کے حالات و ادبی خدمات کے مطالعے پر مبنی ہے دسویں اور آخری باب کا عنوان جامعہ عثمانیہ ۱۳۵۰ھ تا ۱۳۷۰ھ ہے اس میں جامعہ سے نسبت رکھنے والے اہل قلم کے کارناموں کا جائزہ لیا گیا ہے۔

اس کتاب کے دیباچے میں ڈاکٹر زور لکھتے ہیں۔

> ''یہ کوئی مبسوط یا تذکرہ نہیں ہے بلکہ ایک ایسا جائزہ ہے جو زیادہ تر مؤلف کے تاثرات پر مشتمل ہے اور جس میں پہلی بار اردو فارسی اور عربی تینوں زبانوں کے نہ صرف شاعروں بلکہ ہر موضوع کے

نثر نگاروں کی نسبت بھی ضروری معلومات یکجا کر دی گئی ہیں‘‘۔

چوں کہ اس کتاب میں ڈاکٹر زور نے حیدر آباد کے علم وفضل اور شعروسخن کی تاریخ، تاریخ ادب کے جدید اصولوں کے مطابق باقاعدہ زمانی ادوار بندی کے ساتھ قلم بند کی ہے اس لئے راقم الحروف نے ادبی تواریخ کے ضمن میں اس کا مطالعہ کیا ہے۔

مذکورہ بالا تصانیف کے علاوہ زور نے اردو کے قدیم اور جدید مختلف مشاہیر اور اہل قلم کی حیات اور سوانح پر بھی مشتمل تصانیف اپنی یادگار چھوڑی ہیں۔ جن میں سرگذشت غالب، حیات سلطان محمد قلی قطب شاہ، حیات میر محمد مومن، سرگذشت حاتم، حیات گارساں دتاسی وغیرہ شامل ہیں۔ لیکن فنی اعتبار سے ان کا شمار تذکروں میں نہیں ہوتا۔ یہ ایک فرد کی سوانح حیات ہے۔

پروفیسر محمد انورالدین کی ادبی خدمات

ڈاکٹر محمد انورالدین کا انداز تحقیق سلجھا ہوا ہے۔ ان کے تحقیقی مضامین میں چند ایسے ہیں جن پر پہلے کسی نے قلم نہیں اٹھایا تھا۔ اور بعض مضامین تحقیق مزید کے دائرے میں آتے ہیں۔ ان کی تحقیق کا خاص میدان صحافت ہے۔ اس مجموعے میں شامل مضامین ہندوستان میں اردو صحافت کے آغاز کے ابتدائی محرکات، حیدر آباد دکن کے ادبی گلدستے، حیدر آباد میں بچوں کے رسائل تحقیقی اعتبار سے اہمیت رکھتے ہیں اور نہایت معلومات افزا ہیں۔

ڈاکٹر محمد انورالدین نے دکنیات کو بھی اپنی تحقیق کی جولان گاہ بنایا ہے۔ ابن نشاطی اور پھول بن اور علی عادل شاہ شاہی جیسے مضامین دکنی زبان وادب سے ان کی گہری دلچسپی کا پتہ دیتے ہیں توقع کی جاسکتی ہے کہ وہ اس دلچسپی کو قائم رکھیں گے اور دکنیات کے محققین میں جلد ہی اپنا مقام بنالیں گے۔

اردو کی ہر دلعزیزی کی ایک وجہ تو یہ ہے کہ اس کی تعمیر وتشکیل میں برصغیر کے ہر علاقے کے باشندوں کا تعاون شامل ہے۔ پنجاب وہو کہ سندھ، دہلی یا لکھنو، گجرات ہو کہ دکن۔ ہر خطہ

کے باشندوں نے ازمنہ قدیم سے ہی اردو زبان کو گلے لگایا اور اسے نطق وگفتار کی زینت بنایا۔ اردو کی مقبولیت کی ایک اور وجہ اس کی شیرینی اور مٹھاس ہے۔ بہرحال اردو زبان قدیم ہی سے بر صغیر کی سب سے مقبول زبان رہی ہے۔ سیاسی حالات اور تاریخ جبر کے نتیجہ میں برصغیر کی تقسیم عمل میں آئی اور پاکستان اور ہندوستان کے نام سے دنیا کے نقشے پر دو نئے ملکوں کا اضافہ ہوا۔ لی کن اہل نظر جانتے ہیں کہ یہ تقسیم محض سیاسی تھی۔ اور اردو کو کوئی سیاسی حد بندی یا فوجی سرحد مقید نہیں کر سکتی۔ چنانچہ اردو آج بھی ہندوستان اور پاکستان کے کروڑوں عوام کے دلوں مں بستی ہے۔

ترسیلی سطح پر اردو زبان عوام جکے درمیان رابطے کا سب س بڑا اور موثر ذریعہ ہے تخلیقی سطح پر یہ زبان شعر وادب کے وسیلے سے اس برصغیر کی مشترکہ تہذیب کی صورت گری وآبیاری اور اس کی نشو ونما اور ارتقاء کا سب سے اہم آلہ ثابت ہوئی ہے۔ اردو زبان کا ماضی اور اس کی تاباں ودرخشاں لسانی، ادبی اور تہذیبی روایات اس امر کی شاہد ناطق ہیں کہ یہ زبان پیار ومحبت کی زبان ہے، نفرت وعداوت کی نہیں۔ اردو زبان اس برصغیر کی مختلف لسانی اور تہذیبی وحدتوں کے درمیان میل ملاپ ربط وتعلق، تہذیبی مفاہمت اور یگانگت کا ثمرہ ہے۔

اردو کے سیکولر کردار کا سب سے روشن ثبوت یہ ہے کہ اس کے سمجھنے اور بولنے والوں میں برصغیر کے تمام فرقوں اور طبقات کے لوگ شامل ہیں۔ اقبال پروفیسر جین کے بھی ہیں، پروفیسر جگن ناتھ آزاد کے بھی۔ کتنوں نے ان پر اپنے قلم اٹھائے ہیں۔

اقبال کی فکر اور ان کے فن پر کافی کام ہوا ہے جس کا سلسلہ ہندوپاک سیلے کر روس۔ انگلینڈ اٹلی، فرانس اور جرمنی تک پھیلا ہوا ہے۔ مشرق ومغرب کے عظیم المرتبت نقادوں اور دانشوروں نے اقبال کی بارگاہ علم وادب میں اپنے سر خامہ کو خم کیا ہے۔ اس طرح اب ان موضوعات پر مزید تحقیق وتنقید کی گنجائش بہ ظاہر نظر نہیں آتی لیکن حقیقت حال اس کے برعکس ہے۔ اقبال جتنے بڑے مفکر تھے اتنے ہی عظیم سخن ور بھی تھے اقبال کا مطالعہ اس بات کا متقاضی

ہے کہ ان کے فلسفے اور شاعری کے اس بنیادی آہنگ کی تلاش کی جائے جس سے ان کی شخصیت عبارت ہے زیر بحث مضامین میں اسی ضرورت کی طرف اشارہ کیا گیا ہے اور اس کی اہمیت وافادیت کو اجاگر کرنے کی کوشش کی گئی ہے۔

دیگر تنقیدی مضامین میں مکتوب نگاری کے حوالے سے اکبرالہ آبادی شعریات کے وسیلے سے فانی بدایونی اور تصور عشق کے حوالے سے فراق پر خاصہ فرسائی کی گئی ہے۔ اس کے علاوہ اردو ناول میں حقیقت نگاری کے لئے رجحانات اور جدیدیت کے منفی اور مثبت البعاد کا تجزیہ پیش کیا گیا ہے۔

پروفیسر انورالدین صاحب نے طلباء کو اردو ادب کی نہ صرف تدریس کی بلکہ ادب کے رموز کو سمجھنے اور ان کی نئے طریقے سے تشریح کرنے کا فن بھی انھیں سکھایا۔ ڈاکٹر انورالدین نے یہاں تنقیدی زاویہ سے زیادہ کام لیا ہے، اور خوبی کے ساتھ۔

ان میں سے کچھ ادباء اور محققین اور ان کے تحریر کردہ موضوعات کا ڈاکٹر محمد انورالدین صاحب نے جس خوبی سے جائزہ لیا ہے، ادب کے میدان کی چیز ہے۔

پروفیسر سروری صاحب

استاد محترم پروفیسر سروری صاحب کی شخصیت اور تصانیف پر ڈاکٹر انورالدین نے غیر معمولی محنت سے قلم اٹھایا ہے کہ سروری صاحب کی دلنواز شخصیت کچھ اور دلنواز ہو جاتی ہے۔

دکن کے مردم خیز زمین نے سینکڑوں ادیبوں اور شاعروں کو پیدا کیا جنہوں نے اپنے علم وفن کی روشنی سے دنیا کو منور کر دیا۔ ان ہی میں ایک اہم نام پروفیسر عبدالقادر سروری کا ہے۔ پروفیسر عبدالقادر سروری اپنے سلجھے ہوئے ادبی مذاق اور غیر معمولی صلاحیتوں کی وجہ سے ملک گیر شہرت کے حامل تھے۔ انہوں نے اپنی تمام زندگی علم وادب کی خدمت کے لئے وقف کر دی تھی۔

حیدر آباد کی علمی وادبی زندگی پر ان کی شخصیت کے نقش بہت گہرے تھے۔ پروفیسر عبدالقادر سروری ۱۹/اگست ۱۹۰۶ء کو محلّہ سلطان شاہی حیدر آباد میں تولد ہوئے۔ ان کا خاندانی سلسلہ مشہور صوفی بزرگ حضرت سرور سلطان سے ملتا ہے۔ جو اپنے زمانے میں رشد وہدایت کا مرکز تھے اور کشمیر سے تعلق رکھتے تھے۔ ان کے اسلاف عرب سے کشمیر ہوتے ہوئے اورنگ زیب کے دور میں دہلی آئے اور یہاں درس وتدریس اپیشہ اختیار کیا۔ بعد میں ان کی اولاد عالمگیر کے عہد میں دکن چلی آئی اور یہیں مستقل سکونت اختیار کی۔ سروری صاحب کے دادا حضرت قبلہ محمد جعفر صاحب کا مسکن حیدر آباد میں نوبت پہاڑ پر تھا۔ وہ خدارسیدہ بزرگ تھے۔ سروری صاحب کے والد محمد سرور صاحب مرحوم بھی نہایت متشرع، پابند صوم وصلوۃ متقی اور باخدا بزرگ شخص تھے۔

یہاں تک اپنے استاد سروری صاحب کے بارے میں بتایا ہے کہ وہ ایک اونچے لیکن مذہبی گھرانے سے تعلق رکھنے والے فرد تھے اور ان کا خاندان بڑی پہنچ رکھتا تھا۔ اور کئی افراد خدارسیدہ بزرگ تھے۔ انھوں نے آگے بتایا کہ

سروری صاحب کا اصل نام عبدالقادر اور سروری کنیت تھی۔ ڈاکٹر میمونہ بانو کے مطابق پروفیسر وحیدالدین سلیم جو سروری صاحب کے مربی ومحسن اور ایک مشفق استاد تھے انہی کے کہنے پر انہوں نے اپنے جد امجد حضرت سرور سلطان کے نام کی مناسبت سے سروری کنیت اختیار کی اور قبول دوام بھی اسی نام سے پایا۔

سروری صاحب نے عربی، فارسی اور اردو کی ابتدائی تعلیم اپنے بڑے بھائی محمد جعفر صاحب مرحوم مولوی کامل جامعہ نظامیہ سے حاصل کی۔ ابتدائی تعلیم کے لئے مدرسہ منصبداران میں داخلہ لیا۔ انگریزی تعلیم مدرسفہ مفید الانام میں حاصل کی اور یہیں سے مڈل کا امتحان پاس کیا۔ ۱۹۲۰ء میں سٹی ہائی اسکول سے میٹرک کا امتحان کامیاب کر کے جامعہ عثمانیہ میں داخلہ لیا۔ ۱۹۲۶ء میں ایم۔اے اور ایل۔ایل۔بی کے امتحانات امتیاز کے ساتھ پاس کیے۔ ۱۹۲۷ء میں عثمانیہ یونیورسٹی میں مددگار پروفیسر کی حیثیت سے تقرر عمل میں آیا۔ ۱۹۴۲ء میں میسور یونیورسٹی

میں شعبہ اردو کی چیر قائم ہوئی تو اس پر سروری صاحب کا انتخاب عمل میں آیا۔ وہ چھے سال تک جامعہ میسور میں صدر شعبہ اردو کی حیثیت سے کام کرتے رہے۔ ۱۹۴۸ء میں جامعہ عثمانیہ نے شعبہ اردو کی صدارت کا پیش کش کیا تو دوبارہ جامعہ عثمانیہ میں واپس آ گئے اور یہاں ۱۹۶۲ء تک اپنے فرائض انجام دیتے رہے۔ یہاں سے سبکدوش ہونے کے بعد یونیورسٹی گرانٹس کمیشن کے اعزازی پروفیسر مقرر ہوئے۔ ۱۹۹۳ء میں جموں کشمیر یونیورسٹی میں شعبہ اردو فارسی کے صدر مقرر ہوئے اور مارچ ۱۹۷۱ء کو کشمیر ہی میں وفات پائی۔

سروری صاحب کو تصنیف و تالیف کا شوق طالب علمی کے زمانے ہی سے تھا۔ ان کو مولانا وحید الدین سلیم اور ڈاکٹر سید سجاد دہلوی جیسے اساتذہ سے فیض اٹھانے کا موقع ملا تھا۔ پروفیسر عبد القادر سروری کے تصانیف کی تعداد ۲۶ ہے۔

استاد محترم نے گویا دنیوی اور تدریسی تعلیم میں کمال کر دِکھایا۔ اس وقت کی بڑی سے بڑی ڈگری انھوں نے حاصل کی اور اونچا سے اونچا عہدہ انھیں ملا۔

پروفیسر سروری نے اپنی ادبی زندگی کا آغاز ''دنیائے افسانہ'' لکھ کر کیا۔ یہ ان کی پہلی ادبی تصنیف تھی جو زمانہ طالب علمی کی پہلی پیش کش تھی۔ جب وہ ایم۔ اے کے طالب علم تھے۔ یہ کتاب ۱۹۲۶ء میں منظر عام پر آئی۔ یہ اردو میں افسانہ کی تاریخ میں مقدمہ شعر و شاعری کو حاصل ہے۔ جس طرح حالی نے مقدمہ شعر و شاعری میں تنقید کے بارے میں مغربی نظریات کو بیان کیا اسی طرح سروری صاحب نے ''دنیائے افسانہ'' میں افسانہ اور ناول کے متعلق مغربی خیالات کو پیش کرنے کی اولین کوشش کی۔

پروفیسر سروری کی کتاب کو مقدمہ شعر و شاعری کی طرح بتانا آیا درست ہے؟ جب کہ دنیائے افسانہ میرے نزدیک مقبول عام کتاب نہیں ہے۔ افسانہ اور ناول کے متعلق وہ مغربی خیالات کے خوشہ چیں رہے ہیں اس سے ان کی علم سے دلچسپی ظاہر ہوتی ہے۔

''دنیائے افسانہ'' کی دوسری کڑی ''کردار اور افسانہ'' ہے۔ یہ کتاب ۱۹۴۹ء میں زیور

طباعت سے آراستہ ہوئی۔ سروری صاحب نے اس کتاب کو تین حصوں میں منقسم کیا۔ پہلے حصہ میں اشخاص قصہ دوسرے حصے میں کردار نگاری اور تیسرے حصے میں اردو کے افسانوی ادب کے چند مشہور کرداروں سے بحث کرتے ہوئے ان کا تقابل کیا۔ کردار اور افسانہ عملی تنقید کی ایک بلند پایہ کتاب ہے۔ اس میں انہوں نے اردو ادب کے اہم کرداروں کا بڑے اچھے انداز میں تجزیہ کیا ہے خاص طور پر سحرالبیان کے ردار اور نجم النساء کے متعلق انہوں نے جو کچھ لکھا وہ لاجواب ہے۔

سروری صاحب کی ایک اور اہم تصنیف اردو مثنوی کا ارتقاء ہے جو ۱۹۳۹ء میں شائع ہوئی۔ یہ کتاب دراصل ابن نشاطی کی مثنوی پھول بن کا مقدمہ کا ہے۔ جس طرح پروفیسر عبدالقادر سروری کی تمام زندگی سخت محبت اور سچی لگن سے عبارت ہے۔ ادب کے میدان میں انہوں نے جدت وندرت سے کام لیا۔ اردو ادب کا کوئی شعبہ ایسا نہیں ہے جس پر انہوں نے قلم نہ اٹھایا ہو۔

ابن نشاطی کی مثنوی پھول بن کا مقدمہ لکھنا آسان نہیں تھا لیکن یہ پروفیسر سروری کے لئے آسان بن گیا۔ علم سے دلچسپی اور لگاؤ نے دکنیات میں بھی انہیں پرفیکٹ بنادیا تھا۔

پروفیسر عبدالقادر سروری ہمہ جہت شخصیت کے مالک تھے۔ وہ بہ یک وقت صاحب طرز ادیب، خوش گو شاعر، ممتاز محقق، مایہ ناز نقادر، نامور مورخ، ماہر لسانیات، ماہر دکنیات اور ماہر مترجم تھے۔ اسی کے ساتھ ہو ایک مخلص انسان ایک ہمدرد اور ہر دلعزیز استاد بھی تھے۔ وہ ایک بیدار ذہن، محبت بھرا دل اور دور رس نگاہ رکھتے تھے۔ انہوں نے کئی نسلوں کی ذہنی، علمی وادبی تربیت میں حصہ لیا اور اردو ادب کو سائنسی طریقہ، تعلیم سے روشناس کرایا اور علم وادب کی سمتوں اور جہتوں میں اضافے اور نئے زاویئے پیدا کئے۔

پروفیسر انورالدین کا شمار ایک اچھے نقاد میں ہوتا ہے اور ان کے پاس ناقدانہ زبان ہے۔ کسی کا تعارف کراتے ہوئے وہ اپنی ناقدانہ بصیرت کو باز نہیں رکھتے اور نہ ہی ''شخصیات'' کے

مطالعہ کو ہاتھ سے جانے دیتے ہیں۔ تحقیق کی بابت بھی کافی اچھا لکھا ہے۔

ان کا شمار ہندوستان میں اردو کے سر برآوردہ مورخن محققین میں ہوتا ہے ان کے ادبی وتحقیقی کارنامے اردو اور انگریزی زبانوں میں ان کے تحقیقی مقالات وہ خطبات علمی حلقوں میں بڑی وقعت کی نگاہ سے دیکھے جاتے ہیں۔

حالی کی مقدمہ شعر وشاعری درحقیقت حالی کے دیوان کا مقدمہ ہے اسی طرح یہ کتاب ''پھول بن'' کا مقدمہ ہے۔ اس مقدمہ میں سروری صاحب نے اردو مثنوی کے آغاز وارتقاء سے تفصیلی بحث کرتے ہوئے جنوبی وشمالی ہند کی مثنویوں اور مثنوی نگاروں کے کمال فن پر تنقید کی ہے نیز ان کے حالات زندگی بھی قلمبند کئے ہیں۔ یہ کتاب دس ابواب پر مشتمل ہے اور مثنوی کی تاریخ میں امتیازی اہمیت کی حامل ہے اور ہندوستان و پاکستان کی کئی یونیورسٹیوں کے نصاب میں شامل ہے۔

''انگلش لٹریچر ان اردو لٹریچر اور رام بابو سکسینہ کی تاریخ ادب سے استفادہ کیا۔ اس کتاب کی تصنیف کا اصل مقصد طلبہ اور اساتذہ کی ادبی ضروریات کو پورا کرنا تھا جس کا انہوں نے اس کتاب کے دیباچہ میں خود اعتراف کیا تھا۔ لیکن درحقیقت یہ کتاب سروری صاحب کی دوربین نگاہ کی آئینہ دار ہے۔ شاید انہوں نے ترقی پسند تحریک کے عروج وزوال اور اس کے بعد آنے والے جدید نظریات کی چاپ محسوس کر لی تھی۔

سروری صاحب کا ایک اور ادبی کارنامہ اردو ادب کی تاریخ ہے۔ بقول سروری صاحب یہ مروجہ نوعیت کی تفصیلی تاریخ ادب نہیں ہے بلکہ اس میں سلطنتوں کے عروج وزوال شکست وریخت کے اسباب وعلل کا جائزہ لیتے ہوئے ان ادبی رجحانات ومحرکات پر روشنی ڈالی گئی ہے جس سے شعوری وغیر شعوری طور پر ہر دور کے شعراء ادبا نیز ارباب مجاز متاثر ہوئے ہیں یہ کتاب ۱۹۵۸ء میں شائع ہوئی۔ اس کے علاوہ سروری صاحب نے کشمیر میں فارسی ادب کی تاریخ کے نام سے بھی ایک تصنیف ۱۹۶۸ء میں شائع کی۔

فارسی ادب کی تاریخ کے حوالے سے کتاب لکھنا اب آسان نہیں رہا۔

سروری صاحب ماہر دکنیات بھی تھے دکنیات کے باب میں انہوں نے کئی اہم کارنامے انجام دیئے۔ کئی اہم شعراء کے کلیات ودواوین اور مثنویوں کی ترتیب وتدوین کی۔ اس سلسلے کی سب سے پہلی کڑی کلیات سراج ہے جس میں سراج اورنگ آبادی کے حالات زندگی اوران کے کلام کو مرتب کر کے پیش کیا گیا ہے۔

اس سلسلہ کی دوسری کڑی مثنوی پھول بن کر تدوین ہے۔ پھول بن سلطان عبداللہ قطب شاہ کے دور کے شاعر ابن نشاطی کی مشہور مثنوی ہے۔ جس کو سروری صاحب نے اپنے محققانہ مقدمہ کے ساتھ کئی مخطوطات اور قلمی نسخوں کے مطالعے اور تقابل کے بعد مرتب کیا۔

صنعتی بیجاپوری نے حضرت تمیم انصاری صحابہ رسول کے قصے کو قصہ بے نظیر کے نام سے منظوم کیا تھا۔ اس مثنوی کو بھی سروری صاحب نے تلاش وتحقیق کر کے مرتب کیا یہ تین سو سالہ قدیم اردو کا نادر ترین نمونہ ہے۔

''مراۃ الاسرار'' ایک نثری رسالہ ہے جو حضرت سید شاہ محمد صدرالدین کی تصنیف ہے سروری صاحب نے اسے بھی مرتب کر کے اپنے فاضلانہ مقدمہ کے ساتھ ۱۹۴۴ء میں شائع کیا۔

''مہتاب سخن، منشی لالہ مہتاب رائے سبقت کا اردو فارسی کلام کا مجموعہ ہے اس کو بھی سروری صاحب نے اپنے تحقیقی مقدمہ کے ساتھ ترتیب دے کر شائع کیا۔ انہوں نے استاد سخن مزاج اورنگ آبادی کے کلام کا معیاری انتخاب ''سراج سخن'' کے نام سے شائع کیا شاہ سراج کے مشہور مثنوی ''بوستان خیال'' کو بھی سروری صاحب نے اپنے تنقیدی مقدمہ کے ساتھ شائع کیا۔ یہ مثنوی طلبہ کے نصاب میں شامل ہے۔

سراج اورنگ آبادی کے کلیات سراج کو مرتب کیا۔ مثنوی پھول بن کی تدوین، مثنوی ''قصہ بے نظیر''، حضرت سید شاہ محمد صدرالدین کی تصنیف ''مراۃ الاسرار'' نثری رسالہ کی ترتیب، منشی لالہ مہتاب رائے کے فارسی کلام کے مجموعہ ''مہتاب سخن'' کی ترتیب، شاہ سراج کی مثنوی

''بوستان خیال'' کی اشاعت یہ وہ کام ہیں جو پروفیسر سروری کو ماہر دکنیات بناتی ہیں اوران کی تحریریں دکنی ادب کا سرمایہ کہلائیں گی۔

اس طرح سروری صاحب نے دکنیات کے موضوع پر سات کتابیں مرتب کیں۔اس کے علاوہ بہادر شاہ ظفر آخری مغل تاجدار کے کلام کا انتخاب بھی مرتب کر کے شائع کیا۔

تحقیق سروری صاحب کا خاص موضوع تھا جس میں ان کا اشہب قلم جولانی دکھاتا ہے۔ چنانچہ ''حیدرآباد کی تعلیمی ترقی گزشتہ ربع صدی میں'' اس قبیل کی بہترین تصنیف ہے اس میں میر عثمان علی خان آصف جاہ سابع کے عہد حکومت میں دکن میں علم وادب کو جو بتدریج ترقی ہوئی اس کا بہت ہی ٹھوس اور مدلل جائزہ پیش کیا گیا ہے۔

سروری صاحب کا دوسرا تحقیقی کارنامہ کشمیر کے دوادیب بھائی ہے اس میں کشمیری پنڈت گھرانے کے دو بھائیوں پنڈت ہرگوپال خستہ اور پنڈت سالک رام کول کے حالات زندگی اوران کے کارناموں کو یکجا کیا گیا ہے۔

سروری صاحب نے صدر کلیہ جامعہ عثمانیہ مولوی عبدالرحمٰن صاحب کی فرمائش پر جامعہ عثمانیہ کے کتب خانہ میں جو قلمی نسخے تھے ان میں سے اردو مخطوطات کی تفصیلی فہرست تیار کی جس کی اشاعت جامعہ عثمانیہ کی جانب سے عمل میں آئی۔

سروری صاحب کا ایک اور تحقیقی کارنامہ مہاراجہ رنبیر سنگھ اوران کا دارالترجمہ کے عنوان سے منظر عام پر آچکا ہے۔ سروری صاحب ایک اچھے افسانہ نگار تھے انہوں نے اپنی ادبی زندگی کا آغاز بحیثیت افسانہ نگار کے کیا۔ چنانچہ ان کے طبعزاد افسانوں کا ایک مجموعہ ''رات کا بھولا اور دیگر افسانے'' کے نام سے ۱۹۴۲ء میں شائع ہوا۔اس کے علاوہ انہوں نے دوسری زبان کے افسانوں کے مجموعے جیسے ''دنیا کے شاہکار افسانے ،قدیم افسانے انگریزی افسانے اور فرانسیسی افسانے کے نام سے مرتب کئے۔

ابھی آپ نے ان کے تحقیقی کام سے جس قدر پڑھا وہ ہماری آنکھیں کھول دینے کے

لئے کافی ہے۔لیکن یہ بات پروفیسر انورالدین جس دلجمعی، خلوص، علمی لگن کے ساتھ کہتے ہیں، پیش کرتے ہیں، یہ ان ہی کا خاصہ ہے۔اس مضمون کو پڑھتے پڑھتے ذہن کہتا ہے کہ یہی کچھ کام تو پروفیسر انورالدین نے بھی کیا ہے۔ بہرحال ماہرلسانیات ہونا مجھ جیسی خاتون کے نزدیک ایک سردرد کام ہے۔علمی کی کئی شاخیں ہیں ان میں لسانیات بھی وہ علم ہے جو کسی شخص کو بڑا بناتا ہے۔

سروری صاحب ماہرلسانیات بھی تھے لسانیات کے سلسلے میں ان کی ایک اہم تصنیف ''زبان اورعلم زبان'' ملتی ہے۔علم زبان کی اہمیت اوروسعت کوسب سے پہلے سروری صاحب نے اپنی تصنیف کے ذریعہ واضح کیا۔زبان اورعلم زبان سروری صاحب کا وہ تحقیقی کارنامہ سے جسے لسانیات میں ایک اہم مقام حاصل ہے۔یہ تصنیف ۱۹۵۶ء میں منظرعام پرآئی۔

اس بات سے بہت کم لوگ واقف ہیں کہ سروری صاحب ایک خوش گوشاعر بھی تھے یہ اور بات ہے کہ ان کا کلام ابھی پردہ گمنامی میں پڑا ہے۔

پروفیسرعبدالقادرسروری نے اردوادب وتحقیق کے ذوق کو پروان چڑھانے کے لیے بھی کئی ایک اہم خدمات انجام دیں۔جیسے انہوں نے مجلس تحقیقات کے نام سے ایک ادارہ قائم کیا تھا اوراس کے ذریعہ دکنی تحقیقات کوفروغ دیا۔ ادارہ ادبیات اردو کے قیام میں بھی سروری صاحب نے عملی طور پرحصہ لیااوروہ اس ادارہ کے بانی اراکین میں سے ایک ہیں۔

اتنا ہی نہیں آپ اس نابغہ رُوزگار شخص پروفیسرسروری کے بارے میں جان کرحیرت ہوگی کہ وہ دستورہند کمیٹی کے رکن بھی تھے جس کے بارے میں پروفیسر انورالدین لکھتے ہیں

''انہوں (پروفیسرسروری) نے اردوفیسٹیول کے ذریعہ اردو کی مقبولیت اوراردو کی بقاء کے لیے کام کیا سروری صاحب ترجمہ دستورہند کی کمیٹی کے رکن بھی تھے۔

ان کے عملی کارناموں کی تفصیل کے لیے سینکڑوں صفحات درکار ہیں اورشاید تب بھی حق ادانہ ہوسکے سروری صاحب کے قلم سے جوتحقیقی وتنقیدی سرمایہ وجود میں آیا وہ یقیناً اردو کا ایک اہم سرمایہ ہے اورآنے والی نسلیں ان کی بصیرت اورتنقیدی وتحقیقی شعور سے ہمیشہ مستفید ہوتی رہیں

گی۔

القصہ مختصر یہ کہ سات آٹھ صفحات میں پروفیسر سروری کے بارے میں لکھنا دراصل دریا کو کوزے میں بند کرنا ہے۔ مجھے یقین ہے کہ پروفیسر سروری کے کارناموں کا کوئی پہلو چھوڑا نہیں ہوگا۔ سبھی کچھ اختصار تر اختصار کے ساتھ بیان کرنا پروفیسر انورالدین کا خاصہ ہے۔

اردو ناول میں حقیقت نگاری نئے رجحانات

اشرافیہ طبقہ نے معاشرے کو دو حصوں میں تقسیم کر رکھا ہے، ایک حصہ وہ ہے جس میں انسان حقیقی زندگی سے جوجھ رہا ہے۔ زندگی کو با معنی بنانے کی کوشش میں لگا ہوا ہے۔ قتل، مقدمات، چوری، الزام تراشی، تھوڑی سی خوشیاں اور تھوڑے سے غم جس میں نظر آئیں۔ دوسرا حصہ وہ ہے جہاں آدمی علم، تعلیم اور اپنے نظریات کو لے کر کاغذ، قلم اور قصہ کہانیوں سے وابستہ ہو جائے۔

اِن دو حصوں میں اشرافیہ طبقہ نے کبھی بھی دوسرے حصہ کو پسند نہیں کیا۔ ان کا خیال رہا کہ جو لوگ کاغذ، قلم اور قصہ کہانیوں سے وابستہ ہوتے ہیں وہ عملی آدمی نہیں ہوتے۔ یہ لوگ دراصل ان کے نزدیک دوسری دنیا کے لوگ ہوتے ہیں۔ جس کا سبب یہ تھا کہ قصہ کہانیوں میں ایک دوسری تخیلاتی دنیا کی بات کی جاتی تھی۔ جس کا موجودہ قتل و غارت گری، فساد و سیاست، الزام اور سرقہ والی دنیا سے نہیں ہوتا تھا۔ اور جب بہت زیادہ عملی زندگی پر زور دیا گیا تو پروفیسر انورالدین جیسے اشخاص کو مذکورہ عنوان ''اردو ناول میں حقیقت نگاری نئے رجحانات'' پر گفتگو کرنی پڑی۔ گفتگو سماعت کیجئے گا۔ پروفیسر انورالدین لکھتے ہیں۔

ریلزم اور ناول ہم معنی لفظ ہیں۔ حقیقت نگاری کی تحریک ناول کے آغاز کے ساتھ ہی شروع ہوئی۔ ناول کے وجود میں آنے سے قبل ہر زبان میں تخیلی قصے تھے خواہشات کی تکمیل

جب حقیقی عنوان سے نہ ہو پاتی تو تخیل کے سہارے اس کو پورا کرنے کی کوشش کی جاتی۔ ان قصوں کے طرز بیان میں ایک قسم کا تکلف اور تصنع کے ساتھ حد درجہ مبالغہ ہوتا تھا۔ کردار، خیال اور واقعات کی بنیاد عموماً فوق فطری عناصر پر ہوتی تھی۔ داستان نگار قاری کو عجائبات کی دنیا میں لے جاتا جہاں بھوت، جن دیو، پریاں اور اسی قسم کے فوق فطری کردار ہوتے تھے اور پھر ان کے کارنامے جوان کے وجود ہی کی طرح بعید از قیاس ہوتے تھے۔ داستان دراصل زندگی اور اس کے حقیقی مسائل سے فرار کا دوسرا نام تھا۔

جن، بھوت، پریوں کی باتیں دراصل ایک تمثیل تھے۔ راست بات کہنے کے بجائے ان کے ذریعہ بات کہی جاتی تھی۔ کیونکہ اس وقت کا معاشرہ اس لائق نہیں تھا کہ راست طور پر اس کے بارے میں لکھا جائے یعنی وہ اپنے بارے میں حقیقت پسند نہیں تھا، اسلئے اشارے، کنایے، اور حکایات کی زبان میں باتیں کہی جاتی تھیں۔ پھر جب معاشرہ حقائق کو انگیز کرنے لگا تب حقیقی واقعات پر ناولیں لکھی گئیں۔ یہی بات پروفیسر کچھ اس طرح لکھتے ہیں۔

آگے چل کر جب ایسا قصہ لکھا گیا جس میں حقیقی زندگی اور اس کے مسائل کو موضوع بنایا گیا تو یہ قصہ ناول کہلایا۔ ادب کی دنیا میں جو سب سے پہلا ناول لکھا گیا وہ رچرڈسن کا ''پامیلا'' ہے اس میں ایک گھریلو خادمہ کے ذریعہ زندگی کو پیش کیا گیا۔ جب کہ داستانوں میں اعلیٰ طبقے کی زندگی پیش کی جاتی تھی۔

حقیقت نگاری کی تحریک ۱۸۴۸ء میں یورپ میں شروع ہوئی اور ادب میں رومانیت کے ردعمل کے طور پر ابھری چنانچہ حقیقیت نگار عام آدمی کی روم مرہ زندگی پر زور دیتا ہے جو اکثر موافق اور نامساعد حالات و کوائف کی ترجمانی سے لبریز ہوتی ہے اور وہ ایسی مناسبت سے زبان اور اسلوب بھی اختیار کرتا ہے۔

یوں تو اردو ناولوں میں نذیر احمد کے ظاہر دار، بیگ اور مرزا ہادی رسوا کے کردار بالخصوص کالے خاں، امراؤ جان کا بھائی اور امراؤ جان حقیقت نگاری کا جوہر رکھتے ہیں لیکن باقاعدہ

طور پر حقیقت نگاری کا بیڑہ منشی پریم چند نے اٹھایا۔

حقیقت نگاری اور واقعیت نگاری دونوں ایک ہی ہیں مگر یہ سوال بعد میں اٹھایا گیا کہ حقیقت اور واقعیت کسے کہیں گے۔ پہلے خارجی حقیقت جو مشاہدے میں آتی تھی وہی ادب کا موضوع بنی رہی۔ زندگی کی تعبیر کس طرح کی جائے اس کا اطلاق مختلف تحریکات و نظریات کے ساتھ ہوا۔ فرائیڈ کے تحلیل نفسی کے نظریے کے بعد نفسیاتی حقیقت نگاری پر بھی زور دیا جانے لگا۔ آگے چل کر حقیقت نگاری کے کئی رجحانات پیدا ہوئے اور اسی کے ساتھ ناولوں میں بھی مختلف رجحانات آنے شروع ہوئے۔ مغرب میں ناولوں میں نئے رجحانات کثرت سے آتے گئے لیکن اردو میں تبدیلیاں بہت کم ہوئیں۔ ترقی پسند دور میں ادب میں اشتراکی حقیقت نگاری کا زور رہا۔ اشتراکی حقیقت نگاری ایک طرح کی رومانیت تھی۔ لینن نے ادیبوں کو ہدایت کی تھی کہ ادب کا کام صرف یہ نہیں کہ خارجی حقائق کی محض عکاسی کردی جائے بلکہ ادیب کو چاہئے کہ وہ ان سارے عوامل کو پیش نظر رکھے جس سے خارجی حقیقت تشکیل پاتی ہے اور اسی کے ساتھ مستقبل کے امکانات کو بھی نظر انداز نہ کرے۔ اور انقلاب کے زیر اثر جو خوش آئند تبدیلیوں کے امکانات ہیں ان کو بھی پیش کرنا چاہئے اردو میں کرشن چندر، خواجہ احمد عباس اور دوسرے ترقی پسند ناول نگاروں کے ہاں یہی رجحان ملتا ہے اس کے برخلاف راجندر سنگھ بیدی نے انسانی فطرت اور انسان کے وجودی مسائل کو جگہ دی اور حقیقت کو واشگاف انداز میں پیش کیا۔ جب کہ قرۃ العین حیدر نے حقیقت کا ایک تاریخی ادراک پیش کیا۔ وہ تاریخ میں انسانی وجود کے سفر کو نگاہ میں رکھتی ہیں۔ ان کا ناول ''آگ کا دریا'' آزادی کے بعد کا پہلا اور اہم ناول ہے۔ اس ناول کے کرداروں میں نا آسودگی تاریخ اور فلسفی کی کتابوں، بھگتی تحریک میں سکون کی تلاش میں پھرنے کا عمل ۔۔ وقت کے بہاؤ میں انسان لباس، کردار اور شکلوں کی تبدیلی اور بوقت کے جبر کے آگے بے بسی جو ہم سب کا مقدر ہے جس سے کوئی نہ بچ سکا یہ ایک ابدی حقیقت ہے اور اس طرح کے تصورات کا حقیقی اظہار ہے۔

پروفیسر انور الدین نے ناولوں میں حقیقت نگاری کی تلاش کرتے ہوئے خدا کی بستی، لہو کے پھول، مدار، اداس نسلیں، آگ کا دریا اور دیگر ناولوں کا ذکر کرتے ہوئے ان میں موجود حقیقت نگاری کو پیش کرنے کی کوشش کی ہے۔

۱۹۵۵ء کے بعد اشتراکی سکہ بندی کو ہندوستان اور پاکستان کے ادیبوں نے توڑا۔ کیوں کہ روس کے اشتراکی نظریوں میں بھی تبدیلی آ گئی تھی۔ اس دور میں ہمیں ''خدا کی بستی'' میں حقیقت نگاری کا پہلا رجحان نظر آتا ہے۔ شوکت صدیقی نے اس ناول میں نچلے متوسط طبقے کے کرداروں کے حوالے سے معاشرے کی بھیانک اور ہولناک سچائیوں پر سے پردہ اٹھایا ہے۔

حیات اللہ انصاری کا ضخیم ناول ''لہو کے پھول'' میں حقیقت نگاری کم اور سیاسی پارٹی کا پروپگنڈہ زیادہ ہے اس لئے یہ ناول تو تاریخ بن سکا اور نہ ہی ناول البتہ ان کا ایک چھوٹا سا ناول ''مدار'' اس لحاظ سے اہم ہے کہ اس میں یہ بتایا گیا ہے کہ کمیونیکیشن گیاپ یا ترسیل کی ناکامی کی وجہ سے عشق بھی ناکام ہو جاتا ہے۔ ہم زبان کے مسئلہ کو نظر انداز نہیں کر سکتے۔ اس کا کوئی نہ کوئی حل ضرور نکالنا پڑے گا۔

خدیجہ مستور کے ناول ''آنگن'' میں حقیقت نگاری کی ایسی اکائی ہے جو کسی تراشی ہیرے کی طرح ہے۔ جس زاویے سے دیکھئے ایک نیا پرتو نظر آتا ہے۔ حقیقت نگاری اور معاشرے کی یہ عکاسی، سیاسی البعاد، جنسی البعاد تہذیبی پہلو وغیرہ۔ آنگن'' مسلم متوسط طبقے کی معاشرتی گھٹن کی حقیقی تصویر کشی کرتا ہے۔

''اداس نسلیں'' عبداللہ حسین کا ایسا ناول ہے جو اردو ناول نگاری کو کچھ ٹھوس حقیقتوں اور مثبت سمت کی طرف لے جاتا ہے۔ اس کا کینوس بہت زیادہ وسیع نہیں۔ حقیقت یہ ہے کہ قرۃ العین حیدر نے ''آگ کا دریا'' کو جہاں لاکر چھوڑ دیا تھا عبداللہ حسین نے وہاں سے اپنے فن کا آغاز کیا ہے۔ وہاں ماضی کا اظہار تھا یہاں حال اور نئے انسان کی بشارت، اس سے زیادہ محاذ جنگ پر ایک سپاہی کی نفسیات کی پیشکشی سے جو بلاشبہ فوٹو گرافی ہے یعنی جو دیکھا اور جو محسوس کیا

اس کی تصویر کھینچ کر رکھ دی۔

پروفیسر انورالدین نے جیلانی بانو، انتظار حسین، قرۃ العین حیدر، شیخ عبداللہ اور فہیم اعظمی وغیرہ کے ناولوں میں حقیقت نگاری کے ساتھ ساتھ مختلف ازم جیسے اشترا کی حقیقت نگاری، وجودیت، موضوع، تاریخ، وجودیت وغیرہ پر بات کی ہے۔ ملاحظہ کریں۔

جیلانی بانو کے پاس اشترا کی حقیقت نگاری ملتی ہے جب کہ انتظار حسین کے ہاں وجودیت کا اثر ملتا ہے۔ وجودیت کے فلسفے نے مغرب میں ناول کو بہت زیادہ متاثر کیا۔ کافکاء کامیو اور سارتر نے اپنے ناولوں میں کسی مثالی انسان کو پیش نہیں کیا اور نہ ہی ان کے کردار کسی اخلاقی قدر کے تابع نظر آتے ہیں بلکہ وہ وجود کی سطح پر سانس لیتے اور زندگی گزارتے ہیں۔

اردو ناول کی تاریخ میں ''بستی'' سے ایک نئے رجحان کا آغاز ہوتا ہے۔ اس رجحان کا تعلق موضوع سے نہیں بلکہ موضوع برتنے سے ہے اور وہ ہے آرکی ٹائپ۔ اس ناول کا وہ پہلو جہاں غدر کے دوران دہلی میں انگریزوں کا دباؤ و دہلی کا سقوط، بنگلہ دیش ڈھاکہ میں دباؤ اور سقوط قابل ذکر ہیں۔ اس ناول میں دونوں ادوار میں زمانی فاصلے کے باوجود بہت بڑے طبقے کی ذہنی رو کو گرفت میں لینے کی کوشش کی گئی ہے۔ اور دونوں ادوار کے ربط سے ایک ایسی حقیقت نگاری کا رجحان سامنے آتا ہے جس کی اساس شعور و فکر پر ہے۔

قرۃ العین حیدر کا ناول'' کار جہاں دراز ہے'' اور شیخ عبداللہ کا ناول آتش چناران دونوں ناولوں کی وجہ سے ہماری بیسویں صدی کی تہذیبی تاریخ محفوظ ہوگئی ہے۔ ہمیں اب کسی ٹائم کیپسول کی ضرورت نہیں رہی۔ ان دونوں ناولوں میں حقیقت نگاری سیاسی بھی ہے اور تہذیبی بھی۔

فہیم اعظمی کا ناول ''جنم کنڈلی'' تجریدی ناول ہے جس طرح سے جوائس نے ''یولیس'' میں ذہن کے بکھراؤ کو اکائی تسلیم کرتے ہوئے مختلف زبانوں کے الفاظ شامل کر کے شعور کے بہاؤ کو پیش کرنے کی کوشش کی تھی۔ فہیم اعظمی نے بھی اسی طرز کو اپناتے ہوئے واقعات کی تجرید کی

ہے اس میں کوئی شک نہیں کہ یہ رجحان بالکل نیا ہے لیکن اردو کا قاری رات کا دھندلکا نہیں چاہتا بلکہ دن کی روشنی چاہتا ہے۔ یعنی ابہام نہیں وضاحت حالانکہ اسی مبہم انداز میں جاگیردارانہ نظام کے بہت سے پہلو برہنہ حقیقت نگاری کے مرقعے بن کرابھرتے ہیں۔ جدید ناول میں ایک رجحان (Neo) مارکسزم کا ملتا ہے۔ یورپ کی دائیں بازو کی تحریکات کے زیراثر بعض ادیبوں کے ہاں انقلابی رجحانات نشوونما پا رہے ہیں۔ ان کا اثر اردو میں سب سے زیادہ انورسجاد کے ناول ''خوشیوں کا باغ'' میں ملتا ہے۔ بلحاظ اسلوب یہ جدیدیت سے پر ہے۔

زندگی لایعنی ہے مہمات سے بھری ہے۔ ہم جی رہے ہیں ہمارے پاس نہ مقصد ہے نہ سمت ہے اور نہ کوئی تشخیص۔ وجودی فلسفے نے یورپ کی ان جنگوں کے درمیان جو تہذیبی شکست دریخت ہوئی تھی اس پر ایک طرح سے فریاد کی ہے۔ یہ فریاد ڈیکارٹ سے شروع ہوئی مگر ناول میں اس کے مبلغ سارتر اور کامیو ہیں۔ کامیو کہتا ہے :

> ''ناول ایک کائنات ہے...... ناول کی دنیا اس دنیا کی محض تطہیر ہے جس میں ہم انسان کی عمیق ترین خواہشات کی تکمیل کے لئے جیتے ہیں کیوں کہ ناول کی دنیا بلاشبہ وہی ہے جسے ہم دنیا سمجھتے ہیں۔ وہ دکھ، وہ فریب، وہ محبت سب وہی ہیں۔ ناول کے ہیرو وہی زبان بولتے ہیں جو ہم بولتے ہیں۔ ان کی کمزوریاں ہماری کمزوریاں ہیں۔ ان کی قوت ہماری قوت ہے...... بس فرق یہ ہے کہ ناول کے ہیرو اپنی تقدیروں کا تعاقب اپنے تلخ انجام تک کرتے ہیں۔''

لیکن کامیو کے اس اقتباس کو سارتر کے ۱۹۶۴ء کے ایک انٹرویو کے تناظر میں دیکھنا چاہئے۔ ایک طرح سے سارتر کی یہ آواز اپنے دور کے خلاف صدائے احتجاج ہے وہ کہتا ہے میں ادیب سے صرف یہ چاہتا ہوں کہ وہ دنیا کی بھوک، ایٹمی جنگ کا خوف اور انسان کے کٹ کر رہ جانے یعنی Alienation کو نظرانداز نہ کرے۔

اس طرح ناول نگاری کے صنف جو بذات خود حقیقت نگاری کا ایک نمونہ ہے اس نے اپنی تاریخ کے اس محدود وقفے میں سماجی یا نفسیاتی حقیقت نگاری کے بڑے اچھے نمونے پیش کئے اور دور حاضر میں حقیقت نگاری کو فکری سطح پر پیش کرنے کی سعی مشکور کی ہے۔

پروفیسر انورالدین نے وہ باتیں اختصار کے ساتھ منظر عام پر لانے میں کامیابی حاصل کی ہے جو باتیں اپنے اپنے زمانے کی تحریکات یا ناول نگار چاہتے تھے۔ حقیقت نگاری کے حوالے سے ان کا یہ مضمون مزید گہرائی سے پڑھنے کے لئے ان کے دیگر مضامین کو بھی پڑھنا چاہیے۔

جدیدیت انہدام یا تعمیر نو

رومانیت کے بعد ترقی پسند تحریک اٹھی تھی۔ اس کے رد میں جدیدیت وجود میں لائی گئی۔ جدیدیت کو کتنی پذیرائی حاصل ہوئی اس کا معاملہ حقیقت میں کیا رہا، پروفیسر انورالدین کے مذکورہ عنوان سے ظاہر ہو جاتا ہے۔ پروفیسر انورالدین جس طریقے سے ادب کی بات کرتے ہیں اور اس کو پیش کرنے کے لئے مقدمہ قائم کرتے ہیں اور پوری لڑائی لڑتے ہوئے فائنل Goal کرتے ہیں وہ اس مضمون میں دیکھا جا سکتا ہے۔ وہ لکھتے ہیں۔

''ادب زندگی کا آئینہ دار ہے۔ اس لیے زندگی کی طرح ادب میں بھی انقلابات اور تبدیلیاں ہوتی رہتی ہیں نہ صرف موضوع اور مواد میں بلکہ ہیئت و اسلوب میں بھی تبدیلیاں ناگزیر ہیں اور ان تبدیلیوں کے لیے ہر دور کے ادیب اور قاری کو اپنے اندر آمادگی پیدا کرنی ہوتی ہے۔ لیکن اس حقیقت کو فراموش نہیں کرنا چاہئے کہ باوجود انقلابات اور تبدیلیوں کے ادب میں ایک تسلسل بھی ہوتا ہے ادب میں تبدیلیاں روایات کی بنیاد پر ہی ہوتی ہیں کوئی ادب زمانے کے مجموعی تاثرات سے بے نیاز نہیں ہو سکتا اور نہ ہی اس کی تخلیق کا تصور خلاء میں کیا جا سکتا ہے۔

جدیدیت اسی تنقیدی بصیرت اور زندگی کے تقاضوں سے پیدا ہوتی ہے جو زمانے کی تبدیلی کے بعد ماضی سے موافق عناصر منتخب کر کے جذب کر لیتی ہے اور منفی عناصر کو خارج کر دیتی ہے جدیدیت کے تعلق سے مختلف متضاد اور متناقص باتیں کہی جاتی ہیں جیسے جدیدیت ایک تحریک ہے جدیدیت ایک رجحان ہے ایک فیشن ہے ایک فارمولا ہے فراڈ ہے ترقی پسندی کی توسیع ہے ترقی پسندی کی ضد ہے مغرب سے مستعار ہے روایات اور بغاوت کا استحکام ہے ایک مستحسن اور خوشگوار اقدام ہے ایک تاریخی تقاضہ ہے جس سے مفر اور جس کا انکار ممکن نہیں اس قبیل کی باتوں کا قطعیت کے ساتھ اثبات یا انکار مشکل ہے۔ جدیدیت کی شناخت اس کے رویہ سے ہوتی ہے جو کسی تخلیق کو قدیم یا روایتی رنگ سے جدا کر کے اس میں ایک نئے اور تازہ احساس کی موجودگی کا پتہ دیتی ہے۔

پروفیسر انورالدین مختلف تحریکات کا مطالعہ معروضی طریقے سے کرتے ہیں۔ وہ ایک غیر جانبدار محقق، مبصر اور مصنف ہیں۔ انھوں نے ادب کو تعصب، علاقہ، ذات اور فرد کے حوالے سے نہیں دیکھا۔ ''جو تھا وہی'' پیش کیا ہے۔ ان کے مضمون کا یہ اقتباس ملاحظہ کریں۔ جس طرح کا الزام ترقی پسند تحریک پر لگایا گیا ہے وہ سنہرے حرفوں میں لکھنے لائق ہے، وہ لکھتے ہیں

''گذشتہ دور میں نظریہ کو فارمولے اور فیشن کے طور پر برتا گیا اور ادب کو نظریہ کی غلامی میں دے دیا گیا۔ یہ ایک طرح کی وابستگی یا کمٹ منٹ تھا جس کا تعلق مخصوص سیاسی جماعت کے نظریوں سے تھا۔ اس کمنٹ منٹ کی وجہ سے تخلیق کا دائرہ محدود ہو کر رہ گیا۔ اس کے نتیجے میں ترقی پسند ادب بھی زندگی کے گوناگوں مسائل زندگی کے گوناگوں مسائل اور تجربات سے لاتعلق ہو گیا۔''

آگے مزید لکھتے ہیں۔

ترقی پسند ادیبوں اور شاعروں کے تخلیقی عمل کا دارومدار ان کے اپنے ذاتی احساسات پر نہیں تھا یعنی ان کی وابستگی اپنی ذات سے نہیں تھی یہ ممکن تھا کہ ایک مخصوص فلسفے اور نظریے کو مان

کرکوئی ادیب اچھی تخلیق پیش کرے لیکن یہ اس صورت میں ممکن ہے جب خود ادیب کا تجربہ اور مشاہدہ اس کی توثیق کرے بیشتر ادیبوں کا تعلق متوسط طبقے سے یا اعلی متوسط سے تھا۔ جن کو نچلے طبقے کی زندگی کا حقیقی تجربہ تھا وہ تخیل سے کام لے کر نچلے طبقے کی زندگی کی ترجمانی کرر ہے تھے اس طرح صورت حال یہ ہوگئی کہ ترقی پسند ادیب اپنی دانست میں جس طبقے کے لئے لکھ رہے تھے وہ طبقہ خود اس ادب کا قاری نہیں تھا اس کے نتیجے میں قاری اور تخلیق کا رشتہ بھی منقطع ہوگیا بہ حیثیت مجموعی ادب پروپگنڈہ ہوکر رہ گیا۔ ان حالات کا ردعمل جدیدیت کی شکل میں ظاہر ہوا جس میں اس بات کو محسوس کرتے ہوئے کہ کسی مخصوص سیاسی جماعت کی پالیسی سے اچھا ادب پیدا نہیں ہوتا اس بات پر زور دیا جانے لگا کہ ادیب کی وابستگی اپنی ذات سے ہونی چاہئے لیکن اس کے مخالفین نے اسے ایک غلط رنگ میں پیش کیا۔ اور اس کی غلط تعبیر کی اور کہا کہ جدید ادیب کو انسانیت اور سماج سے کوئی تعلق نہیں ہے۔ وہ اپنی ذات کے نہاں خانوں میں بند ہے اس کو بس اپنی ذاتی تنہائی اور ذاتی غم سے سروکار ہے حالانکہ ایسا نہیں تھا جب یہ کہا گیا کہ ادیب کی وابستگی اس کی ذات سے ہونی چاہئے تو اس کا مطلب یہ ہے کہ ادیب کو اپنے شخصی تجربات ومشاہدات پر اپنی تخلیق کی بنیاد رکھنی چاہئے جو کچھ وہ محسوس کرتا ہے اسی کو وہ پیش کرے۔

یہاں یہ سوال پیدا ہوتا ہے کہ کیا ادیب سماج سے بالکل غیر متعلق ہوسکتا ہے میں سمجھتی ہوں کہ عملاً ایسا ممکن نہیں۔ سماج سے فرد کے رشتے سی حالت میں منقطع نہیں ہوسکتے فرد اور سماج میں جو رشتہ ہے اس کا اعلان کسی فن پارے میں ضروری نہیں یہ رشتہ اس وقت بھی رہے گا جو ادیب خالص انفردیت کا اعلان کرے گا ادب میں انفرادیت کی اہمیت سے انکار کیا جاسکتا۔ میرے خیال میں انفرادیت اور اجتماعیت میں کوئی تضاد نہیں ہے ایک اچھا ادیب اپنی انفرادیت کو برقرار رکھتے ہوئے اتفاقی اور عمومی ہوسکتا ہے۔

بلاشبہ جدیدیت ایک ردعمل تھا۔ اس میں کوئی دورائے نہیں ہے۔ اس ردعمل کے کیا کچھ فوائد ہوئے اس کے بارے میں تاریخ کیا کہتی ہے اس کا محاسبہ اور محاکمہ بھی ضروری ہے۔ یہ

کام پروفیسر انورالدین نے کر دیا ہے۔ وہ کہتے ہیں۔

جدیدیت کا تقاضہ یہ ہے کہ ہم ادبی اظہار کو وقتی حوالوں کا پابند نہ بنائیں۔ جدیدیت ایک طرح سے ترقی پسندی کا ردعمل ہے جدید دور کا انسان نظریے کی جکڑ بندی سے نکل کر زندگی کے حقائق کو اپنی نظر اور اپنے تجربے کے وسیلے سے دریافت کرنا چاہتا ہے۔ جدیدیت کو ترقی پسندی کی توسیع یا تسلسل قرار دینا صحیح نہیں ہے۔ یہ کہنا کہ جدیدیت نے تنہائی، مایوسی صنعتی زندگی کی حشر سامانی، شہروں کی بھیڑ بھاڑ، عالمی جنگ کا خوف اقدرا کی ٹوٹ پھوٹ، عقائد کی شکست وغیرہ کو اپنایا ہے۔ ایک سرسری رائے کے طور پر تو صحیح ہو سکتا ہے۔ لیکن اسے کوئی قطعی اور حتمی بنیاد قرار دینا درست نہ اس کی وجہ یہ ہے کہ موضوعات کی تخصیص کے ذریعہ ہم وہی غلطی کریں گے جس کی شکایت ہمیں پچھلے ادیبوں سے رہی ہے کہ ادب کو چند لگے بندھے موضوعات کا پابند بنانا چاہتے تھے۔ زیادہ سے زیادہ یہ کہا جا سکتا ہے کہ جدید ادب میں عقائد کی شکست اقدار کی ٹوٹ پھوٹ وغیرہ کا ذکر عموماً ملتا ہے جدیدیت قاری کا انکار نہیں کرتی اور نہ قاری کو ذہنی حیثیت سے اتنا پس ماندہ سمجھتی کہ اس کو سمجھانے کے لے جگہ جگہ پر ترکیب استعمال لکھنا ضروری سمجھے بلکہ وہ اس کو اپنا ذہنی رفیق جان کر اس کا احترام کرتی ہے اور قاری کے آزاد وجود کو تسلیم کر کے اس کی تعظیم کرتی ہے۔

پروفیسر انورالدین نے جدیدیت کی افادیت کا اظہار جن الفاظ میں کیا ہے وہ بھی اس لائق ہیں کہ انہیں پڑھا جائے اور اس تحریک کے حوالے سے حرزِ جاں بنا کر رکھ لیا جائے۔ وہ جدیدیت کے بارے میں چھوٹے چھوٹے جملوں میں بڑی باتیں کہہ جاتے ہیں۔ کہتے ہیں کہ ''جدیدیت تجربہ کا خیر مقدم کرتی ہے۔ موضوعات کو واقعیت کے عصری نقطہ نظر سے دیکھتی ہے۔ مسائل کی عکاسی کرتی ہے لیکن ان کو حل کرنے یا کسی مخصوص مسلے پر کسی مخصوص نظریے کی پابند نہیں ہے۔

جدیدیت علامت اور اشاروں کے ذریعہ زندگی کی معنی خیزی اور بصیرت کو پیش کرنا

چاہتی ہے اس لئے اس کی تفہیم وتحسین کے لئے رجحانات کا شعور اور ذہنی بیداری ضروری ہے۔ گزشتہ تحریک کے برخلاف قاری کے ساتھ جدیدیت کا رویہ نہ تو تحکمانہ ہے نہ برتری کا اور نہ ہی خوف کا بلکہ اعتماد کا ہے۔

جدید شاعر کسی فارمولے یا نظریے کے بجائے اپنے ذاتی تجربے اپنے حواس اور ادارک کی مدد سے زندگی کی حقیقتوں کا انکشاف کرنا چاہتا ہے اس کے نزدیک ذات اور کائنات فرد اور جماعت، عشق اور ہوس، زندگی اور موت، معنی اور لفظ الگ الگ نہیں بلکہ ایک دوسرے سے گہرے وابستہ ہیں۔

ڈاکٹر انورالدین مذکورہ موضوع میں کچھ اس طرح کھو گئے ہیں کہ وہ اس موضوع کے شارح بن جاتے ہیں۔ بلکہ اس کے وکیل بن جاتے ہیں۔اسی طرح کا انداز یہاں ملتا ہے۔ وہ لکھتے ہیں۔

سمبالزم یا علامت شعر کو سمجھنے کا ایک طریقہ ہے شعر کہنے کا نہیں۔جن نظموں پر ہم عام طور پر ابہام کا الزام لگاتے ہیں ان میں معنی خیز امکانات ہوتے ہیں اور اس میں بیک وقت معنی کی ایک سے زائد سطحیں متحرک ہوتی ہیں۔

جدید شاعری مجموعی طور پر آج نظم گوئی کے اس طریقہ کار سے وابستہ ہے جو عصری احساس کی پیداوار ہے۔اس طرح یہ کہا جاسکتا ہے جدیدیت نے تخلیق کار کے اطراف کھڑی کی گی حدود قیود کی غیر صحت مند دیواروں کو منہدم کر کے ادب کی تعمیر نو کی ہے۔

ان کا ایک مضمون ''فانی کا شعری سفر'' ملاحظہ فرمائیں :

حالؔی کے تنقیدی حملوں اور علی گڈھ تحریک کے ناموافق اثرات کی زد میں آ کر اردو شاعری کی ۔غزال رعنا یعنی صنفِ غزل سخت گھائل بلکہ نیم جاں ہو چکی تھی لیکن بیسویں صدی کے ربع اول میں چار شاعر ایسے پیدا ہوئے جو پژمردہ و نیم جاں غزل کے حق میں مسیحا بن کے اٹھے انہوں نے اپنے خونِ جگر سے غزل کی آبیاری، ان کی جگر کاری نے غزل کی عروقِ مردہ میں خونِ

زندگی دوڑا دیا۔ ان کی کوششوں سے اردو غزل جس کی موت کا یقین سا ہو چلا تھا نہ صرف جی اٹھی بلکہ پوری آب وتاب اور زندگی کی کلیت رونق کے ساتھ ہماری تہذیب کی آبرو بن گئی۔ یہ چار سخن ورجنہیں اردو غزل کے عناصر اربعہ کہا جاتا ہے حسرتؔ، جگرؔ، اصغرؔ اور فانی ہیں۔

فانی بدایونی

فانیؔ بدایونی جن کا پورا نام شوکت علی خان تھا ۱۳؍ستمبر ۱۸۷۹ء کو بدایوں میں پیدا ہوئے۔ ان کے والد شجاعت علی خان محکمہ پولیس میں عہدیدار تھے انہوں نے فانیؔ کی ابتدائی تعلیم کا انتظام گھر پر ہی کیا بعد ازاں انہیں گورنمنٹ ہائی اسکول میں شریک کروایا۔ انٹرنس کے بعد فانی نے بریلی کالج میں داخلہ لیا اور ۱۹۰۱ء وہاں سے بی اے کا امتحان اعزاز کے ساتھ کامیاب کیا۔ ۱۹۰۶ء سے ۱۹۰۸ء تک وہ علی گڈھ میں رہے اور وکالت کا امتحان پاس کیا۔ عملی زندگی میں فانیؔ ایک کامیاب انسان نہیں تھے۔ انہوں نے وکالت کی جو نہیں چلی۔ حیدرآباد آئے اور اولاً مہاراجہ کشن پرشاد شادؔ کے دربار سے وابستہ ہوئے لیکن حقِ مصاحمت ادا نہ کر پائے...... مہاراجہ کی سفارش سے انہیں مدرسی کی ملازمت ملی لیکن وہ کیا حقہ اس کے فرائض کی انجام دہی سے قاصر رہے۔ شہزادہ معظم جاہ کے دربار سے وابستہ ہوئے لیکن اس دربارِ دُربار میں بھی ان کا صدف تقدیر گوہر مراد سے نا آشنا ہی رہا۔ معاشی و مالی طور پر وہ ہمیشہ پریشان حال اور فکری اعتبار سے آشفتہ روزگار رہے۔ ہر چند کا حیدرآباد نے ان کی عزت وتوقیر، دستگیری اور سرپرستی و پذیرائی میں کوئی کسر نہ چھوڑی لیکن فانیؔ کی افتادِ طبع تھی ہی ایسی کہ مُسر وفیر تنگی وفراخی۔ ہر حال میں وہ اپنے لئے رنجوری وغم، درد ودائم اور حسرت و مایوسی کا گوشہ تلاش کر لیتے تھے۔ نجی زندگی میں انہیں دختر جواں کی موت کے علاوہ بھی بہت سارے حادثات وسانحات سے گزرنا پڑا۔ وکالت میں ناکامی، وطن سے ہجرت، آبائی جائیداد کا فروخت ہونا وغیرہ۔ ایک حساس اور غیور آدمی کی شکست

وریختہ کے لئے یہ اسباب کافی ہیں۔مجلسی زندگی میں بھی انہیں کچھ کم پریشانیاں نہ اٹھانی پڑیں۔ غرض یہ کہ مایوسی، پریشانی، بے دلی اورحزن وملال کی کیفیت میں فآنی کی زندگی گزرتی رہی اور انہوں نے اسی طرح جی جی کومرتے ہوئے اورمرمرکے جیتے ہوئے اگست ۱۹۴۱ء میں داعی اجل کو لبیک کہا۔ان کی خاطرسرِ پریشان کودرگاہ یوسفینؒ حیدرآباد میں آسودگی نصیب ہوئی۔

ہمیں بھی ترے اشعار
یاد ہیں فآنی
ترا نشاں نہ رہا اور بے
نشاں نہ ہوا

فآنی کا ابتدائی کلام تو انکے والد نے جنہیں اپنے بیٹے کا شاعر بننا سخت ناپسند تھا ضائع کردیا۔سن ۱۹۲۱ء میں ان کا پہلا مجوعۂ کلام ''دیوانِ فانی'' کے نام سے بدایوں سے اشاعت پذیر ہوا، ۱۹۲۶ء میں ان کا کلام ''باقیاتِ فآنی'' کے عنوان سے زیورطبع سے آراستہ ہوکرآگرہ سے شائع ہوا۔ ۱۹۳۶ء میں مولوی عبدالحق کی مساعی سے فآنی کا قدیم وجدید کلام ''عرفانیاتِ فآنی'' کے نام سے شائع ہوا۔ ۱۹۴۰ء میں فآنی کے تازہ کلام کامختصر مجموعہ ''وجدانیاتِ فآنی'' کے نام سے منظرعام پرآیا۔چندسال پیشترکلیات فانی بھی شائع ہوا جس میں فآنی کے تمام مطبوعہ کلام کو یکجا کیا گیا ہے۔

فآنی کی شاعری کوان کی زندگی میں ہی بڑی مقبولیت حاصل ہوچکی تھی اورفن شعرمیں ان کی عظمت کی توثیق ان کی حین حیات ہی ہوچکی تھی چنانچہ لکھنؤ کے ایک مشاعرے میں انہوں نے ایک غزل سنائی اورصبح ہوتے ہوتے ان کی وہ غزل لکھنؤ کے کوچہ وبازار میں پھیل گئی اورسارے ہندوستان میں زبان زدخاص وعام ہوگئی۔ مذکورہ غزل کے چنداشعارملاحظہ فرمائیے۔

مالِ سوزِ غم ہائے نہانی دیکھتے جاؤ
بھڑک اٹھی ہے شمع زندگانی دیکھتے جاؤ

غرورِ حسن کے صدقے کوئی جاتا ہے دنیا سے
کسی کی خاک میں ملتی جوانی دیکھتے جاؤ
سنے جاتے نہ تھے تم سے مرے دن رات کے شکوے
کفن سرکاؤ میری بے زبانی دیکھتے جاؤ
وہ اٹھا شور ماتم آخری دیدارِ میت پر
اب اٹھا چاہتی ہے نعش فانی دیکھتے جاؤ

فانی کو امام المتغزلین تو مانا گیا لیکن ساتھ ہی امامِ یاسیت کے لقب سے بھی نوازا گیا۔ نقادوں نے فانی کے کلام میں موت کے قدموں کی آہٹ پائی۔ معاصرین نے ان کی شاعری میں کافور و کفن کی بو محسوس کی۔ ان آراء کے جواز میں فانی کے یہ اشعار پیش کئے جاسکتے ہیں۔

ہر نفس عمر گذشتہ کی ہے میت فانی
زندگی نام ہے مرمر کے جئے جانے کا
ہم کو مرنا بھی میسر نہیں جینے کے بغیر
موت نے عمر دو روزہ کا بہانا چاہا
ہڈیاں ملیں کئی لپٹی ہوئی زنجیروں میں
لئے جاتے ہیں جنازہ ترے دیوانے کا
فانی ہم تو جیتے جی وہ میت ہیں بے گور و کفن
غربت جس کو راس نہ آئی اور وطن بھی چھوٹ گیا

فانی کے فلسفۂ غم اور زندگی میں ایک قسم کی ہم آہنگی سی پائی جاتی ہے وہ موت اور زندگی میں میں کسی بڑے فرق کے قائل نہیں۔ ان کے نزدیک زندگی موت کا پیش خیمہ اور موت زندگی کا آغاز ہے۔ انہیں موت میں وہ دلفریبی اور دلربائی نظر آتی ہے جس کی تلاش ایک عاشق اپنے محبوب کے سراپا میں کرتا ہے موت کا عمل اور کیفیت بہر حال نادیدہ ہے لیکن فانی کے ہاں مرگ

سے بڑی ہمدردی کا رویہ ملتا ہے۔

اے اجل! اے جہاں! فانؔی تو نے یہ کیا کر دیا
مار ڈالا مرنے والے کو کیا کچھ کر دیا

مژدہ جنت وصال ہے موت
زندگی محشر جدائی ہے

زندگی خود کیا ہے فانؔی یہ تو کیا کہئے مگر
موت کہتے ہیں جسے وہ زندگی کا ہوش ہے

دنیا میری بلا جانے مہنگی ہے یا سستی ہے
موت ملے تو مفت نہ لوں میں ہستی کی کیا ہستی ہے

اگر فانؔی کی زندگی کا تجزیہ کیا جائے تو پتہ چلتا ہے کہ وہ اتنے زیادہ غم پسند تھے یا انہوں نے اپنے آپ کو ایسا بنا لیا تھا کہ ایک نارمل انسان نہیں رہے تھے۔ انہیں خوشی سے نفرت اور غم سے رغبت ہوگئی تھی۔ کہتے ہیں۔

دہر میں جو ہاتھ آئے کھو دیتا ہوں
ساحل پہ سفینے کو ڈبو دیتا ہوں
فانؔی میں غم آشنا ہوں ایسا کہ یہاں
سامانِ خوشی دیکھ کے رو دیتا ہوں

ہر دور میں فانی بدایونی پڑھے جاتے رہے ہیں اور پڑھے جاتے رہین گے کیونکہ ان کے بارے میں یہ بات مسلم طور پر کہی جاتی ہے کہ وہ غم و یاسیت کے شاعر ہیں۔ لیکن پروفیسر انورالدین نے ان کے اشعار سے شوخی ڈھونڈ نکالی ہے۔ اور اس کا اظہار بھی اسی مضمون میں کر دیا ہے۔ یہ شوخی بھی داغ دہلوی، اور امیر کے لب و لہجہ اور حس کی بتائی گئی ہے۔ وہ لکھتے ہیں۔

ابتدائی دور میں فانؔی کی شاعری پر داؔغ اور امیؔر کا رنگ نمایاں تھا ذیل کے اشعار میں شوخ

نگاری امیرؔ اور داغؔ کی یاد تازہ کرتی ہے۔

ادا سے آڑ میں خنجر کے منہ چھپاتے ہوئے
طرح قضاء کو وہ لائے دلہن بنائے ہوئے
تم کیوں گئے تھے آئینہ خانہ میں بے حجاب
اچھا ہوا کہ شرم و شرارت میں چل گئی
در پیش ہے پھر مسئلہ طاقتِ دیدار
پھر کچھ نگہ شوق ہے گھبرائی ہوئی سی

ڈاکٹر پروفیسر انور الدین نے درج ذیل پیراگراف میں فانی کی شاعری کو میر تقی میرؔ کی شاعری سے نسبت دے کر جس طرح کی مماثلتیں ڈھونڈ نکالی ہیں، وہ غضب کی ہیں۔ انھوں نے فانی کو میرؔ کی حزنیہ شاعری کو آگے بڑھانے والا شاعر قرار دیا ہے جو غلط بھی نہیں ہے۔ لکھتے ہیں۔

داغؔ اور امیرؔ کے بعد ان کی شاعری نے میرؔ و غالبؔ سے شدید اور گہرا تاثر قبول کیا۔ میر تقی میرؔ نے اردو شاعری میں حزنیہ شاعری کی جو ئے قائم کی تھی فانی نے اپنی بساط اور مزاج کے مطابق اس روایت کو آگے بڑھانے کی کوشش کی۔ فانیؔ کی شاعری کا مرکزی تاثر یاس و حرماں، درد اور کسک اور سوز و گداز کا ہے ایسا محسوس ہوتا ہے کہ میرؔ کے غم نے فانی کے ہاں شدت اختیار کی ہے لیکن میرؔ کے اور فانیؔ کے غم میں فرق ہے۔ میرؔ بقول یوسف حسینؔ خان ایک انفرادی تجربے کا اظہار ہے جب کہ فانیؔ کے یہاں غم جمالیاتی قدر کا مرتبہ رکھتا ہے۔ میرؔ نے غم کی تفسیر و ترجمانی سادگی سے کی ہے جب کہ فانیؔ نے اسے فلسفیانہ رنگ میں پیش کیا ہے۔ فانیؔ نے غم کو نیا مزاج دیا اور اسے نئے آداب سکھائے۔ فانیؔ نے یہ اشعار میرؔ کی حزنیہ لے میں ہیں

کسی کی کشتی تہہ گرداب فنا جا پہنچی
شور ہے کہ حمد فانیؔ اب ساحل سے اٹھا

شوق سے ناکامی کی بدولت کوچہ دل ہی چھوٹ گیا
ساری امیدیں ٹوٹ گئیں دل بیٹھ گیا حجاب چھوٹ گیا
فصل گل آئی یا اجل آئی کیوں درزندان کھلتا ہے
کیا کوئی وحشی اورآ پہنچا یا کوئی قیدی چھوٹ گیا

فآنی کے کلام میں میؔر کے بعد جس شاعر کے اثرات واضح اور گہرے مرتسم نظر آتے ہیں وہ ہے غالبؔ۔ فآنی نے غالبؔ کی نکتہ رسی۔ تراکیب وتغزل اور لفظی تراکیب کو اپنے طور پر برتنے کی کوشش کی اور بڑی حد تک کامیاب رہے ذیل کے اشعار پر غالبؔ کے رن ونقوش نمایاں اورا بھرے ہوئے ہیں۔

قطرہ قطرہ رہتا ہے دریا سے جدا رہ سکتے تک
جو تابِ جدائی لا نہ سکے وہ قطرہ فنا ہو جاتا ہے
ہر مژدۂ نگاہِ غلط جنوہ خود فریب
عالم دلیل گمر ہی چشم و گوش ہے
جلوۂ آتش پنہاں جسے غم کہتے ہیں
دل ہوا بجھ کے وہی شعلہ عریاں میرا
دل ہے وہ داغ غم کدہ عمر دوش کا
رکھی ہے جس پہ شعلۂ تمنا بجھی ہوئی
نہ ابتداء کی خبر ہے نہ انتہا معلوم
رہا یہ وہم کہ ہیں سو وہ بھی کیا معلوم

عام طور پر خیال کیا جاتا ہے کہ فآنی صرف رُلا سکتے ہیں لیکن حقیقت یہ ہے کہ ان کے ہاں ایسے اشعار بھی ملتے ہیں جن میں حسن تاثیر اور شعریت پورے طور پر موجود ہیں مثلاً ان کے یہ نور آگیں شعر دیکھئے۔

ذکر تب چھڑ گیا قیامت کا
بات پہنچی تری جوانی تک
تم جوانی کی کشاکش میں کہاں بھول گئے
وہ جو معصوم شرارت تھی حیاء سے پہلے
اک برق سرِ طور پر لہرائی ہوئی سی
دیکھوں ترے ہونٹوں پر ہنسی آئی ہوئی سی
کافر کی محبت میں ایمان کے لالے تھے
چھپ کے دعاؤں میں وہ دشمن دین آیا

اردو غزل کو حیات نو عطا کرنے والوں میں فانؔی کا نام سرِ فہرست ہے ان کے اسوب میں اردو غزل کے سفر اور ارتقاء کا مکمل پس منظر ملتا ہے ان کے تغزل میں جو رچاؤ اور نکھار ہے اس کی مشاطگی میں صدیوں کی روایات اور تجربات کا نچوڑ شامل ہے۔

میں نے فانؔی ڈوبتی دیکھی ہے نبضِ کائنات
جب مزاجِ یار کچھ برہم نظر آیا مجھے
بے قراری میں اب یہ ہوش نہیں
کس کے در پر تجھے پکار آیا
مل کے پلٹی تھیں نگاہیں کہ دھواں دل سے اٹھا
بجلیاں ٹوٹ پڑی جب وہ مقابل سے اٹھا

بہرحال ڈاکٹر مسعود حسین خاں کے بقول :

''فانؔی نے اپنے مخصوص انداز میں عشق اور حسن کے معاملات اور زندگی کے اسرار بیان

کئے ہیں۔ جن کی تشریح وغم ہی کی زبان سے کرتے ہیں۔ ان کے خیالات فرض نوعیت کے نہیں ہیں بلکہ صداقت اور خلوص پر مبنی ہیں اسی لئے ادب ہمیشہ ان کی قدر کرے گا۔

ایک مقام پر پروفیسر انورالدین لکھتے ہیں:

''کلاسیکی شعراء کے مطالعہ کے سلسلے میں عربی و فارسی سے واقفیت بھی ضروری معلوم ہوتی ہے۔ خصوصاً غالب اور اقبال کی تفہیم کے لئے ان زبانوں پر گہری نظر لازمی ہے۔ عربی و فارسی زبانوں سے موانست کے ساتھ ساتھ یہ بھی ضروری ہے کہ تصوف اور اس کے تصورات واصطلاحات کا بھی باقاعدہ مطالعہ کیا جائے کیوں کہ قدیم دکنی شعرا اور ان کے علاوہ مرزا مظہر جان جاناں، خواجہ میر دردؔ اور اثرؔ سے لے کر آتشؔ و ناسخؔ، غالب اور پھر بیسیویں صدی میں اصغرؔ وغیرہ کا بیشتر کلام صوفیانہ خیالات وافکار کی ترجمانی کرتا ہے۔ اس کی تفہیم وتحسین کے لیے تصوف کے اہم نظریات مثلاً وحدت الوجود، وحدت الشہود، تنزلاتِ نور، مراتبِ وجود، تجددِ امثال، عینیت، غیریت وغیرہ اور ان اصطلاحات کی تعبیر و مراد سے واقفیت لازمی ہے''۔

(بحوالہ ''اذکار واخبار'' ص۔ 198)

اپنی بات کو اپنے ہی حوالے کے ذریعہ ختم کرنا ایک انوکھا انداز ہے جو اس مضمون میں پروفیسر انورالدین نے پیش کیا ہے۔ فانی کی بات اپنے دیگر مضمون کا حوالہ دے کر ختم کی ہے۔

غالب کا تصورِ حیات

غالبؔ پر بہت کچھ لکھا گیا ہے اور آئندہ بھی لکھا جاتا رہے گا۔ کل اور آئیں گے جو غالبؔ

پر لکھ کر خود کو سرخرو دیکھنا چاہیں گے۔ پروفیسر انور الدین نے بھی غالب پر شائد چار مضامین لکھے ہیں اور ان کے ایک دو مضامین کو کافی اہم قرار دیا گیا ہے۔ سوچنے سمجھنے اور پڑھنے والا ذہن ہی غالب کے کلام سے ان کی انفرادیت یا ان کے بارے میں کچھ حقائق پیش کر سکتا ہے ورنہ مکھی پر مکھی مارنا فی زمانہ ادب کا فیشن ہے۔

''غالب کا تصورِ حیات'' نامی اِس مضمون میں پروفیسر انور الدین نے غالب کو فلسفی تسلیم نہیں کیا ہے۔ اور یہ اس مقالہ کی خوبی ہے۔ ساری دنیا جانتی ہے کہ غالب ایک فلسفی شاعر ہے اور یہاں کہا جا رہا ہے کہ وہ باقاعدہ فلسفی نہیں تھے۔ اب جب انکار کے ساتھ بات شروع کی گئی ہے تو آگے کس طرح اور کس نوعیت کا اقرار کیا گیا ہے اس کو بھی ملاحظہ کریں۔

مرزا غالبؔ کاروسیو، ہیگل اور کانٹ کی طرح کوئی باقاعدہ فلسفی نہیں تھے۔ وہ اول و آخر شاعر تھے۔ اور یہ ایک مسلمہ امر ہے کہ فلسفہ الگ فن ہے اور شاعری الگ۔ فلسفہ شاعری بن سکتا ہے نہ شاعری فلسفہ کیونکہ دونوں کی تعریف، نوعیت، حدود اور مقاصد مدعا میں جوہری فرق پایا جاتا ہے۔ تاہم مشہور مقولے ان لمن الشعر حکمتہ، کے بمصداق بعض اشعار میں حکیمانہ واردات کا بھی ابلاغ ہوتا ہے۔ جسے فلسفے کے ساتھ وہی نسبت ہے جو پھول کو خوشبو کے ساتھ ہوتی ہے۔ غالب کی شاعری میں زندگی کے مختلف مسائل و معاملات کے بارے میں ایک حکیمانہ نقطۂ نظر ملتا ہے جسے ہم ان کے فلسفہ زندگی سے تعبیر کر سکتے ہیں۔ لیکن ہمیں یاد رکھنا چاہئے کہ غالب نے زندگی کے متعلق کوئی مکمل اور گہرا فلسفہ پیش نہیں کیا ہے۔ اس میں شک نہیں ہے کہ غالب فلفسفیانہ ذہن رکھتے ہیں ان کا مزاج جذبے سے بڑھ کر فکر کی طرف لے جاتا ہے۔ وہ تخلیقی ذہن رکھتے ہیں۔ انہوں نے اپنے عہد کے فکری سرمایے کو ایک نئی شان سے پیش کیا ہے۔ لیکن انہوں نے زندگی کے تجربات میں وحدت کا رنگ پیدا کر کے کوئی فلسفہ زندگی پیش نہیں کیا۔

البتہ ان کا فلسفیانہ مزاج اور حکیمانہ فکر زندگی کو سمجھنے اور اس کے متعلق غور کرنے کی ترغیب دیتا ہے۔ بہ قول آل احمد سرور'' غالب کے آرٹ کی وجہ سے غزل حدیث دلبری سے بڑھ

کر حدیث زندگی بنتی ہے۔ اور زندگی کے مختلف دوروں، کروٹوں اور انقلابات کا ساتھ دینے لگتی ہے۔''

غالب کی متجسس نظر اور استدلالی ذہن نے زندگی کی کہنہ اصلیت اور عینیت وحقیقت کو سمجھنے اور اپنی ایک رائے قائم کرنے کی کوشش کی ہے۔ زندگی کے بارے میں ان کی تعبیرات وتشریحات کو ہم ان کے تصور حیات سے معنون کر سکتے ہیں غالب کی شاعری کی عظمت میں ان کے تصور حیات کی بھی بڑی اہمیت ہے۔ غالب ایک باقاعدہ فلسفی نہیں تھے۔ لیکن انہوں نے حیات کو ایک حکیم اور مفکر کی طرح سمجھنے کی کوشش کی لیکن ان کا طریقہ کار فلسفیانہ نہیں بلکہ شاعرانہ تھا۔ انہوں نے حقیقت کے مشاہدے کے لئے فلفسفیانہ اصولوں کو اپنا معیار نہیں بنایا اور ان کے لئے یہ ممکن بھی نہیں تھا البتہ انسانی زندگی کے اساسی مسائل کے بارے میں ان کے ذہن بیدار اور نگہ ژرف نے جو تاثرات اخذ کیئے وہ انہوں نے پیش کر دیئے۔

غالبؔ خود اتنے دلچسپ شاعر گذرے ہیں کہ ان کے بارے میں کہی جانے والی ہر بات پر کان کھڑے ہو جاتے ہیں۔ پروفیسر نے غالب کی زندگی کے بارے میں جو کچھ لکھا ہے اس پر صاد کرنے کو جی چاہتا ہے اور کافی دلچسپی پیدا ہو جاتی ہے۔ جس سے پتہ چلتا ہے کہ پروفیسر انورالدین کو لکھنے اور اپنے لکھی ہوئی چیزوں کو قاری سے پڑھانے کا فن آتا تھا۔ پروفیسر صاحب نے جس طرح کے الفاظ غالب کے لئے استعمال کیئے ہیں، ہم جیسے کم فہموں کو ایسا لگتا ہے کہ غالبؔ ان ہی الفاظ اور جملوں کی ہو بہو تصویر ہوں گے۔

وہ غالب کو غیر عملی شخص بتلاتے ہیں۔ جو کہ ظاہر بات ہے اور عوام میں بھی مشہور ہے کہ وہ ایک عملی شخص نہیں تھے۔ انھیں رجائیت کے علمبردار اگر کہا جائے گا تو یہ بات بھی سبھی کو معلوم ہے کہ وہ اپنی زندگی سے خوشی کس طرح کشید کرتے تھے۔ ان کے لطائف جہاں ہنسنے پر مجبور کرتے ہیں وہیں ان کی رجائیت پسند طبیعت کے غماز بھی ہیں۔ اسی طرح رنج والم اور تسلیم ورضا تو ان کی ذات کا ایک حصہ تھا۔ بہر حال سماعت کریں مضمون کا یہ حصہ۔ پروفیسر انورالدین لکھتے ہیں۔

زندگی کے متعلق غالب کے تصورات میں ایک گونہ تضاد محسوس ہوتا ہے کہیں ان کا نقطہ نظر خالص عملی اور مادیت پر مبنی نظر آتا ہے تو کہیں خالص وجدانی اور متصوفانہ۔ اسی طرح کہیں وہ قنوطیت پسند معلوم ہوتے ہیں تو کہیں رجائیت کے علمبردار گاہے بہ گاہے ان کے خیالات کا رنگ بدلتے رہتا ہے۔ کبھی ان میں رنج والم کا بیان زیادہ ہوتا ہے تو کبھی تسلیم ورضا کا۔ کبھی ان میں تشکیک کے مضامین کثرت سے آتے ہیں اور کبھی شیوخی اور تفنن طبع کے۔ لیکن یہ تضاد دراصل ان کا فکری تضاد نہیں ہے بلکہ اس کے پس پردہ ان کی نجی زندگی کے محرومی اور ان کے پورے عہد کا تضاد کارفرما ہے۔ جس کی تفصیل باعث تطویل ہے۔ اشارتاً یوں سمجھ لیجئے کہ غالب کا دور تاریخی وسیاسی مد و جزر اور سماجی وتہذیبی، اتھل پتھل اور کشمکش کا دورتھا۔ پرانی اقدار، قدیم عقائداور جاگیردارانہ نظام، نئے علوم اور نئے نظریات سے متصادم تھے۔

اس متلاطم وتصادم لہروں میں غالب کا سفینۂ فکر کبھی اس کنارے سے ٹکراتا تو کبھی اس کنارے سے یہی وجہ ہے کہ ان کی شاعری میں مختلف ساحلوں کے مناظر آتے ہیں۔ ان کے یہاں اس کش مکش کا اظہار بھی ملتا ہے۔ بقول شیخ محمد اکرام ''مرزا کا دل ایک ایسا جام جہاں نما ہے جس میں فقط ایک ہی نقش نظر نہیں آتا بلکہ فطرت کے تمام نقوش باری باری سے نمایاں ہوتے ہیں''

غالب نے اپنے اشعار میں انسانی زندگی کے اہم مسائل اور موضوعات کے بارے میں اپنا شخصی نقطہ نظر پیش کیا ہے۔ ذیل میں ان کے اردو کلام کے حوالے سے حیات انسانی سے متعلق ان کے مختلف تصورات کا مطالعہ کیا گیا ہے۔

غالب عقیدہ وفکر کے اعتبار سے وحدت الوجودی تھے۔ اسی عقیدے میں ان کے خیال کا ارتکاز نظر آتا ہے۔ انہوں نے اسی کے عدسے سے حیات وکائنات کی حقیقت کو دیکھنے کی کوشش کی ہے۔ توحید وجودی کی رو سے خدا کے سوا کسی کی ہستی وجود میں موثر نہیں ہے۔ جو کچھ موجود ہے وہ ذات الٰہی ہے جدا نہیں ہے۔ کائنات کے تمام مظاہر ذات باری کے اسماء وصفات کے

جلوؤں سے عبارت ہیں۔مشاہدہ کے حق میں اس ذہنی عالم میں غالب پر استعجاب کی کیفیت طاری ہوتی ہے۔اور وہ حیرت سے سوال کرتے ہیں کہ جب تمام مکان میں اللہ ہی اللہ ہے تو پھر یہ ہنگامے کیا ہیں۔ یہ پری چہرہ معشوق، ان کے یہ ناز و انداز۔ زلفیں عنبریں کا جمال، چشم سرمہ سا کا جادو، یہ سب کیا ہے۔ عالم رنگ و بو سبزہ و گل اور ابر دہوا کا نظام کس سے ہے۔

غالب کے ان سوالات میں حیرت کے ساتھ ساتھ تشکیک کا بھی احساس ہوتا ہے۔

جب کہ تجھ بن نہیں کوئی موجود
پھر یہ ہنگامہ اے خدا کیا ہے
یہ پری چہرہ لوگ کیسے ہیں
غمزہ و عشوہ و ادا کیا ہے
شکن زلف عنبریں کیوں ہے
نگہ چشم سرمہ سا کیا ہے
سبزہ و گل کہاں سے آئے ہیں
ابر کیا چیز ہے، ہوا کیا ہے
جب وہ جمال دل فروز صورت مہر نیم روز
آپ ہی ہو نظارہ سوز پردے میں منہ چھپائے کیوں

انسانی زندگی کے اہم مسائل اور موضوعات کے بارے میں غالبؔ نے شخصی نقطہ نظر پیش کیا ہے، کہنا شاید ہی صحیح ہو۔ اگر غالبؔ کا شخصی نقطہ نظر ہوتا تو پھر علمائے کرام اور دین وتقویٰ کے امام افراد یعنی علمائے کرام کیوں کر غالب کے کلام کے عاشق ہوتے۔ میں سمجھتی ہوں کہ انھوں نے انسانی زندگی کے بارے میں جو کچھ پیش کیا وہ ان کے مطالعہ اور ان کی تعلیم کا نتیجہ تھا۔ آگے لکھتے ہیں۔

اگر چہ وہ فلسفہ وحدت الوجود کے اثر سے آزادانہ ہو سکے تا ہم زندگی کو مایا ہی سمجھتے

رہے۔ ان کے نزدیک عالم کی خارجی حقیقت فریب نظر ہے۔ خارجی عالم کی نیرنگیاں اور تماشے وہم سے زیادہ کچھ نہیں۔ وہ اس عالم رنگ وبو کو ایک خواب سمجھتے ہیں۔ خواب میں ہمیں انسان چلتے پھرتے دکھائی دیتے ہیں۔ ہر چیز ایسی ہی دکھائی دیتی ہے جیسی کہ عالم بیداری میں۔ دوران خواب ہمیں خواب کے خواب ہونے کا احساس نہیں ہوتا بلکہ ہم اسے حقیقت سمجھتے ہیں خواب کے خواب ہونے کا احساس اس وقت ہوتا ہے جب ہم بیدار ہوتے ہیں۔ جب تک ہم بیدار نہ ہوں خواب ہی حقیقت معلوم ہوتا ہے۔ اسی طرح جسے ہم عالم بیداری کہتے ہیں ممکن ہے یہ بھی خواب ہو جسے سے ہم ابھی تک بیدار نہیں ہوئے اور اسی لئے ہم اسے حقیقت سمجھتے ہیں۔ ممکن ہے کوئی وقت ایسا آئے جب ہم اس طویل خواب سے بیدار ہوں اور اس وقت ہمیں معلوم ہوگا کہ جو کچھ دیکھا وہ خواب تھا۔

ہے غیب غیب جس کو سمجھتے ہیں ہم شہود
ہیں خواب میں ہنوز جو جاگے ہیں خواب میں
ہستی کے مت فریب میں آجائیں اسدؔ
عالم تمام حلقہ دام خیال ہے
ہاں کھائیو مت فریب ہستی
ہر چند کہیں کہ ہے نہیں ہے

مشہور فلسفی ڈیکارٹ ہر شئے کے وجود پر شک کرتا ہے لیکن ایک شئے ایسی ہے جس کے وجود پر وہ شک نہیں کرسکتا اور وہ خود اس کی ہستی کا وجود ہے جو یہ شک کر رہی ہے وہ اپنی ذات کے اثبات سے خدا اور خارجی دنیا کے اثبات کی طرف آتا ہے۔

اپنی ہستی سے ہو جو کچھ ہو
آگہی گر نہیں غفلت ہی سہی
ہر چند سبک دست ہوئے بت شکنی میں

ہم ہیں تو ابھی راہ میں ہے سنگ گراں اور

ایک اور مقام پر پروفیسر انورالدین لکھتے ہیں ''غالب نے اردو شاعری کو ذہن دیا۔ بلکہ ہم یہ کہہ سکتے ہیں انہوں نے روایتی شاعری کو فلسفیانہ ذہن دیا۔ جو اپنے باطنی اور خارجی عالم پر غور کرتا ہے۔ مسلمہ مفروضات کی روشنی میں انہیں جانچتا ہے اور سوالات قائم کرتا ہے۔ غالب کا ذہن مختلف مظاہر فطرت حیات کے گونا گوں مسائل اور قدرت کی اس بسیط و عریض کائنات میں حقائق کی بکھری ہوئی کڑیوں میں کوئی ربط معنی ڈھونڈتا ہے۔

مری تعمیر میں مضمر ہے صورت اک خرابی کی
ہیولٰی برق خرمن کا ہے خون گرم دہقان کا

پچھلے سطور میں پروفیسر انورالدین نے کہا کہ غالب کوئی باقاعدہ فلسفی نہیں ہے۔ اور یہاں کہہ رہے ہیں کہ غالب نے روایتی شاعری کو فلسفیانہ ذہن دیا۔ یہ تو ناسخ ومنسوخ والی بات ہوئی نا۔ ایک طرف انکار اور دوسری طرف اقرار، اور اقرار بھی اس شان سے کہ روایتی شاعری کو فلسفیانہ ذہن دینے والا شاعر بتادیا۔ بہر حال آگے لکھتے ہیں۔

لیکن ہو تخریب کے اس لامتناہی تسلسل میں ارتقاء کا نشان بھی دیکھتے ہیں اور اسے حرکی تصور سے مربوط کرتے ہیں۔

آرائش جمال سے فارغ نہیں ہنوز
پیش نظر ہے آئینہ دائم نقاب میں

اس تغیر کو حرکت کہے فنا کہیے یا موت بہرحال کائنات کا حسن و جمال اسی میں پوشیدہ ہے۔

نظر میں ہماری جادہ راہ فنا غالب
کہ یہ شیرازہ ہے عالم کے اجزائے پریشان کا

غالب کا دور سیاسی عدم استحکام افراتفری اور تہذیبی انتشار کا دور تھا۔ منجملہ دیگر شرفائے

جہاں آباد کے غالب بھی حوادث کے اس طوفان اور حالات کی رستہ خیزی کا شکار ہوئے۔ ان کا لڑکپن یتیمی کے باوصف چچا کی سر پرستی میں نازہ ونعم میں گزرا۔ لیکن چچا کی وفات کے بعد وہ گردش وقت کی زد میں آ گئے۔ خاندانی عزت وتوقیر پر ضرب پڑی۔ دولت امارت ختم ہوگئی۔ شرافت ونجابت جس پر مرزا کو ناز تھا سکہ کا سیہ ہوگئی۔ مصائب وآلام کی یورش ہونے لگی۔ مفلسی وغربت نے اپنے مہیب سائے پھیلانے شروع کئے۔ ستم بالائے ستم یہ کہ ۱۸۵۷ء کی پہلی جنگ آزادی میں ہندوستانیوں کو شکست ہوگئی۔ شہر دہلی کی اینٹ سے اینٹ بج گئی۔ معززین شہر تباہ برباد ہوگئے۔ نادر شاہ درانی کے بعد دوسری مرتبہ دلی کے باشندے ایک طرح سے قتل عام کا شکار ہوگئے۔ یہ تمام دل گداز واقعات اور روح فرسا حادثات غالب کے آنکھوں کے سامنے ہوئے۔ جس کی وجہ سے زندگی کے بارے میں ان کی سوچ کا پیمانہ متخالف کیفیات سے پر ہوگیا۔ ان کا تصور حیات کبھی حسرت وناکامی، افسردگی ومحرومی اور بے کسی وبے بسی کا مرقع نظر آتا ہے۔ تو کہیں مردانہ تحمل۔ مصائب سے نبرد آزمائی۔ خود داری۔ اولوالعزی اور بلند حوصلگی جیسے مثبت جذبات سے مملو نظر آتا ہے۔ ابیات ذیل جس میں زندگی کو شمع کشتہ پریشانی، حسرت، محرومی اور خون آرزو کا مصداق قرار دیا ہے۔

جاتا ہوں داغ حسرت ہستی لیے ہوئے
ہوں شمع کشتہ در خور محفل نہیں رہا

بوئے گل، نالۂ دل دود چراغ محفل
جو تری بزم سے نکلا سو پریشان نکلا

کس سے محرومئ قسمت کی شکایت کیجئے
ہم نے چاہا تھا کہ مرجائیں سو وہ بھی نہ ہوا

خموشی میں نہاں خوں گشتہ لاکھوں آرزوئیں ہیں
چراغ مردہ ہوں میں بے زباں گور غریباں کا

سراپا رہن عشق و ناگزیر الفت ہستی
عبادت برق کی کرتا ہوں اور افسوس حاصل کا

کبھی وہ توکل کی تعلیم دیتے ہیں کہ انسان فقر کے مرتبہ کو پہنچے جس سے بخت سیہ کی تیرگی اور غموں کے احساس کی شدت کم ہو سکے۔

یقین ہے آدمی کو دستگاہ فقر حاصل ہو
دم تیغ توکل سے اگر پائے سبب کاٹے

غالب زندگی بھر دنیا کے غموں سے نبرد آزما رہے۔ غموں کے مقابلے میں انہوں نے کبھی ہار نہیں مانی۔ ان کے تصور حیات میں ان کی فطرت کے عین مطابق ترکانہ اور حریفانہ تھا۔ یہی وجہ ہے کہ ان کے پاس شکست خوردگی کا احساس نہیں تھا۔ غم زندگی سے لاکھ پیوست سہی لیکن زندگی کا بدل نہیں ہے۔ بلکہ زندگی کی ایک شان ہے۔ جس کے دم سے رونق زندگی قائم ہے۔ وہ غم سے لطف اندوز ہوئے ہیں اور کہتے ہیں کہ آزادوں کو غم مستقل نہیں ہوتا بلکہ عارضی ہوتا ہے۔ جس کا اثر ایک نفس سے بڑھ کر نہیں رہتا، جیسے کوئی بجلی کہ چمکی اور غائب ہو گئی۔

غم نہیں ہوتا آزادوں پیش از یک نفس
برق سے کرتے ہیں روشن شمع ماتم خانہ ہم

غالب کے تصور حیات میں غم کو زندگی کی اساسی حقیقت کا درجہ حاصل ہے۔ غم کو محسوس کرنے کے باوجود ان کی خوش طبعی، زندہ دلی اور بلند حوصلگی غم کے اندر بھی سامان حیات تلاش کرتی ہے۔ اور شوخی اور تغافل کے قرینے سے افسردگی اور دلگیری کو لطف شکست میں چھپا لیتے ہیں۔

قفس میں مجھ سے روداد چمن کہتے نہ ڈر ہمدم
گری تھی جس پہ کل بجلی وہ مرا آشیاں کیوں ہو

کبھی وہ یہ تلقین کرتے ہیں کہ دوروزہ حیات مستعار پر بھروسے نہیں کرنا چاہئے۔ اس دنیا

میں بڑے بڑے فرمان روا اور صاحبان تاج وسلطنت آئے اور چلے گئے۔ کسی کو حیات دوام نہیں مل سکی۔ مہلت عمر یا فرصت ہستی ایک نظر سے زیادہ نہیں۔ زندگی رقص شرر کی طرح محض ایک پل دو پل کی حکایت ہے۔

ایک نظر بیش نہیں فرصت
ہستی غافل
گرمئی بزم ہے اک
رقص شرر ہونے تک

کبھی وہ درازی عمر خضر کو بھی نالہ نارسا سمجھنے کی ہدایت کرتے ہیں

وحشت درد بے کسی بے
اثر اس قدر نہیں
رشتہ عمر خضر کو
نالہ نا رسا سمجھ

غالب ہمیشہ خود پہ یقین کرتے اور ہم کو یہ یقین دلانے کی کوشش کرتے رہے کہ غم اور زندگی ایک دوسرے کا لازمہ ہی نہیں بلکہ ایک طرح سے تکملہ ہیں۔ زندگی غم سے عبارت ہے۔ غموں سے نہیں گھبرانا چاہئے لیکن اس کے ساتھ ساتھ کبھی کبھی وہ غموں کی بے پناہ یورش سے بے تاب ہو کر فریاد کناں بھی ہو جاتے ہیں۔ اس وقت ان کا رویہ زندگی کے بارے میں اپنے سابقہ موقف کی نفی نہیں کرتا بلکہ انسانی فطرت کا عین غماز وترجمان معلوم ہوتا ہے۔ کیونکہ لاکھ عزم واستقامت اور صبر وحوصلہ ہو، آدمی کبھی نہ کبھی مصائب کے طوفان سے بہر حال گھبرا جاتا ہے۔

دل ہی تو ہے نہ سنگ وخشت، درد سے بھر نہ آئے کیوں
روئیں گے ہم ہزار بار کوئی ہمیں ستائے کیوں
مری قسمت میں غم گر اتنا تھا

دل بھی یا رب کئی دیئے ہوتے

زندگی کی تلخیوں کو وہ جام شراب میں گھول دینا چاہتے ہیں۔ مئے نوشی سے ان کا مقصود حصول نشاط نہیں بلکہ زندگی کی الجھنوں دکھوں اور درد کرب کے احساس کی شدت کو کم کرنا ہے۔

مئے سے غرض نشاط ہے کس روسیاہ کو
یک گونہ بےخودی مجھے دن رات چاہیئے

غالب اگرچہ غم کو جاں گسل سمجھتے تھے لیکن ان کا ایقان تھا کہ انسان جب کسی چیز کا عادی ہو جاتا ہے تو اس کی آرام دہ یا آلام دہ ہر طرح کی کیفیت کے احساس سے آزاد ہو جاتا ہے۔ اگر غم اٹھانے کا خوگر ہو گیا تو غم کا احساس مٹ جائے گا اور غم کا تصور ہی ختم ہو جائے گا۔ ہر چیز انتہا کو پہنچ کر اپنی ضد پیدا کرتی ہے روشنی کے وفور سے آنکھوں میں اندھیرا چھا جاتا ہے تو شیرینی کی زیادتی زبان میں کڑواہٹ گھول دیتی ہے۔

اسی طرح درد و غم کی افراط اور رنج و محن کی ازدیار تکلیف و تعب کا احساس زائل کر دیتی ہے۔ کیونکہ مصائب و آلام انسان کی فطرت ثانیہ بن جاتے ہیں۔ بہ الفاظ دیگر ہے۔ درد خود درد کا مدوا بن جاتا ہے۔

رنج سے خوگر ہوا انسان تو مٹ جاتا ہے رنج
مشکلیں مجھ پہ پڑیں اتنی کہ آساں ہو گئیں
عشرت قطرہ ہے دریا میں فنا ہو جانا
درد کا حد سے گزرنا ہے دوا ہو جانا

گردش دوراں کی تلخیوں اور غم ایام کے باوجود غالب کے یہاں زندگی یا مہلت عمر کی بڑی اہمیت ہے۔ زیست کا ہر لمحہ ان کے یہاں متاع گراں مایہ کی حیثیت رکھتا ہے۔ جس کے بیت جانے کا انہیں شدید قلق ہوتا ہے۔ زندگی کے فانی لمحوں کا کرب وہ بڑی شدت سے اجاگر کرتے ہیں۔

مٹتا ہے فوت فرصت ہستی کا غم کوئی
عمر عزیز صرف عبارت ہی کیوں نہ ہو

ہر چند کہ زندگی رنج ومحن اور غم وآلام کی مرقع ہے۔اس کے باوجود یہ قابل قدر ہے کیونکہ ایک دن یہ عمر گریزاں ہمیں اس دنیا کی رونقوں سے محروم کردے گی۔ لہذا عیش وطرب نہ سہی اندوہ وکرب ہی سہی لیکن بہر حال موت سے غنیمت ہے۔

نغمہ ہائے غم کو بھی اے دل غنیمت جانیئے
بے صدا ہو جائے گا یہ ساز ہستی ایک دن

مصائب وابتلاء کے کڑے مرحلہ اپنی جگہ لیکن زندگی سے محبت کا تقاضہ ہے۔ کہ ایسے جان گسل موقعوں پر بھی صبر وتحمل اور تمکنت کا مظاہرہ ضروری ہے۔

دراصل پروفیسر انورالدین اپنے موضوع کے ساتھ انصاف کرنے اور اس کو دلچسپ بنانے میں کافی مطالعہ اور عرق ریزی سے کام لیتے ہیں۔سرسری طور پر بات انھوں نے نہیں کہی۔ اسی دور میں ہم نے کئی دانشوروں کو سرسری لکھتے دیکھا ہے۔تاکہ مقالہ جات اور مضامین کی تعداد میں اضافہ ہو جائے۔لیکن پروفیسر انورالدین کے پاس ایسا معاملہ نہیں ہے۔مقالوں کی زبان بھی اعلیٰ اور معیاری ہوتی ہے۔زبان کا مسئلہ یہ ہے کہ جب اس پر توجہ دی جاتی ہے تو وہ خود بھی ہم پر توجہ دیتی ہے۔ پروفیسر انورالدین بھی غالباً اس عمل اور تربیت سے گذرے ہیں۔

اردو مکتوب نگاری کا اہم ستون: اکبر الہ آبادی

سچ بات یہ ہے کہ اردو نثر غالب کی مکتوب نگاری کے سحر سے آزاد نہیں ہو سکی ہے۔ جبکہ کئی ایک شار میدان میں آئے اور چلے بھی گئے۔ گذشتہ دو صدیوں کے درمیان غالب ہی کو مکتوب نگاری کا بادشاہ تسلیم کیا جارہا ہے۔آج ہم اکبر الہ آبادی کی مکتوب نگاری کے بارے میں

بات کررہے ہیں۔ اور وہ بھی پروفیسر انورالدین کے ایک مضمون کے حوالے سے۔ پروفیسر انورالدین لکھتے ہیں۔

''اردو میں مکتوب نگاری کا اولین دور فارسی طرز تحریر سے متاثر تھا۔لیکن انیسویں صدی کے ربع اول میں ایک نئے رجحان سے اردو مکتوب نگاری آشنا ہوئی اور اس نئی طرز کی ایجاد کا سہرا صحیح معنوں میں غالب کے سر ہے ان کی مکتوب نگاری میں اہم بات شخصی تفصیلات کا جذباتی ذکر ہے غالب کے خطوط کی مقبولیت سے اردو مکتوب نگاری کو ادبی حیثیت ملی۔ حالانکہ سر سید کی ادبی تحریک اور ان کے شخصی رنگ مکتوب نگاری نے بھی کسی حد تک اردو خط و کتابت پر اثر ڈالا تھا اور اس کے اثرات صحافت اور مضمون نگاری وغیرہ میں دیکھے جاسکتے ہیں۔لیکن اردو میں مکتوب نگاری کا نا رجحان بڑی حد تک غالب ہی کا مرہون منت ہے۔

خطوط بڑی حد تک اور ڈائری کلی طور سے ذاتی حیثیت رکھتی ہے۔مشاہیر کے خطوط کی اہمیت سب سے زیادہ ہے کہ ان کی زندگی کی دستاویز اور سیرت کا آئینہ ہوتے ہیں۔مکتوب نگار ادیب یا شاعر اگر اپنے مکاتیب کو اپنے خاص اسلوب میں جذبات، خیالات اور تجربات کے اظہار کا ذریعہ بنائے تو ان میں ادبی وزن اور وقار حاصل ہوتا ہے۔

مکاتیب لکھنے والے نئے افراد کے لئے اہم بات انورالدین نے بتائی ہے کہ وہ اپنا خاص اسلوب میں جذبات، خیالات اور تجربات کے اظہار کا ذریعہ بنانے سے ادبی وزن اور وقار حاصل ہوتا ہے۔انھوں نے آگے لکھا ہے

''غالب، سرسید، ابوالکلام آزاد، مہدی افادی، نیاز فتح پوری اور بعض دوسرے شاعروں اور ادیبوں کے مکاتیب کی طرح اکبرالہ آبادی کے خطوط بھی اپنی ادبیت کی وجہ سے ہمارے ادب کا بیش قیمت سرمایہ ہیں۔اکبرالہ آبادی کے خطوط دلچسپ بھی ہیں اور مختصر بھی۔اکبرالہ آبادی کے شاعرانہ مرتبہ کو ملحوظ رکھتے ہوئے ان کے خطوط کی سوانحی اہمیت سے انکار نہیں کیا جاسکتا۔

اکبرالہ آبادی بڑی پابندی کے ساتھ مراسلت کرتے تھے۔ یہاں تک کہ آخری زمانہ

حیات میں بھی آلام وعوارض کی شدت کے باوجود وہ اپنے احباب وشناساؤں کو برابر خطوط لکھتے رہے اور یہ سلسلہ تا دم مرگ رہا۔ جوانی کے خط نسبتاً طویل ہیں مگر عموماً اختصار پسندی کی طرف میلان رہا۔ البتہ جہاں بحث ومذاکرہ کی نوبت آجائے تو استدلال کی تکمیل اور مخاطب کی تشفی کے لیے ایجاز واختصار کے بجائے اطناب سے بھی گریز نہیں کرتے۔ اکبرالہ آبادی نے اپنے صرف ایک مکتوب الیہ خواجہ حسن نظامی کو گیارہ برس کے دوران جو خطوط لکھے اور ان میں جو محفوظ رہ گئے ان کی تعداد ایک ہزار سے زیادہ تھی اور یہ معمول سے زیادہ طویل ہیں۔ افسوس ہے کہ اکبرالہ آبادی کے خطوط کا بڑا حصہ یا تو ضائع ہوگیا یا اشاعت سے محروم رہا۔ اگر یہ خطوط کا سرمایہ محفوظ رہتا تو نہ صرف اردو کے اس عظیم ظرافت نگار شاعر کی زندگی کے بہت سے واقعات اور حالات سے ہم کو آگاہی ہوتی اور اس کی سیرت اور شخصیت کے بعض پوشیدہ گوشے ہماری نگاہوں کے سامنے آتے بلکہ شخصیت کے اس آئینے میں اس دور کی تہذیبی اور سماجی زندگی کی تصویر بھی زیادہ واضح دکھائی دیتی ہے''

اکبرالہٰ آبادی نے کئی افراد کو خطوط لکھے ان میں سے ایک مکتوب الیہ خواجہ حسن نظامی کو گیارہ سال کے دوران اگر ایک ہزار سے زائد طویل خط لکھے ہیں تو اس سے اندازہ ہوتا ہے کہ وہ کتنے مصروف رہے اور شب وروز کیا کام انجام دیا؟ آج کی مصروف زندگی میں خود ادیب حضرات مکتوب لکھنے سے جی چرانے لگے ہیں اور دوسری طرف موبائل، انٹرنیٹ اور سوشیل میڈیا کی ایجادات نے خط کی ضرورت اور اس کے لطف پر گویا شب خون مارا ہے۔ عین ممکن ہے یہ فن آئندہ 25-20 سال میں ختم ہو کر رہ جائے۔

غالب کی طرح اکبر بھی اپنے خطوط اور ان کے طرز تحریر کے بارے میں خود آگاہ کبھی نہیں رہے۔ خطوط لکھتے وقت انہیں یہ خیال کبھی نہیں آیا کہ ان کی اشاعت ہوگی ان کی حیات کے آخری دور میں ان کے معتقدین اور احباب نے خطوط کی اشاعت کا خیال ظاہر کیا تو بڑی مشکل سے رضامند ہوئے۔ خواجہ حسن نظامی نے اپنے موسومہ خطوط انہی کی زندگی میں مرتب کئے اور اکبرالہ

آبادی نے بعض مکتوبات پر نظر ثانی کی اور اپنے قلم سے اصلاح بھی کی اور بنائے مصلحت بعض خطوط کی اشاعت سے منع بھی کیا۔ اسی طرح انہوں نے عزیز لکھنوی اور شرف الدین احمد رام پوری کو بھی کچھ تامل کے بعد مجموعہ خطوط شائع کرنے کی اجازت دی تھی۔

اکبرالہ آبادی کے جو خطوط دستیاب ہوئے اور ان میں جن کی اشاعت عمل میں آئی وہ زیادہ تر ان کے عہد پیری کی یادگار ہیں۔ جب کہ ان کے قویٰ بالکل مضمحل ہو چکے تھے وہ مسلسل بیمار رہنے لگے تھے اور انہیں مختلف افکار و آلام نے پریشان کر رکھا تھا۔ اس طرح ان کے مطالعے سے ان کی زندگی اور سیرت کی ایک جھلک دیکھی جا سکتی ہے۔

اکبر کے ان خطوط میں ظرافت کی وہ چاشنی نہیں ملتی جو ان کی شاعری کا طرہ امتیاز ہے یہاں پر وہ ایک سنجیدہ، غم دیدہ، بلکہ غم پسند انسان آتے ہیں اور اس قول کی تصدیق ہوتی ہے کہ مزاح نگار بنیادی طور پر قنوطی ہوتا ہے کیوں کہ اسے زندگی میں کوئی بات ڈھنگ اور تک کی دکھائی نہیں دیتی۔ مزاح اور طنز کے ذریعہ زندگی سے وہ اپنی محرومیوں اور ناکامیوں کا انتقام لیتا ہے آخری زمانے میں بیماری سے قطع نظر چند ایسے صدمے اکبر کو پہنچے جن کی وجہ سے طبیعت میں جو کچھ جولائی تھی وہ بھی بجھ کر رہ گئی تھی۔ ۱۹۱۰ء میں ان کی رفیقہ حیات نے مفارقت کی اور بقول اکبر ''عشرت منزل'' کا خاتمہ ہو گیا، ''عشرت منزل'' اکبرالہ آبادی کی کوٹھی کا نام تھا ۱۹۱۳ء میں ان کا لڑکا ہاشم جسے وہ بے حد عزیز رکھتے تھے اور خاص توجہ کے ساتھ اس کی تربیت کی تھی، مختصر سی علالت کے بعد اس دنیائے فانی سے کوچ کر گیا۔ ان سانحوں کا ذکر اکبر کے خطوط میں کچھ اس انداز سے ملتا ہے کہ پڑھنے والا بے اختیار ہو جاتا ہے۔ ان سانحوں کے بعد اکبر کوئی نو، دس برس زندہ رہے۔ اس زمانے کے خطوط میں ہم ایک ایسے تنہا انسان کی گفتگو کو سنتے ہیں جن کا دنیا اور زندگی سے برائے نام تعلق رہ گیا ہے وہ موت کو قریب آتے ہوئے دیکھ رہا ہے اور چاہتا ہے کہ موت اسے گلے لگا لے لیکن خود آگے نہیں بڑھ سکتا۔ موت اتنی آہستہ خرام ہے کہ انتظار کی گھڑیاں عذاب جان بن جاتی ہیں۔ تنہائی پسندی کے ساتھ تنہائی کی وحشت دنیا سے بے تعلق ہو کر تعلق

رکھنے کی مجبوری زندہ رہتے ہوئے زندگی کی بےلذتی کی اذیت، ہر لمحہ موت کو قریب محسوس کرتے ہوئے اس کی خواہش اور انتظار۔ یہ ایسے تجربے اور احساسات ہیں جن کی مثال اردو کی کسی نثری تحریر میں نہیں ملتی۔ چند خطوط کے اقتباسات ملاحظہ ہوں۔ ''بات یہ ہے کہ بہ سبب امراض وآلام وانقلابات حالات کے طبیعت بےحد افسردہ رہتی ہے کہ لکھنے پڑھنے کو دل نہیں چاہتا(۱)

تین چار دن ہوئے میں نماز عشاء کو کھڑا ہوا تو کھڑا رہ نہ سکا۔ دماغ میں پریشانی اوراعضاء میں سنسناہٹ محسوس ہوئی، کہا کہ بیٹھ کر پڑھوں گا۔لیکن بیٹھ بھی نہ سکا۔ لیٹ گیا۔ ایک بجے شب کے آنکھ لگ گئی حزیں وزراء تو ہوں ہی گرمی کی شدت طرہ۔ دوسرے دن پھر دورہ ہوا۔ تیسرے دن پھر، مگر خفت کے ساتھ۔لیکن گرمی اتنی شدید ہوئی کہ الامان والحفیظ۔آپ کے خط کے ساتھ ابر رحمت بھی پہنچا اور بارش نے سماں بدل دیا وہ تکلیف خارجی گرمی کی اب جاتی رہی۔ لیکن صفرائے محرقہ کا ہیجان ہوگیا ہے۔خم معدہ پر اختلاج محسوس ہونا ہے تبخیر بہت ہوتی ہے۔ ضعف ہے دل مایوس سے کچھ مدد نہیں ملتی۔ایک قدرتی مشن ہے چلی جاتی ہے۔

اب میری زندگی میں نہیں نور انبساط
یہ شمع جل رہی ہے مگر ہے بجھی ہوئی (۲)

''میری طبیعت کا حال آپ کیا پوچھتے ہیں۔عمر ۵ ۷۔آلام ایسے عوارض کا یہ حال کہ ۱۸ گھنٹے باوقات مختلف تکلیف وہ احساس بوجہ ضعف اعصاب کے ہوا کرتا ہے اور سمجھتا ہوں کہ نزع قریب ہے۔ہم نشینوں کو یہ حالت نہیں معلوم ہوتی۔ہنسی آتی ہے کہ رشتہ، حیات بھی تانت ثابت ہوا کرتا ہے۔لیکن دم بھر کو بھی اس کا اعتبار نہیں اسباب انتشار طبع بھی بہت ہیں۔ بالخصوص یہاں رہ کر (۲) اس سال تو بیماری اتنی بڑی اور ایسی شدید تپیں آئیں کہ لوگوں کو مایوسی ہوگئی۔ میں تو امیدوار رحلت تھا۔اس وقت تک ضعف بہت ہے غذائے معمولی ہنوز نہیں ہوتی۔لیکن ظاہر معلوم ہوتا ہے کہ کچھ دن اور جینا ہے کم سے کم آئندہ کنوار تک۔ میں نے ایک شعر کہا یہ لطیفہ ملاحظہ ہو۔

کمزور ہے میری صحت بھی کمزور مری بیماری بھی
اچھا جو رہا کچھ کر نہ سکا بیمار پڑا تو مر نہ سکا (۳)

جناب اکبر الہ آبادی نے ضعیف العمری میں ہونے والے عوارض کا جو نقشہ کھینچا ہے اس کو پڑھ کر سمجھ میں آتا ہے کہ ضعیف شخص کن مشکلات سے زندگی گذار رہا ہوتا ہے۔ اور اپنے بڑوں کی عزت کرنے اور انہیں احترام دینے کی تعلیم ایسے ہی نہیں دی گئی ہے۔ اگر بڑوں کا احترام معاشرہ سے ختم ہو جائے گا تو پھر کسی بھی گھر کے بڑے افراد محفوظ نہیں رہیں گے۔ اسی طرح اپنے چھوٹوں پر شفقت کرنے کی بات کہی گئی ہے۔ اگر یہ شفقت چھوڑ دی گئی تو پھر انسانیت کا دا اینڈ ہو جائے گا۔ ہمیں اکبر الہٰ آبادی کا ممنون ہونا چاہیے کہ انھوں نے پیرانہ سالی میں ہونے والی تکالیف کو ادب کی زبان میں ہمارے سامنے بیان کیا اور ان تکالیف کا احساس ہمیں تب ہوا جب ڈاکٹر پروفیسر انور الدین نے ایسی تحریروں کو اپنے مقالہ میں جمع کیا۔ دانشور شخص وہی ہوتا ہے جو دیرپا رہنے والے موضوعات پر کام کرتا ہے۔ ورنہ سامنے کے موضوعات پر تو بچے بھی کچھ نہ کچھ بول دیتے ہیں۔ وہ آگے لکھتے ہیں۔

اکبر کے خطوط ادبی اعتبار سے بھی ایک منفرد مقام رکھتے ہیں ان خطوط کی ادبی قدر و قیمت کے تعین میں جو بات حارج ہوتی ہے وہ جا بجا بیماری اور مصائب کا اظہار ہے جس سے پڑھنے والے کی طبیعت متقاضی ہوتی ہے۔ لیکن آخری زمانے میں اکبر کی سماجی اور ذہنی حالت کو ملحوظ رکھا جائے تو یہ بیانات بہت فطری معلوم ہوں گے خطوط کے ان حصوں سے صرف نظر کیا جائے تو ان کی ادبیت اور اسلوب کی خوبیاں ہم سے داد طلب ہو جائیں گی۔

اکبر الہ آبادی کے خطوط کا سب سے اہم وصف ان کی اشاریت اور ابلاغ ہے جس کی طرف خواجہ حسن نظامی نے ان الفاظ میں اشارہ کیا ہے۔

''اکبر کے خطوط میں ...... ایک خصوصیت سب سے اعلیٰ ہے کہ بہت بڑے مضمون

کو دو لفظوں میں ادا کر جاتے ہیں اور کسی بات یا کسی شخص سے اختلاف کرتے ہیں تو ان کی بلاغت ایسا کمال کرتی ہے کہ لطف آ جاتا ہے اور اس کی خصوصیت یہ ہوتی ہے کہ جس کے خلاف لکھتے ہیں وہ برا نہیں مانتا۔

خواجہ حسن نظامی کے اس اقتباس کی روشنی میں اکبر کے خطوط کے کچھ اور اقتباسات درج ہیں، جن سے خواجہ صاحب کے بیان کو تقویت ملتی ہے۔ زندگی ہے جس کا میں زیادہ شایق نہیں ہوں۔ تو کبھی ملنا ہوگا (۴) مستم از بادہ شبانہ ہنوز۔ بادہ شبانہ سے مطلب وہ حظ ہے جو تین چار دن آپ کی برادرانہ بے تکلفی مخلصانہ مہمان نوازی، عارفانہ خیالات، طالب العلمانہ ذوق تحقیق اور نستعلیق و بادب طرز زندگی سے حاصل ہوا۔ حیرت ہوئی کہ اب تک ایسے بلند و پاکیزہ خیالات رکھنے والے قیصر باغ کے بلند و مصفا ایوانوں میں جاگزیں ہیں۔ لیکن کل شئے برجع الے اصلہہ اس کی توجیہ کرتا ہے۔

۵) ''میں کھاتا ہوں۔ خون احتیاط سے ریزہ چینی کرتا ہوں'' (۶)

دنیا میں تمام خرابیوں کی جز شرک ہے۔ اسی نے غیر خدا کو خدا بنا کر انسانوں میں تقسیم کر رکھا ہے، اگرچہ ہم کیا، ہماری سعی کیا۔ دنیا کا مزاج ہی یہ ہے۔ خوب ہوتی تو دنیا کیوں ہوتی (۷)

''آپ کا اجمال باکمال ارباب مذاق کے لیے ہر رنگ میں دل کش ہے۔ بوریا پر بیٹھے تو دنیا مرید ہے، مسند پر بیٹھے تو مصائب ہے۔ لڑنے کو نکلیے تو جان نثار ہے کچھ ارشاد ہو تو وجد میں آنے کو تیار ہے'' (۸)

واہ کیا بات ہے۔ یعنی ہر ایک ادا قاتل ہے۔

اگرچہ آپ وفور بیان مسائل توحید سے اپنی روحانی ترقی کرتے جاتے ہیں اور دنیا ترقی اس راہ میں چھ زیادہ مفید نہیں ہے۔ تاہم ایسے آثار پائے جاتے ہیں اور دنیاوی ترقی اس راہ میں کچھ زیادہ مفید نہیں تاہم ایسے آثار پائے جاتے ہیں کہ آپ کے ایوان دولت کی شمعیں روشن تر ہو جائیں۔ (۹)

ان کے خطوط میں ایک دل چسپ بحث آزادی نسواں اور پردے کے بارے میں ملتی ہے۔ رسالہ تہذیب نسواں میں اکبرالہ آبادی کی قدیم نظموں کے حوالے سے کسی آصف جہاں نے ایک مضمون تحریر کیا تھا اور لکھا تھا کہ اکبر کی تعلیم ترقی نسواں کے خلاف جاتی ہے۔ اپنی طویل بیماری اور آلام کی وجہ سے اکبر اعصابی خلل کا شکار ہو گئے تھے۔ معمولی باتوں کا بھی وہ گہرا اثر قبول کرنے لگے تھے۔ انھوں نے اس مضمون کا بہت برا مانا اور اپنے موقف کی وضاحت کے لئے خود بھی مضمون لکھا اور اپنے متقدمین اور احباب سے بھی اس قلمی جنگ میں استعانت طلب کی اس سلسلے میں خواجہ حسن نظامی اور دوسروں کو انھوں نے کئی خطوط لکھے۔

چند خطوط کے اقتباسات ملاحظہ ہوں جن میں اکبر نے پردہ اور تعلیم نسواں کے بارے میں اپنے نقطہ نظر کی وضاحت کی ہے۔

> ''معلوم نہیں پرانی نظموں کی تہذیب نسواں صاحب کیوں لے بیٹھے۔ سب کو معلوم ہے کہ سرسید احمد خان مرحوم نہ صرف پردے کے حامی تھے بلکہ لڑکیوں کے سرکاری اسکول میں جانے اور جدید کورس پڑھنے کے مخالف تھے میری نظموں کا اثر ہی کیا ہوسکتا ہے لڑکیاں اسکول جانے لگیں پردہ بھی شدہ شدہ جاتا رہے گا۔ میں نے اس بات کو بھی کہہ دیا ہے۔''

> ''ایک بڑا دھوکہ جو مغرب کی طرف سے دیا جاتا ہے وہ یہ ہے کہ عورتیں قید کی گئی ہیں۔ یہ غلط فہمی ہے۔ پردہ قید نہیں ہے بلکہ ان کو حق تمکنت دیا گیا ہے۔ اب یہ حق ان سے چھینا جا رہا ہے''۔

اس مراسلت میں کہیں کہیں ان کے نوک قلم سے ایسے شگفتہ جملے نکل گئے ہیں کہ ایسا محسوس ہوتا ہے جیسے وہ اپنے مصائب کو کچھ دیر کے لیے فراموش کر کے ماضی کے قہقہہ زار میں پہنچ گئے ہیں۔ اکبر کو شبہ تھا کہ آصف جہاں کے پردے میں کوئی مرد ہے چنانچہ خواجہ حسن نظامی کو لکھتے

ہیں:

''بعض دوست تو شاید اسی ڈر سے چپ ہو جائیں گے کہ بیگمات سے ڈاڑھی کون نچوائے اگر چہ خواہر مذکر بھی اسی پردے میں ہوں''

ایک خط میں ان کی خوش طبعی شوخی سے جاملی ہے لکھتے ہیں:۔

''میں تو آصف جہاں صاحب سے صلح کرنے پر آمادہ ہوں کہ جب تک آپ کا شباب ہے میں اپنی نظموں کو واپس لیتا ہوں''

اکبرالہٰ آبادی کی مکتوب نگاری میں جہاں بہت سی خوبیاں نظر آتی ہیں وہیں اشعار کا برملا استعمال وہ کیا کرتے ہیں۔ پروفیسر انورالدین نے اپنے مقالے میں لکھا ہے۔

اسی مکتوب میں یہ اشعار بھی ہیں۔

موج اکبر میں ہر اک نے قوم میں
کچھ زیادہ خواہ تھوڑا کہہ دیا
ہاں مگر آصف جہاں بے گناہ
ان کو در پردہ نگوڑا کہہ دیا

بات یہ ہے کہ اکبر گوشۂ گمنامی میں اپنی باقی زندگی گزار دینا چاہتے تھے لیکن ارباب صحافت معتقدین اور ارباب حکومت سے سفر نہ تھا۔ کوئی نہ کوئی بات ایسی پیش آجاتی کہ ان کی مرضی کے خلاف ان کی ذات کو الجھا دیا جاتا وہ سیاست سے بہت گھبراتے اور دور بھاگتے تھے۔ جب تک وہ ملازم سرکار رہے اس بات کی احتیاط کرتے رہے کہ حکومت سے ان کی وفاداری مشتبہ نہ ہو۔ ملازمت سے سبکدوشی کے بعد بھی وہ محتاط رہنے پر مجبور تھے۔ اس لیے کہ ایک تو وہ خود وظیفہ خوار تھے اور دوسرے ان کے صاحبزادے عشرت کلکٹر کے عہدہ پر مامور تھے اور اکبر نہیں چاہتے تھے کہ ان کی وجہ سے بیٹے کی ملازمت اور ترقی پر کوئی اثر پڑے۔ اس

احتیاط کے باوجود ایسے واقعات پیش آئے جن کی وجہ سے ارباب حکومت کی نظروں میں ان کی وفاداری مشکوک ہوگئی اور انہیں طرح طرح سے اپنی صفائی پیش کرنی پڑتی۔ مثال کے طور پر مہاراجہ سرکشن پرشاد کے نام ایک خط کا اقتباس ملاحظہ ہو......

''ایڈیٹروں سے ناک میں دم ہے۔ بالقانیوں کے ظلم کے خیال سے کبھی میری زبان سے نکل گیا تھا۔ ع

بحمد اللہ اب خون شہیدان رنگ لایا ہے

یہ اس وقت کہا تھا جب صرف سرویا اور اسٹریا کی بحث تھی۔ دوسرا شعر صاف تھا......

بہت کی سختیاں بالقانیوں نے بے گناہوں پر
بالاخر چرخ ان کے سر کو زیر سنگ لایا ہے

ایڈیٹر نے یہ اشعار اس وقت چھاپے جب اعلان جنگ منجانب برٹش ہوگیا۔ ان پر اعتراض ہوا ہے۔ اگرچہ مجھ سے ہنوز کچھ نہیں کہا گیا۔ تاہم کلفت ہوتی ہے۔ ایڈیٹر صاحب کی یہ بھی ر کاکت ہے کہ ان کے نام پرائیوٹ چٹھی آئی تھی۔ انہوں نے اس کو چھاپ دیا...... بلاؤں سے نجات دے۔ سوسائٹی کا تعلق خواہ مخواہ مجبور کرتا ہے۔ اگر تندرست ہوتا تو جنگلوں اور پہاڑوں میں بھاگ جاتا مجھ کو اب کرنا کیا ہے۔

فکریں کبھی تھیں اس کی راحت مجھے بڑی ہو
اب کہہ رہا ہوں یارب تکلیف میں کمی ہو

اس باب میں اکبر کو مورد الزام قرار دینا درست نہیں اکبر کو حقیقتاً سیاست سے صرف اتنی دلچسپی تھی کہ وہ اسے اصلاح معاشرت کا ایک ذریعہ سمجھتے تھے۔ ان کا مقصد معاشرہ کو مغربیت سے محفوظ رکھنا تھا۔ وہ انگریزوں کی حکومت کے خلاف نہیں تھے۔ صرف ان کی معاشرت اور تہذیب کو ناپسند کرتے تھے۔ اس موقف کی بار بار وضاحت انہوں نے اپنے خطوط میں کی ہے۔ چنانچہ واحدی صاحب کے نام ایک خط میں تحریر کرتے ہیں۔

"میں خود عجیب وقت میں ہوں۔ پبلک نے عرض کرلیا ہے کہ میں بڑا محبّ قوم اور اول درجہ کا رفارم ہوں۔ حالانکہ میں قوم ہی کے وجود کو تسلیم نہیں کرتا۔ میں نے لا مذہبی اور تبدیل وضع کے خلاف قدم اٹھایا تھا نہ کہ گورنمنٹ کے خلاف۔ میرا وعظ محنت، توکل اور عبادت ہے لیکن یہ نہیں کہہ سکتا کہ رفتار فطرت کس جانب ہے۔ ہر شخص کو اپنی حد جاننا چاہیئے۔ میں نہ معین نہ مزاحم"۔

اکبرالہ آبادی صوفی منش انسان تھے۔ان کے خطوط کا ایک اہم موضوع تصوف ہے۔ تصوف کا ذوق انہیں ابتداء ہی سے رہا ہے جو آخری زمانے میں کافی ترقی کرگیا تھا۔ بیسویں صدی کے اوائل میں اس مذاق کو فروغ دینے میں اکبرالہ آبادی کا بڑا حصہ رہا ہے۔خواجہ حسن نظامی کو انہوں نے ہی اس راہ پر آگے بڑھایا اور خاص توجہ سے ان کی تربیت کی۔اس باب میں خواجہ صاحب انہیں اپنا مرشد اور استاذ مانتے ہیں۔

اقبال نے حافظ شیرازی کو ہدف تنقید بنایا تو اکبرالہ آبادی تصوف کی حمایت میں سپر آرا ہو گئے۔انہوں نے اقبال پر طنزیہ اشعار کہے اور اپنے اقبال کے مشترک احباب کے نام خطوط میں اقبال کے خیالات سے اختلاف کیا ہے۔عبدالماجد دریا آبادی کے نام ایک خط میں لکھتے ہیں "مثنوری اسرار خودی" مصنفہ ڈاکٹر اقبال صاحب جس میں لکھا ہے کہ اپنی خودی کو مٹانے والا فلسفہ جس کا مشرق پر بہت برا اثر ہوا صحیح نہیں ہے۔اکبر نے اقبال کے خیالات کو بدلنے کی پوری کوشش کی اور بالاخر وہ اس کوشش میں کسی حد تک کامیاب بھی ہوئے۔اس سلسلے کا ایک دل چسپ خط آنریبل خان بہادر شیخ عبدالقادر صاحب کے نام ہے جس میں وہ لکھتے ہیں۔"مجھ کو معلوم ہو چکا تھا کہ ڈاکٹر اقبال کی مثنوی انگلستان میں پسند ہوئی۔مجھ کو اپنا یہ شعر یاد آیا۔

رقیب سرٹیفکٹ دیں تو عشق ہو تسلیم
یہی ہے عشق تو اب ترک عاشقی او لے

''میں اقبال صاحب کی قدر اس سبب سے نہیں کرتا کہ دربار لندن میں وہ مقبول ہیں۔

طالب ہوں میں تو اپنے ہی دل کی نگاہ کا
سودا نہیں ہے مجھ کو حریفوں کی واہ کا

لیکن وہ بھی کیا کریں مجبور ہیں۔ میں تو زندگی ختم کر چکا اور ہمیشہ سے ادھر سے بے نیاز رہا۔ وہ تعلیم ہی نہیں ہے میں نے تو ان دو چار لفظوں میں اپنا مطلب ادا کر دیا ہے۔

عشق کو کیوں بے خودی مقصود ہے
حسن بے حد ہے خودی محدود ہے

یہ کہنا مبالغہ نہ ہوگا کہ اکبر کے خیالات سے متاثر ہو کر اقبال نے اپنے فلسفہ خودی کی اصلاح کی۔ حافظ شیرازی کے بارے میں بھی انہیں اپنا رویہ بدلنا پڑا. چنانچہ اسرار خودی کے دوسرے ایڈیشن میں انہوں نے وہ اشعار حذف کر دیئے جن میں حافظ کی مذمت کی گئی۔ اس طرح مولانا عبدالماجد دریا آبادی ابتداء میں دہریہ خیالات رکھتے تھے ان کی قلب ماہیت بھی بڑی حد تک اکبرالہ آبادی کی تعلیم و تبلیغ کی مرہون منت ہے۔

بات علامہ اقبال کی ہو یا بات عبدالماجد دریا آبادی کے خیالات میں تبدیلی لانے کی ہو، پروفیسر انورالدین نے دلائل کی بنیاد پر بتایا ہے اکبرالہ آبادی نے علامہ اقبال اور عبدالماجد دریا آبادی دونوں کو تصوف کی طرف راغب کیا بلکہ ان کے خیالات کی اصلاح کرنے میں ممد و معاون رہے۔ ظاہر سی بات ہے کہ اکبر جہاں ہوں وہاں کسی کی عقل پر پردہ پڑا نہیں رہ سکتا اور نہ ہی کسی کی عقیدت کو ضرب لگ سکتی ہے۔ اور یہاں تو خود اکبرالہ آبادی کی عقیدت کی بات تھی، سو انھوں نے کام کیا اور خوب کیا۔ جس کی طرف مذکورہ پیراگرافوں میں جناب انورالدین نے اشارہ کیا ہے۔

موضوع تو اکبرالہٰ آبادی کی مکتوب نگاری ہے لیکن ادھر ڈاکٹر انورالدین نے اکبرالہٰ آبادی کی شاعری پر بھی توجہ دی ہے اور کہا ہے کہ

اکبر الہ آبادی نے شاعری میں صنعت کاری اور رعایت لفظی سے خاص کام لیا ہے۔ یہ وصف ان کے اسلوب نثر کا بھی ہے۔ شاعری کی طرح نثر میں بھی وہ نئی نئی تراکیب وضع کرتے اور فقرے تراشتے ہیں جس سے مضمون میں خاص ندرت ولطافت پیدا ہو جاتی ہے۔ اگر کبھی طبیعت شگفتہ رہی تو اس موڈ میں طنز وظرافت سے۔

واضح رہے کہ مذکورہ مضمون کی تدوین کے لئے ڈاکٹر پروفیسر انورالدین نے مولانا سید سلیمان ندوی، سید افتخار حسین اور سر مہاراجہ کرشن پرشاد کو لکھے گئے خطوط سے کام لیا ہے۔ مذکورہ مقالہ بڑا ہی دلچسپ ہے اور اکبر الہٰ آبادی کی زندگی کے آخری ایام کی تصویر کشی میں کامیاب ہے۔ مجھے ان کے مکاتیب کی شوخی بھی بھلی معلوم ہوئی جس کی طرف پروفیسر انورالدین نے اشارہ کیا ہے۔ اور مثال میں ان کی تحریر پیش کی ہے۔ ویسے بھی اکبر الہٰ آبادی کی تحریر ہو اور مزاح سے عاری رہ جائے یہ کیسے ممکن ہے؟

حوالہ جات:۔

۱) عشرت منزل الہ آباد میں ان کی کوٹھی کا نام تھا آج کل یہاں یادگار حسینی انٹر کالج نے ایک ہال اکبر کے نام موسوم کیا ہے

۲) خط بنام مولانا سید سلیمان صاحب ندوی مورخہ ۲۵ فروری ۱۹۱۵۔

۳) خط بنام سید افتخار حسین صاحب بی۔اے مورخہ ۱۸ جون ۱۹۱۴۔

۴) ایضا مورخہ ۱۱۲۸ کتوبر ۱۹۱۳۔

۵) خط بنام مولانا سید سلیمان صاحب ندوی مورخہ ۲۵ فروری ۱۹۱۵۔

۶) د(۷) خط بنام سید افتخار حسین صاحب بی۔اے مورخہ ۱۱۲۸ کتوبر ۱۹۱۳۔

۸) خط بنام ہز ایکسلنسی راجہ راجایان مہاراجہ سر کشن پرشاد بہادر مورخہ ۷ انومبر ۱۹۱۴۔

۹) ایضا مورخہ ۱۵ ڈسمبر ۱۹۱۴۔

فراق کا عشق

موجودہ عہد کے شعراء میں فراقؔ ایک اہم نام ہے جن کی شاعری خصوصاً جنس زدہ رباعیات نے انہیں مشہور بھی کر رکھا ہے اور اردو کے باذوق قارئین سے دور بھی کیا ہے۔ فراق کے کلام کی دیگر خوبیوں پر رباعیات چھا گئیں۔ بہر حال آیئے ہم پروفیسر انورالدین کے اس مقالہ ''فراقؔ کا عشق'' کی طرف آتے ہیں۔

وہ لکھتے ہیں۔

غزل اردو شاعری کی اہم ترین صنف ہے۔ عشق غزل کا خاص موضوع رہا تھا اور ہے۔ دیگر مضامین کو بھی غزل میں بالعموم عشق ہی کی لفظیات کے سہارے ادا کیا جاتا رہا ہے۔ یہ حقیقت ہے کہ اس کے باوجود اردو میں صحت مند، پاکیزہ اور سچی عشقیہ شاعری کی بڑی کمی محسوس ہوتی ہے۔ اس معاملہ میں ہمارے شاعر افراط وتفریط کا شکار بنے رہے۔ انہوں نے عشق کو یا تو اتنا مثالی بنا دیا کہ اس کا رشتہ جنس سے باقی نہ رہا یا پھر بہت ہی پھوہڑپن سے سستے قسم کے جنسی جذبات کے اظہار پر اتر آئے۔ اکثر شعراء کا عشق افلاطونی تھا۔ ایسا ظاہر ہوتا ہے کہ اپنے مقدر میں دائمی ہجر لکھا لائے تھے۔ وہ عمر بھر صرف محبوب کا پرتو ہی دیکھتے رہے اور ان کی ساری زندگی شوق کی تمہید باندھتے ہی گزری۔ جن شاعروں نے عشق کا معیار آسمانوں کی بلندیوں پر پہنچا دیا تھا۔ کبھی کبھی اس درجہ پستی پر اتر آئے کہ دیکھ کر حیرت ہوتی ہے۔

اس افراط وتفریط کے بہت سے سماجی اور انفرادی اسباب کے منجملہ ایک اہم سبب یہ بھی ہے کہ اردو میں عشقیہ شاعری کی روایتیں اس ایرانی شاعری سے ماخوذ ہیں جو دلی میں اردو شاعری کے آغاز کے زمانے میں انحطاط پذیر ہو چکی تھی یا اس کا سرچشمہ مغلیہ دور کی وہ فارسی شاعری ہے جسے ایرانی ہندی سے موسوم کرتے ہیں۔ عشقیہ شاعری کی روایت تصوف اور عشق مجازی کے

دائروں میں گھومتی رہی۔ اس کے مخصوص مضامین تھے اور اظہار کے لئے خاص سانچے مقرر کئے گئے تھے۔

صوفیانہ شاعری میں عشق ایک جذبہ سے زیادہ ذہنی تصور بن گیا تھا اور حیات وکائنات کے مسائل کی تشریح وتعبیر کے لئے لفظ عشق اور اس کے متعلقات کو علائم کے طور پر استعمال کیا جانے لگا تھا۔ اس فکری اور ذہنی عشق کے لئے اردو شاعری کی فضاء بہت سازگار ثابت ہوئی۔ اس کا دامن یہاں تک پھیلا کہ اقبال جیسے مفکر شاعر نے بھی عشق کی زبان کو اپنے فلسفیانہ خیالات کے اظہار کا ذریعہ بنایا۔

جہاں تک ذہنی اور فکری عشق کا تعلق ہے اردو شاعروں کے انفرادی تصورات اور تجربات کی نشاندہی کی جاسکتی ہے لیکن مجاز کی دنیا میں پہنچ کر یوں محسوس ہونے لگتا ہے جیسے ہمارے شاعروں نے اس کوچے کی سیر کی ہی نہیں وہ بالعموم بندھے ہوئے مفروضات کے سہارے بار بار دہرائی ہوئی باتوں کو ذراسی ہیر پھیر کے ساتھ دہراتے ہیں۔ سراپا ہو یا معاملہ بندی کا ہجر کا بیان، سب کے اظہار کا ایک خاص سانچہ بن گیا۔ دوسری بات جو کھٹکتی ہے وہ ان شاعروں کی اپنی ذات سے بڑھی ہوئی دلچسپی ہے۔ شاید انہیں اتنی فرصت میسر نہ آسکی کہ وہ اپنے غم کے خول سے نکل کر محبوب کی شخصیت پر غور کرسکیں۔ حقیقت تو یہ ہے کہ انہوں نے محبوب کو کبھی انسان ہی نہیں سمجھا اور عشق کے سارے دعوؤں کے باوجود محبوب کے تعلق سے اکثر معاندانہ رویہ اختیار کئے رہے۔ یہ وہ اسباب ہیں جن سے اردو کی عشقیہ شاعری کی فضا روایتی، تقلیدی، محدود اور بندھے ٹکے اصولوں کے محور پر گھومتی رہی۔

پروفیسر انورالدین کی مذکورہ تمہید اردو شاعری پر الزام بھی ہے اور اردو شاعری کے لئے نئے در بھی وا کرتی ہے۔ اب اہل اردو اور اردو شعراء پر ہے کہ تمہید کو کس طرح لیتے ہیں لیکن پروفیسر انورالدین نے اپنی سمجھ اور مطالعہ کی حد تک بات کہی ہے۔ اور بات میں سچائی بھی ہے اور دم بھی ہے لیکن سچائی یہ بھی ہے کہ ادب سلیقہ مانگتا ہے اور جس سلیقہ سے شعراء نے بات کہی وہ

بات قارئین تک پہنچی اور انھوں نے اسی کے مطابق شاعر کی زندگی کو ڈھلا ہوا سمجھا اور خود بھی اس کے مطابق ڈھلتے رہے۔ مذکورہ تمہید میں پروفیسر انور الدین ایک سخت جان ناقد واقع ہوئے ہیں۔ یا ناقد ہونے کا انھوں نے روپ دھارا ہے۔ مذکورہ باتیں دیگر ناقدین نے بھی کہی ہیں لیکن اس شدت سے نہیں کہ اس پر کلیم الدین احمد کی تنقید کا گمان ہو۔ بہر حال ان کی تمہید کے بعد آگے کی طرف بڑھتے ہیں تو یہاں انھوں نے فراقؔ کی تعریف کے پل باندھ دئے ہیں۔ ان کی شاعری کو جو مقام دیا ہے اس پر بھی مجھے ایسا ہی لگا کہ بیچارا نقاد بھی افراط وتفریط کا شکار ہوئے بغیر نہیں رہتا۔ پروفیسر انور الدین لکھتے ہیں۔

قدما اور متاخرین کے کلام کا معاملہ کرتے ہوئے جب ہم فراق تک پہنچتے ہیں تو اچانک ہمیں یوں محسوس ہوتا ہے جیسے ہم ایک بند کمرے کی گھٹن سے نکل کر ایک ایسے کھلے میدان میں آگئے ہیں جہاں خوشگوار ہوائیں چل رہی ہیں۔ فراق کی شاعری ایک ایسا چشمہ ہے جو روایتی عشق کی گدلائیوں سے پاک ہے جہاں نہ عفریت نما محبوب کی خوانخواریاں ہیں اور نہ رقیب سیاہ کار کی تباہ کاریاں یہاں ازلی ہجر ہے نہ دائمی فراق۔ یہ وہ دنیا ہے جس میں ہم آپ سماجی زندگی بسر کرتے ہیں۔ اپنے جنسی اور حیاتیاتی تقاضوں کو پورا کرتے ہیں۔ اپنی تہذیب اور کلچر کو پروان چڑھاتے ہیں۔

میں یہ کہنا چاہوں گی کہ اسی عشق نے جو فراق والا ہے، ایک نئے زمانے کی نمائندگی کی ہے جس میں ''تو نہیں اور سہی'' والا معاملہ ہر دن ظہور میں آتا ہے۔ عشق اب وفا کا پابند نہیں رہا۔ حسن تو بہر حال بے وفا ٹھہرا۔ وہ لکھتے ہیں۔

یہاں آدمی جسمانی ساخت کے اعتبار سے دو جنسوں میں بٹے ہوئے ہیں۔ پھر ہمارا معاشرہ ہے جو دونوں کو رشتوں میں بانٹتا ہے اور رشتہ داری کے بندھن میں جکڑتا ہے۔ اس معاشرے کے نظام کو قائم رکھنے کے لئے اخلاقی قوانین ہیں جنہیں ہم ہی توڑتے اور جوڑتے رہتے ہیں۔ عورت اور مرد جسمانی ساخت کے علاوہ نفسیاتی خصوصیات اور جمالیاتی اوصاف کے

فرق کے ساتھ اپنی جداگانہ شخصیتیں رکھتے ہیں ہر شخصیت ناتمام اور تکمیل کے لئے دوسری شخصیت کی محتاج ہے۔ تکمیل کی فطری خواہش ہی دراصل جذبہ عشق کی بنیاد ہے۔ گویا عشق اور مرد کے جسمانی، جذباتی اور روحانی اتصال کا مقتضی ہوتا ہے۔ عشق ایک فاعلی تخلیقی اور ارتقائی قوت ہے۔ یہ قوت انسان کو بناتی بھی ہے اور بگاڑ بھی دیتی ہے۔ خیر اور شر قوت کے دو روپ ہیں۔ اس بات کو فراق نے یوں بیان کیا ہے۔

عشق خود اپنی تعریف یوں کر گیا
اہرمن اہرمن ازداں ایزداں

فراؔق کی شاعری میں عشق کا محرک جنسی جذبہ ہے، جو ارتقاع پاتے ہوئے ذہنی سطح پر پہنچ جاتا ہے۔ اس عشق کی پہلی منزل محبوب کے حسن کی قدروں کا احساس ہے۔ یہی وہ منزل ہے جہاں اردو شاعروں کے قدم اکھڑے اکھڑے نظر آتے ہیں۔ بقول شخصے فراق کی شاعری میں عشق کا محرک جنسی جذبہ ہے جو ارتقاع پاتے ہوئے ذہنی سطح پر پہنچ جاتا ہے۔ اس عشق کی پہلی منزل محبوب کے حسن کی قدروں کا احساس ہے۔ یہی وہ منزل ہے جہاں اردو شاعروں کے قدم اکھڑے اکھڑے نظر آتے ہیں۔ بقول فراؔق

حسن کی اک حسن ہی سمجھے نہیں اورائے فراق
مہرباں نامہرباں کیا کیا سمجھ بیٹھے تھے ہم

حسن کی بوقلموں کیفیات کا ادراک اردو شاعری میں کمیاب ہے۔ فراق کی شاعری میں یہ کیفیات اپنے ہزار شیوں کے ساتھ نمایاں ہوئی ہیں بالخصوص لمسی کیفیات کا اظہار۔ اردو کی جمالیاتی شاعری فراق ہی کی دین ہے۔ جمال یار کا مشاہدہ فراق نے اپنی آنکھ سے کیا ہے۔ اس لئے ان کی تشبیہات میں ندرت اور تازگی ہے۔

اردو کی جمالیاتی شاعری کو فراق کی دین کہہ کر فراق کو ایک بڑا مقام پروفیسر انورالدین نے عطا کیا ہے۔ اور فراق کے جمالیاتی شعور کی گہرائی کو ناپنے کی بات خود کہی اور اس کو ناپے

بنا ''روپ'' کی رباعیوں کو پیش کیا اور دلیل غائب کردی۔ صرف رباعیات کو کون سمجھ سکے گا انہیں بتانا تھا کہ کہاں کہاں سے جمالیاتی شاعری سامنے آرہی ہے۔

فراقؔ کی شاعری کے تجزیے سے ان کے جمالیاتی شعور کی گہرائی کو ناپا جاسکتا ہے اس تجزیے کے لئے تو ایک الگ مضمون درکار ہے یہاں صرف چند مثالوں پر اکتفا کرنا مناسب ہوگا۔

''روپ'' میں فراقؔ نے جو رباعیاں کہی ہیں وہ نسوانی حسن کا فنکارانہ مشاہدے کی معراج ہے اور کم از کم اردو شاعری کے لئے یہ نئی چیز ہے۔ اب یہاں کسی تبصرے کے بغیر چند رباعیاں پیش کی جارہی ہیں جن سے آپ کو خود اندازہ ہو جائے گا کہ میرا ادعا کہاں تک درست ہے۔

بھیگی زلفوں کے جگمگاتے قطرے
آکاش سے نیلگوں شرارے پھوٹے
ہے سرِ رواں میں یہ چراغاں کا سماں
یا رات کی گھاٹیوں میں جگنو چمکے

جو بن رس پتلیوں کے اندر ڈولے
اس نرمل جل میں روپ مریم دھوئے
یہ نرم نظر کی سیج پلکوں کی یہ چھاؤں
سوئی ہے سہاگ رات گیسو کھولے

جوڑے میں سیاہ رات کنڈلی مارے
ماتھے کے عرق میں جھلملاتے تارے

عارض میں سحر کے چھلکے چھلکے ساغر
تھوڑی میں قمر کے جگمگاتے پارے

اردو کے اچھے غزل گو شاعر محبوب کے صرف صورت آشنا تھے لیکن فراق نے محبوب کے پیکر عریاں کی جلوہ پاشیاں دیکھیں پھر ان کیفیات کو لفظوں کی زبان عطا کی یہ اور بات ہے کہ ابھی اس شاعری کے بعض لوگ متحمل نہ ہو سکے لیکن اس میں قصور فراق کا نہیں بلکہ اس دوغلی تہذیب کا ہے جو قول و فعل کے تضاد کو روا رکھتی ہے۔ فراق پر فحش نگاری کا الزام لگایا جاتا ہے مگر یہ ایک جداگانہ بحث ہے جس پر فی الحال کچھ کہنا مقصود نہیں لیکن اتنا ضرور عرض کرنا ہے فحش نگاری اور فن کاری کے درمیان صرف ڈگ بھر کا فاصلہ ہے اور فراق نے کبھی اس حد کو پھلانگنے کی کوشش نہیں کی۔

میرا یہ کہنا ہے کہ اردو شاعری میں کوئی چیز نئی داخل کر دی جائے اور ہم اس کو شاہکار یا عمدہ یا جمالیاتی مان لیں یہ کس طرح ممکن ہے۔ سوال یہ ہے کہ فراق نے جو کچھ پیش کیا آیا اس پر دوسروں نے بھی چل کر دِکھایا؟ حقانی القاسمی نے جس وقت ''بدن کی جمالیات'' لکھی تو کس کو اندازہ تھا کہ وہ جمالیات اور فحش نگاری کی ایک دنیا کو سامنے لانے والے ہیں۔ اب ''بدن کی جمالیات'' کہاں ہے؟ کیا یہ عام ہوگئی؟ اسی طرح فراق کی کتنی ایسی رباعیات ہیں جو زبان زد خاص و عام ہیں۔ یا ایک منصوبہ کے تحت ہی سہی، ناظمِ مشاعرہ نظامت کے دوران پڑھا کرتے ہیں؟ پروفیسر انورالدین نے لکھا ہے کہ دوغلی تہذیب کے سبب فراق کی (فحش) جمالیات کو برداشت نہیں کیا گیا۔ کوئی معاشرہ اگر ن م راشد کی فحش نظموں کو نکار دیتا ہے تو وہ تب بھی دوغلا معاشرہ کہلاتا ہے کیوں کہ معاشرہ کو گالی دئے بغیر اپنی بات نہیں بن رہی ہے نا؟

کملا داس ثریا کی وہ فحش انگریزی نظمیں جن کا ترجمہ پروفیسر عبدالمغنی تبسم نے کیا، آیا وہ نئی چیز نہیں تھی؟ کیونکہ اس کو ایک خاتون کی جانب سے پیش کیا گیا تھا۔ اگر نئی چیز تھی تو معاشرے نے اس کو قبول کیوں نہیں کیا۔ اگر قبول نہیں کیا تو کیا اس سے معاشرے دوغلا ہوگیا؟ معاشرہ اگر

ہدف میں ہے تو شاعری بھی ہدف سے باہر نہیں ہو سکتی۔ زلف کی تعریف اگر کی جا رہی ہے تو اس کے جواب میں کوئی مقعد کے بال (افسوس کے ساتھ لکھنے پر مجبور ہوں) کو پسند کرتا ہے اور اس کو شاعری کہتا ہے اور شاعری کا نیا انداز بتاتا ہے تو یہ شاعری نہیں بلکہ پراگندگی کہلائے گی۔ لامحدود کوئی چیز نہیں ہے۔ سب کے اپنے حدود ہیں۔ شاعری ہو یا والدین، شاعری ہو یا اساتذہ، شاعری ہو یا وطن، شاعری ہو یا عشق۔ اور یہ سب چیزیں اپنے اپنے حدود میں بھلی لگتی ہیں۔ طب کا مضمون کیمیا میں مداخلت نہیں کر سکتا۔ طبیعات کا مضمون جغرافیہ سے کوئی علاقہ نہیں رکھ سکتا۔ اسی طرح جو زبانیں ہیں ان زبانوں کے اپنے حدود اور ان کا اپنا جغرافیہ ہے۔ اسی میں وہ بھلی لگتی ہیں۔ تنگیٔ داماں کا شکوہ بجا۔ لیکن لامحدود دکھائی دینے کا عمل قابل گرفت ہوتا ہے۔ پروفیسر انورالدین فراقؔ کی جنس زدہ رباعیوں کے بارے میں لکھا ہے

انہوں نے جنسی فعل کو بھی اپنی رباعیوں کا موضوع بنایا لیکن شہوانی جذبات کو بھڑکانے والی سستی لذت سے دامن بچاتے ہوئے اس فعل کی جمالیاتی قدر کو نمایاں کرنے کی کوشش کی ہے۔

یہ تو ایسی ہی بات ہوئی کہ اس نے کوئی بڑی عورت سے زنا نہیں کیا بلکہ کسی نوعمر کے ساتھ شب گذاری کرتا رہا۔ اور یہ کس طرح جمالیاتی قدر رہوئی، کم از کم ہماری سمجھ سے باہر ہوئی۔ یہاں یہ کہہ کر مجھے دھکے دئے جا سکتے ہیں کہ آپ خاتون ہیں ان سب چیزوں کو کیا جانیں۔ میں نے ابھی کملا داس ثریا کی انگریزی نظموں میں موجود عشق پر بات کی تھی، اس کے فحش انداز پر بات کی تھی۔ خواتین کو سب پتہ ہوتا ہے کہ کیا عشق ہے، کیا ہوس ہے، کیا لکھا جا رہا ہے اور کیا بکا جا رہا ہے۔ جس طرح غزل میں بھرتی کا شعر ہوا کرتا ہے، اسی طرح فحش نگاری اردو ادب میں ہی نہیں ہر ادب میں ایک بھرتی کے شعر کی مانند ہے جس کی میں سخت مخالف ہوں۔ بحیثیت خاتون بھی اور بحیثیت انسان بھی۔ کیونکہ میں سمجھتی ہوں کہ فحش نگاری ادب کا موضوع نہیں ہے۔ اور اگر کوئی اس پر لکھ کر اپنے کو طرم خان سمجھتا ہے تو سمجھ لے۔ پروفیسر انورالدین آگے لکھتے ہیں۔

آیئے اب ذرا ہم رباعیوں کی دنیا سے نکل کر شہر غزل کی سیر کریں یہاں کی آب وہوا کچھ مختلف ہے اور روایتی اخلاق کے رسیا لوگوں کے لئے بھی سازگار ہے۔ آپ ٹھٹکتے نہیں یہ بھی غزل ہے لیکن محبوب خنجر بدست نہیں جو محبوب کم اور جلاد زیادہ ہوتا ہے۔ رقیبوں کا وہ جم غفیر نہیں جو عاشق کا جینا دوبھر کردے یہاں ایسے حواس گم کردہ عاشق نہیں جو گریباں چاک کئے بچوں کی تفریح طبع کا سامان بنے پھرتے ہیں۔ آدھی رات کو اس قدر آہ وزاری کرتے ہیں کہ ہمسایوں کی نیند حرام ہو جاتی ہے۔ فراق نے یہ اور اس طرح کے بہت سے فرسودہ معروضات کو اپنی شاعری میں بار پانے نہ دیا۔ انہوں نے عشق کے تعلق سے ایک حقیقت پسندانہ زاویۂ نظر اختیار کیا اور غزل میں صرف ان تجربوں اور کیفیات کو پیش کیا جن سے وہ خود گزر چکے تھے۔

لیجئے صاحب، یہ ایک رہی۔ یعنی آپ جس تجربے اور کیفیت سے گذرے ہیں وہی بیان کرنا ادب ٹھہرا۔ جہاں کہیں دوسروں کا غم بیان کیا گیا وہ کم تر درجہ کا ادب۔ کیا بات ہے، یہ کوئی بات ہوئی؟ ادب تخیل اور محسوسات کا نام سابق میں رہا ہے اور آج تک یہی کھیل جاری وساری ہے۔ آئندہ بھی اس کھیل کو جاری رکھا جائے گا بھلے جس قدر اس کی مخالفت کی جائے۔ میری بات یہاں پر بھی یہی ہے کہ فراقؔ کا کتنے شعراء نے اتباع کیا ہے؟ فراق کے دو تین دہائی بعد جون ایلیا جیسے شاعر سامنے آتا ہے اور وہ فراقؔ سے آگے نکل جاتا ہے۔ (شاید اس بات سے اتفاق نہ کیا جائے)

فراقؔ کی مختصر آپ بیتی ان کے مصائب کی صورت میں ہم تک پہنچتی ہے جس میں ان کی ازدواجی زندگی اور معاملات عشق پر بہت کچھ روشنی پڑتی ہے۔ فراق نے عشق اور عشقیہ شاعری کے بارے میں اپنے نظریات کو اپنے تنقیدی مضامین میں واضح کیا ہے۔ ان تحریروں کو پڑھنے کے بعد جب ہم ان کی شاعری کا مطالعہ کرتے ہیں تو ان کے فکر وعمل میں بہت زیادہ یگانگت نظر آتی ہے۔ اس مطالعہ سے ہم اس نتیجے پر پہنچتے ہیں کہ فراق اور متقدمین کے عشق میں چند بنیادی باتوں کا اختلاف پایا جاتا ہے۔

پہلی بات تو یہ ہے کہ قدیم متغزلین کا محبوب بیشتر ایک خیالی پیکر تھا اوران کے عشق کی ساری وارداتیں بیشتر محض تخیل کی اختراع تھیں۔ اگر ایسا نہیں تھا تو وہ کوئی پردہ نشین دوشیزہ یا بازاری طوائف تھی۔

(خیالی محبوب، پردہ نشین دوشیزہ کے ساتھ بازاری طوائف کا کیا جوڑ؟، کچھ کہتے ہوئے اس سے علاقہ رکھنے والی بات بھی ہونا چاہیے، آپ تنقید کریں لیکن اوب کریا جھلا کرنہ کریں)

فراقؔ کا محبوب سب سے مختلف ہے۔ وہ ایسی دوشیزائیں یا شادی شدہ عورتیں ہیں جومختلف زمانوں میں شاعر کی زندگی میں داخل ہوئیں۔ کسی سے ان کا سرسری یا عارضی ربط رہا اورکوئی طویل عرصہ تک اس کے دل ودماغ پر چھائی رہیں۔ ایک سے زیادہ عشق اورلوگوں نے بھی کئے ہوں گے، کیوں کہ فطرتاً ایسا ہونا ممکن ہےاور ہوتا بھی ہےلیکن روایتی احتساب سے بچنے کے لئے انہوں نے اس کا اعتراف کرنا مناسب نہیں سمجھا۔ فراق نے اس بات کو پوشیدہ رکھنے کی ضرورت محسوس نہیں کی کیوں کہ انہوں نے جو کچھ کیا وہ ان کی دانست میں روح اور جسم کا فطری مطالبہ تھا اسی لئے وہ محبوب سے بھی وفا کے طالب نہیں ہوئے۔ اس زاویہ نظر نے فراق کے عشقیہ جذبات میں ایک طرح کا توازن پیدا کردیا۔ یہ اشعار اس متوازن جذبہ کے آئینہ دار ہیں۔

بہت بڑھا کے نہ کر شکوہ تلون حسن
ارے مزاج محبت کو بھی قرار نہیں
تجھے گھاٹا نہ ہونے دیں گے کاروبارالفت میں
ہم اپنے سر تیرا اے دوست ہر نقصان لیتے ہیں
ہماری ہر نظر تجھ سے نئی سوگندھ کھاتی ہے
تو تیری ہر نظر سے ہم نیا پیمان لیتے ہیں

عشق کی خودتنقیداور محبوب سے اپنائیت یہ احساس اردوشاعری میں مشکل ہی سے ملے گی بلکہ ہمارے شاعراس کے برخلاف اپنے محبوب سے یک طرفہ وفاداری کا مطالبہ کرتے رہے

ہیں۔

فراقؔ نے وفاداری کے یک طرفہ تصور کی بنیاد ہی کو اکھاڑ کر پھینک دیا جس پر غزل کی نام نہاد عشقیہ شاعری کی عمارت کھڑی کی گئی تھی۔ وہ میرؔ ہوں یا غالبؔ ان کے ہاں اس قسم کے اشعار میں محبوب کی تصویر نظر آتی ہے۔

بغل میں غیر کی آج آپ سوئے ہیں کہیں ورنہ
سبب کیا خواب میں آ کر تبسم ہائے پنہاں کا
صحبت میں غیر کی نہ پڑی ہو کہیں یہ خو
دینے لگا ہے بوسہ بغیر التجا کئے

فراقؔ کے عشق میں اس قسم کی بے حیائی کہیں نہیں ملے گی۔

(جس قسم کی بے حیائی فراق کے پاس ہے اس کا بیان ذرا تفصیل سے کر دیتے تو اچھا تھا، یہ تو حب علی اور بغض معاویہ والی بات ہوئی)

ان کی غزلوں کو پڑھ جایئے آپ رقیب کا دور دور تک نشان نہیں پائیں گے۔ غالب کا عشق خواہش کی حد سے آگے بڑھنے نہیں پایا ان کی خود پرستی نے انہیں اس قابل نہیں رکھا کہ ڈٹ کر عشق کر سکیں۔ فراق کا حال ان سب سے مختلف ہے۔ وہ محبوب کے وصال سے شادکام ہوئے ہیں لیکن وصال کے بعد قربت میں نئے فاصلے نکل آئے۔ محبوب کو پا کر بھی نہیں پاسکنا، فراق کی حیات عشق کا بڑا المیہ ہے۔

تیری قربتیں بھی ہیں دوریاں یہ کرشمہ کشش بدن
چہ قیامتے کہ نمی رسں نہ کنار من بکنار من

اس منزل پر انہیں حسن ایک فریب نظر معلوم ہونے لگتا ہے اور عشق پر چھائیں بن کر رہ جاتا ہے۔

جلوہ لیلے ہو اے دل یا جنوں قیس ہو

حسن بھی پرچھائیاں ہیں عشق بھی پرچھائیں

حسن و عشق کی عارفیت کے احساس نے اس المیہ کے کرب کو اور بڑھا دیا، اس کا نتیجہ یہ ہوا کہ وصل کے لمحے بھی ان کے لئے بلائے جان بن گئے۔

وصال اس سے میں چاہوں کہاں یہ دل میرا
یہ رو رہا ہوں کہ کیوں اس کو میں نے دیکھا تھا

اس نقطے پر پہنچ کر فراق کا عشق جنس کی گرفت سے آزاد ہو جاتا ہے اور ذہنی سطح سے پرواز کر کے تخیل کی بلندیوں کو چھونے لگتا ہے۔ اس پر شاعر کے ذہن میں یہ سوال ابھرتا ہے۔

کہیں یہی تو نہیں کاشف حیات و ممات
یہ حسن و عشق بظاہر ہیں بے خبر پھر بھی

اس کا جواب پانے کے لئے وہ خودشناسی کے راستے پر چل پڑتا ہے۔

چھوڑ وفا و جفا کی بحثیں اپنے کو پہچان اے عشق
غور سے دیکھ تو سب دھوکہ ہے کیسی وفائیں کیسی جفا

میں سمجھتی ہوں کہ پروفیسر انورالدین نے اس مقالے میں وہ باتیں لکھی ہیں جو مجھ جیسی طالبہ کے لئے ہضم ہونے والی نہیں ہیں۔ اور اردو کی جمالیات کے خلاف بھی ہیں۔ فراق انگریزی کے شاعر تھے۔ اور انھوں نے اردو ادب میں اپنی انگریزدانی اور اوڑھی ہوئی خودساختہ انگریزی تہذیب کو شامل کرنے کی کوشش کی جس کو ناقدین نے سراہا، قارئین نے نکارا۔

آج بھی فراؔق کو چاہنے والے تو مل جائیں گے لیکن ان پر سخت نقد کرنے والے بے شما رہیں۔ اور پھر میرا سوال جواب طلب رہ جاتا ہے کہ فراؔق کا نیا راستہ کتنے شعراء نے اپنایا؟ اور وہ کیوں کر کامیاب نہیں ہو سکے۔ کیا اس کا بھی معاشرہ ہی ذمہ دار ہے؟

اقبال تحسین کا مسئلہ

پروفیسر انورالدین نے تنقید اور تحسین سے متعلق بہت سی باتیں کہی ہیں۔

ا۔ اچھی اور بری شاعری کی یہ پہچان ہے کہ وہ تنقید کے لیے ایک مسئلہ بن جاتی ہے

۲۔ ہر فن کار کو ایک ہی مخصوص عینک لگا کر نہیں پرکھا جا سکتا

۳۔ ہر بڑا فنکار اپنے لیے ایک جداگانہ تنقید کا مطالبہ کرتا ہے

۴۔ بڑے فنکاروں کی تخلیقات انسانی گرفت میں نہیں آسکتیں

۵۔ اقبال کی شاعری بھی اپنے لئے نئی راہ کا تقاضہ کرتی ہے

اس کے لئے انورالدین کی بات تفصیل سے سماعت کریں۔ وہ لکھتے ہیں

''تنقید یا تحسین کا کام تشریح پرکھ اور محاکمہ ہے تنقید اپنے اصول تخلیق سے اخذ کرتی ہے۔ اچھی اور بری شاعری کی پہچان یہ ہے کہ وہ تنقید کے لیے ایک مسئلہ بن جاتی ہے۔ کیونکہ تنقید کے مروجہ اور بندھے ٹکے اصول اور ضوابط اس کی پرکھ اور قدرشناسی کے لیے کافی نہیں ہوتے۔ شاعری کے علاوہ ادب اور فنون لطیفہ پر بھی یہ بات صادق آتی ہے۔ یوں بھی ہر فن کار کو ایک ہی مخصوص عینک لگا کر نہیں پرکھا جا سکتا۔ میر کی تحسین انیس کی تحسین سے اور میر حسن کی تحسین غالب کی تحسین سے یقیناً مختلف ہوگی۔ ہر بڑا فن کار اپنے لئے ایک جداگانہ تنقید کا مطالبہ کرتا ہے۔ دوسری طرف بڑے فن کاروں کی تخلیقات اپنی پہلودار اور گوناگوں خصوصیات کی حامل ہوتی ہیں۔ اس لیے کہ وہ انسانی تنقید کی گرفت میں نہیں آسکتیں۔ اسے ہم اس طرح واضح کر سکتے ہیں کہ جس طرح انگریزی ادب میں شکسپیئر کی تخلیقات کا مطالعہ کئی زاویوں اور نقاط نظر سے کیا گیا ہے اس پر بے شمار کتابیں لکھی گئیں لیکن اس کے باوجود اب بھی یہ محسوس ہوتا ہے کہ اس کے محاسن کا پوری طرح احاطہ نہیں کیا جا سکا۔ اسی طرح ٹی۔ ایس۔ ایلیٹ کی عظمت اس کی متقاضی تھی کہ

اس کی تحسین کے لیے نئے پیمانے وضع کیے جائیں۔ چنانچہ ہم دیکھتے ہیں ایلیٹ کے مطالعہ کے لیے ایک علیحدہ مکتب تنقید وجود میں آ گیا۔ اردو میں اقبال کی شاعری بھی ایسا ہی مسئلہ پیدا کرتی ہے اور یہ مطالبہ کرتی ہے کہ اس کی تنقید اور تحسین کی صحیح راہ دریافت کی جائے''۔

ایک طرف اس بات سے کوئی انکار نہیں کر سکتا کہ ہمارے نقادوں اور عالموں نے اردو شعراء میں سب سے زیادہ اقبال پر توجہ کی حالانکہ غالب صدی کے بہانے غالب کی شخصیت اور فن پر بہت کچھ لکھا گیا۔ اس کے باوجود یہ سرمایہ اقبالیات کے سرمایہ کے مقابلے میں بظاہر قلیل نہ سہی لیکن وقعت میں یقیناً کم تر ہے۔ دوسری طرف یہ بھی ایک واقعہ ہے کہ تنقید اور علوم کی ساری سرگرمی کے باوجود نہ تو اقبال شناسی کا صحیح راستہ متعین ہو سکا ہے اور نہ ہی اردو شاعری میں بحیثیت فن کار اقبال کے حقیقی مقام اور مرتبہ کو پوری طرح پہچانا جا سکا ہے۔

اقبال کی فکر پر کافی کام ہوا ہے اور یہ کام قابل قدر ہے اس سلسلہ میں ڈاکٹر شریف، خلیفہ عبدالحکیم، ڈاکٹر رضی الدین، عبدالسلام ندوی، ڈاکٹر یوسف حسین خاں، میکش اکبرآبادی، ڈاکٹر غلام عمر خاں، ڈاکٹر عالم خوندمیری اور بہت سے نقادوں کے علاوہ بعض متشرقین کی خدمات لائق تحسین ہیں۔ اس کے باوجود اقبال کی فکر اور فلسفے پر اور بہت کچھ لکھا جا سکتا ہے اور لکھا جائے گا۔ خوش قسمتی سے اقبال نے اپنے افکار اور خیالات کو شاعری کے علاوہ نثر میں بھی پیش کیا ہے۔ ان تحریروں کی وجہ سے اقبال کی فکر تک رسائی ممکن ہو سکی۔ اس ماحول میں اقبال کی شاعری کو اس کے فلسفے کا اہم ماخذ اس کی نثر سے مل گیا۔ چنانچہ اس طرح ہمارے نقاد اور علماء اقبال کو بحیثیت فلسفی منوانے اور منفرد مقام دلانے میں کامیاب رہے ہیں اور اس حیثیت میں بھی اقبال کی عظمت اور بڑائی سے انکار نہیں کیا جا سکتا۔

لیکن ہمارے سامنے جو مسئلہ ہے وہ اقبال کی شاعرانہ عظمت کا ہے۔ یہ بات تو ادب کا معمولی طالب علم بھی اچھی طرح سمجھ سکتا ہے کہ محض فکر اور فلسفے کی آمیزش سے بڑی شاعری یا شاعری میں عظمت پیدا نہیں ہو سکتی۔ یہ ضرور ہے کہ تجربے کی شدت اور زندگی کی گہری بصیرت

کے بغیر فن میں اعلیٰ درجے کے کارنامے سرانجام نہیں دیئے جاسکتے۔ اس کا مطلب یہ ہے کہ تجربہ اور بصیرت کے ساتھ فن کے کچھ اور تقاضے بھی ہیں جن کی تکمیل ضروری ہے۔ اقبال کی شاعری کے فنی محاصل کا بھی نقادوں نے جائزہ لیا ہے ان میں سید عابد علی کی کتاب شعر اقبال زیادہ تر اسی پہلو سے بحث کرتی ہے۔ اس کے علاوہ عبدالواحد، ڈاکٹر یوسف حسین خان، ڈاکٹر عبداللہ اور چند دوسرے نقادوں نے بھی اپنی تصانیف یا مضامین میں اقبال کی فنکاری کا جائزہ لیا ہے۔

مذکورہ دونوں پیراگراف میں ڈاکٹر انورالدین نے علامہ اقبال کے ناقدین کے بہت سے نام گنائے ہیں جس سے پتہ چلتا ہے کہ ڈاکٹر انورالدین جو کچھ لکھتے ہیں، بہت سوچ سمجھ کر اور مطالعہ کے بعد لکھتے ہیں۔ سید عابد علی، عبدالواحد، ڈاکٹر یوسف حسین خان، ڈاکٹر عبداللہ جیسے ناقدین کا انھوں نے نام تحریر کیا ہے۔ آگے لکھتے ہیں۔

جہاں تک تنقیدی نقاط نظر کا تعلق ہے اقبال کی شاعری کا مطالعہ مختلف نظریات اور اصولوں کی روشنی میں کیا گیا ہے اور سب سے زیادہ فلسفانہ تنقید کی گئی ہے۔ تاریخی، سماجیاتی اور مارکسی نقاط نظر سے بھی اقبال کے کلام کا جائزہ لیا گیا ہے نفسیاتی اور ہیئتی نسبتاً کم کی گئی ہے۔

اقبال کی مکمل تحسین کے لئے ایک طریقہ کار تو یہ تجویز کیا جاسکتا ہے کہ

اقبال کے ان گوشوں کا تفصیل سے مطالعہ کیا جائے جن کی طرف ابھی تک کسی نے توجہ نہیں کی گئی یا جن پر بہت سرسری نظر ڈالی گئی ہے۔

دوسرے یہ کہ تنقید کے مختلف دبستانوں سے مدد لے کر نئے نئے زاویوں سے اقبال کے کلام کا جائزہ لیا جائے۔

تیسرے یہ کہ تمام نظموں اور اشعار غزل کا یا کم از کم منتخب اور بہترین کلام کا مبسوط تجزیہ کیا جائے۔

یہ کام اسی نوعیت کا ہوگا جیسا کہ شیکسپیر یا مغرب کے بعض دوسرے ادیبوں اور شاعروں کے کارناموں پر کیا گیا ہے۔ اس طرح ہر زاویہ سے اقبال کی شاعری کو سمجھنے، سمجھانے، پرکھنے،

جانچنے اوراس کی قدر و قیمت کا تعین کرنے کی کوشش جاری رہنی چاہئےلیکن اس کے باوجود بھی اس بات کا قوی امکان رہ جاتا ہے کہ کیااس طرح صحیح معنوں میں اقبال کی تحسین کا حق ادا ہو سکے گا۔اس شبہ کے چند معقول اسباب ہیں جن پر غور کرنا بے حد ضروری ہے۔

کسی شاعر کا مطالعہ ایک خاص نقطہ نظر سے کیا جاتا ہے اور مقصد یہ ہوتا ہے کہ اس کی شاعری کے کسی ایک خاص پہلو کا جائزہ لیا جائے۔ اس صورت میں نقاد مجبور ہوجاتا ہے کہ وہ صرف ایسے کلام کا انتخاب کرے جواس کے لئے مفید ہو سکے اور اس کی بنیاد پر وہ اپنے دلائل کو مضبوط کر سکے۔ایسی صورت میں شاعر کا وہ کلام عام طور سے نظر انداز ہوجاتا ہے جواس کا اصل سرمایہ فن ہے۔ پھرایک خاص نقطہ نظر سے اس منتخب کردہ کلام کوسامنے رکھ کر شاعر کی قدر و قیمت کا تعین کرنے کی کوشش کی جاتی ہے۔جس کی وجہ سے شاعری اور تنقید دونوں کے ساتھ انصاف نہیں ہو پاتا۔

یہاں تک پروفیسر انورالدین نے کچھ اصولی باتیں اورناقدین کا تذکرہ کیا تھا۔اب ان ناقدین کی تحریروں کا مختصر ساذکر کرتے ہوئے انہوں نے لکھا ہے:

''خلیفہ عبدالحکیم نے اقبال کے فلسفے پر مقالہ تحریر کیا تووہ اقبال کے ایسے اشعار منتخب کرنے پر مجبور ہو گئے جن میں اقبال نے اپنے خیالات اورافکار کونظم کردیا ہے اور جہاں اقبال کے پیچیدہ اورخوبصورت اشعار انہوں نے پیش کئے ہیں ان کی ایک مخصوص تعبیر پر ہی اکتفا کیا ہے اور یہ ناگزیر بھی تھا۔ خلیفہ عبدالحکیم نے اقبال کی نظم ''عقل ودل'' کا موازنہ کرتے ہوئے اقبال نے اپنے فلسفے کے سارے نکات بڑی سادگی کے ساتھ پیش کئے ہیں۔ پھرنہایت ہی معصوم مبالغے سے کام لیتے ہوئے یہ کہا گیا ہے کہ''بعد میں اقبال نے سینکڑوں اشعار اس مضمون پر لکھے لیکن وہ سب انہی سادہ اشعار کی شرح ہیں''۔

''عقل ودل'' اقبال کی بہت ہی معمولی نظم ہے اورحالی کی معمولی نظموں کی سطح پر رکھی جاسکتی ہے۔ اس نظم کے بارے میں مصنف کا یہ محکمانہ خود مصنف کے ذوق سخن کومشکوک بنادیا

ہے۔ یہ ناگوار صورت صرف اس لئے پیدا ہوئی کہ مصنف اپنے مطالعہ میں یک طرنگی کا شکار ہوکر ادبی تحسین کے معاملے میں غیر ذمہ دار ہوگیا۔

اس کے بعد ڈاکٹر انور الدین نے سید عابد علی کے بارے میں لکھتے ہیں۔

سید عابد علی نے خلیفہ عبدالحکیم کے برخلاف اقبال کے فن اور شعری محاسن پر توجہ کی ہے۔ اقبال کے کلام میں تشبیہات، استعاروں اور صنائع بدائع کے استعمال کا تفصیل سے جائزہ لیا ہے۔ انہوں نے بھی اقبال کے اشعار کا انتخاب ایک خاص نقطہ نظر سے کیا ہے۔ مراۃ النظیر کا استعمال دکھانا چاہا تو لامحالہ ایسے اشعار پر نظر گئی جن میں یہ صنعت موجود تھی۔ ان کا مطالعہ اقبال کی فکر سے اس درجہ مغلوب ہے کہ وہ اقبال کی ہر علامت کو اکہرا مفہوم دینے کی کوشش کرتے ہیں۔ شعر میں معانی کثیر کا مفہوم ان کے نزدیک صرف یہ ہے کہ کم سے کم الفاظ میں وسیع مضمون ادا ہوجائے۔ متبادل ردعمل اور اس سے زیادہ مفاہیم کے امکانات اور ان سے پیدا ہونے والے مسئلہ ابلاغ کو وہ نظر انداز کر جاتے ہیں چونکہ ان کے پیش نظر شاعر کا کلام تھا جس کے افکار اور تصورات پر بہت کچھ لکھا جا چکا ہے اور اس روشنی میں اس کے کلام کو ایک خاص تعبیر دینا بہت آسان ہے۔

اقبال کی فکر اور فلسفے پر جو کام ہوا ہے وہ قابل قدر ہے۔ اس کی قدر و قیمت اور ضرورت سے انکار نہیں کیا جاسکتا لیکن یہ کام اقبال کی شخصیت کو کسی حد تک ایک مفکر اور فلسفی کی حیثیت سے تسلیم کرواتا ہے۔ ان کی حقیقی شاعرانہ عظمت کو منوانے میں کامیاب نہیں ہوسکتا۔ کیوں کہ محض فلسفے کو نظم کر دینے سے بڑی شاعری تخلیق نہیں پاسکتی۔ اقبال نے فلسفے میں بھی وجدانی طریق پر زور دیا ہے اور ان کی عظیم المرتبت شاعری وجدان کی تخلیق ہے۔ اقبال کی فلسفیانہ تنقید نے اس وجدان تک رسائی حاصل کرنیکی کوشش بہت کم کی ہے اور زیادہ تر دوسرے درجے کی تخلیقات کا سہارا لیا ہے جن میں اقبال کے افکار کو سرسری طور پر پڑھ لیا جاسکتا ہے۔ اس تنقید کے مطالعہ سے یہ تاثر ابھرتا ہے کہ اقبال کی شاعری ان کے خطبات اور مضامین کی بازگشت ہے۔ حالانکہ اقبال کی

شاعری میں حیات وکائنات کی جو بصیرت ملتی ہے اس کا ایک ہلکا سا ہی پرتو ان کی نثری بیانات اور مقالات میں جھلکتا ہے۔

اقبال شناسی میں تنقید کی ناکامی کا بڑا سبب وہ طریق کار ہے جس میں کسی تخلیق کو ایک منفرد آزاد اور جامیاتی کل کی صورت نہیں دیکھا جاسکتا ہے اور یہ سمجھا جاتا ہے کہ فنی تخلیق میں مختلف اجزاء اسی طرح جڑے ہوتے ہیں جس طرح کسی مشین میں کل پرزے ہوتے ہیں۔ ہیئت اور مواد کی دوئی کا تصور بھی نقاد کو تخلیق کی ایک تشریح پر قانع بنادیا ہے۔ یہاں ادبا یہ اعتراض کیا جاسکتا ہے کہ اقبال کے نظریہ فن کو بھی عام طور پر غلط سمجھا گیا ہے۔

ان کے کلام سے فن کا افلاطونی نظریہ اخذ کرلیا گیا ہے۔ جب کہ فن کے تصور کے بارے میں اقبال کئی ایک جذباتی اور ذہنی کشمکش کا شکار رہے ہیں۔ ان کا مسئلہ یہ تھا کہ اظہار اور تبلیغ کے مخالف نظریوں کو کس طرح یک جا کیا جائے۔

اس کے بعد انھوں نے ڈاکٹر شریف کا حوالہ دیتے ہوئے کہا کہ ڈاکٹر شریف نے اقبال کے نظریہ فن سے بحث کرتے ہوئے اس تضاد کی طرف اشارہ کیا ہے۔ بعض نقادوں نے ایسا معلوم ہوتا ہے کہ اقبال کے اس منکسرانہ اور مصلحت اندیشانہ ہدایت کے آگے بھی بے چون وچرا سر جھکا دیا کہ ع

''میری نوائے پریشاں کو شاعری نہ سمجھ''

اقبال کی شاعری کے فنی محاسن کا مطالعہ بالعموم بلاغت اور بدیع کے بندھے ٹکے معیارات اور اصولوں کی روشنی میں کیا گیا ہے۔ جب کہ ایک بڑا شاعر منفرد صناع بھی ہوتا ہے اور بلاغت اور بدیع میں صناعی اور ابلاغ کے لئے طریقوں کا اضافہ کرتا ہے۔ فلسفے اور فکر کی طرح فنی محسن کا ایک طرفہ مطالعہ بھی شاعری کے تحقیقی مرتبے کے تعین اور اس کی مناسب تحسین میں رکاوٹ بن جاتا ہے۔ داخلی کیفیت اور کلی تجربہ کے آئینے ہی میں کسی نظم یا شعر کے فنی محاسن پوری طرح اجاگر ہوتے ہیں۔

پروفیسر انور الدین نے اوپر کے مختلف پیراگراف میں بہت سی اہم باتیں اقبال کی شاعری کی تفہیم یا اقبال کی تحسین کے حوالے سے کہی ہیں۔ اور آگے چل کر بہت بڑا دعویٰ کر دیا کہ

''اقبال اپنی نوعیت کا منفرد شاعر ہے۔ اس نے جیسی شاعری کی اس کی مثال اردو ہی میں نہیں بلکہ دنیا کی کسی اور زبان میں بھی نہیں ملتی''

ان کا یہ دعویٰ سچ کی سان پر کس قدر چڑھ سکتا ہے، معلوم نہیں لیکن دعویٰ بھلا معلوم ہوتا ہے۔ اس لئے کہ علامہ اقبال نے زندگی اور ادب کو ایک ساتھ برتا اور اس میں فکر و فلسفہ کو بھی شامل کرنے سے دریغ نہیں کیا۔ پروفیسر انور الدین نے مزید لکھا ہے کہ

''وہ اسلوب فکر اور بصیرت کا شاعر ہے۔ یہ عناصر اس کی بلند پایہ شاعری میں خاص تناسب سے گھل مل گئے ہیں۔ جہاں یہ تناسب بگڑا ہے اس کی شاعری میں پست و بلند کے مدارج قائم ہو گئے ہیں۔ اس شاعری کا یہ فطری مطالبہ ہے کہ اس کی تحسین کے لئے تنقید کے خاص اصول وضع کئے جائیں اور مروجہ پیمانوں کے استعمال میں احتیاط برتی جائے۔ کسی فنکار کی اعلیٰ درجہ کی تخلیقات کی بنیاد پر اس کا محاکمہ بھی کیا جانا چاہئے۔ اقبال کی شاعری اس اصول سے مستثنیٰ نہیں ہے۔

پروفیسر انور الدین اس مطالبہ کے ساتھ اپنی مقالہ ختم کر دیا ہے کہ اقبال کی شاعری کی تحسین کے لئے تنقید کے خاص اصول وضع کرتے ہوئے مروجہ پیمانوں سے ناپنے میں احتیاط کا دامن ہاتھ سے نہ چھوڑا جائے۔

اقبال کا اسلوب

پروفیسر انور الدین نے اقبال کی بابت جو باتیں اپنے مقالوں میں کہی ہیں وہ غیر معمولی طور پر نئے خیالات اور مختلف نوعیت کے جملوں سے مزین ہیں۔ یہ سب اسی وقت ممکن ہے جب اقبال یا اپنے ممدوح کو پڑھا گیا ہو۔ اور خوب پڑھا گیا ہو۔ یا پھر اس کی بابت سوچا گیا ہو اور خوب سوچا گیا ہو۔

اسی مطالعہ اور سوچ کا نتیجہ یہ ہے کہ پروفیسر انور الدین اقبال فہمی کے ضمن میں تمہید باندھتے ہوئے لکھتے ہیں ''عقائد اور نظریات کی دنیا میں ہر نیا خیال کلمہ کفر ہوتا ہے'' اور لطف کی بات یہ لکھی ہے کہ معاشرے میں نیا خیال تب ہی جگہ پاتا ہے جب یہ سمجھایا جائے معاشرے کو کہ یہ خیال نیا نہیں فلاں اور فلاں خیال کا عکس ہے یا پرانا خیال ہے۔ آیئے ان کی باتیں سنتے ہیں۔ پروفیسر رقمطراز ہیں۔

اقبال کی اسلوب شناسی کے لیے ضروری ہے کہ فن کے بارے میں ان کے چند مخصوص تصورات اور رویوں کو پیش نظر رکھا جائے۔ اقبال فہمی میں عام طور پر یہ غلطی کی جاتی ہے۔ جنہیں ترتیب دے کر اقبال نے ایک نئی شکل دے دی۔ عقائد اور نظریات کی دنیا میں ہر نیا خیال کلمہ کفر ہوتا ہے۔ نزاعینیتی فلسفی جسے سماج کی تبدیلی سے عملاً کوئی دلچسپی نہیں ہوتی اپنے اطراف منطق کا حصار باندھ کر خود کو بارش سنگ سے محفوظ کر لیتا ہے۔ لیکن نیا خیال اگر عمل سے مشروط اور مربوط ہو تو روایت پسند معاشرے کے لیے قابل قبول اسی وقت ہو سکتا ہے جب اسے باور کرایا جائے کہ جو بات کہی گئی ہے وہ نئی نہیں ہے محض کسی پرانے خیال کا اعادہ یا تفسی ہے۔ اسی سلسلے میں ایک اور نکتہ بھی قابل لحاظ ہے کہ فلسفہ قدیم میں کوئی خیال اسی صورت میں قابل اعتنا قرار پاتا تھا جب کہ وہ نشو و نما پا کر ایک مربوط نظام نہ بن جائے۔ فکری نظام کی منطقی تشکیل اس

خیال کو بہت کچھ مسخ کر دیتی اور اس کی توانائی اور اثر انگیزی کی صلاحیت کو سلب کر لیتی ہے۔ اس لیے مناسب یہ ہوگا کہ اقبال کے تمام افکار و خیالات کو ان کی جزئیات و تفصیات کے ساتھ باہم مربوط کر کے منطقی تکمیل تک پہنچانے کی کوشش کرنے کے بجائے اقبال میں جو کچھ نیا اور منفرد ہے اس پر توجہ کی جائے اور اس کی قدر و قیمت کا جائزہ لیا جائے۔

اقبال نے شاعری اور فلسفہ دونوں میں روایت شکنی کی ہے لیکن مصلحتا اوپری سانچے کو جوں کا توں برقرار رکھا ہے تا کہ مخاطب سے فوری ربط قائم ہو سکے۔ فلسفہ اور شاعری میں وہ اپنے پیش روؤں سے اتنے مختلف تھے کہ روایتی انداز میں خود کو فلسفی یا شاعر کہلانا پسند نہیں کرتے تھے حقیقت یہ ہے کہ اقبال کی شخصیت میں فلسفی اور شاعر کی قدیم تقسیم باقی نہیں رہتی۔ لیکن یہ کہنا بھی مشکل ہو جاتا ہے کہ وہ فلسفی شاعر تھے یا شاعر فلسفی کیوں کہ ان میں سے کسی ایک حقیقت کو دوسری حقیقت پر فوقیت نہیں دی جا سکتی۔

اقبال کے نظریہ فن کی وضاحت کرتے ہوئے عام طور پر یہ تاثر دیا جاتا ہے وہ مختلف فلسفیوں کے نظریات جمال سے ماخوذ ہے اور پھر ان تصورات کو ایک لڑی میں پرو کر ان کے نظریہ خودی سے جوڑ دیا جاتا ہے۔ اقبال کے نظریہ فن میں قابل توجہ نکتہ یہ ہے کہ ان کے نزدیک فن کی تخلیق کا حسین ہونا ضروری نہیں ہے۔ حسن معروضی کی حیثیت سے وہ مقصود بالذات بھی نہیں ہوتی بلکہ کسی مقصد کے حصول کا ذریعہ ہوتی ہے۔ فن کو فطرت کی نقالی اور نمائندگی یا زندگی کی عکاسی اور ترجمانی قرار دینے و نظریات کائنات کو ایک غیر تغیر پذیر وحدت تصور کرتے ہیں۔ جس میں فطرت بشمول انسانی فطرت کبھی تبدیل نہیں ہوتی۔ اس نظریے میں فن کو بالعموم آئینے سے تشبیہ دی جاتی ہے۔ اس کے برخلاف اقبال کا آفاق جو خودی کو نشو نما دینے کے ساتھ فطرت کو تسخیر کرے اور کائنات کو ارتقاء کی طرف لے جائے فن بھی اس مقصد کے حصول کے لیے ایک اہم ذریعہ ثابت ہو سکتا ہے۔ فن کا کام فطرت اور زندگی کی عکاسی نہیں بلکہ دنیا کو تبدیل کرنا اور بہتر بنانا ہے۔ (کیا یہ بات درست کہی جا سکتی ہے؟) ارتقاء کی سمت میں ہر قدم حسن افزاء ہوتا ہے۔

خوب سے خوب تر کا تعین مقاصد آفرینی کے ذریعہ ہوتا ہے۔ مقاصد آفرینی اوران کے حصول کے لیے آزادی اوراختیار ضروری ہیں۔ اس طرح حسن کا ایک معروضی موضوعی اور حرکی تصورابھرتا ہے جسے جدلی تصور کہا جائے تو زیادہ مناسب ہوگا۔ خودی چوں کہ مقاصد آفریں ہوتی ہے اور کائنات کی نئ تشکیل اسی کے تصور کے مطابق عمل میں آتی ہے اس لیے حسن ابتداء موضوعی ہوتا ہے جو بعدازاں معروضی میں اظہار پاتا ہے۔

حسن ایک اضافی قدر ہے جس کا تعین آزاداور ترقی یافتہ خودی کرتی ہے بقول اقبال ع

جسے زیبا کہیں آزاد بندے ہے وہی زیبا

ایک اور جگہ اقبال حسن کے لیے یہ شرط پیش کرتے ہیں کہ اس کی نمود فراز خودی سے ہو۔

جہاں خودی کا بھی ہے صاحب فرام ونشیب
یہاں بھی معرکہ آرا ہے خوب سے ناخوب
نمود جس کی فرام خودی سے ہو وہ جمیل
جو ہو نشیب میں پیدا قبیح ونامحبوب

اس اعتبار سے مقصود بالذات فن کی پیدائش خودی کے نشیب میں ہونے کی وجہ سے قبیح ونامحبوب رہے گا۔ فراز خودی سے نمود پانے والافن جو کائنات کی تشکیل جدید میں حصہ لیتا ہے معجزے کا اثر رکھتا ہے۔ وہ مرد خدا کا ایسا عمل ہے جو عشق سے فروغ پاکر نہ صرف جلیل وجمیل بن جاتا ہے بلکہ حیات ابدی پالیتا ہے۔ عشق، مقصد آفرینی آرزو اور عمل سے عبارت ہے اورفن اس کے اظہار کا ایک ذریعہ۔

فلسفہ و شعر کی اور حقیقت ہے کیا
حرف تمنا جسے کہہ نہ سکیں روبرو

اقبال کے نزدیک حقیقی فن وہ ہے جس میں فن کار کا خون جگر شامل ہو' 'خون جگر'' کی اصطلاح اقبال کے تصور عشق سے مربوط ہے۔ ایسا فن نسخہ زندگی دوام بن جاتا ہے وہ تعمیر خودی

کے جوہر کے ساتھ ضرب کلیمی کی تاثیر بھی رکھتا ہے۔

فن کے اس تصور کی روشنی میں ہم اقبال کی شاعری اور اسلوب کو بہتر طور پر سمجھ سکتے ہیں۔ اقبال نے اپنی بعض تحریروں میں شاعری کے بارے میں ایسے خیالات کا اظہار کیا ہے جن سے یہ تاثر پیدا ہوتا ہے کہ وہ ہیئت ومواد اور لفظ ومعنی کو ایک دوسرے سے الگ تصور کرتے ہیں۔ ''شاعری کی جان شاعر کے جذبات ہیں۔ جذبات فانی اور کیفیات قلبی اللہ کی دین ہے ہاں یہ ضرور ہے کہ طبع موزوں اس کے ادا کرنے کے لیے پر اثر الفاظ کی تلاش کرے''۔ ایک اور جگہ لکھتے ہیں۔

''شعر کا تخلیقی یا ایقانی محض اس کے مطالب ومعانی کی وجہ سے نہیں بلکہ اس میں شعر کی زبان اور الفاظ کی صوت اور طرز ادا کو بھی بہت بڑا دخل ہے'' لیکن'' جان وتن'' کے عنوان سے انہوں نے جو مختصر نظم لکھی ہے لفظ ومعنی کی تشبیہ جسم وجاں سے دیتے ہوئے ہیئت ومواد کی وحدت پر زور دیا ہے۔

ارتباط حرف و معنی اختلاط جان وتن
جس طرح اخگر قبا پوش اپنی خاکستر میں ہے

ان بیانات میں بظاہر تناقص محسوس ہوتا ہے لیکن حقیقت میں ایسا نہیں ہے۔ شعر کہنے کی صلاحیت ایک فطری عطیہ ہوسکتی ہے لیکن موثر اظہار کے لیے زبان کے تخلیقی استعمال پر قدرت حاصل کرنا ضروری ہے۔ اقبال نے اپنی شاعری کے سلسلے میں ہر جگہ انکسار سے کام لیا ہے اور یہ تاثر پیدا کرنے کی کوشش کی ہے کہ وہ زبان وبیان اور فنی نزاکتوں پر عدیم الفرصتی کی بنا پر توجہ نہیں دے پاتے، اس لیے ان کے کلام کو فن کے معیاروں پر نہ جانچا جائے۔ انکسار کے علاوہ ایک اور بات بھی تھی۔ اقبال اسے پسند نہیں کرتے تھے کہ ان کے کلام کو محض فنی محاسن کی بناء پر سراہا جائے بلکہ وہ چاہتے تھے کہ ان کے پیغام پر لوگ توجہ کریں اور اس کا اثر قبول کریں۔ شاعروں کے بارے میں جو تصور عام تھا اس کے پیش نظر بھی وہ اس بات پر مصر تھے کہ انہیں شاعر نہ سمجھا جائے۔

ع مری نوائے پریشان کو شاعری نہ سمجھ

حقیقت یہ ہے کہ اقبال اردو کے اتنے منفرد اور بڑے شاعر ہیں کہ فن کے ساتھ عظمت کی صفت لگائی جا سکتی ہے تو بلاشبہ وہ ایک عظیم شاعر ہیں۔ اقبال کی عظمت تو محض ان کے خیالات کی وجہ سے ہے اور زبان پر قدرت اور مہارت فن کی بناء پر ان کی عظمت کی پہچان ان کے اسلوب سے ہوتی ہے یہ اسلوب ہی ہے جس میں شاعر کی شخصیت اور اس کا اظہار ایک ہو جاتے ہیں۔ لسانی نقطہ نظر سے اسلوب کا تعلق زبان اور اس کے فن کارانہ استعمال سے ہے لیکن خود زبان کی ماہیت تک ماہرین لسانیات کی رسائی کوتاہ اور محدود ہے۔ وہ صوتی مجموعوں پر مشتمل اظہار و ترسیل کا محض ایک سماجی آلہ نہیں کچھ اور بھی ہے ایک وسیع تر مفہوم میں وہ زبان یا لسان ہی ہے جو حیات و کائنات اور زبان و مکان کے سامنے رشتے جوڑتی اور وجود کو معنویت بخشتی ہے زبان کی تخلیق ایک پر تشدد و خارجی عمل ہے۔ یہ فطرت اور کائنات پر اثر انداز ہوتی ہے حیات انسانی کو امکانات سے معمور کر دیتی ہے زبان کے اس وصف کو ملحوظ رکھتے ہوئے اسلوب کی تین سطحیں قرار دی جا سکتی ہیں۔ (۱) تحت اسلوب (۲) اسلوب (۳) فوق اسلوب تحت اسلوب وہ مرحلہ ہے جہاں زبان کا استعمال کاروباری اور عام اغراض کے لیے ہوتا ہے۔ زبان کا استعمال فن کی تخلیق میں مواد اور ہیئت کی وحدت تشکیل دیتا ہے اور جس میں زبان نشان یا اشارہ نہیں بلکہ مقصود و بالذات بن کر کسی جذبے یا تجربے کی تصویر پیش کرتے ہوئے دلکشی مہیا کرتی ہے۔ اسلوب کے دائرے میں آتا ہے۔

فوق اسلوب وہ سطح ہے جس میں زبان قاری کو زبان و مکان کی حدود سے نکال کر ایک کوئی تجربہ دوچار کرتی ہے جس کے نتیجے میں اس کی شخصیت نشو نما پاتی اور حیات و کائنات سے اپنا ایک تازہ رشتہ دریافت کرتی ہے اقبال کی اچھی اور نمائندہ شاعری اسی فوق اسلوب سطح شاعری ہے عام لسانی سطح پر فوق اسلوب کی پہچان یہ ہے کہ لفظ کا رشتہ لغوی مفہوم سے برائے نام باقی رہ جاتا ہے وہ تاریخ و تہذیب کی مخصوص اور عصری فلسفیانہ تعبیر کو زندہ متحرک اور اثر انگیز بنا دیتا ہے۔

فوق اسلوب کی پہچان میں شعری روایات سے کوئی مدد نہیں ملتی اس کے لئے خود فون کار کی تخلیقات اور کوئی فکر سے استعانت طلب کرنی پڑتی ہے چنانچہ اقبال کی شاعری کی تحسین کے لیے ضروری ہے کہ اقبال کی زبان کو اپنی شخصیت میں اس طرح جذب کرلیا جائے کہ ہم اسی ماحول میں سانس لیتا محسوس کریں۔ فوق اسلوب کی زبان کی زبان مادری زبان کی مانند ہوتی ہے جسے ہم براہ راست سیکھتے اور اپنی شخصیت کو نشونما دیتے ہیں۔

پروفیسر انورالدین کا اقبال پر لکھا یہ مقالہ بھی اس لائق ہے کہ اس کو پڑھا جائے۔ ایسی ایسی باتیں اقبال پر لکھی گئی ہیں کہ جنہیں پڑھتے ہوئے اقبال کی عظمت عیاں ہوتی ہے اور عش عش کرنے کو جی کرتا ہے۔ جناب انورالدین ہمارے شکریہ کے مستحق ہیں کہ انھوں نے اقبال کو اقبال کی تنقیدی ضرورت کے مطابق پرکھا۔ واقعی اقبال کی عظمت کا اعتراف دراصل اردو زبان کا اعتراف ہے۔ اس زبان نے ستاروں پر کمندیں ڈالنے سے کبھی گریز نہیں کیا۔ یہ علیحدہ بات ہے کہ اندرونی سازشوں کے ساتھ یہ زبان پروان چڑھی ہو۔ آج کے جیسے گئے گذرے زمانے میں بھی اردو انسان، اور انسانیت کی خدمت میں لگی ہے ایسے ہی جیسا کہ اقبال کی شاعری لگی ہوئی ہے۔

مخدوم بہ حیثیت غزل گو

اردو شعروادب میں جوادبی تحریک سے رونما ہوتب ان میں ترقی پسند تحریک اپنی فعالیت اور اثر آفرینی کے سبب نمایاں اور ممتاز ہے۔ اردوشعروادب میں 1857ء کے بعد ہی سے تبدیلی کے آثار نمایاں ہونا شروع ہوگئے تھے۔اس سے قبل اردوشاعری کی جوبھی تحریکات رہیں ان کا تعلق زبان و بیان کی اصلاح تک محدود تھا لیکن 1857ء کے بعد کی شاعری اپنے سے پیش رو شاعری سے معنی و مفہوم اور موضوعات کے اعتبار سے قدرے مختلف تھی۔ سماجیات، اقتصادیات، اخلاقیات اور سیاسیات کے موضوع شاعری کے جزواصل بن گئے۔ اس میں آزادی کی جدوجہد اور قومی و وطنی جذبات کی اعلی صفات موجود تھیں ملکی و غیر ملکی سیاسی و سماجی حالات اور سائنسی و صنعتی انقلاب نے ادب کو عالمی سطح پر ایک نئے رخ سے متعارف کیا تھا۔

چنانچہ یہ رخ 1930ء کے بعد ایک اور نمایاں تبدیلی کے ساتھ ظاہر ہوا جس میں اشتراکی فلسفے اور مادیت کا جدلیاتی تصور اہم جزو کی حیثیت رکھتے تھے۔ ڈاکٹر سید اعجاز حسین (نئے ادبی رجحانات) کے بقول اشتراکیت نے اپنے تمام ساز وسامان اردوادب کے سامنے بکھیر دیئے۔عنوانات بھی نئے، خیالات بھی نئے،لب و لہجے میں قنوطیت کے بجائے رجائیت کا غلبہ۔ بالا علان لوگوں کو میدان عمل میں مملکیت کے خلاف دعوت دی گئی۔ الفاظ مبہم نہ تھے مضامین صاف تھے۔آواز میں تلوار کی جھنکار تھی۔اس طبقے کی طرف رخ تھا جس کو افلاس نے مزدور کسان اور غریب کا لقب دیا تھا۔ اردوشاعری حالؔی کے طرز فکر پر قائم ہوئی تھی جس نے سماجیات اوراخلاقیات پر ذہن جدید کی پرورش کی۔اس میں ایک نیا تحرک پیدا ہوا۔

ترقی پسندی جوش، فیض، مخدوم، سردار جعفری، مجاز اور مجروح وغیرہ کے نغمات میں پورے جوش کے ساتھ نمایاں ہوئی۔ سرمایہ دارانہ نظام اور غیر اخلاقی رسم و رواج کے خلاف منظّم

جدوجہد کی صورت نکالی گئی۔ ادب برائے زندگی کے تصور کو واقفیت اور اجتماعیت کے فلسفے سے مزین کیا گیا اور اس بات پر زور دیا گیا کہ "ادب کو محض جذبات نگاری کے لئے وقف نہ کیا جائے بلکہ زندگی سے اس کا رشتہ جوڑا جائے۔

پروفیسر انورالدین اپنی بات پورے دلائل سے رکھتے ہیں۔ مقالہ کا آغاز، عنوان سے متعلق باتیں اور پھر آگے کا سفر پروقار طریقے سے چلنا ہی انورالدین کا مزاج ہے۔

مزدور، کاشتکار، مفلس، مظلوم کی سرگذشت بیان کر کے دنیا کو ان کا ہمدرد بنایا جائے اور ان کے اندر اپنی اہمیت کا احساس پیدا کیا جائے تا کہ وہ اپنی حالت درست کریں"۔ ادب کے اس نقطہ نظر نے اشتراکیت اور جدلیاتی مادیت کے اصولوں کو عام کیا اور شاعری میں نیا امنگ نیا جوش اور نئی روشنی پیدا ہوئی جس کا مشاہدہ فیض، مخدوم، مجاز، سردار جعفری، کیفی اعظمی، مجروح، دامن جونپوری، جاں نثار اختر، علی جواد زیدی، غلام ربانی تاباں اور مصطفیٰ زیدی وغیرہ کے ہاں کیا جاسکتا ہے۔

یہاں تک وہ باتیں تھیں جس کے ذریعہ بتایا گیا کہ ترقی پسند تحریک نے کیا کیا۔ اب آگے کی باتیں کہی جارہی ہیں۔ کہا جارہا ہے کہ

ترقی پسند تحریک کے ابتدائی دور میں غزل معتوب رہی یعنی مابعد زمانے میں رفتہ رفتہ غزل کی مخالفت دھیمی پڑ گئی۔ ترقی پسند تحریک کے زیر اثر بعض غزل گو شعراء کی ناہمواریوں اور عدم اعتادل کے پس منظر میں جب ہم مخدوم کی غزل کا مطالعہ کرتے ہیں تو ان کی غزلوں میں ذہنی، فکری اور فنی رچاؤ کے اعتبار سے ایک توازن اور اعتدال کا احساس ہوتا ہے۔ مخدوم کی غزل رومان اور حقیقت پسندی کا دل کش امتزاج پیش کرتی ہے۔

یہاں سے انھوں نے مخدوم کی شاعری پر نظر ڈالی ہے۔ اس کے حسن وقبح کو ہمارے سامنے پیش کیا ہے۔ عموماً تعریف کو ہاتھ سے جانے نہیں دیا ہے۔ وہ لکھتے ہیں۔

"مخدوم کی شاعری کا آغاز نظم گوئی سے ہوئی۔ انہوں نے تقریباً ربع صدی تک صرف

نظمیں تخلیق کیں۔ 1959ء میں انہوں نے صنف غزل کی طرف توجہ کی اور مختصر عرصے میں غزلیہ شاعری میں اپنے لہجے اور اپنی آواز کی پہچان بنائی۔ مخدوم کی روحانی حقیقت پسندی میں زندگی کے جس گہرے شعور کی ترجمانی محسوس ہوتی ہے وہ بعض دیگر حقیقت نگار شعراء کی طرح کرخت یا سخت نہیں بلکہ اس میں نرمی وحلاوت اور نئی اشاریت وایمائیت کی نئی طرز اور معنوی آہنگ کی سرورانگیز کیفیت ہے جو تارِ رگِ جاں کو بھی چھیڑتی ہے اور تغیر وتبدل کی ضرورتوں اور اس کے مقصدی پہلوؤں کو بھی مرتکیز کرتی ہے جو ایک طرح سے ''رومان وحقیقت'' کا سنگم ہے۔ مخدوم کی غزلیں مادی اور سماجی حقائق کے ساتھ ساتھ رومانوی فکر، کلاسکی حسن اور روایتی علائم سے بھی وابستہ ہیں جس میں تاثیر، معنی اور جذبہ کی وارفتگی شامل ہے۔ ان کی غزلوں میں سے رومان و حقیقت کی متوازن روئیں پھولتی ہیں جس میں احساس کی شدت، جذبات کی صداقت، شعور کی بلندی، اجتماعیت کا احساس فکر کی تازگی، سماجی مسائل کی گہرائی، حسن وجمال کی سادگی، عمرانی و تاریخی شعور کے تمام تصوراتی، تخلیقی اور تجربی زاویے نمایاں ہوگئے ہیں۔

کون جانے کہ ہوکیا رنگ سحر رنگ چمن
میکدہ رقص میں ہے پچھلے پہر سے پہلے
گلہت یار سے آباد ہے ہر کنج قفس
مل کے آئی ہے صبا اس گلِ تر سے پہلے
دراز ہے شب غم سوز و ساز ساتھ رہے
ساغر و مے مینا گداز ساتھ رہے
یہ کوہ کیا ہے یہ دشت اسم فزا کیا ہے
جو اک تری نگہہ دل نواز ساتھ رہے
یہ زرد زرد اجالے یہ رات رات کا درد
یہی تو رہ گئی اب جانِ بے قرار کی بات

رات بھر دیدہ نمناک میں لہراتے رہے
سانس کی طرح سے آپ آتے رہے جاتے رہے
آج تو تلخی دوراں بھی بہت ہلکی ہے
گھول دو ہجر کی راتوں کو بھی پیمانے میں
اُٹھو کہ فرصت دیوانگی غنیمت ہے
قفس کو لے کے اُڑیں گل کو ہم کنار کریں
کوئی جلتا ہی نہیں کوئی پگھلتا ہی نہیں
موم بن جاؤ پگھل جاؤ کہ کچھ رات کٹے
نہ کسی آہ کی آواز نہ زنجیر کا شور
آج کیا ہوگیا زنداں ہیں کہ زنداں چپ ہے

مخدوم کا عشق ذاتی بھی ہے اور کائناتی بھی۔ ان کا عشق زندہ اور متحرک ہے لیکن بے راہ روی کا شکار نہیں۔ انہوں نے شعلہ عشق کی حدت کو ضبط کے پانی سے کم کیا ہے۔ ان کی عشقیہ شاعری میں نہ غیر معتدل جوش ہے نہ آزادانہ بے باکی۔ ان کی غزل میں لب و لہجے کی شائستگی، وضع احتیاط اور تہذیب عشق کا احساس ہوتا ہے۔

اک شہر میں اک آ ہوئے خوش چشم سے ہم کو
کم کم ہی سہی نسبت پیمانہ رہی ہے
یہ جوم بادہ و گل میں ہجوم یاراں میں
کسی نگاہ نے جھک کر مرے سلام لیے
چاند اترا کہ اتر آئے تارے دل میں
خواب میں ہونٹوں پہ آیا ترا نام آہستہ
جب برستی ہے تری یاد کی رنگین پھوار

پھول کھلتے ہیں درِ میکدہ وا ہوتا ہے

مخدوم بنیادی طور پر نظم گو شاعر تھے لیکن اس کے باوجود انہوں نے غزل کی صنف کو نہایت خوش اسلوبی اور احتیاط سے برتا ہے ان کی غزل کا رشتہ روایت سے جڑا ہوا ہے لیکن اس کے باوجود مخدوم کی غزل روایتی غزل نہیں ہے۔ ان کی غزل میں داخلیت بھی ہے گداز اور لطافت بھی اس کے ساتھ ساتھ اس میں سیاسی افکار و مسائل کا ابلاغ بھی ہوا ہے۔ مخدوم کی غزل میں تحریک اور انقلاب کے مسائل کا اظہار براہ راست نہیں ہوا ہے بلکہ ان مسائل کی ترجمانی غزل کے مخصوص اشاروں اور کنایوں میں ہی ہوتی ہے۔ اس باب میں وہ فیض کے قدم بہ قدم چلتے نظر آتے ہیں۔ چند اشعار ملاحظہ ہوں جن میں گرد و پیش کے حالات اور مسائل کا اظہار کیا گیا ہے۔

ہائے کس دھوم سے نکلا ہے شہیدوں کا جلوس
جرم چپ سر پہ گریباں ہے جفا آخر شب
دیپ جلتے ہیں دلوں میں کہ چتا جلتی ہے
اب کی دیوالی میں دیکھیں گے کہ کیا ہوتا ہے
ہائے کس دھوم سے نکلا ہے شہیدوں کا جلوس
جرم چپ سر پہ گریباں ہے جفا آخر شب
سب وسوسے ہیں گرد رہِ کارواں کے ساتھ
آگے ہے مشعلوں کا دھواں دیکھتے چلیں
کوہِ غم اور گراں اور گراں اور گراں
غمزدو تیشے کو چمکاؤ کہ کچھ رات کٹے

مخدوم کی موضوعاتی نظموں کی بہ نسبت ان کی غزلوں میں غنائیت کا دخل زیادہ ہے۔ نغمگی ان کی امتیازی صفت ہے۔ مخدوم کا ترنم نہایت مسحور کن اور پڑھنے کا انداز لاجواب

تھا۔ بچپن میں انہیں قرآن مجید کی تعلیم تجوید کے ساتھ دی گئی تھی جس کی وجہ سے ان کے اندر خوش الحانی کا وصف پیدا ہو گیا تھا۔ یہاں بطور مثال وہ غزل پیش کی جاسکتی ہے جس کی ردیف ''رات بھر'' ہے۔ چند اشعار ملاحظہ ہوں جن میں موسیقیت اور آہنگ لفظ لفظ سے آشکار ہے۔

آپ کی یاد آتی رہی رات بھر
چشم نم مسکراتی رہی رات بھر
رات بھر درد کی شمع جلتی رہی
غم کی لو تھرتھراتی رہی رات بھر
بانسری کی سریلی سہانی صدا
یاد بن بن کے آتی رہی رات بھر
یاد کے چاند دل میں اُترتے رہے
چاندنی جگمگاتی رہی رات بھر

ترنم آہنگ اور نغمگی اور موسیقیت مخدوم کی پہلی غزل میں بھی بدرجہ اتم موجود ہے جو انہوں نے میر تقی میرؔ کی 150 ویں سالگرہ کے موقع پر اپریل 1959ء میں بمبئی میں منعقدہ ایک مشاعرے میں سنائی تھی۔

سیماب دشی تشنہ لبی باخبری ہے
اس دشت میں گر رخت شعر ہے تو یہی ہے
اک شہر میں اک آہوئے خوش چشم سے ہم کو
کم کم ہی سہی نسبت پیمانہ رہی ہے
اس عہد میں بھی دولت کونین کے باوصف
ہر گام پہ ان کی جو کمی تھی سو کمی ہے
دھڑکا ہے دلِ زار ترے ذکر سے پہلے

جب بھی کسی محفل میں تری بات چلی ہے

مخدوم کی شاعری میں ان کی شخصیت کا پرتو نظر آتا ہے جس میں انسانی قدروں کی پاسداری اور کلاسیکی روایات کا احترام ملتا ہے۔ ابہام اور ادھوری ترسیل سے گریز اور لفظی بازی گری کے بجائے مفہوم کا واضح اظہار اور شوخ رنگ مخدوم کی غزل کے امتیازی اوصاف ہیں۔ مخدوم کی غزلیات کے مطالعہ سے یہ بات سامنے آتی ہے کہ ان کی غزل میں کلاسیکی غزل کے برعکس معنوی اعتبار سے ابیات کا باہمی ربط زیادہ گہرا ہے۔ ان کی غزل میں کوئی معین موضوعاتی وحدت یا تمام ابیات کو باہم وگر مربوط کرنے والی کیفیت نمایاں ہے۔ یہاں ہم مخدوم کی اس غزل کو مثال دے سکتے ہیں جس کی ردیف ''آخر شب'' ہے۔ نقادوں کی نظر میں اس کا شمار مخدوم کی نمائندہ غزلوں میں ہوتا ہے۔ اس کے کچھ شعر دیکھئے۔

بڑھ گیا بادہ گلگوں کا مزا آخرِ شب
اور بھی سرخ ہے رخسار حیا آخرِ شب
منزلیں عشق کی آساں ہوئیں چلتے چلتے
اور چمکا ترا نقش کف پا آخرِ شب
سانس رکتی ہے چھلکتے ہوئے پیمانوں کی
کوئی لیتا تھا ترا نام وفا آخر شب
اس انداز سے پھر صبح کا آنچل ڈھلکے
اس انداز سے چل بادِ صبا آخر شب

اسی طرح مخدوم کی پھولوں کی ردیف والی غزل میں موضوعی وحدت اور تمام ابیات کو ایک رشتے میں پرو دینے والا تسلسل ملتا ہے۔

پھر چلی رات بات پھولوں کی
رات ہے یا بارات پھولوں کی

آپ کا ساتھ، ساتھ پھولوں کا
آپ کی بات بات پھولوں کی
نظریں ملتی ہیں جام ملتے ہیں
مل رہی ہے حیات پھولوں کی
مرے دل میں سرور صبح بہار
تری آنکھوں میں رات پھولوں کی

مخدوم کی اکثر غزلوں کی فضاء بھی حزن کی ہلکی ہلکی کسک محسوس ہوتی ہے۔ان کے ہاں قنوطیت اور یاسیت نہیں لیکن غمناک کیفیت زیریں لہروں کی طرح اپنا اثر دکھاتی ہے۔مخدوم کی افسردگی قادری کواداس اورسوگوار نہیں کرتی بلکہ اس میں ایک نشاطیہ کیفیت پائی جاتی ہے۔ ذیل کے اشعار میں اس نشاط غم کا احساس کیا جاسکتا ہے۔

زندگی موتیوں کی ڈھلکتی لڑی
زندگی رنگ گل بیاں دوستو
گاہ روتی ہوئی گاہ ہنستی ہوئی
میری آنکھیں ہیں افسانہ خراں دوستو
کیسے طئے ہوگی یہ منزل شام غم
کس طرح سے ہو، دل کی کہانی رقم
اک تھیلی میں دل، اک تھیلی میں جاں
اب کہاں کا یہ سود و زیاں دوستو
ہنس رہا ہوں حوادث کی آواز کو
پا رہا ہوں زمانے کے ہر راز کو
دوستوں اٹھ رہا ہے، دلوں سے دھواں،

آنکھ لینے لگی ہچکیاں دوستو

مخدوم غزل کی طرف دیر سے متوجہ ہوئے۔ان کے شعری ورثے میں غزلوں کی تعداد کم ہے لیکن ان کی یہ میراث مقدار میں قلیل ہونے کے باوجود معیار کے اعتبار سے نہایت دقیع اور بلند پایہ ہے۔مخدوم کی غزل میں گونا گوں معنوی احکامات اوراس کی تحسین کے متعدد ابعاد پائے جاتے ہیں۔مخدوم کی شاعری کے آغاز اور غزل گوئی کے درمیان ربع صدی کی زمانی فصل حائل ہے اس کے باوجود ان کا شمار اردو کے اساطین غزل میں ہوتا ہے۔وہ غزل کو شعراء کے اس قافلے کے میر کارواں ہیں جنہوں نے غزل کے حسن کو متاثر کئے بغیر اسے عہد حاضر کے تقاضوں اور ترقی پسند نظریات سے روشناس کرایا۔

پروفیسر انور الدین کا مخدوم کی غزلوں کا یہ بھرپور جائزہ بتاتا ہے کہ انور الدین نے مخدوم کی غزلوں کو بالاستعیاب پڑھا ہے اور اس کا فنی جائزہ بھی خوبی سے لیا ہے۔

مغنی تبسم اور جدید شاعری

عام طور پر تخلیق کار اور نقاد کو ایک دوسرے کا حریف تصور کیا جاتا ہے۔دونوں ایک دوسرے سے شاکی اور نالاں رہتے لیکن ادب کی تاریخ کا ایک دلچسپ پہلو یہ بھی ہے کہ یہاں بعض ایسے ادیب بھی نظر آتے ہیں جن کی شخصیت میں تخلیق کار اور نقاد دونوں کا سنگم ملتا ہے۔ایسی ہی ایک شخصیت پروفیسر مغنی تبسم کی ہے جن کی ذات تخلیق کار اور نقاد کا مرج البحرین ہے۔وہ دور حاضر میں اردو کے صفحہ اول کے نقاد، محقق، شاعر اور دانشور ہیں۔مذکورہ زاویوں کے علاوہ ان کی شخصیت کے متعدد تابناک پہلو اور بھی ہیں مثلاً وہ مترجم بھی ہیں، ماہر عروض بھی ہیں۔ادبی صحافی بھی ہیں اور ایک فعال اور کامیاب منتظم بھی۔لیکن ان کی علمی وادبی شخصیت کی دو جہتیں نہایت منور اور درخشاں ہیں جن میں ایک ہے تنقید اور دوسرے ہے شاعری۔مغنی تبسم کا شعری سفر زائد از

نصف صدی کی مدت پر پھیلا ہوا ہے۔ اس طویل عرصے کے دوران اردو ادب میں بعض نہایت اہم تحریکیں اور رجحانات ابھرے ان کی اثر انگیزی ادب کے آسمان پر ہلال سے بتدریج بدر کامل کی منزل کو پہنچی پھر وہ رفتہ رفتہ زوال یاب ہوگئیں۔ ایک حساس اور باشعور فن کار ہونے کے ناطے مغنی صاحب مختلف اشخاص، تحریکوں اور رجحانات سے فکری اور شعوری طور پر متاثر ہوتے رہے۔

عنفوان شباب میں ان پر مذہبیت کا غلبہ تھا۔ اقبال سے شدید متاثر تھے اور اقبال ہی کے رنگ میں شعر کہتے تھے۔ اسلامی قومیت کے جذبے اور اقبال کی تقلید کے کوچے سے وہ جلد ہی نکل آئے اور اپنے استاد عبدالقیوم خاں باقی کے مشورے پر اپنے الگ اسلوب اور انفرادیت کی تشکیل میں مصروف ہوگئے۔ اس دوران انہوں نے مارکسی فلسفے کا مطالعہ کیا اور اشتراکیت سے متاثر ہوئے۔ وہ کمیونسٹ پارٹی کے باقاعدہ ممبر بن گئے اور پارٹی کی خفیہ میٹنگوں میں شرکت کرنے لگے وہ ترقی پسند تحریک کے بھی قائد اور حامی بن گئے۔ کچھ عرصہ بعد انہوں نے میرا جی اور ن۔م۔راشد وغیرہ کو پڑھنا شروع کیا۔ رفتہ رفتہ ان پر حلقہ ارباب ذوق کا رنگ چڑھنے لگا آخر کار وہ جدیدیت کے علمبردار اور کاروان سالار بن گئے۔ مغنی صاحب کی فکر ونظر جامد نہیں ہے وہ حرکیاتی ہے چنانچہ کوئی بھی رنگ ان پر مستقلاً طاری نہیں رہا۔ اسلامی قومیت کے جذبے سے سرشاری کی کیفیت ہو یا مارکسی فلسفے اور کمیونسٹ پارٹی سے وابستگی یا جدیدیت...... یہ سارے رنگ آنی اور جانی رہے۔ ان دنوں مغنی صاحب پھر ترقی پسند تحریک سے وابستہ ہیں۔ ان مختلف تحریکوں، رجحانات، نظریات اور فلسفوں سے اثر پذیری کی وجہ سے مغنی صاحب کی شاعری میں بھی مختلف رنگوں کی آویزش اور آمیزش نظر آتی ہے لیکن ان کی شاعری کے غائر مطالعہ کے بعد اس نتیجہ پر پہنچنا چنداں دشوار نہیں کہ ان کی شاعری جدید شاعری کے مزاج واقدار کی حامل ہے۔

مغنی صاحب کم گو انسان ہیں وہ لکھتے بھی کم ہیں ان کا شعری اندوختہ بلحاظ کمیت کم لیکن بلحاظ کیفیت نہایت اعلیٰ اور بلند پایہ ہے۔ انہوں نے کم کہا لیکن جو بھی کہا معیاری کہا۔ بسیار نویسی

کے ذریعہ اپنے قلم کو آلودہ اور تخلیقات کو ساقط المیز ان ہونے نہیں دیا۔ تا حال ان کے چار شعری مجموعے شائع ہو چکے ہیں۔ پہلا مجموعہ ۱۹۴۸ء میں نوائے تلخ کے عنوان سے شائع ہوا، دوسرا مجموعہ پہلی رن ابو جھ ۱۹۸۰ء میں شائع ہوا۔ تیسرا مجموعہ مٹی مٹی میر ادل ۱۹۹۱ء میں شائع ہوا۔ چوتھا مجموعہ درد کے خیمے کے آس پاس ۲۰۰۲ء میں شائع ہوا، مغنی صاحب زندگی کے بہت سے سرد گرم سہے ہیں۔ وقت کی دھوپ چھاؤں دیکھی ہے۔ الفتوں اور کلفتوں سے دوچار ہوئے ہیں و نیز مسرتوں اور مضرتوں کا تجربہ اٹھایا ہے ان کی شاعری میں غم ذات اور غم کائنات کا حسین امتزاج نظر آتا ہے ان کی شاعری میں غم ذات کی خلش کے ساتھ غم جاناں کی اداسیاں لہراتی نظر آتی ہیں۔ تنہائی، محرومی اور جبریت کا احساس ان کے ملہمات شعری سے ایک منفرد انداز میں ترکیب کھاتا اور رنگ چھلکا نظر آتا ہے۔ فلسفۂ وجودیت کے زیر اثر جدید شاعری کی امتیازی خصوصیات فرد کی تنہائی۔ محرومی اور بے بسی کے ادراک سے متشکل ہوتی ہیں۔ اور یہی مغنی صاحب کی شاعری کی بھی اساسی خصوصیات ہیں۔ یہی وجہ ہے کہ مغنی صاحب کا شمار جدید شعراء کے قبیلے کے سرداروں میں ہوتا ہے۔

مغنی صاحب ایک عرصے تک اشتراکی فلسفے اور ترقی پسند تحریک سے متاثر رہے لیکن تخلیقی سطح پر کبھی ان کا لہجہ انقلابی اور باغیانہ عناصر سے ہم آمیز نہیں ہوا جو ترقی پسند شعراء کا طرۂ امتیاز ہے۔ ان کے ہاں جوشؔ کا سارجز یا سردارؔ جعفری جیسا خطیبانہ انداز نہیں ملتا۔ ان کی شاعری دھیمے سروں کی شاعری ہے۔ ان کی آواز کھوئی کھلی اور لہجہ خود کلامی یا سرگوشی کا سا ہے جو ہمارے احساسات کو ایک دم چونکاتا نہیں بلکہ دھیرے دھیرے منور کرتا ہے۔ اس لئے ان کی شاعری نہ تو سماعت پر گراں گذرتی ہے اور نہ ہی قاری کے لئے اچانک رونما ہونے والی واردات بنتی ہے۔ ان کے اشعار میں اپنائیت کی کیفیت زیریں لہروں کی طرح عمل کرتی ہے اور ہمیں اپنی گرفت میں لیتی ہے۔ ذیل کے اشعار دیکھئے جن میں اپنائیت کی خوشبو رات کی رانی کی طرح دھیرے دھیرے مہکتی ہے اور آپس پاس کے ماحول کو معطر کر دیتی ہے۔

چڑھے ہوئے تھے جو دریا اتر گئے اب تو
محبتوں کے زمانے گزر گئے اب تو
صبا کے ساتھ گئی بوئے پیرہن اس کی
زمین کی گود میں گیسو بکھر گئے اب تو
بسالے جا کے کہیں تو بھی گوشۂ حرماں
جو تیرے چاہنے والے تھے مر گئے اب تو

مغنی صاحب اپنی شاعری میں جس قلبی واردات۔ یاد کی جن ڈوبتی ابھرتی لہروں اور جس طرح کی ذہنی اور جذباتی کیفیتوں کی ترسیل کرتے ہیں وہ کبھی اپنی آمد کا پرشور اعلان نہیں کرتیں۔ یہ واردات اور یہ کیفیتیں چاندنی کی طرح خاموشی سے زمین پر اترتی ہیں اور ان سے ہمیں اپنے رابطے کا احساس اس وقت ہوتا ہے جب وہ ہمارے شعور کا حصہ بن جاتی ہیں۔ چند شعر ملاحظہ ہوں۔

نام ہی رہ گیا اک انجمن آرائی کا
چھپ گیا چاند بھی اب تو شب تنہائی کا
ایک اک یاد کو آہوں سے جلاتا جاؤں
کام سونپا ہے عجب اس نے مسیحائی کا
اب نہ وہ لمس نگاہوں کا نہ خوش بو کی صدا
دل نے دیکھا تھا مگر خواب شناسائی کا

مغنی صاحب کی شخصیت نہایت نستعلیق اور منضبط ہے ان کی شاعری میں بھی ان کی شخصیت کا پرتو نظر آتا ہے۔ ان کے ہاں خاص طرح کے ضبط اور ٹھہراؤ کا احساس ہوتا ہے۔ واردات خواہ کیسی ہی شدید اور ہیجان خیز ہو لیکن مغنی صاحب کا فنی انضباط اسے اظہار کی سطح پر بکھرنے نہیں دیتا۔ ان کی آواز ایک خاص حد سے اونچی نہیں ہوتی۔ وہ دھیمے سروں میں جادو

جگاتے ہیں۔ذیل کے اشعار دیکھئے۔

سونپ دی ہے اسے تنہائی بھی
اب مجھے اپنی ضرورت نہ رہی
سر افق سے نظر لوٹ کر نہیں آئی
وہ جاچکا تھا مگر انتظار کیسا تھا
پھر دل سے گذر رہی ہے یادیں
اوڑھے ہوئے درد کی ردائیں
آنکھوں کے دیئے ہی بجھ رہے ہیں
اب گھر میں چراغ کیا جلائیں
نگاہوں سے نکل کر جو گئے ہیں
وہ چہرے آئینوں میں کھو گئے ہیں

پروفیسر انورالدین جب کبھی کسی شاعر کی شاعری کا مطالعہ کرتے ہیں، اس کے کلام میں سے اچھے اچھے اشعار علیحدہ سے نکال لیتے ہیں اوران اشعار پر اپنے مقالہ کی تعمیر کرتے ہیں ۔شاعری کا بڑا ہی خوبصورت محل تعمیر کرنے میں وہ کامیاب ہوجاتے ہیں۔لکھتے ہیں۔

مغنی تبسم کی شاعری کا مطالعہ کرتے ہوئے ایک خاص اداسی اورسوگواری کا تجربہ ہوتا ہے۔حقیقت یہ ہے کہ غم محض ایک کیفیت نہیں بلکہ شعور کی ترکیب کا جز اور ایک فلسفہ بھی ہے۔یہ صرف طرز احساس نہیں بلکہ طرز فکر بھی ہے۔یورپ میں پہلی عالم گیر جنگ کے بعد کا زمانہ ایک ہمہ گیر افسردگی اور ملال کا زمانہ کہا جاتا ہے۔ذہنی اور جذباتی سطح پر یہ دور جن مسائل سے دوچار تھا ظاہر ہے اداسی کا تجربہ یا غم کا فلسفہ ان کا مسائل کا حل نہیں تھا۔لیکن یہ تجربہ ان مسئل سے نبرد آزمائی کی راہ دکھاتا تھا۔اس طرح مجبوری اور بے چارگی کے ماحول میں اداسی اپنے تزکیئے۔ اپنے جذبوں کی تہذیب اور معاشرتی جبر کی فضا میں اپنے اختیار کو بروئے کار لانے کا ذریعہ بن

جاتی ہے۔ مغنی تبسم کی شاعری میں اداسی کی یہ کیفیت بیک وقت دو دائروں سے تماس میں آتی ہے۔ اے دائرہ تو وہ ہے مگر اس عالمگیر جنگ کے پس منظر میں نئی حسیت کو ایک شعوری اور اجتماعی حوالے کے طور پر حزن وملال کا راستہ دکھاتا ہے۔ اس تناظر میں یہ اداسی ایک خاموش احتجاج بھی ہے سائنس اور ٹکنالوجی کے بے لگام ترقیوں سے تر تشکیل پانے والے جدید تمدن کے خلاف! مغنی تبسم کی شاعری میں اداسی کی واردات کا دوسرا دائرہ شخصی المیے پر محیط ہے۔ کسی شخص کی رفاقت کے ٹوٹنے۔ کسی سے ہمیشہ کے بچھڑنے اور دور ہو جانے اور اپنی تنہائی کو مجبوراً قبول کرنے اور اپنی افتاد آپ جھیلنے کا یہ تجربہ نجی ہونے کے باوجود لرزا دینے والا ہے۔ اس سے انسانی روح کے اس سناٹے کا پتہ چلتا ہے جو شخصی تجربے اور خارجی تجربے کی دوئی کو مٹا دیتا ہے۔

مغنی تبسم کی شاعری میں ذاتی تجربے آتش استخواں سوز کی لپک ہے لیکن انہوں نے اس تجربہ کو شائستگی اور وقار کے رنگوں سے ہم آمیز کر کے وسعت اور آفاقیت پیدا کی ہے۔

پچھتائے بہت سفر گنوا کر
ہم آئے تھے کشتیاں جلا کر
جو خیال میں ہے نظر میں تھا
مرے دل میں تھا مرے گھر میں تھا
ٹھہر جانا ہے بس دو گام چل کر
یہاں سے راستہ آگے نہیں ہے
کب تک تری جستجو میں بھٹکیں
کب تک تری آرزو نبھائیں
منزل سے کوئی غرض نہیں ہے
اب راستے جس طرح بھی جائیں
بس اتنی ہے اپنی کہانی

آگ ہوا مٹی اور پانی
مٹی مٹی میرا دل
مٹی میں ہے تیرا گھر
میں رو پڑا ہوں تبسم سیاہ راتوں میں
غروب ماہ میں شاید زوال میرا تھا

مغنی صاحب کی شاعری پر جدیدیت کی گہری چھاپ نظر آتی ہے۔اس میں عصر حاضر کے انسان کی زندگی کی پیچیدگیاں اس کی تنہائی کا آئینہ ہیں۔ترقی پسندی سے جدیدیت تک کا سفر مغنی تبسم نے محض سیلاب کے تنکے کی طرح نہیں کیا تھا۔انہوں نے ترقی پسند تحریک میں شمولیت اختیار کی تو پورے علم ویقین اور بصیرت کے ساتھ اوراس سے گریز کر کے جدیدیت کے ہم نوا بنے تو بھی پورے شعور کے ساتھ۔انہوں نے جدیدیت بطور فیشن نہیں اختیار کی بلکہ وہ جدید حسیت اور ادب میں واقع ہونے والی تبدیلیوں اور قومی و بین الاقوامی سطح پر واقع ہونے والی سماجی وتہذیبی انقلابات کے رمز شناس تھے۔چنانچہ پروفیسر عالم خودمیری جدیدیت سے مغنی تبسم کی فکری وابستگی پر اظہار خیال کرتے ہوئے رقم طراز ہیں۔''جدید ادب جدید روح کی Case History نہیں ہے بلکہ جدید ادب کا اضطراب اور اس کی بے چینی جدید ادب کی روح کی گہرائیوں کو چھوتی ہوئی ادب کا روپ اختیار کرتی ہے۔مغنی تبسم جدید ادب کے اس پیچیدہ عمل کی پوری بصیرت اور کامل آگہی رکھتے ہیں'' (بازیافت ص ۸)

مغنی تبسم کی نظموں میں ان کا جدید لب ولہجہ اُبھر کر سامنے آتا ہے۔ان کی نظمیں قاری کو اپنے عصر اور فرد کی باطنی کیفیات کا آئینہ معلوم ہوتی ہے۔ذیل کی نظم دیکھئے۔

سگریٹ کا ایک لمبا کش اور کھانسی
گھونٹ گھونٹ چائے
پگھلتے خوابوں کے موم

گدلے کاغذ پر دنیا کے اعمال کا پیلا زہر
ہم کتنے اچھے
جب ہماری پیٹھ کے نیچے بستر تھا
آؤ
چلو آئینے سے پوچھیں
ابھی کتنا سفر باقی ہے
اُس کا تو
ایک ہی جواب ہے
اپنے چہروں کو برداشت کرو
باہر نکلو
تو ماسک لگانا مت بھولو (پہلی کرن کا بوجھ)

مغنی تبسم کی بعض نظموں میں جذبہ کی تہہ داری یا پراسراریت کا احساس ہوتا ہے۔ تخلیق ذہن نئے تجربے کو تخلیقی سطح پر اس طرح گرفت میں لانے کی کوشش کرتا ہے۔ جیسے کوئی ریاضی داں مشکل نظریات کو نامعلوم قیمتوں کے ذریعہ تعبیر کرتا ہے۔ ادب میں اس طرح کی کوشش کا نتیجہ اظہار کی پیچیدگی اور پراسراریت کی شکل میں سامنے آتا ہے۔ مغنی تبسم کی ذیل کی نظم اسی نوع کے ابلاغ کا مظہر ہے۔

اندھیرے ناگ درش دیوتا کے
سیاہی میں سیاہی
گناہوں کے سفینے بادلوں سے
رواں بھیگے بدن کی بارشوں میں
کسیلا ذائقہ اُجلی تپش کا تھا زباں پر

بجھا کر خواب اپنے سو گئے تھے
نیم وابستر کی آنکھیں سن رہی تھیں
وہ سرگوشی جو باہر ہو رہی تھی
درختوں سے ہوا کچھ کہہ رہی تھی
سمندر کی کہانی تھی......
ہوا کیوں رو رہی تھی؟!(شبینہ)

مغنی تبسم نے قدیم وجدید ادب کا مطالعہ نہایت گہرائی اور باریک بینی کے ساتھ کیا ہے۔ فانی کی شخصیت اور شاعری ان کے پی۔ایچ۔ڈی کے مقالے کا موضوع تھا۔ فانؔی کے علاوہ ن۔م۔راشد اور میرا جؔی ان کے محبوب شاعر رہے۔ ناصر کاظمی، فراق اور اختر الایمان سے بھی ان کی ذہنی اور فکری آشنائی ہے۔ ان کی شاعری پر ان سب شعراء کا جہاں تہاں ہلکا ہلکا اثر نظر آتا ہے۔ خصوصاً نظموں میں کہیں کہیں ن۔م۔راشؔد اور اختر الایمان کا اثر ملتا ہے۔ ان کی نظموں۔ عدم سے عدم تک۔آگ اور پانی، اعتذار، گریز کے بعد اور نوحہ وغیرہ۔ ن۔م۔راشد کے تخلیقی رویے کی یاد دلاتی ہیں۔ اسی طرح زماں نورد مجھے یاد ہیں۔ ربط اور رائیگاں جیسی نظمیں اختر الایمان سے ان کا رشتہ جوڑتی ہیں۔ دونوں رنگوں کے نمونے ملاحظہ ہوں۔

پلا ساقیا سرمدی ساتگیں سے مے خود شناسی کے پر کیف جرعے
یہ وقت طرب ہے
یہ لمحے ملے ہیں بڑی مشکلوں سے
ابھی تک عدم کے ضیا تاب دن کی جھلستی ہوئی دھوپ میں پل رہا تھا
بدن جل رہا تھا
مگر آفرینش کے دستور کے فیض میں شب زندگی کی برودت فزا
سحر آگیں پناہوں میں یوں آچکا ہوں

کہ جیسے کوئی ناؤ منجدھار سے بچ نکل کر ہوا کے تھپیڑوں سے

ساحل کو جالے (عدم سے عدم تک)

مجھے یاد ہے تیری گفتگو جو فضاء میں تھی

مجھے یاد ہے تیری آرزو

تیری آرزو کے قریب ہی

میری زندگی تھی کھڑی ہوئی

میرے راستے میں ہر ایک سمت رکاوٹیں تھیں اٹی ہوئی (مجھے یاد)

مغنی تبسم کے ہاں کئی خوبصورت اور معنی خیز نظمیں ملتی ہیں۔ نارسی سیس، سراب، دوری، سوال اور نوحہ وغیرہ ان کی نمائندہ نظمیں کہی جاسکتی ہیں۔ نظم نگاری میں مغنی تبسم نے تجربے بھی کئے ہیں۔ انہوں نے مختصر نہیں بلکہ مختصر ترین نظمیں لکھی ہیں۔ جو بسا اوقات صرف ایک مصرعے پر مشتمل ہوتی ہے۔ ان میں سے ہر نظم ایک استعارہ بن کر ابھرتی ہے۔ جس میں تخلیق کار کے باطنی تجربے نے بیرونی دنیا اور اس کے احوال کو اس طرح جذب کرلیا ہے کہ فنی اظہار کو ایک نئی وحدت مل گئی ہے۔ ذیل کی مثالیں دیکھئے۔

کھلونا ٹوٹ گیا ہے

اسے کہیں دفن کریں

☆

راستے وہاں جاتے ہیں

جہاں کوئی نہیں جاتا

☆

شیطان سے ہاتھ ملانا ہی پڑے گا

☆

سناٹے رو رہے ہیں

☆

بہت ہی اچھا تجزیہ کرنے کے بعد مغنی تبسم کی ایک سطری نظموں کے بارے میں اظہار خیال مغنی تبسم کے قد کو مزید چھوٹا کر دیتا ہے۔ کیونکہ جو چیزیں تجربہ کے مراحل میں ہوں، ان کا ذکر نہیں کیا جانا چاہیے۔

مغنی تبسم نے غزلوں کی طرح نظموں میں بھی اپنی انفرادیت باقی رکھی ہے جب وہ نظم کہتے ہیں تو لفظوں کی مزاج ان کی سحر کاری اور ایمائیت کو پوری طرح ملحوظ رکھتے ہیں۔ وہ اپنی نظموں کو نہ تو ابہام کی بھول بھلیوں میں گم کرتے ہیں۔ اور نہ ہی عوام کی سطح پر لے آتے ہیں۔ انہوں نے زیادہ طویل نظمیں نہیں کہی لیکن ان کی اوسط طوالت رکھنے والی نظمیں ہوں کہ مختصر مختصر نظمیں قاری پر دیر پا تاثر چھوڑتی ہیں۔ ویسے مغنی تبسم بنیادی طور پر نظم کے نہیں بلکہ غزل کے شاعر ہیں۔ ناصر کاظمی ہمارے زمانے کی غزل کی ایک اہم آواز تھے۔ دورِ حاضر کے جن شعراء نے سماجی وتہذیبی مماثلتوں ے حوالہ سے میر کی شاعری کی بعض روایات مثلاً میر کی حزنیہ لے کو شعوری طور پر اپنایا ان میں ناصر کاظمی اور ابن انشاء کے نام سرفہرست ہیں۔ ناصر کاظمی کے توسط سے میر کی یہ روایت مغنی تبسم تک پہونچتی ہیں۔ مغنی تبسم کے ہاں ناصر کاظمی سے ذہنی قربت کا احساس ہوتا ہے ان کی مختلف غزلیات کے چیدہ چیدہ اشعار سے قطع نظر ذیل کی غزل تو مکمل طور پر ناصر کاظمی کے رنگ میں کہی گئی ہیں۔

ایک اک پیڑ اکھڑتا دیکھا زور
جنگل میں ہوا کا دیکھا
پاس آتے ہوئے صحرا میں کہیں
دور جاتا ہوا دریا دیکھا
ایک چہرے کی صدا ڈوب گئی

ایک آواز کا چہرہ دیکھا
دل پذیری تھی عجب آنکھوں میں
بات کرنے کا سلیقہ دیکھا
راحت خواب گئی آنکھوں سے
خواب آنکھوں نے یہ کیسا دیکھا

ہر زندہ احساس فرد اپنے عہد میں زیست کرتا ہے۔ عصر حاضر میں علوم وفنون کے فروغ نے خصوصاً رسل ورسائل، مواصلات اور ابلاغیات کی بے تحاشہ ترقی نے فاصلوں کے تصور کے بے معنی کر دیا ہے۔ دنیا ایک عالمی دیہات میں تبدیل ہوگئی ہے۔ لیکن المیہ یہ ہے کہ فاصلے تو گھٹ گئے ہیں لیکن انسانوں کے درمیان دوریاں بڑھ گئی ہیں۔ انسانی رشتے اور تعلقات ٹوٹنے لگے ہیں۔ ہمارے اخلاقی، سماجی اور ذہنی سہارے بکھرنے لگے ہیں۔ قدروں کی شست وریخت ہورہی ہے۔ اس احساس شکست نے آج کے انسان کو تنہائی کے حوالے کر دیا ہے۔ لیکن یہ تنہائی قدماء کی رومانی یا روحانی تنہائی نہیں ہے بلکہ وجود کی تنہائی ہے۔ مغنی تبسم کے یہاں بھی اس تنہائی اور اکیلے پن کے تجربہ کا ابلاغ نہایت خوبصورت انداز سے ہوا ہے۔

اب خاموشی کہے تو کہے کچھ دلوں کے راز
دل میں سخن تھے لاکھ سنائے کہاں گئے
چھپا رکھا یوں خود کو کمال میرا تھا
کسی پہ کھل نہیں پایا جو حال میرا تھا
ہے میرے ساتھ ہی آسیب میرا
کہ اب اپنے سے ڈر جانا ہے مجھ کو
جاگے تو اب یہ دنیا لگتی ہے اجنبی سی
سورج نے توڑ ڈالے خوابوں کے تسلسل بھی

مغنی تبسم کی شاعری کا ایک ممتاز پہلو ان کی حمدیہ غزلیں ہیں۔ انہوں نے ڈوب کر یہ غزلیں کہی ہیں ان کی حمدیہ غزلیں جذبہ کی صداقت اور اخلاص کا مظہر ہیں۔ ان کی حمدیہ شاعری میں تسبیح وثناء کے تقدس اور مناجات کی پاکیزگی کا احساس ہوتا ہے۔ مغنی تبسم کی ان غزلوں میں خالق کائنات کی کبریائی اور اس کی قدرت کاملہ کا عرفان نظر آتا ہے۔

لوح اس کی ہے قلم اس کا مقدر میرا
ہاتھ میرے ہیں دعاؤں میں اثر اس کا ہے
منزل منزل تیرے کرم کے ڈیرے ہیں
تپتی دھوپ میں دشت رواں ہے میرے بھی
یوں دیکھا رہا ہوں آسماں کو
بادل کے عقب میں جیسے تو ہے
گھر دیا ہے تو منزل کا بھی پتہ دے گا
مرا خدا مجھے رستے کوئی دکھا دے گا
قدم قدم پر دکھائے گا آیتیں اپنی
ہر ایک موڑ پر منظر مجھے نیا دے گا

استعارہ شعری اظہار کا ایک اہم وسیلہ ہے۔ قدر اول کے شعراء کے ہاں مخصوص استعاروں کا استعمال نظر آتا ہے۔ مغنی تبسم کے ہاں بھی بعض مخصوص استعاروں کی تکرار ملتی ہے جیسے آئینہ ان ایک مرغوب استعارہ ہے۔ جس کے وسیلے سے وہ اپنی ذات کی توسیع وانکشاف کرتے ہیں۔ ذیل کے اشعار ملاحظہ ہوں۔

اسی نظر نے مجھے توڑ کر بکھیر دیا
اسی نظر نے بنایا تھا آئینہ مجھ کو

اگرچہ مٹتا رہا اپنے آئینے میں بہت
نشاط کاوش صورت گراں تو ہوتا رہا

آئینہ کے حوالہ سے مغنی تبسم نے تصوف کے بعض مسائل مثلاً ذات، کون ومکان، صفت تنزیہہ اور وحدت الشہو د وغیرہ کی وضاحت کی ہے۔ چند شعر ملاحظہ ہوں۔

پھر آئینہ سا بن جانا
پھر تکنا پھر حیرانی

آئینہ خیال بن گیا ہے
ایک چہرہ یقیں کا روبرو ہے

آئینے کی طرح خواب بھی مغنی تبسم کا پسندیدہ استعارہ ہے جس سے انہوں نے فکر وخیال کے نئے پیکر تراشے ہیں۔ اس سلسلے میں پروفیسر سلیمان اطہر جاوید رقم طراز ہیں۔

''خواب اردو شعر وادب کا بلکہ دنیا بھر کی زبانوں کے شعر وادب کا ایک اہم موضوع ہے کون فنکار ہے جس نے اپنے خوابوں کی دنیا نہیں بسائی...... مغنی صاحب اپنی زندگی میں بڑے حقیقت پسند ہیں۔ حرکی اور فعال بھی معاملہ فہمی اور مسائل کو حل کرنے میں انہیں ملکہ حاصل ہے لیکن شاعری میں ان کے خوابوں کی دنیا...... خوابوں ی دنیا ہے۔ سات آٹھ نظموں اور غزلوں کے کوئی تیس سے زائد اشعار میں انہوں نے خواب کا استعمال کیا ہے۔ (سب رس نومبر ۲۰۰۳ ص ۸۸۔۸۷)

پروفیسر مغنی تبسم کے ہاں خواب نہ صرف آج کے فرد کے جذبات واحساسات کا مرقع بن جاتا ہے بلکہ عصری زندگی کا منظر نامہ پیش کرتا ہے۔ چند اشعار ملاحظہ فرمائیے۔

اب نہ وہ لمس نگاہوں کا نہ خوشبو کی صدا
دل نے دیکھا تھا مگر خواب شناسائی کا

نیند آنکھوں کو سزا دیتی ہے
خواب میں دل کو جگادیتی ہے
جاگتے خواب کی حیرانی میں
سوگئے خواب دکھانے والے

مغنی تبسم کی شاعری میں پیکر تراشی کا عمل نہایت خوبصورت اور متاثر کن ہے۔ پیکر تراشی اچھی شاعری کا وصف ہے۔ مغنی تبسم کی پیکر تراشی کی توصیف کرتے ہوئے۔ مضطر مجازیوں رقم طراز ہیں۔

''ان کی غزلوں میں جو چیز ہمیں چونکاتی ہے وہ ان کی امیجری ہے۔ مغنی صاحب نے اپنی امیجری کی تعمیر میں مناظر فطرت سے بہت کام لیا ہے۔ جس کی وجہ سے ان کی غزل فطرت کی بوقلمونی اور رنگارنگی سے معمور ہو کر فطرت ہی کی طرح دلکش اور دلنواز ہوگئی ہے۔ (نذر مغنی ص۲۸۹)

آسماں پر ہے عجب چاند ستاروں کا سماں
دل میں دیکھو تو یہاں رات کا منظر ہے الگ
چاند ابھی تو نکلا ہی تھا کیسے ڈوب گیا
میرے آنگن میں یہ کالی رات کہاں سے آئی
شام کا تارا نجم سحر
دونوں تیرے پیماں پر

مغنی تبسم نے مسائلی شاعری کم کی ہے۔ ان کی شاعری انسانی جذبات واحساسات کی شاعری ہے۔ ان کی غزلوں میں شریعت بدرجہ اتم پائی جاتی ہے۔ چھوٹی چھوٹی بحریں عام فہم اور

آسان الفاظ اور سادگی سے ان کا کلام مملو ہوتا ہے۔لیکن معنوی طور پر گہرائی و گیرائی اور تہہ در تہہ کیفیت نے ان کی شاعری کو اے رنگ و آہنگ دیدیا ہے واقعہ یہ ہے کہ جدید شاعری کی تاریخ مغنی تبسم کی شمولیت کے بغیر مکمل نہیں کہلائی جا سکتی۔

پروفیسر مغنی تبسم جدید شاعری کے افق پر مہر تاباں ہیں۔ وہ جدید شاعری کے بنیاد گزاروں میں سے ہیں۔انھوں نے نہ صرف جدید شاعری کی روایات اور معیارات کا تعین کیا ہے بلکہ اپنے تخلیقی سرمایہ سے جدید شاعری کو وزن اور وقار بھی عطا کیا۔اس اعتبار سے انہیں جدید شاعری کی آبرو کہا جائے تو بے جا نہ ہوگا۔

پروفیسر مغنی تبسم کے بارے میں جو کچھ اور جتنا کچھ لکھا ہے وہ ایسا نہیں ہے کہ اس پر کسی قسم کا تبصرہ یا کسی قسم کی تنقید ممکن ہو سکے۔

نظیر کی شاعری میں سیکولر نظریات

حضرت نظیر اکبرآبادی ، یہ وہ نام ہے جس کو بہت زمانے بعد ادبی گلیاروں میں یاد کیا گیا۔ان پر کام ہوا اور نقاد اس نتیجہ پر پہنچے کہ نظیر اکبر آبادی ایک عوامی شاعر تھے اور انھوں نے اپنے زمانے میں رونما ہونے والے حالات وواقعات کو بنیاد بنا کر شاعری کی ہے۔ پروفیسر انور الدین نے ان ہی نظیر اکبر آبادی کی شاعری میں سیکولر نظریات کے تعلق سے بات کی ہے۔ انھوں نے لکھا ہے

نظیر کا پورا نام ولی محمد تھا۔ وہ دہلی میں پیدا ہوئے ، ان کے والد محمد فاروق ایک معمولی پڑھے لکھے آدمی تھے۔نظیر کے دادا عظیم آباد کے کسی نواب کے مصاحب اور نانا آگرے کے قلعہ دار تھے۔ قیاس کیا جاتا ہے کہ نظیر ۱۷۳۵ء میں پیدا ہوئے۔ان کی ابتدائی زندگی مفلسی اور عسرت میں بسر ہوئی۔ابھی وہ بچے ہی تھے کہ عالم میں انتخاب دہلی پہلے نادر شاہ درانی پھر احمد شاہ ابدالی

کے حملوں سے تباہ وتاراج ہوگئی۔ حالات کی گردش نے نظیر کو آگرہ جانے پر مجبور کیا۔ ایک مرتبہ آگرہ جانے کے بعد وہ وہیں کہ ہورہے۔ وہیں ۱۸۳۰ء میں ان کا انتقال ہوا اور وہیں سپرد خاک کئے گئے۔ نظیر کو اردو کے ساتھ ساتھ فارسی زبان پر بھی عبور حاصل تھا۔ علاوہ ازیں وہ ہندوستان کی تقریبا نصف درجن زبانوں سے واقف تھے۔ (بحوالہ پروفیسر شہباز، زندگانی بے نظیریں) ان میں سنسکرت، پنجابی اور برج بھاشا وغیرہ شامل ہیں۔ نظیر نے معلّمی کا پیشہ اختیار کیا۔ نظیر عمر بھر بچوں کو پڑھاتے رہے۔ انہوں نے بچوں کے لئے کئی نظمیں لکھیں۔

نظیر ایک قلندر طبع اور فقیر منش انسان تھے۔ وہ رنگ ونسل اور مذہب وملت کے امتیازات کو چھوڑ کر ہر انسان سے انسان کی حیثیت سے پیار کرتے تھے۔ تنگ نظری اور تعصب ان کے اندر نام کو نہ تھا۔ ہر فرقے ہر مسلک اور ہر مذہب کے لوگ انہیں چاہتے تھے۔ چنانچہ ان کی وفات کے بعد تدفین اور آخری رسومات کا مسئلہ نزاعی ہوگیا تھا کیوں مسلمانوں کے دونوں فرقے سنی اور شیعہ انہیں اپنا سمجھتے تھے اور ہندو بھی ان سے عقیدت رکھتے تھے۔ آخر سنیوں اور شیعوں نے اپنے اپنے مسلک کے مطابق نماز جنازہ پڑھی۔ جنازے کی چادر ہندو احباب رسمائے گئے۔

نظیر کی شاعری کے سیکولر عوامل وعناصر کے تجزیے کے سلسلے میں ہندوستان کی گنگا جمنی تہذیب کے بارے میں وضاحت بھی ضرورت ہے کہ وہ ہندالمانی تمدن جو تمام ہندوستانیوں کو ورثے میں ملا ہے اپنے قماش کے اعتبار سے نہ خالص ہندوانہ ہے اور نہ کامل اسلامی۔ بلکہ دونوں کا ایک حسین امتزاج ہے۔ یہ تمدن غمازی کرتا ہے کہ مسلمانوں نے ہندوستانی ماحول کے قدرتی اثرات کب اور کس طرح قبول کئے اور یہ مسلمانوں اور مقامی ماحول اور مقامی تہذیب کے ربط وارتباط کا ارتقائی نتیجہ ہے۔ ہندوؤں اور مسلمانوں کے اس میل جول کو نظیر اپنی شخصیت، اپنے کلام، موضوع کے انتخاب اور زبان کے استعمال سے قدم قدم پر ظاہر کرتے ہیں۔ اس پہلو سے نظیر کو ایک اور امتیاز بھی حاصل ہوتا ہے کہ جن مسلمانوں نے ایرانی شاعری اور اسلامی تمدن

کے اثرات زیادہ قبول کیئے ہیں یا جن ہندو شعراء نے خالص ملکی فضاء اور ہندی زبان کو استعمال کیا۔ عصبیت کے ایک حد تک قابل تعریف جذبے ظاہر کرنے کے باوجود اس ہمہ گیر اثر آفرینی سے محروم ہیں جو نظیر کو حاصل ہوئی۔ نظیر کی عوامی مقبولیت کا راز بھی ایک حد تک اسی میں مضمر ہے۔ اعلی طبقے کے مراعات یافتہ لوگوں سے ہٹ کر درمیان اور نچلے طبقے کے ان افراد سے قطع نظر جو یا تو مولویانہ یا پنڈتانہ رنگ ہے۔ از سرتا پا شرابور ہیں، جب ہم عوامی سطح پر اترتے ہیں یہ خلیج کسی قدر کم ہو جاتی ہے۔ اس وسیع النظر اور روشن خیال انسان کو دیکھنا ہو تو میلوں ٹھیلوں میں جانا چاہئے۔ جہاں تکلف، وضع داری اور رکھ رکھاؤ مصنوعی اور کھوکھلے تہذیبی مرقعہ معلوم ہوتے ہیں۔ نظیر نے اپنی زندگی انہیں میں گزاری اس لئے ان کی شاعری میں ایسے عناصر کی بہتات ہے جو ایک طرف انہیں ''عوامی شاعر'' کے لقب سے ملقب کرتے ہیں تو دوسری سیکولر قدروں کی ترویج بھی کرتے ہیں۔

ڈاکٹر انورالدین کی مذکورہ ساری باتیں متفقہ ہیں، کوئی ان کی باتوں سے اختلاف کرنے کی جرأت نہیں کرسکتا۔ چونکہ نظیر سنی اور شیعہ کے پاس مقبول رہے اس حوالے سے آج بھی شیعہ سنی والا معاملہ نظیر اکبرآبادی کے ساتھ لگا ہوا ہے۔ عوامی شاعر والی بات بھی بالکل صحیح کہی گئی ہے۔ وہ آگے لکھتے ہیں۔

انسانی مساوات کا نظریہ سیکولرازم کی بنیاد ہے۔ انسان کی مساوات کا تصور جس کا نظریاتی حصول اس عہد کی اشتراکیت اور اشتمالیت کا سب سے بڑا کارنامہ سمجھا جاتا ہے فی الحقیقت کوئی نئی بات نہیں۔ سب انسانوں کی برابری کا سبق قدیم زمانے ہی سے دیا جاتا رہا ہے۔ شعر و شاعری اور ادب میں بھی بندہ مولا اور آقا و غلام کی تمیز پر خط تنسیخ پھیرنے کا سہرا جدید ادب کا بنیادی طرہ امتیاز ہے تو اردو ادب میں سب سے پہلے نظیر اس فضیلت کے حقدار ہیں۔

آگے ایک ایسا انکشاف پروفیسر انورالدین کرتے ہیں جس سے متفق ہونا مشکل ہو جاتا ہے۔ پروفیسر لکھتے ہیں کہ نظیر کا ''آدمی نامہ'' مساوات انسانی کا پہلا منشور کہا جاسکتا ہے'' کیا

ایسی بات نظیر کی شاعری کے لئے کہی جاسکتی ہے؟ کہیں یہ دعویٰ نرا دعویٰ نہ ہو۔ آگے لکھتے ہیں ''جس میں نظیر نے ہر نوع، ہر مزاج اور ہر معیار کے فرد کو ''آدمی'' بتایا ہے۔ آدمی نامہ کے علاوہ نظیر نے اپنی دیگر نظموں مثلاً جھونپڑا اور جو خاک سے بنا ہے وہ آخر کو خاک ہے''۔ میں انسانی مساوات کے بنیادی تصور کو ابھارنے کی کوشش کی ہے۔ موثر الذکر نظم کے دو بند ملاحظہ ہوں:

امراء کے تن کو تانبے کے صندوق میں دھرا
مفلس کا تن پڑا رہا، ماٹی اوپر پڑا
قائم یہاں یہ اور نہ ثابت وہ واں رہا
دونوں کو خاک کھا گئی یارو کہوں میں کیا
جو خاک سے بنا ہے وہ آخر کو خاک ہے

گو ایک کو ہزار روپے کا ملا کفن
اور ایک یوں پڑا رہا بے کس برہنہ تن
کیڑے مکوڑے کھا گئے دونوں کے تن بدن
دیکھا جو ہم نے آہ تو سچ ہے یہی سخن
جو خاک سے بنا ہے وہ آخر کو خاک ہے

اس نظم میں اگر چہ ہر بند کے آخری مصرعے کی تکرار بہ ظاہر صرف دنیا کی بے ثباتی اور ناپائیداری کا نقش قائم کرتی محسوس ہوتی ہے لیکن اس میں انسان کی مساوات کو نظیر نے اس کے انجام کے حوالے سے سمجھنے اور سمجھانے کی کوشش کی ہے۔ نظیر نے اپنی بیشتر نظموں میں دنیا کی نیرنگی کے فانی ہونے اور موت کی ناگزیری کا بیان بڑے موثر پیرایوں میں کیا ہے۔ وہ دردمندی اور عبرت کے تاثرات ابھار کر انسانوں کو انفرادی اور سماجی حیثیت سے ایک بہتر انسان بننے کی ترغیب دیتے ہیں۔ وہ ایک حقیقت پسند دانشور کی طرح یہ پیغام دیتے ہیں کہ جب زندگی کی فنائیت اور نیرنگی دنیا کے حقائق ہر انسان کے لئے یکساں ہیں تو پھر سب انسان برابر ہیں ان میں کسی بھی قسم

کی تفریق بے معنی ہے۔اس لئے مختلف انسانوں کے درمیان کش مکش اور تلخی پیدا کرنا بھی فضول ہے۔ ہر انسان کو چاہئے کہ وہ خود جیے اور دوسروں کو جینے دے اور زندگی کے نام سے جو تھوڑی سی مہلت ملی ہے اسے بغض وعناد اور تعصب وتنافر کی نذر نہ کرے اور مذہب کے نام پر جھگڑے اور فساد کی آگ نہ بھڑکائے۔ کہتے ہیں۔

جھگڑا نہ کرے، مذہب و ملت کا کوئی یاں
جس راہ میں جوان پڑے، خوش رہے ہر آن
زنا گلے ، یا کہ، بغل بیچ ہو قرآن
عاشق تو قلندر ہی نہ ہندو نہ مسلماں
کافر نہ کوئی صاحب اسلام رہے گا
آخر وہی اللہ کا اک نام رہے گا

نظیر اپنی وسیع المشر بی کے سبب ہندوؤں اور مسلمانوں میں یکساں طور پر مقبول تھے۔ان کے ذخیرہ الفاظ میں ہندو دیومالائی اصطلاحات اور ہندو اساطیر کی تلمیحات کا وافر حصہ نظر آتا ہے۔انہوں نے اپنی سیکولر فکر کو صرف لفظیات کی حد تک نہیں رکھا بلکہ وہ ہندوؤں سے اختلاط بھی رکھتے تھے اور ہندو رسم ورواج اور عقائد کو پورے جوش وخروش کے ساتھ شعری اظہار کی شکل بھی دیتے تھے۔

نظیر کے سیکولر رویے کے اسباب ومحرکات پر روشنی ڈالتے ہوئے پروفیسر احتشام حسین رقم طراز ہیں:

''ان کی (نظیر کی) پوری زندگی آگرہ میں گزری، وہی آگرہ جو مغل شہنشاہ اکبر کی راجدھانی رہ چکا تھا اور جس کے چاروں طرف کرشن بھگتی کی وہ ویشنو تحریک پھیلی ہوئی تھی جس نے سورداس اور میرابائی کے گیتوں اور بھجنوں کو جنم دیا تھا۔ جہاں عظیم الشان قلعہ اور تاج محل کھڑے کئے تھے۔ یہاں کی ہوا میں رادھا اور کرشن کی محبت اور بھگتی کے گیت گونج رہے تھے

جہاں سے قریب متھرا اور برندابن کے میلوں اور تہواروں میں شریک ہوکر عوام کے دل کی دھڑکن تیز ہوجاتی تھی۔ اس لئے ان کی شاعری میں وہی زندگی سانس لیتی معلوم ہوتی ہے جو آگرے میں اور اس کے چاروں طرف تھی۔

واقعہ یہ ہے کہ نظیر نے اذاں بھی دی اور ناقوس بھی پھونکا۔ تسبیح بھی لی اور زنار بھی پہنا۔ محرم میں ماتم کیا تو ہولی میں رنگ کھیلے، رمضان میں روزے رکھے تو سلونوں پر راکھی باندھی، شبرات میں مہتابیاں چھوڑیں تو دیوالی پر دیپ جلائے۔ بزرگان دین کی مدح کی تو کرشن جی، مہادیو، بھیروں اور نانک کو بھی خراج عقیدت پیش کیا۔ وہ ایسے وسیع القلب واقع ہوئے تھے کہ ان کے یہاں اونچ نیچ ہندو مسلم چھوٹے بڑے کا امتیاز مٹ گیا تھا۔ ان کے سیکولر فکر کا اندازہ اس بات سے لگایا جاسکتا ہے کہ انہوں نے عیدالضحیٰ اور عیدالفطر کے بارے میں چند نظمیں لکھیں لیکن ہندوؤں کے مذہبی تہواروں پر انہوں نے متعدد نظمیں لکھیں مثلاً ان کی کلیات میں ہولی پر گیارہ، راکھی پر ایک دیوالی پر دو اور بسنت پر تین، شری کرشن کے بارے میں دس شیو جی کے لئے تین اور بابا نانک پر ایک نظم ملتی ہے۔ کرشن جی سے متعلق نظموں میں نظیر کا جذبہ بے اختیار شوق دیکھنے سے تعلق رکھتا ہے جنم کنہیا جی خاصی طویل نظم ہے اس میں نظیر نے کرشن جی کی پیدائش کی اساطیری روایت تفصیل سے بیان کی ہیں۔ ان راویوں کی جزئیات سے نظیر کی واقفیت حیرت انگیز ہے۔ اردو زبان میں ہندو شعراء بھی بے شمار گزرے ہیں لیکن کسی کے ہاں کرشن کی روایت سے ایسی گہری واقفیت اور تخلیقی وابستگی نظر نہیں آتی جیسی نظیر کہ ہاں ہے۔

نظیر کی طبیعت میں ایک صوفی کی آسودگی، توکل، قناعت اور رضا کے علاوہ وسیع المشربی کا وصف بھی بدرجہ اتم موجود تھا۔ صوفی اپنے آپ کو کسی ایک طبقے یا نظیر بڑے صلح کل اور محبت پسند انسان تھے۔ دو مذہبی جنون کی اس آگ سے دور تھے جو تعصب کے زیر اثر افتراق گبر و مسلماں کا باعث بنتی ہے وہ کعبہ اور بت خانے میں ایک ہی خدا کا جلوہ دیکھتے تھے، کہتے ہیں:

کوئی خالق باری، رب مولا رحماں رحیم اللہ نگری

کوئی الگ روپ کرتار کہے نکال نرنجن نردھاری
کوئی رام رام کہہ کے سمرے کوئی بولے شیوشیو ہری ہری
کوئی دانا دنیت دیوائل کوئی راچس دیوت جن پری
گل عالم تیری یاد کرے تو صاحب سب کا سچا ہے

نظیر نے اپنی زندگی میں مذہب اور مشرب کو کوئی اہمیت دی اور نہ شاعری میں۔ یہ ایک واشگاف حقیقت ہے کہ ان کی زندگی کے بیشتر اوقات ہندوؤں میں گزرے۔ راجہ بلاس رائے کھتری اور ان کے لڑکوں اور خاندان کے دیگر افراد کے اثرات اس پر مستزاد۔ انہوں نے بحیثیت انسان بھی اور بحیثیت فن کار بھی ہندوؤں کے رسوم ورواج اور ان کی ضمیمات کی طرف زیادہ توجہ کی۔

راکھی اہل ہنود کا ایک اہم اور بارونق تہوار ہے جو نہایت جوش وخوش سے منایا جاتا ہے۔ نظیر نے اس تہوار پر ایک خوبصورت نظم لکھی جس کے چند شعر ملاحظہ ہوں۔

چلی آتی ہے اب تو ہر کہیں بازار کی راکھی
سنہری سبز ریشم زرد اور گلنار کی راکھی
بنی ہے گو کہ ، نادر خوب، ہرسردار کی راکھی
سلونو میں عجب رنگیں ہے، اس دل دار کی راکھی
نہ پہنچے ایک گل کو یار، جس گلزار کی راکھی

آگرہ، برندابن اور متھرا کا علاقہ میلے ٹھیلوں، مجموعوں اور تہواروں کے لئے مشہور ہے۔ شری کشن جی اور گوپیوں کی ہولی کی روایات کے پس منظر میں برج کی ہولی اپنی رنگینیوں، کیف وسرمستی اور روپ رس کے حوالے سے بڑی شہرت رکھی ہے۔ نظیر نے رنگوں کے اس تہوار پر کئی نظمیں لکھی ہیں۔ ایک نظم کے چند اشعار دیکھئے۔

یہ سیر ہولی کی ہم نے تو برج میں دیکھی

کہیں نہ ہووے گی اس لطف کی میاں ہولی
کوئی تو ڈوبا ہے دامن سے لے کے تا چولی
کوئی تو لڑلی بجاتا ہے کہ کنہیا جی
ہے دھوم دھام یہ بے اختیار ہولی میں

بلدیو جی کا میلہ، مہادیو کا بیاہ اور جنمو کنہیا جی کے علاوہ نظیر کی کلیات اور بھی نظمیں ہیں جو اپنے موضوع کے اعتبار سے خالص ہندوانہ ہیں مثلاً رسم کتھا، ہر کی تعریف، درگا جی کے درشن، بھیروں اور کنہیا راس وغیرہ۔ ان نظموں کو نظیر نے محض رسمی طور پر نہیں لکھا ہے اور نہ صرف ہندی اور سنسکرت کے چند الفاظ یا اصطلاحات استعمال کر کے نظم میں ہندوانہ کیفیت پیدا کرنے کی کوشش کی ہے بلکہ ان نظموں کو پڑھنے سے صاف محسوس ہوتا ہے کہ نظیر اپنے موضوع میں پوری طرح ڈوب کر لکھ رہے ہیں اور مسلمان ہونے کے باوجود یہ رنگ ان کی طبیعت میں پوری طرح رچ گیا ہے۔ نظیر کی شاعری میں چیز سب سے زیادہ متاثر کرتی ہے وہ ان کا خلوص ہے جس کی مثالیں بہت کم ملتی ہیں۔ ہندوؤں کی صنمیات میں بھیروں کی تصویر بہت ہیبت ناک اور ڈراؤنی دکھائی جاتی ہے۔ نظیر نے ایک نظم اس موضوع پر بھی لکھی ہے۔ اس کے بعض بند ملاحظہ ہوں کہ ہندوؤں کی روایت کے لحاظ سے انہوں نے کس درجہ فن کاری اور جوش کے ساتھ بھیروں کی عکاسی کی ہے۔

آنکھوں میں چھا رہا ہے تیرا سروپ کالا
تن میں بھبھوت گہرا گلے بیچ زند مال
آنکھیں دیا سی روشن ہاتھوں میں اک پیالہ
ہوں دل سے داس تیرا من اے مرے دیالا

نظیر کا زمانہ سلطنت مغلیہ کے زوال کا زمانہ تھا۔ اس عہد میں سارا معاشرہ اضطراب وابہام کا شکار تھا۔ سماج میں یا تو مایوسی وقنوطیت اور خود فریبانہ عیش وعشرت کا دور دورہ تھا یا انفعالی روحانیت اور مذہبیت۔ اس دور کا شعر وادب بھی انہیں رنگوں سے عبارت ہے لیکن نظیر کی شاعری

میں غیر معمولی طور پر زندگی اور زندگی کی امیدوں کی چمک نظر آتی ہے۔ جاگیردارانہ عہد کے شاعر ہونے کے باوجود نظیر درباداری اور انفعالیت سے محفوظ تھے۔ انہوں نے زندگی کی وسعتوں کا مشاہدہ کیا اور زندگی کے ہر رخ کو نہایت صداقت کے ساتھ نمایاں کیا۔ انہوں نے اپنی شاعری کے ذریعہ آزادروی کا پیام ہی نہیں دیا بلکہ خود بھی عوامی زندگی میں گھل مل کر عوامی زندگی کے نرم گرم تجربات کا ذائقہ چکھا اور اسے اپنے فن کا حصہ بنایا۔ زندگی اور انسانیت کے اسی مشاہدے اور تجربات نے نظیر کو ایک ہمہ گیر فن کار بنایا۔ نظیر ایک گداز دل انسان تھے۔ وہ انسانی کمزوریوں اور نادانیوں کو اچھی طرح سمجھتے تھے پھر بھی انسانیت سے انہیں پیار تھا۔ اس انسان دوستی نے ان کے اندر رواداری پیدا کی۔ ان کی رواداری میں اتنی وسعت تھی کہ وہ ''بامسلماں اللہ اللہ بابرہمن رام رام'' کا عملی پیکر نظر آتے ہیں۔

نظیر نے جن بنیادی حقیقتوں کا ادراک اور اپنی شاعری میں ان کی ترسیل کی ہے وہ انسان دوستی، مساوات، اخوت، بھائی چارہ اور صلح جوئی ہے۔ انسانوں کے درمیان مذہب کے نام پر جو دیواریں کھڑی کی گئی ہیں نظیر ان کو مسمار کر کے اس حقیقت تک پہنچتے ہیں کہ مختلف عقائد اور رنگارنگ رسوم وقیود کی پابندی کے باوجود سارے انسان بہ حیثیت ابن آدم ایک ہیں۔ تمام انسان بہ حیثیت نوع برابر ہیں۔ نظیر کی یہی ہمہ گیری، رواداری، بے تعصبی اور آزاد خیالی ہے جو انہیں شعر و ادب میں اعلیٰ مقام پر فائز کرتی ہے۔

پروفیسر انورالدین نے پورا مقالہ جس خوبی اور روانی سے لکھا ہے اس کا اندازہ مقالے کو پڑھتے ہوئے ہوتا ہے۔ اور یہ روانی تنقید لکھتے ہوئے آئے تو سونے پر سہاگہ کہلائے۔ جناب انورالدین نے جن جن مقامات پر نظیر کے بارے میں جو کچھ کہا ہے ان کی ہر اس بات پر صاد کرنے کو جی چاہتا ہے۔ اس مقالے کی دلچسپ بات یہ ہے کہ انھوں نے نظیر اکبرآبادی کہیں نہیں لکھا۔ صرف نظیر لکھنے پر اکتفا کیا ہے۔ ایسا کیوں کیا گیا ہے؟ یہ پروفیسر انورالدین ہی بہتر طور پر بتا سکتے ہیں۔ نظیر بہر حال نظیر ہیں جنہیں جوش اور فراق پر فوقیت حاصل ہے۔

اُردو افسانہ اور جدیدیت

اردو افسانے کا سفر کم وبیش نو دہائیوں پر محیط ہے۔ ان نوے برسوں کے دوران یہ مختلف رجحانوں اور تحریکوں سے دوچار ہوتا رہا، جیسے رومانیت پسندی، ترقی پسندی وغیرہ۔ اس میں تازہ رجحان جدیدیت کا ہے۔ جدیدیت ایک ادبی رویہ بھی ہے اور ادیبوں کا ایک مسلک بھی۔ شاعری کی طرح اردو افسانہ میں بھی جدیدیت کے رجحان کا آغاز سنہ ۱۹۶۰ء کے آس پاس ہوا۔ اردو میں مختصر افسانہ داستان و ناول کی منزل سے نکل کر اصلاحی اور اخلاقی قصوں کی وادی سے گزرتا ہوا رومانی اور خواب آگیں عہد میں داخل ہوا۔ وہاں سے آگے بڑھ کر آئیڈیل کرداروں کی تخلیق کرتا ہوا سیدھے سادھے انسانوں کے مسائل اور عام آدمی کی زندگی کو اپنے دامن میں سمیٹتا گیا۔ پھر انسان کی وحشت اور درندگی کے قصے سناتا گلی کوچوں میں چلتے پھرتے انسانوں کی آہ و بکا تک پہنچا اور اب شعور وجدان بلکہ ذاتیات کی گروہوں کو کھولنے میں مصروف ہے۔ افسانے کے مزاج اور کردار کے اس طویل سفر اور اس کے بدلتے ہوئے رنگوں کے پیچھے فرد اور سماج کی تبدیلیوں کا گہرا دخل ہے۔ ماضی کے مقابلے میں آج کی دنیا کس قدر بدل گئی ہے، شاید لمحوں میں صدیاں گزر گئی ہیں فکر کے سارے زاویے بدل گئے ہیں۔ سوچ کی وہ گزرگاہیں نہیں رہیں جو کل تک تھی۔ سائنس اور ٹکنالوجی کی ترقی علم وادب کے دھاروں پر بے حد و نہایت شدت سے اثر انداز ہوئی جس کے نتیجے میں ادب جو زندگی کے بطن سے جنم لیتا ہے اس کی شبیہ بدل گئی۔

عصر حاضر میں انسان ایک طرف تو خلا کو تسخیر کیا ہے اور ستاروں پر کمندیں ڈال رہا ہے لیکن دوسری طرف اسی ترقی کے ہاتھوں اس زمینی کرے کی مکمل تباہی اور انسانیت کی آخری شکست کا خطرہ درپیش ہے۔ آج کے دور میں انسان کی زندگی مکمل طور پر سائنس کی گرفت میں ہے اور خود سائنس سیاست بازوں کا آلہ کار ہے۔

پروفیسر انورالدین ایک شریف فنکار ہیں۔لیکن جب بات حق گوئی کی ہوتو وہ اس کو کہنے سے باز نہیں آتے۔آپ اوپر کی سطر پر دیکھ لیں، کیا ہی عمدہ بات کہی ہے۔انھوں نے لکھا ہے کہ ''آج کے دور میں انسان کی زندگی مکمل طور پر سائنس کی گرفت میں ہے اور خود سائنس سیاست بازوں کا آلہ کار ہے''ایک زمانہ تھا جب سائنس کی ایجادات کو لے کر سیاست دان عوام کے سامنے نہیں آتے تھے۔عوام کو پتہ بھی نہیں چلتا تھا کہ کیا کچھ ہمارے ملک میں ہورہا ہے لیکن اب سیاسی مصلحتیں بدل گئی ہیں۔حال یہ ہے کہ کوئی تجربہ کیا جائے، سیاست داں چلے آتے ہیں۔اور اس پر اپنا رعب داب اور اپنا اقتدار تھوپ دیتے ہیں۔ بہرحال ہم انورالدین صاحب کی طرف آتے ہیں وہ لکھتے ہیں۔

وقت کے ساتھ ساتھ انسان کی فطرت بھی آلودہ ہوگئی ہے۔اپنے اطراف واکناف سے اس کے رشتے ناطے بدل گئے ہیں۔سماجی اخلاقی، روحانی، معاشی اور تہذیبی اقدار شکست وریخت سے دوچار ہیں۔سارے نظریے اور آدرش بے معنی ہو چکے ہیں۔فرد، تنہائی، اجنبیت، جبر اور عدم تحفظ کا شکار ہو چکا ہے۔ایسا لگتا ہے کہ ہر فرد کاندھے پر اپنی صلیب اٹھائے کسی ان دیکھے مقتل کی طرف جارہا ہے۔زندگی کی اس غیر یقینی صورتحال کا ادراک ہر فن کار کے شعور و احساس کا حصہ بن چکا ہے۔اس بدلی ہوئی حسیت کا فنکارانہ استعمال جدیدیت کی دین ہے۔

۱۹۳۶ء سے آزادی تک اردو افسانہ فرد اور اس کے سماجی عمل کی کشمکش اور عدم توازن کا ترجمان تھا۔ترقی پسند افسانہ نگاروں نے بائیں بازو کی سیاست میں سماجی امراض کا علاج ڈھونڈا۔ذاتی دکھوں پر پردہ ڈالنے کے عمل کو رجائیت قرار دیا۔انسان کی مادی ترقی کے ترانے گائے۔آنے والے انقلاب کی امید میں جنت کے خواب دکھائے۔مختصر یہ کہ ایک خاص آئیڈیالوجی اور مقاصد کے پرچار کے لئے ادب کو وسیلہ بنایا۔جس کے نتیجے میں فارمولہ ٹائپ اور سکہ بند قسم کا ادب تخلیق کیا جانے لگا۔فن ایک مخصوص سیاسی نظریے، بندھے ٹکے موضوعات اور پروپگنڈے کا شکار ہوگیا۔ادیب کی آزادی سلب ہوگئی۔ چنانچہ اس کے ردعمل کے طور پر

جدیدیت کا رجحان پیدا ہوا۔ جس میں اجتماعیت کے مقابلے میں فرد کو اور نظریے سے وابستگی کے مقابلے میں فنکار کی انفرادی رائے کو اہمیت دی گئی۔ ۱۹۶۰ء کے بعد جدیدیت پسند تخلیق کاروں نے اردو کی تقریبا تمام اصناف ادب جیسے نظم، غزل، ناول اور افسانہ وغیرہ میں جدید رجحانات، جدید فکری اور تخلیقی رویوں کا اظہار کیا جہاں تک مختصر افسانے کا تعلق ہے اس صنف میں جدیدیت کے اہم خدوخال یہ ہیں۔ فلسفہ وجودیت سے اثر پذیری، کہانی سے انحراف، صیغوں کے استعمال میں تبدیلی، بغیر پلاٹ کی کہانیاں، لمحاتی تاثر کے قصے، کرداروں کی ذہنی کشمکش، شعور کی رو، نا کہانی، علامتی کہانی، تجریدی کہانی، ہندسی اور ریاضیاتی وغیرہ علمی اشکال کے تصرف سے لغویت کی تشکیل، نثری لوازم کے بجائے شعری لوازم کی طرف جھکاؤ وغیرہ۔ اس میں شک نہیں کہ ان میں سے بعض جدید میلانات فنی اور تخلیقی اعتبار سے اہمیت کے حامل ہیں۔ جیسے زمانوں اور صیغوں کے سلسلے میں واحد متکلم حاضر کا بڑھتا ہوا استعمال، جس سے وحدت تاثر قائم ہوتا ہے۔ افسانہ نگار ایک تاثر کو اپنے اوپر مسلط کر کے اس انداز سے بیان کرتا ہے کہ قاری پر بھی وہی اثر مرتب ہوتا ہے اور ایک مرکزیت قائم ہوتی ہے۔

دوسرا اہم میلان بغیر پلاٹ کی کہانیوں کا ہے۔ ایسے افسانوں میں قصہ پس پشت رہتا ہے اور وہ حصہ زیادہ روشن ہوتا ہے جو فنکار کا مطمح نظر ہے۔ اس میں اشارے اور کنائے کی زبان استعمال کی جاتی ہے۔ واقعات بہت تیزی سے بدلتے ہیں یہ عام قاری کی ذہنی سطح سے ماوراء ہوتے ہیں۔

تیسرا میلان کرداروں کی ذہنی کشمکش کی عکاسی ہے۔ یہ نفسیاتی کہانیوں کا بدلا ہوا روپ ہے۔ ان میں کرداروں کے ذہنی کرب کو نمایاں کیا جاتا ہے جو آج کے دور انتشار کی دین ہے۔ اس ضمن میں جنسی کجروی کے قصوں کا رجحان بھی عام ہے۔ ایک اور میلان شعور کی رو کی تکنیک کا استعمال ہے جس میں افسانہ نگار کسی فلم کے فلاش بیک کی طرح قاری کو اپنے ساتھ ایک خواب گوں کیفیت کیرو میں بہا کر لے جاتا ہے۔ نا کہانی بھی جدیدیت کا ایک اہم میلان ہے۔ اس کی

ابتداء فرانسیسی ادب میں ہوئی۔ اس میں افسانے میں قصہ پن سے انحراف کر کے ایک انوکھی بات پیدا کرنے کی کوشش کی جاتی ہے۔ علامتی کہانیوں کا میلان افسانے کے سفر میں ایک سنگ میل کی حیثیت رکھتا ہے۔ علامتیں دراصل خیال کو زیادہ بہتر اور موثر بناتی ہے۔ بشرطیہ کہ ان کا استعمال محتاط طریقے سے ہو۔ ایک اور میلان تجریدی کہانیوں کا ہے۔ یہ دراصل علامتی کہانی ہی کی ایک کڑی ہے۔ تجریدی مصوری کی طرح یہ بھی حقائق کی تجرید کا فن ہے لیکن ترسیل کے نقطہ نظر سے یہ نہایت مخدوش تکنیک ہے۔

پروفیسر انورالدین نے اب تک جو کچھ کہا اور لکھا اس میں کہیں انھوں نے حوالے سے کام نہیں لیا۔ پروفیسر انورالدین کے بیشتر مضامین رمقالہ جات کی خوبی کہیئے یا کمزوری (میں کمزور کہتی ہوں) ان میں حوالہ جات کی کمی کھٹکتی ہے۔ حوالہ دینا غالباً معیوب سمجھتے ہیں۔ یا پھر طوالت سے بچنے کے لئے وہ ایسا کرتے ہیں۔ لیکن جو چیزیں تحقیق اور تنقید کی ہیں ان میں حوالہ بنیادی عنصر کی طرح کام کرتا ہے۔ جس سے انورالدین بے نیاز ہیں۔ اور کیوں نہ ہوں، وہ اس مقام پر پہنچ چکے ہیں کہ کچھ بھی کہہ دیں وہ دیباچہ یا مضمون بن جائے گا۔ بہرحال آگے لکھتے ہیں۔

۱۹۶۰ء کے بعد اردو افسانہ ارتقاء کے کئی مراحل سرعت سے طئے کر گیا۔ اس عہد کا افسانہ اپنے موضوعات، تکنیک اور اسالیب کے اعتبار سے غیر معمولی حد تک انوکھا اور تجرباتی ہے۔ یہ آج کی زندگی کے تجربات سے جنم لینے والی کہانی ہے ان کہانیوں کا کوئی مخصوص جغرافیہ نہیں۔ یہ امیجری کا سیل رواں ہے۔ جدید افسانے میں بیانیہ یک رخے انداز کی جگہ، علامت، استعارے اور تجریدی اسلوب نے لے لی ہے۔ ان میں برتا گیا لفظ اپنے معانی کی بطون سے جنم لیتا ہے اور متنوع البعاد میں سفر کرتا ہے جو آج کے افسانوی اظہار کی پہچان ہے۔

ان افسانوں میں زبان کے تخلیقی استعمال پر بہت زیادہ زور دیا جاتا ہے اور اس بات کا اہتمام کیا جاتا ہے کہ بیک وقت معنی کی کئی سطحیں پیدا ہوں۔ ان لوازمات کے سبب بعض اوقات افسانے کی ترسیل کا عمل پیچیدگی میں پڑ جاتا ہے۔ لیکن جدید افسانہ نگاروں کو اس سے کوئی مطلب

نہیں ہے۔اس سقم کی وجہ سے جدیدیت کے نقاداس رجحان پر ترسیل کا المیہ کی پھبتی کستے ہیں۔

اور میں سمجھتی ہوں کہ یہ پھبتی درست بھی ہے۔کوئی چیز قاری تک پہنچ ہی نہ پاتی ہو،ایسی چیز لکھنے سے کیا فائدہ؟ اگر ادب فردِ واحد کی چیز ہے تو پھر اس کو ادب کہنا ہی درست نہ ہوگا۔ادب اجتماعی فکر اور اذہان کا نام ہے۔جس کی تشکیل میں ہم سب اجتماعی طور پر شریک ہوتے ہیں۔ موصوف نے آگے لکھا ہے۔

اردو میں ۱۹۶۰ء کے بعد ادب کے افق پر جدیدیت کے عنوان سے نمودار ہونے والے افسانہ نگاروں میں انور سجاد، بلراج میز، سریندر پرکاش اور احمد ہمیش نے افسانے کے ڈھانچے کو مکمل طور پر بدل کر رکھ دیا۔اب افسانہ نگار کی حیثیت ایک ناظر یا تماشائی کی نہیں تھی بلکہ وہ تماشے کا خود بھی ایک کردار بن گیا۔ہجوم سے اس کی قربت ان تجربات کو منظر عام پر لے آئی جو اس سے قبل پوشیدہ تھے اس کی فکر آزاد تھی۔اس کے اعمال فطری تھے، نہ اس پر روایت کا جبر تھا اور نہ ہی سماجی، اخلاقی اور مذہبی حد بندیوں کی تقید۔اب سفر کی سمت مقرر نہیں تھی۔اس رویے کی وجہ سے جو تجربات ہمارے سامنے آئے وہ افسانے کے نئے امکانات کی طرف اشارہ کرتے ہیں۔ واقعہ یہ ہے کہ ہر دور میں سوچنے سمجھنے کے پیمانے بدلتے رہتے ہیں۔ادب کے نئے معیارات وضع ہوتے ہیں۔پرانے عقائد کی جگہ نئے عقیدے اختیار کر لئے جاتے ہیں۔پریم چند سے کرشن چندر بیدی اور منٹو تک اور منٹو سے انتظار حسین اور قرۃ العین حیدر تک پھر قرۃ العین حیدر سے سریندر پرکاش، احمد ہمیش، غیاث احمدی گدی، انور سجاد اور بلراج مین را تک اور مین را سے تا حال عہد بہ عہد بدلتے رویے اس حقیقت کے مظہر ہیں کہ ہر دہائی کے ساتھ نئے لکھنے والے منظر عام پر آتے رہے۔ابتداء میں ان کی شناخت مشکل رہی پھر دھیرے دھیرے وہ ہمارے مزاج کا حصہ بن گئے۔غیاث احمد گدی، سریندر پرکاش اور اقبال متین جیسے افسانہ نگاروں کو قبول کیا گیا ہے لیکن احمد ہمیش، انور سجاد اور بلراج مین را کے افسانے ابھی قاری کے مزاج کا حصہ نہیں بن سکے۔

اس بات سے میں اتفاق کرتی ہوں۔حالانکہ انور سجاد، احمد ہمیش اور بلراج میزا کی

تخلیقات کو نصف صدی بیت چکی ہے۔ ان کا افسانہ وہیں ہے، اور اب اکیسویں صدی کی تیسری دہائی کے محبانِ اردو کو تینوں فنکاروں کے افسانوں کو سمجھنے میں مشکلات کا سامنا ہے۔

آٹھویں دہائی میں جو افسانہ نگار منظر عام پر آئے ان میں قمر احسن، اکرام باگ، شوکت حیات، حسین الحق، حمید سہروردی، سلام بن رزاق، مستنصر حسین تارڑ، بیگ احساس، خالدہ جبین، محمد منشایاد، انور خاں، ساجد رشید، انور قمر، عبدالصمد اور رتن سنگھ وغیرہ اہم ہیں۔ جب ہم برصغیر ہندو پاک کے مخصوص تاریخی و تہذیبی اور سیاسی و سماجی حالات کے تناظر میں جدیدیت کی معنویت پر غور کرتے ہیں تو سمجھ میں آتا ہے کہ ہندوستان اور پاکستان کی نئی نسل کے سامنے بہت سے سوالات ہیں مگر جواب کوئی نہیں۔ موجودہ بے معنویت کی عطا لخت لخت فرد کی تنہائی میں خود اپنی پہچان اور انفرادیت کی تلاش ہے۔ یہ سوچ کی وہ نہج ہے جو کمپیوٹر کے اس عہد میں قبولیت حاصل کر گئی۔

ساری دنیا میں سائنس اور ٹکنالوجی کے ہاتھوں ہر محاذ پر پرانی اقدار کو شکست ہوتی ہے خود ہمارے ہاں بھی یہی صورتحال ہے لیکن یہاں کے عقائد و مذاہب ابھی تک زندگی پر فوقیت رکھتے ہیں گو تشکیک نے بڑے پیمانے پر اپنا اثر دکھایا ہے لیکن یہ سب اندر ہی اندر ہے۔ یہ صورتحال ویسی ہی ہے جو انیسویں صدی کے آخر میں یورپ کی تھی۔ آج کا المیہ یہ ہیکہ قدیم صداقتیں آج شک کی نظر سے دیکھی جا رہی ہیں۔ پرانی صداقتیں اپنے معانی کھو بیٹھی ہیں۔ لیکن ان کا متبادل نہیں مل رہا ہے۔ افسانے میں نراج کی یہ صورتحال وجودیت کا Pattern اختیار کرتی جا رہی ہے۔ کیونکہ جدیدیت پسندوں کی نظر میں وجودیت ہی ایسا فلسفہ ہے جس نے دوسری جنگ عظیم کے ہارے ہوئے انسان کو سمجھنے کی کوشش کی ہے۔ اگرچہ اب تک ہمارے ادب پر اس فلسفے کا براہ راست اثر نہ ہونے کے برابر پڑا ہے لیکن آج کے عہد کی مجبور بنتا جا رہا ہے۔ جس میں نیا ادب بھی شامل ہے۔

جدیدیت سے متاثر افسانہ اپنے پیشرو ترقی پسند افسانے سے بڑی حد تک مختلف ہے

وہ انسان کی سیدھی سادھی زندگی کا بیان نہ ہو کر انسان کے ظاہر و باطن کا امتزاج پیش کرتا ہے۔ اس میں سماجی مسائل کے حل کی تلاش عبث ہے۔ البتہ سماجی صورتحال یقیناً اس میں واضح و روشن ہوگی۔ یہ پرانے اخلاقی اور معاشرتی ضابطوں کی نفی کرتا ہے اور فنی سطح پر روایتی ڈھانچے سے دور اپنا ایک الگ ڈھانچہ تعمیر کرتا ہے، چونکہ ادب میں نئے تجربات ہمیشہ سے ہو رہے ہیں اس لئے آج ہم افسانے میں کسی تجربے پر قدغن نہیں لگا سکتے۔ البتہ یہ تجربے کی نوعیت، قوت واثر اور جمالیاتی قدر پر منحصر ہے کہ آیا اسے قبول کیا جائے گا یا رد کر دیا جائے گا۔ آج افسانے میں جو نئے تجربات سامنے آرہے ہیں ان پر ابھی کوئی حکم لگانا غلط ہوگا کیونکہ ہر نیا تجربہ اپنے اندر بہر حال نئے امکانات رکھتا ہے اور ادب کے سنجیدہ قاری کو ان امکانات پر نظر رکھتے ہوئے رد و قبول کا فیصلہ کرنا چاہیئے جس کے لئے وقت درکار ہے۔ جلد بازی میں کئے گئے فیصلے ہمیں غلط نتائج تک بھی پہنچا سکتے ہیں۔

انورالدین اپنے موضوع پر لکھتے ہیں تو بے تکان لکھتے چلے جاتے ہیں۔ اس کا احساس مقالہ پڑھ کر ہوتا ہے۔ اقبال، غالب، فراق، اور نظیر کے علاوہ افسانے سے متعلق ان کی تحریریں انتہائی اوریجنل ہیں۔ ان تحریروں کو عام ہونا چاہیے۔

اردو غزل کا ارتقاء

غزل اردو شاعری کا نقطہ آغاز ہے۔ اردو شاعری کی کسی صنف نے ہر عہد اور ہر دور کے ساتھ وہ رفاقت نہیں کی جو غزل نے کی ہے۔ وقت کے تقاضوں کے ساتھ کبھی مثنوی افق ادب پر چھائی رہی، کبھی قصیدے نے اپنا بانکپن دکھایا کبھی مرثیہ وقت کی پکار بن گیا لیکن غزل ہر صنف کی ہم سفر رہی۔ تھک تھک کر اس راہ میں جب ایک ایک ساتھی چھوٹ گیا تب بھی غزل نے اپنا سفر مسلسل جاری رکھا۔ آج ہم نظم کے دور میں ہیں لیکن غزل کی قوت رفتار میں کوئی کمی نہیں آئی۔

پروفیسر انور الدین کی تحریریں موضوع سے متعلق الفاظ ڈھونڈ لاتی ہیں۔ جس کی کئی ایک مثالیں میں دے سکتی ہوں۔ فی الحال اسی مقالہ کے بارے میں بتاؤں گی کہ اس مقالے کے لئے جو لفظیات، موسم، ماحول چنا ہے وہ بہت رومانی ہے کیوں کہ بات غزل کی ہے نا۔ وہ لکھتے ہیں۔

''لیکن یہ سچ ہے کہ غزل کا یہ سفر ہموار اور یکساں رفتار سے کبھی طے نہیں ہوا۔ اس کا بڑا امتیاز یہی ہے کہ اس کا تسلسل کبھی نہیں ٹوٹا اور اس کا ارتقاء مستقیم پر نہیں ہوا بلکہ چلتے چلتے رستے میں یک رنگی سے پیدا ہونے لگی تو اس نے ایک یادگار موڑ لے کر اپنی اہمیت اور معنویت کی نئے سرے سے تفسیر پیش کی اور ہر رنگ میں بہار کا اثبات کیا۔''

غزل کا ارتقا مستقیم پر نہ ہونا، چلتے چلتے اگر یک رنگی پیدا ہو جائے تو ایک موڑ لے کر اپنی اہمیت اور معنوین کی نئے سرے سے تفسیر پیش کرنا اور ہر رنگ میں بہار کا اثبات لے آنا یہ وہ باتیں ہیں جو پڑھنے والے /والی کو رومان کی وادیوں میں لے جاتے ہیں۔ ایسا اسلوب اسی کو میسر آتا ہے جو اسی دشت کی سیاحی کا مسافر ہو۔ وہ غزل کی بابت آگے لکھتے ہیں۔

آغاز: اردو کی اولین غزل کو حضرت امیر خسرو کی گود میسر آئی یہ ۱۳۲۵۔۱۲۵۲ء کا زمانہ ہے۔ اردو کی یہ غزل فارسی کی انگلی پکڑ کر چلتی ہوئی دکھائی دیتی ہے۔ امیر خسرو زبردست شعری

قوت کے مالک تھے وہ فارسی اور اردو کو بیک وقت اپنی قدرت اظہار کے تابع کر سکتے تھے اردو ابھی بہت کم سن تھی اور فارسی انتہائی قدآور لیکن امیر خسرو کے آنگن میں دونوں ساتھ ساتھ کھیل سکتے تھے۔ امیر خسرو رخصت ہوئے تو فارسی نے اردو کے ساتھ وہی کیا جو بڑے نمازی صف میں کھڑے ہوئے بچوں کے ساتھ کرتے ہیں یعنی صف سے باہر نکال دیا۔

دوسرا موڑ: غزل اپنی سخت جانی، کم سنی ہی سے ظاہر کرتی آئی ہے۔ وہ دہلی کی فارسی صفوں سے باہر نکلی تو دکن پہنچ گئی جہاں بہمنیوں، قطب شاہیوں اور عادل شاہیوں نے بڑی محبت اور شفقت سے اس کی پرورش و پرداخت کی۔ دکن کے شاہوں اور عوام نے اس کا ایرانی لباس اتارا اور ہندوستانی لباس پہنایا اور اب غزل خالص ہندوستانی شان میں جلوہ گر ہوئی۔ دکنی غزل کی خصوصیت اور اس کا امتیاز اس کی ہندوستانی لفظیات بھی ہیں اور ہندوستانی احساسات بھی اس میں اظہار عشق بے حجانہ ہے، بے تکلف ہے اور براہ راست ہے۔ یہ اس کی اٹھان کے دن ہیں۔ ابھی اس میں رمز و کنایہ، علائم و تمثیل کی وہ کیفیت پیدا نہیں ہوئی جو عہد شباب میں ایک لخت حیا کے آنے سے پیدا ہوتی ہے۔

دکن کا یہ دور جو ۱۳۴۷ء سے ۱۶۸۷ء تک تقریباً ساڑھے تین سو سال پر محیط ہے، قدیم اردو کا عہد زرین ہے۔ بہمنی سلطنت کے زوال اور نئی حکومتوں کے قیام کی بدامنی کے کچھ عرصے کو چھوڑ کر باقی تمام عرصہ امن، خوش حالی اور فراغت کا زمانہ تھا چنانچہ اس عہد میں مثنوی نگاری کو غالب حیثیت حاصل رہی لیکن غزل گوئی کا تسلسل کبھی نہیں ٹوٹا۔ دکن میں غزل کی روایت حسن شوقی سے شروع ہوتی ہے۔ جو ۱۶۳۳۔ ۱۵۴۰ء کا شاعر تھا اس دور میں وجہی، غواصی، ہاشمی اور شاہی وغیرہ نے اس روایت کو آگے بڑھایا اور اس کا سرا بالآخر ولی دکنی کے ہاتھ سونپ دیا۔

تیسرا موڑ:۔ ولی دکنی اردو غزل کا تیسرا موڑ ہے اور اردو غزل کی روایت کو مستقل، مستحکم اور متعین کرنے کا یادگار موڑ ہے۔ ولی دکنی کی غزل میں دکنی روایت اور فارسی کا امتزاج ہے۔ ولی نے فارسی کے تصورات لیے لیکن اپنی زبان کو دکنی اور نکھرتی ہوئی اردو کا ملا جلا محاورہ دیا۔ یہی وجہ

ہے کہ ان کی غزل کو شمالی ہندوستان میں فوری مقبولیت حاصل ہوگئی اور متقدمین پر مشتمل پہلے قافلے نے اردو غزل کی قیادت سنبھالی۔ ان میں ظہورالدین شاہ حاتم ، یکرنگ، شاکرناجی، یقین، مضمون وغیرہ شامل ہیں۔ان شاعروں کی مدد سے اردو غزل نے شمالی ہندوستان میں اپنے قدم مضبوطی سے جمالیے۔انہوں نے اردو غزل کو پائیدار بنیاد فراہم کردی جس پر ہماری کلاسکی شاعری کی عظیم الشان عمارت تعمیر ہونے والی تھی۔

اٹھارویں صدی کے وسط سے اردو غزل کو وہ رنگ و آہنگ میسر آگیا جو ہمیشہ کے لیے اس کا امتیاز قرار پایا۔ یہ رنگ و آہنگ اسے میر تقی میر، خواجہ میر درد، مرزا، محمد رفیع سودا کی مشترکہ کاوشوں سے حاصل ہوا تھا۔ میر نے غزل کو دردمندی دل سوزی، لہجے کی نرمی اور گھلاوٹ کے ساتھ ساتھ سلاست وسادگی عطا کی۔انہوں نے فارسی غزل کی روح کو ہندوستانی الفاظ کی شیرینی اور کسک سے آمیز کیا۔سودا نے غزل میں ایک مردانہ پن، جوش اور بلند آہنگی کا عنصر داخل کیا۔میر درد نے اسے تصوف کی چاشنی سے آشنا کیا۔اس طرح اردو غزل متنوع ہوگئی۔مضامین کے اعتبار سے بھی اور اسلوب کے اعتبار سے بھی۔

یہ دور دلی کے سیاسی زوال کا دور تھا۔مغل حکومت کمزور پڑ چکی تھی۔چھوٹی چھوٹی طاقتیں تک اس پر حملے کررہی تھیں، ہراسانی، ابتری، اور بدامنی کا وہ دوردورہ تھا کہ دلی کے تقریباً تمام شاعر بہ استثنائے خواجہ میر درد لکھنو کی سمت روانہ ہوگئے جہاں بظاہر خوش حالی تھی اور اودھ کے نواب ''شعراء کی سرپرستی کرنے کے لیے دل وجان سے آمادہ تھے۔لیکن دراصل یہ بھی بجھتے چراغ کی لوتھی۔ معاشرہ اندر سے کھوکھلا ہو چکا تھا۔اس کی تلافی ظاہری چمک دمک اور آرائش سے ہورہی تھی چنانچہ اس کے اثرات غزل پر بھی دیکھے جاسکتے ہیں۔

چوتھا موڑ: اسے ہم اردو غزل کا چوتھا موڑ کہہ سکتے ہیں جب غزل کی زبان مصنوعی، خیالات پرفریب اور اظہار محض لفظی رہ گیا۔ رعایت لفظی ، ابتذال، ریختی یہ سب اسی عہد کی پیداوار ہیں۔آتش اور ناسخ اس دور کے اہم غزل گو شاعر ہیں حالانکہ انشا کو بھی نظرانداز نہیں کیا

جاسکتا۔ آتش نے غزل کا اعتبار قائم رکھا۔ ناسخ نے غزل کی ظاہری آرائش کی طرف زیادہ توجہ دی۔ انہوں نے باقی ماندہ ہندوستانی الفاظ کو غزل کی زبان سے نکال باہر کیا اور اسے تمام تر فارسی غزل کے تابع کر دیا۔ غزل کا یہ زوال دراصل زوال پذیر عہد کا اشاریہ تھا لیکن اسی عہد میں اردو غزل کو غالبؔ جیسا باکمال شاعر مل گیا جس نے اس کی تقدیر چمکا دی۔ اسے حسن وعشق کے جال سے نکال کر مسائل حیات سے آنکھ دوچار کرنے کے قابل بنایا۔ اس میں فکری عنصر کو داخل کیا اور اسے عظمت بخشی۔ غالب نے غزل کو آفاق کی وسعت عطا کی اور دیکھا جائے تو غزل کی بقاء پر غالب ہی نے مہر ثبت کی۔ ذوقؔ اور داغؔ نے اس میں زبان کا چٹخارہ بھرا اور غزل کے ذریعہ اردو زبان کے حسن کو محفوظ کر دیا۔

پانچواں موڑ: انیسویں صدی کے آخر میں غزل کو آزمائش سے گزرنا پڑا۔ سرسید کی اصلاحی تحریک کے نتیجہ میں مولانا حالی نے غزل کی شاعری کو اپنی تنقید کا ہدف بنایا۔ جس کے نتیجے میں کچھ عرصہ کے لئے غزل پس منظر میں چلی گئی اور نظم کو فروغ حاصل ہوا۔ لیکن بیسویں صدی کے آغاز میں علامہ اقبال نے اردو غزل کے رنگ وآہنگ میں اضافہ کیا۔ غزل اب تک ایسے تصورات اور خیالات سے آشنا نہ تھی۔ اقبال نے پہلی بار اپنے ملی افکار کو غزل کے سانچے میں پیش کیا اور غزل اب پوری طرح حسن وعشق کے دائرے سے نکل کر آفاقی مسائل کی ترجمان بن گئی اس کے علامتی اور ایمانی پہلو کو کوئی نئی جہتیں میسر آ گئیں۔

چھٹا دور: غزل کی تجدید ہوئی بیسویں صدی کے چار اہم شاعروں کے ہاتھوں جنہوں نے حالی کے حملوں سے سہمی ہوئی غزل کو پھر حوصلہ بخشا اور اسے غالب کی غزل کی روایت سے ملا کر نہ صرف لطیف وارفع احساسات کا ترجمان بنا دیا بلکہ اسے عصری حسیت کی تفسیر کے قابل بھی بنا دیا۔ یہ چار شاعر تھے حسرت موہانی، شوکت علی خاں فانی، اصغر گونڈوی اور جگر مرادآبادی۔ ان شاعروں نے غزل کا احیاء کیا جس سے متاثر ہو کر رشید احمد صدیقی نے وہ مشہور مقولہ دیا کہ ''غزل اردو شاعری کی آبرو ہے'' اور اس میں برگ وبار لانے کے تمام امکانات ہیں۔

ان امکانات کوخوب صورت طریقہ سے دریافت کیا ''فیض احمد فیضؔ نے جنہوں نے غزل کے علائم کوایک بالکل نئی جہت دی اوراس کا رشتہ عاشقی سے بلند کر کے علائم اورعوام کی آرزوؤں سے ملا دیا۔ ان کی غزل نے ہماری جدوجہد آزادی کی طلب حوصلہ مندی اورمحنت کشوں کی جماتی کا پرچم بلند کیا اور فیض کے کئی پیروؤں نے غزل کے اس رنگ کونکھارا ابھی اور پھیلایا بھی۔فیض نے اردوغزل کونہ صرف ایک نیا آہنگ دیا بلکہ ایک ایسا اسلوب اور لہجہ دیا جس کی وجہ سے ترقی پسندی اورغزل ایک دوسرے کے قریب آ گئے۔

جدیدیت کے آغاز سے کچھ پہلے یعنی ۱۹۵۰ءاور۱۹۶۰ء کے درمیان منظرعام پر آنے والے شعراء کوترقی پسند تحریک اورجدیدیت کی درمیانی کڑی سے تعبیر کیا جاسکتا ہے۔ ان شاعروں میں خلیل الرحمٰن اعظمی،شکیب جلالی،منیر نیازی، جاں نثاراختر،شاذتمکنت، وحیداختر، عزیزقیسی، زبیررضوی اورشہریاروغیرہ قابل ذکر ہیں۔ یہ شاعرغزل کے مزاج داں تھےاورانہوں نے غزل کوایک نئی سمت اوررفتار عطا کی۔ ان تمام شعراء میں شاذتمکنت نے ایک غزل گوکی حیثیت سے بڑی شہرت حاصل کی۔انہوں نے یہ ثابت کیا کہ کسی تحریک یا تنظیم سے وابستگی یااس کی پشت پناہی کے بغیر بھی ایک اچھا تخلیق کارصرف اپنی تخلیقی صلاحیتوں کے بل بوتے پر اپنی شناخت بنا سکتا ہے۔

ترقی پسند تحریک کے زوال اور۱۹۶۰ء میں جدیدیت کے آغاز کے بعد جدید اردوغزل ایک ایسے موڑ پر پہنچی جہاں اسے پھرایک بارفکر کی تبدیلی کا سامنا کرنا پڑا۔ جدیدیت کے زیراثر تخلیق کاراوراس کی تخلیق دونوں کوفکروخیال کی آوازنصیب ہوئی۔ سیاسی فکراورنظری سے آزاد تخیل نے نئی نئی راہیں تلاش کیں۔فسادات،ہجرت کے کرب ٹوٹے بکھرےاورمنتشر معاشرے سے ذہنی ہم آہنگی نہ ہونے کے سبب تنہائی جیسا کرب ناک احساس شدید سے شدید ہوتا گیا۔ نئے حالات اور نئے تقاضوں کے پیش نظر نئے مسائل پیدا ہوئے اورایک بار پھر موضوع اوراظہار کے نئے پن کی وجہ سے غزل کی ہیئت میں تبدیلی واقع ہوئی۔ غزل نے جس طرح

زمانے کا ساتھ دیا ہے ویسا کسی اور صنف نے نہیں دیا۔ غزل کے زندہ رہ جانے سب سے بڑا سبب یہی ہے ۱۹۶۰ء کے بعد ہندوستان اور پاکستان کے شعری افق پر ابھرنے والے جدید غزل گو شعراء میں ناصر کاظمی، شکیب جلالی، احمد فراز، منیر نیازی، جاں نثار، اختر خلیل الرحمٰن اعظمی، شہریار، بشیر بدر، ندا فاضلی وغیرہ قابل ذکر ہیں۔

جدید اردو غزل آج بھی اپنے سفر پر کامیابی کے ساتھ رواں دواں ہے اور اس کا یہ سفر ابھی جاری ہے۔ اور جاری رہے گا۔

پروفیسر انورالدین جب اپنی بات ختم کرتے ہیں تو ایسا لگتا ہے کہ اب کہنے کے لئے کچھ بھی نہیں ہے۔ یہی حال غزل سے متعلق اس مقالہ کے ختم پر محسوس ہوتی ہے۔ ان کا یہ مقالہ بہت سے شعراء کی کمی کے ساتھ لکھا گیا ہے کچھ اور شعراء کا ذکر ہونا چاہیے تھا۔ جن میں، خورشید احمد جامی، احمد علوی، جون ایلیا اور دیگر کے نام پیش کئے جاسکتے ہیں۔ لیکن یہ بھی حقیقت ہے کہ اردو زبان میں شعراء کی کہکشاں ہے، کس کا ذکر کیا جائے اور کس کا نہیں؟ جتنے شعراء کا نام دیا جائے اتنا ہی لگتا ہے کہ ہم نے اس موضوع پر کام نہیں کیا ہے۔

قطب شاہی معاشرت قطب مشتری کے آئینے میں

مثنوی قطب مشتری قدیم اردو کی ایک شاہ کار مثنوی ہے۔ دربار گولکنڈہ کے ملک الشعراء اللہ وجہی نے یہ شاہ کار ۱۰۱۸ھ میں لکھا۔ قدیم اردو کی مثنویوں میں یہ مثنوی کئی پہلوؤں سے اہمیت رکھتی ہے۔ عام خیال یہ ہے کہ اس مثنوی میں والیٔ گولکنڈہ محمد قلی قطب شاہ کی داستان عشق بیان کی گئی ہے۔ اکثر محققین نے قیاس ظاہر کیا ہے کہ یہ داستان اساسی طور پر حقیقی ہے۔ وجہی نے اس پر افسانے کا رنگ چڑھا دیا ہے۔ مثنوی کا ہیرو محمد قلی قطب گولکنڈہ ہے جو مثنوی کی تصنیف کے وقت بقید حیات تھا۔ مولوی عبدالحق کا خیال ہے کہ محمد قلی قطب شاہ کے عالم شہزادگی کے واقعہ عشق

کی وجہی نے فرضی قصے کے سانچے میں ڈھال کر بیان کیا ہے لیکن ہیرو کا نام اس نے محمد قلی قطب شاہی برقرار رکھا ہے۔ اس مثنوی کا ایک امتیاز یہ ہے کہ اس میں وجہی نے شعر کی تنقید کی ہے اور تنقید شعر کے اصول بھی پیش کیئے ہیں۔ اس کے علاوہ دکن میں لکھی جانے والی مثنویوں میں ''قطب مشتری'' شاہی تہذیب و معاشرت کا نہایت تفصیلی مرقع پیش کرتی ہے۔

مثنوی کے فارم میں لکھے جانے کے باعث قطب شاہی مشتری میں دور قطب شاہی کے رہن سہن اور رسوم و عقائد شاہی زندگی، تہذیبی سرگرمیوں، آداب و تمدن، اخلاقی نظریات اور عام تصورات کی تفصیلی ترجمانی کے لئے بڑی گنجائش نکل آئی ہے۔ چوں کہ مثنوی ایک شہزادے کی داستان عشق پر مبنی ہے، اس لئے زیادہ تفصیل شاہی طرز زندگی کے بارے میں ملتی ہے لیکن عوامی زندگی کی جھلکیاں بھی خاصی ہیں۔

شاہی زندگی

شاہی طرز حیات کے بارے میں شہزادوں کی پیدائش، تعلیم و تربیت، عیش و عشرت کی محفلوں، مہمان نوازی، فن کاروں اور ہنرمندوں کی سرپرستی اور شاہوں کی ذاتی زندگی کے بارے میں معلومات حاصل ہوتی ہیں۔ شہزادے کی پیدائش پر قدیم رسوم کی پیروی میں اس کا زائچہ کھینچ کر تقدیر کا حال معلوم کیا جاتا تھا اور رمال فال نکالتے تھے۔ پیدائش کے بعد شہزادوں کو کسی اونچے نسب کے دایہ کے حوالے کردیا جاتا تھا اور بچے کی ابتدائی پرورش وہی کرتی تھی۔ دایہ کا بے حد احترام کیا جاتا تھا۔ شہزادوں کے بڑے ہوجانے کے باوجود دایہ کا رعب داب اور اس کا مقام برقرار رہتا تھا۔

وہ شہزادوں اور شہزادیوں کی نجی زندگی میں دخیل ہوسکتی تھی۔ ملکہ کی وفات کی صورت میں دایہ کا رتبہ ماں کے برابر ہوتا تھا وہ شہزادے شہزادیوں یہاں تک کہ ملکہ کے بھی رہن سہن طور اطوار اور دوسرے امور کی نگران ہوتی تھی اور ان کی کسی بھول پر انہیں سرزنش کرنے کا حق محفوظ رکھتی تھی ۔مشتری اپنی دائی سے ایک نازیبا مذاق کر بیٹھتی ہے تو دائی اس پر بگڑ جاتی ہے۔

تو میرے انگے کی نھنی ہو کہ یوں
جھٹاتی مری بات لوگاں میں یوں
تجھے جھوٹ ہور سچ برابر ہے سب
نہ تج میں ملاذانہ تج میں ادب
اصیل ے توں یک باپ یک مائی کی
نکو توڑ تو یوں ادب دائی کی

اور مشتری بھی اپنے رعب وجلال کا مظاہرہ کرنے کے بجائے معذرت کرتی ہے کہ میں تو صرف مذاق کرر ہی تھی، اگر تو اسے بے ادبی سمجھتی ہے تو میں معافی چاہتی ہوں۔

اری دائی میں تجھ سوں ہنستی تھی
توں نیں جانتی کہ خبر مج نہ تھی
تری بات ناسن سنوں کس کی بات
اری دائی میں نیں ہوں ایسی کجات
گنہ گرا چھیکا تو منج بخش توں
نہ کرچن جھٹی یوں میرے نخش توں
کہ دائی ہوجیو مائی کی ٹار ہے
تجھے کچ کنا بھوت بزکار ہے

عیش وطرب کی محفلیں اکثر آراستہ کی جاتی تھیں اس بات کا خاص خیال رکھا جاتا تھا کہ ان محفلوں میں صرف شہزادے، وزیر زادے، امراء اور طبقہ اشراف کے لوگ ہوں اور خوش طبع، سمجھدار، خوش فہم اور فاضل بھی ہوں۔ یہ بھی ضروری تھا کہ وہ میزبان کے مزاج داں بھی ہوں، شہزادہ جب مجلس طرب منعقد کرتا ہے تو اپنے مقربین کو خاص طور پر مدعو کرتا ہے۔ انہیں ندیم کہتے تھے۔ ندیم شہزادے کے مزاج میں دخیل اور اس کے رازدار ہوتے تھے۔ ان کا مقام کافی اونچا

تھا۔ شہزادے اپنی کوئی بات بادشاہ تک پہنچانا چاہتے تو ندیم کا ہی وسیلہ استعمال کرتے تھے اور بادشاہ بھی ندیم ہی کے ذریعہ شہزادے تک اپنی بات پہنچاتا تھا۔ محمد قلی قطب شاہ مشتری کی تلاش کا ارادہ کر کے بادشاہ سے سفر کی اجازت کا طالب ہے۔ اجازت طلبی اور بادشاہ کا فرمان ندیم کے ذریعہ ہی طے پاتے ہیں۔

ندیم اپنے کوں شہ بھیج کر
یوقصا کھیاجیوں تجے تیونچ توں
کہوبات بھودھات اس شاہ سوں
رضا منگ بھیجا شہ شہنشاہ کن
کہ جاتا ہوں اب میں بنگالے کدھن
کھیا جب ندیم اسکوں جا کر یوبات
اندیشا لگیا کرنے شہ مکھ دے بات
کیا کوی کہو میرے فرزند کوں
کہ سن کان درباپ کی پندکوں

بادشاہ طرح طرح سے شہزادے کو سفر سے باز رکنے کی کوشش کرتا ہے۔ ندیم تمام باتیں سن کر بادشاہ کا پیغام شہزادے تک پہنچاتا ہے۔

ندیم اس جنس کے خبرلیا ہے کر
کھیا شاہ کوں تیونچ سمجھاے کر

مجلس طرب میں مئے نوشی، ناچ گانا لوازمات میں شامل تھا، مے نوشی سے مجلس طرب کا آغاز ہوتا تھا۔ ہر ایک کے روبرو صراحی اور پیالے رکھے جاتے۔ کچھ دیر مے نوشی کا دور چلتا اور فہم دار اور سگھڑ مطرب سر در کی کیفیت کے طاری ہوتے ہی موقع دیکھ کر ساز چھیڑتے اور اپنی آواز سے دلکش نغمے یا غزلیں سنانے لگتے۔ وقت گزرنے کے ساتھ ساتھ ندیم اپنی دلچسپ

باتوں اور شیریں بیانی سے شہزادے کو محظوظ کرتے۔ ان کے لطف گفتار کا یہ عالم ہوتا کہ تمام محفل کو پل بھر میں ہنسا دیں۔ لیکن کبھی کبھی پوری محفل اس طرح موج میں آجاتی کہ ندیم تک اپنی طرز گفتار بھول جاتے مطرب بے ہوش ہو جاتے، بدمستی میں ایک دوسرے کو ٹیڑھے ناموں سے پکارنے لگتے۔ یہاں کہ ساقی سے پیالہ طلب کیا جاتا تو صراحی پیش کرتا تھا۔

مطربوں کے انتخاب کا معیار بہت بلند تھا۔ تھکے ہوئے ذہنوں کو تازہ کرنا اور مرجھائی طبیعتوں کو شگفتہ بنانا ان کا کام تھا۔ وہ حاکموں کے پژمردہ مزاج کو تازہ کرنے کے لئے مسحور کن غزلیں چھیڑتے تھے اور غزل چھیڑنے سے پہلے عموماً حمد اور نعت سے ابتداء کرتے تھے۔

شہزادوں کی تعلیم و تربیت اور ان کی عمر کے مطابق ضرورتوں کی تکمیل کے بارے میں عبرت انگیز باتیں ملتی ہیں۔ ابتدائی تعلیم روایات کے مطابق ہوتی تھی مکتب میں شہزادے کو عالم شاعر اور خوش نویس بنانے پر زور دیا جاتا تھا۔ بیرون مکتب بہادری اور جنگ جوئی کی ترتیب دی جاتی تھی۔ پہلوانی سیکھنا لازمی تھا۔ یہ بات ناقابل یقین سہی لیکن وجہی کہتا ہے کہ شہزادے کی نوجوانی صنفی تقاضوں کی تکمیل کے لئے شاہی انتظام کیا جاتا تھا۔ شہزادے کی سب سے بڑھ کر دل جوئی کرنے والیوں کو زیادہ سے زیادہ نوازا جاتا تھا۔

قطب شہ کوں جیکوئی ر رتجھائے گی
بڑا مرتبہ سب میں دوپائے گی
بڑی نارود ہے جو بھاوے اسے
کسے بخت میں جو رجھاوے اسے

شہزادہ کو بادشاہ حسین عورتوں کے انتخاب اور ان کو اپنے تصرف میں رکھنے کا موقع دیتا تھا۔

کھیا پیار سوں شاہزادے کوں شہ
ترا جیواتنیاں میں کس پر ہے کہہ

یہ حقیقت ہے کہ قطب شاہی بادشاہوں کی بیگمات کے علاوہ ان کے تصرف میں کئی حسین

عورتیں رہتی تھیں جنہیں پاترائیں کہا جاتا تھا۔

ہنرمندوں اور فنکاروں کی بڑی عزت وتکریم کی جاتی تھی۔ اچھے فنکاروں کو بادشاہ کی ہم نشینی کا شرف حاصل رہتا تھا۔ بادشاہ کسی فن کار کی شہرت سنتے تو آپ ہی اسے بلا کر نوازتے تھے۔ اس کی سرپرستی کرتے اور انعام واکرام سے اس کے فن کی نشونما کے لئے سازگار ماحول فراہم کرتے تھے۔

شاہی آداب کے تعلق سے یہ باتیں ملتی ہیں۔ ادنی غلام حاکم سے بات کرنے سے پہلے اس کی توصیف کرتے تھے۔

بندا ہو تیرے گھر زمانا اچھے
غلام ہوا چھونج گھر آسمان

بادشاہ کو سجدہ کرنا جائز تھا۔ جب کسی کو بادشاہ کی طرف سے کوئی بڑا کام تفویض کیا جاتا تو وہ بادشاہ کو سجدہ کر کے اس کی مہربانیوں کا طالب ہوتا تھا۔

رکھیا شاہ کے پانوں پر سرانے
سراپا پتنگ ہو کے پھر پھرانے

''آور دن مشتری قلی رابہ محل'' میں قطب شاہوں کے استقبال اور خیر مقدم کے طریقوں کی تفصیل ملتی ہے۔ شاہی رتبے کا مہمان آتا تو محل کو سجایا اور سنوارا جاتا۔ رشک حور شوخ لڑکیوں کو مہمانوں کے استقبال کی خاطر شراب کی صراحیاں اور پیالے ہاتھ میں دے کر وہ رویہ مامور کیا جاتا تھا۔ استقبال کے راستوں کو نہایت خوش اسلوبی کے ساتھ پتوں اور پھولوں سے سجایا جاتا اس کے علاوہ جگہ جگہ سجاوٹ میں اطلس کمخواب اور زربفت کا استعمال کیا جاتا۔ شہر کے راستوں اور کوچوں پر مشک زعفران اور عنبر کی خوشبوؤں کا چھیڑکاؤ کیا جاتا۔ سارے راستوں اور محلات کو یوں آراستہ کرنے کے بعد حاکم وقت اپنے مقربوں وزیروں اور امراء کے جلو میں مہمان کے استقبال کو گھوڑے پر سوار نکلتا تھا۔ مہمان کا استقبال اسے گلے لگا کر کیا جاتا تھا۔ اکثر پسندیدہ

معزز مہمان سے گلے ملتے وقت لعل ہیرے اور جواہرات نثار کیے جاتے تھے۔ پھر میزبان مہمان کو اپنے پہلو میں بٹا کر محل لے جاتا اور اس محل کی کرانی جاتی تھی۔

سیر کے بعد دونوں ایک ہی نشست پر بیٹھتے تھے ایک دوسرے کا حال پوچھا جاتا اور ضروری امور پر تبادلہ خیال ہوتا تھا مہمان کی عزت بڑھانے کے لئے میزبان اسے اپنے ہاتھوں سے شراب پیش کرتا تھا۔ مہمان نوازی قطب شاہی تمدن کا ایک نہایت قوی پہلو تھی۔ مہمان کی فراخ دلی سے خاطر تواضع کرنا شائستگی اور تہذیب کی علامت سمجھی جاتی تھی۔

بادشاہ سفر پر نکلتے تھے تو سفری ضرورت کی ہر شئے پاس رکھتے تھے کھانے پینے کی کئی نعمتیں ساتھ ہوتی تھیں۔ سفر کی تھکان دور کرنے اور پرآسائش سفر کے خیال سے غلام باندھیاں قول ہمراہ ہوتے تھے۔ بیشمار زرد جواہر اور روپیہ بھی ساتھ لیا جاتا تھا تاکہ پردیش میں محتاجی کی نوبت نہ پیدا ہو۔ عام طور پر رات کے تیسرے سپر سفر کا آغاز کیا جاتا تھا۔ قافلے کے ہراول میں شاہی علم ہوا کرتا تھا۔ شہزادوں کو رخصت کرنے کے لئے ماں باپ پہلی منزل تک رفیق سفر ہوتے تھے۔ بادشاہ ہولی کے موقعوں پر رنگینی پیدا کرنے کے لئے رنگ نہیں بلکہ مختلف رنگوں کے جواہر اچھالتے تھے جس سے دن کا مقصد بھی پورا ہوتا تھا وجہی نے ایک سے زیادہ بار قطب شاہی بادشاہوں کی بے پناہ سخاوت اور بخشش کا ذکر کیا ہے۔

جناب انورالدین نے قطب مشتری کے حوالے سے جو کچھ لکھا ہے اسے پڑھتے ہوئے ذہن میں اس دور کا خاکہ اتر آتا ہے۔ یہ فن جس سلیقے سے کسی فنکار کو آتا ہے اسی سلیقے سے پروفیسر انورالدین جیسے نقاد کو بھی آتا ہے جس پر حیرت ہوتی ہے۔ منظر نگاری، اہم اشیاء کا بیان، اور پھر گذشتہ زمانے کی باتیں مسلسل اور بغیر بھولے ہوئے لکھنا پروفیسر انورالدین کا شعار ہے۔ وہ لکھتے ہیں۔

قلعوں کے گرد حفاظت کے لئے خندق ضرور کھودی جاتی تھی برج اور کنگوروں کی بلندی کی رفعت میں اضافے کا باعث کہی جاتی تھی۔ محل کی بلندی افتخار کا باعث تھی۔

دسیا محل انچا سواس دھات وان
انپڑتا نہ تھا عرش کا بات داں

قطب مشتری کے باب آراستن محل مشتری سے قطب شاہی دور کے محلات کی آرائش اور زیبائش کی نہایت تفصیل اور روشن تصویر ابھرتی ہے۔ محلوں کی ہر دیوار مصوری کے شاہ کاروں سے آراستہ کی جاتی تھی۔ کہیں دلکش باغوں اور گلشنوں کی تصویریں ہوئیں تو کہیں گھنے جنگلات کا منظر کسی دیوار پر شیر شرزے اور ہاتھی گھوڑے کا نقش ہوتا تو کہیں باز بحری اور قلنگ کی تصویریں، کہیں پوجا پاٹ میں مصروف یاتریوں کیسا کوئی مشہور مندر دکھایا جاتا تو کہیں وعظ کہتے ہوئے ملانوں کی تقریریں ہوتیں۔ کہیں ایک مرد اور عورت بے سدھ اور مست پڑے ہوئے دکھائی دیتے اور کہیں شراب خواری میں مصروف رندوں کی محفل کا منظر ہوتا۔ کہیں بدمستی کے عالم میں لیٹی ہوئی کوئی پر شباب عورت اور کہیں دو معشوق ہم آغوش۔ کہیں شعر کہتے ہوئے شاعر ہوتے اور کہیں پیر پیغمبر اور شیدوں کے خاکے کھینچے جاتے۔

مجھ ناچیز طالبہ کا خیال ہے کہ پیر پیغمبر لفظ ایک ترکیب ہے۔ جس سے مراد پیر اور پیغمبر نہیں لیا جاسکتا صرف پیر ہوسکتا ہے۔ اب اگر پیغمبر لیا جائے تو پیغمبر کے آگے ''شیدوں کے خاکے کھینچنا'' کہا گیا ہے۔ جو سیدھے پیغمبر کی بے حرمتی کا الزام لگ سکتا ہے۔ یہ باتیں میں نے احتیاط کے پیش نظر کہی ہیں۔ اب اس سے آگے پروفیسر انور الدین ہی جانیں۔

کسی گوشے میں ہیبت ناک دیو، جن اور مافوق الفطرت عفریتوں کی تصویر ہوتیں۔ کہیں کہیں مشہور روایات کی تصویر کشی کی جاتی جیسے خسرو اور شیریں کی داستان لیلیٰ مجنوں کو مختلف کیفیتوں سے گذرتے دکھایا جاتا۔ کہیں کسی مغنیہ کو گاتے ہوئے اور کہیں سازندوں کی آواز پر رقص کرتی ہوئی رقاصائیں دکھائی جاتیں۔ کہیں چاندنی راتوں کا حسین منظر اور کہیں شفاف چشموں کو بہتے ہوئے دکھایا جاتا تھا۔

اس تفصیل سے اندازہ لگایا جاسکتا ہے کہ قطب شاہ، ذات پات مذہب اور دھرم

اور دیگر حد بندیوں سے بلند ہو کر اپنے ارد گرد حیات کے تمام حسن سے اس کی انتہائی کیفیت میں محظوظ اور لطف اندوز ہونا اپنا ایمان سمجھتے تھے۔

پروفیسر انورالدین کی یہ بات کہ قطب شاہ کے پاس سبھی دھرم اور ذات پات کے لوگ ایک تھے۔ یہ ایک تاریخی حقیقت کا اظہار ہے جو اس مثنوی سے بھی نظر آتی ہے۔

عوامی معاشرت اور تہذیبی زندگی

عوامی معاشرت کے تعلق سے روزمرہ کی زندگی اور تمدنی سرگرمیوں کی خاص جھلکیاں ملتی ہیں۔ برہمن جوتشیوں سے زندگی کی الجھنوں کا حل دریافت کیا جاتا تھا۔ محبوب سے ملاقات کے امکانات بھی پوچھے جاتے تھے۔ پان بڑے شوق سے کھائے جاتے تھے۔ عورت کا اپنے ہاتھوں پان کھلانا ادائے محبوبی تھی۔ کسی اعلیٰ حاکم کا پان پیش کرنا اس قدر عزت بڑھانے کا موجب تھا بالکل اسی طرح جس طرح غالب کے زمانے میں کرسی دینا باعث افتخار سمجھا جاتا تھا۔ عورت کا گڑ کھلانا بھی ایک ادائے معشوقانہ تھی۔

بیسواؤں کا زور تھا، وہ مردوں کو رجھانے کے متعدد ہتھکنڈے آزماتی تھیں۔ کوئی اشاروں سے گھر میں بلاتی، کوئی سینہ برہنہ کر کے متوجہ کرتی تھی۔ کوئی میٹھی میٹھی باتوں سے راغب کرتی۔ کوئی آنکھ مار کر اشارے کرتی اور کوئی حسینہ اور طرح کے کاری منتر آزماتی تھی۔ خوش طبع، مسکین اور ادب دار شیریں زبان اور ہنس مکھ ہونا پسندیدہ صفات تھیں۔ صبح صبح شیو پر میشور کی حمد و ثنا کی جاتی تھی۔ اظہار تشکر کی صورت میں قدم چومتے جاتے تھے۔

مذکورہ پیراگراف میں ڈاکٹر پروفیسر انورالدین نے بیسواؤں کے ہتھکنڈوں کی بابت لکھا ہے۔ ۱۔ اشارہ کرنا، ۲۔ سینہ برہنہ کرنا۔ ۳۔ میٹھی باتوں سے راغب کرنا۔ ۴۔ آنکھ مار کر اشارے کرنا۔ اب بھی بیسواؤں کا یہی حال ہے۔ لیکن آنکھ مار کر اشارے کرنا عوام نے بھی سیکھ لیا ہے۔ یا ہو سکتا ہے اس فن سے عوام پہلے سے واقف ہو۔

اجنبی مقامات پر جنگل کے جانوروں سے شگن حاصل کر کے راستے کا انتخاب کیا جاتا

تھا۔ داہنے راستے کو اختیار کرنا کامیابی کی علامت تھی۔ ملک میں پر فضا باغات اور گلستانوں کی بہتات تھی جن میں خوش نما پھول اور پرندے قدرتی حسن میں اضافہ کرتے تھے۔

اونچے گھرانوں میں خواتین اپنی کوئی مقرب خاص ضرور رکھتی تھیں۔ اس سے کوئی بات چھپائی نہیں جاتی تھی۔ اس مقرب خاص کی رائے اور مشورے پر اکثر آنکھ بند کر کے عمل کیا جاتا تھا۔

ہرایک بات میں اس سوں محرم اچھے
سو جم جیو جیون دھن دو ہمدم اچھے
بچھ بات بولے یو مہتاب سات
محبت سے دونو منے یوں اتھا
کہ باندی بی بی کا فرق کچ نہ تھا

اعلی گھرانوں میں یا بادشاہ کے ہاں جب کسی ملازم کے ہاتھ پیغام بھیجا جاتا تو ملازم پہلے مالک کی طرف سے قدمبوسی کر کے سلام سناتا پھر پیغام پیش کرتا۔

مرا پانوں پڑنا توں کہا ہور سلام
ماں باپ کا ڈر محبت میں کھل کھیلنے سے روکتا تھا
سنگات آتی انپڑاتی ثنا گھر
جو اچنانہ ماباپ کا مجھ کو ڈر
چھپائی ہوں میں اس سبب آپ کوں
مبادا خبر کوئی کرے باپ کوں

لیکن چوری چھپے اپنی آرزوؤں کی تکمیل کا سبیل بہر حال نکال جاتی تھی

توں بیگ اب بوجھا کر مٹھی بات ہوں
بلالیا یہاں لگ ہریک دھات سوں

مہمان نوازی تمام تھی۔ میزبانی تہذیبی زندگی کا ایک ہم عنصر تھی۔ مہمان میزبان کو تحفے تحائف پیش کرتے تھے۔ میزبان بھی مہمان کی جی کھول کر خاطر تواضع کرتا تھا۔ سلگھن پری قطب شاہ سے کہتی ہے۔

توں بیگانگی یوں نکو دیکھو شہ
کرم کر وہاں لگ سو آ بیگ شہ
کہ سکتا ہے شہ بچ توں سا ڈرا ہے
ہمارا دو نین گھر تیرا گھرا ہے

عام تصورات اور اخلاقی نظریات

حیات و کائنات کے بارے میں دور قطب شاہی میں موجودہ عام تصورات اور اخلاقی نظریات کے بارے میں بھی اچھی خاصی معلومات حاصل ہوتی ہیں۔ وجہی کے خیال میں سورج چاند ستارے دائمی گردش میں ہیں۔ لیکن زمین ساکت اور ٹھہری ہوئی ہے۔ زمینیں سات ہیں لیکن آسمان کہیں سات ہیں کہیں نو۔ اس کے علاوہ آسمان اور زمین دونوں معلق ہیں۔

عدم اور بقا حیات کی دو کیفیتیں ہیں۔ پاپ اور پن انسانی صفات کے دو پہلو ہیں۔ دنیا دغا باز ہے اور بے وفائی اس سے دل لگانا نہیں چاہئے۔ البتہ خدا اور رسول سے دل لگانا ٹھیک ہے۔ نوکر، صاحب کی خدمت سے پیارا ہوتا ہے۔ اسے خدمت میں کوتاہی نہیں کرنی چاہئے۔ زندگی قدرت کا ایک قرضہ ہے۔ محبت کی شراب پینے والا ہمیشہ جیتا ہے۔ وجہی کے خیال میں ستارے اور چاند وقت صبح ڈوب نہیں جاتے بلکہ موجود ہوتے ہیں لیکن سورج کی چمک میں دکھائی نہیں دیتے۔ نویں آسمان سے ادھر امکاں ہے۔ پاتال زمین کا سب سے نچلا حصہ ہے۔ عدل کا تصور یہ ہے کہ باگ اور بکری ایک جگہ پر پانی پئیں۔ مرغابی باز سے نہ ڈرے، سکندر کی قسمت اور خضر کی حیات ضرب المثل ہیں۔ یوسف کا حسن و جمال مشہور ہے۔ ہنس موتیاں کھاتا ہے۔ حکمت میں لقمان بے مثل تھا۔ شجاعت اور بہادری کا تصور یہ تھا کہ کوئی شخص باگ سے پنجے

ملائے۔ جب ذرا زور کر کے چلے تو زمین کو اتنا دبائے کہ وہ گھٹنوں تک دب جائے۔ ایک ہاتھ سے مست ہاتھی کو پچھاڑ دے۔ دوستوں کی بے اعتباری کے تصورات عام تھے۔

جتے اس زمانے سنے یار ہیں

دغا باز عیاں چنن بار ہیں

حسن و جمال میں کرناٹک اور گجرات بہت مشہور تھا۔ (اِن دِنوں ایسا نہیں ہے) چین ماچین کے بتوں کے علاوہ بت فارسی بھی کافی مرغوب تھے۔ ایسی آنکھیں جن میں سرخ ڈورے ہوں زیادہ پسند کی جاتی تھیں۔ بنگال کا جادو اور مشک مشہور رہے۔ عورت کی پاکبازی کی علامت یہ تھی کہ اسے کسی نے ہاتھ نہ لگایا ہو۔ داؤد کی خوش الحانی ضرب المثل تھی۔ جبرئیل کا مصلے اور اسرافیل کا سجہ مشہور تھا۔ بوڑھوں کی سوجھ بوجھ اور تجربہ کاری کا احترام کیا جاتا تھا۔ محاذ اور حقیقت کے تصورات ملتے ہیں۔ خدا پر توکل کرنے والا کسی سے نہیں ڈرتا۔ بہادری میں رستم ضرب المثل ہے۔ مہدی اور دجال کا ذکر ملتا ہے۔ کیوں کہ جال میں پھنس جانے کے بعد آدم زاد سلامت نہیں نکل سکتا۔ وجہی کے خیال میں انسان تمام مخلوقات میں افضل ہے۔

پرہی تے مروت ہے آدمی میں زیاست

عورت میں شرم وحیا کا ہونا اس کی قدر بڑھاتا تھا شرم وحیا عورت کا سنگھار سمجھی جاتی تھی۔ مومن مسلمان کے ایمان کا نشان بھی شرم تھی۔ کسی بات کا بھرپور یقین دلانے کے لئے ہاتھ پر ہاتھ مارا جاتا تھا۔ اچانک بے ہوشی کو پری کی نظر کا باعث سمجھا جاتا تھا۔ بیہوشی سے ہوش میں لانے کے لئے منتر کاری کے عمل کو محرب سمجھا جاتا تھا۔

(اچانک بے ہوشی کو آج بھی نظر کا لگنا سمجھا جاتا ہے۔)

پروفیسر انوارالدین نے قطب مشتری کے اندر موجود باتوں کی تفصیل لکھنے کے بعد اب انھوں نے اس مثنوی کی اہمیت کو متعین کیا ہے۔ وہ لکھتے ہیں۔

''قطب مشتری قدیم اردو کا ایک ادبی شاہ کار ہی نہیں بلکہ قطب شاہی

تہذیب ومعاشرت کی ایک مستند دستاویز بھی ہے۔ اس قدر وقیمت اس سے بھی زیادہ ہے کہ وجہی نے اپنی مثنوی کو کہیں بھی ایک فرضی کارنامہ نہیں کہا۔ اسے حقیقی تصور کہا ہے اوراس طرح اس کے مندرجات کوحقیقت کا اعتبار دینے کی سعی کی ہے قطب مشتری کا طرز پرقطب سپاہی تہذیب ومعاشرت کا بہترین ترجمان کہی جاسکتی ہے''۔

پروفیسر انورالدین نے جس طرح قطب مشتری کا جائزہ لیاہے اور جوروانی پائی جاتی ہے اور جس دلچسپی سے آدمی پڑھتا ہے، یہ دراصل دین ہے خدائے پاک کی۔ واقعی علم خدا کے علاوہ کسی اور کی دین نہیں ہوسکتا۔ ہم ان کے سامنے واقعی طفل مکتب ہیں۔ حیدرآباد کی زمین اردو زبان کے انمول رتن پیدا کئے ہیں جن میں ایک رتن پروفیسر انورالدین اوران کی تحریریں ہیں۔ انورالدین صاحب مثنوی، افسانہ، غزل، شاعری، شعراء، پر ہر پہلو سے روشنی ڈالتے ہیں اوران کی لکھی تحریر کامیابی سے ہمکنار ہوئے بغیرنہیں رہتی۔ جس طرح شاعری عطیہ خداوندی ہے ویسے ہی انشاء پردازی اور نقد بھی کہیں نہ کہیں عطیہ ٔخداوندی جیسی نعمت سے جاملتی ہے۔

☆ باب سوم

پروفیسر محمد انورالدین بہ حیثیت محقق

ڈاکٹر محمد انورالدین کا شمار اردو کے بڑے محققوں میں ہوتا ہے۔ان کی تحقیق طرح طرح کے موضوعات کو محیط ہے۔انھوں نے غالبؔ،اقبالؔ، فانیؔ، اکبرالہ آبادی، پروفیسر سروری وغیرہ کے متعلق اہم اور معتبر اور کارآمد معلومات فراہم کی ہیں۔دکنیات اور صحافت ان ان کے خاص موضوعات ہیں۔ڈاکٹر انورالدین تحقیق کی اہمیت اور اس کے وقار واعتبار کو اچھی طرح سمجھتے ہیں ۔وہ جانتے ہیں کہ مطلوبہ اور متعلقہ مواد کس طرح جمع کیا جاتا ہے اس کی ترتیب و تنظیم کا طریقہ کیا ہے۔صحیح ماخذ تک پہنچنے اور متن کی صحیح صورت حال کو سامنے لانے کے لیے کتنی محنت اور مہارت کی ضرورت ہے۔ناقص یا نامکمل متن کی تصحیح کے اصول وآداب کیا ہیں۔ نیز دوسرے کی تحقیق پر شک کرنے اور اپنی دریافت کو درست بتانے کا استدلالی طریقہ کیا ہے۔

تحقیق کے میدان میں بہت سے ایسے مصادر ہیں جن تک پہنچنا اور ان امفہوم اخذ کرنا بہت ضروری ہے۔اس ضمن میں یہ بات بھی واضح رہے کہ علمی وادبی کتب کی چھان بین میں محقق کا واسطہ مخطوطات سے پڑتا ہے۔جنہیں پڑھنا ہی اکثر ایک دشوار مرحلہ ثابت ہوتا ہے۔

اردو ادب کا آغاز دکن سے ہوا اور بہمنی دور کی مثنوی ُکدم راوٴ پدم راوٴ‘‘ قدیم اردو کا پہلا مستند نقش تسلیم کی جاتی ہے۔اردو میں تحقیق کا آغاز مستشرقین کی محققانہ مساعی کا رہین منت ہے۔ ۱۸۴۶ء میں الواس اشپرنگر کو شاہانِ اودھ کے کتب خانے کی فہرست مرتب کرنے پر مامور کیا گیا تھا۔اس فہرست کے مخطوطات کی اشاعت ۱۸۵۰ء میں عمل میں آئی۔گارساں دتاسی کی تاریخ ادبیات ہندوی و ہندوستانی کی پہلی جلد ۱۸۳۵ء اور دوسری ۱۸۴۷ء میں طبع ہو کر منظر عام پر

آئی۔

شمس اللہ قادری، عبدالجبار ملکاپوری، ڈاکٹر زور، عبدلقادر سروری اور نصیر الدین ہاشمی نے دکنی پاروں کی بازیافت، ان کی ترتیب وتدوین اور تحقیق سے دلچسپی لی۔ اور اردو کی تاریک کو ماضی میں ایک صدی آگے بڑھا دیا ورنہ اب تک ولیؔ کو 'اردو شاعری کا باوا آدم' تصور کیا جاتا تھا۔

پروفیسر صاحب نے مخطوطات کے ضمن میں ایک نہایت مفید مضمون سپرد قلم کیا ہے، جس کا مطالعہ دلچسپی سے خالی نہ ہوگا۔ اور اس سے یہ بھی سمجھ میں آتا ہے کہ آخر مخطوطات کی کیا اہمیت ہے۔

فن مخطوط شناسی۔ تعارف ومسائل

لفظ ''مخطوطہ'' سے بنا ہے۔ جس کے معنی کوئی ایسا کاغذ، مٹی، مٹی کی تختی، کپڑا، انڈے کا خول، کانچ، لوح، لکڑی کا تختہ یا لکڑی، چمڑا، پتھر، درخت کا پتایا چھال، دھات کا پتریا جانور کے جسم کی جھلی، جانوروں کی ہڈیوں یا ہاتھی دانت جس پر کوئی عبارت تحریری شکل میں ہو یا کندہ کی ہوئی ہو اس پر مخطوطہ کا اطلاق ہوتا ہے۔ مخطوطہ کے لیے تحریر کا ہونا بے حد ضروری ہے۔ بغیر تحریر کے مندرجہ بالا کسی بھی شئے پر مخطوطے کا اطلاق نہیں ہوسکتا۔ زمانہ قدیم میں جب کہ چھاپے خانہ کا وجود عمل میں نہیں آیا تھا۔ شاعر، ادیب یا تخلیق کار اپنے کلام کو محفوظ کرنے کے لیے اسے ضبط تحریر میں لاتے تھے یا تو تخلیق کار خود لکھتا تھا یا کسی کاتب سے لکھواتا تھا۔ اس طرح اس تخلیق کو محفوظ کرلیا جاتا تھا۔

مغرب میں صنعتی انقلاب کے بعد چھاپہ خانے کا قیام عمل میں آیا۔ چنانچہ مغرب کا زیادہ تر تحریری سرمایہ مطبوعہ شکل میں ملتا ہے جس کی وجہ سے مغرب کے خصوصاً انگریزی کے متون تمام تر

مطبوعہ ہیں۔ انگریزی میں تدوین متن کی بحثوں میں مخطوطوں کا ذکر شاذ ہی ہوتا ہے۔ وہ مطبوعہ ایڈیشنوں کے گرد ہی گھومتی ہیں۔ واضح ہو کہ مخطوطات اور مطبوعات کی تدوین کے اصول مختلف ہوتے ہیں۔

یہاں یہ عرض کرنا نامناسب نہ ہوگا کہ مخطوطے کے لیے پوری کتاب کا ہونا ضروری نہیں۔ پوری ایک کتاب بھی مخطوطہ کہلاتی ہے یا صرف ایک صفحہ۔ اور اگر ایک صفحہ پر صرف ایک سطر یا ایک جملہ یا صرف ایک مصرع بھی لکھا ہو تو وہ بھی مخطوطے کی تعریف میں آتا ہے۔ مخطوطے کو قلمی یا خطی نسخہ بھی کہتے ہیں۔ قلمی یا خطی نسخے کے معنی ہاتھ سے لکھے ہوئے نسخے کے ہیں۔

زمانہ قدیم میں مخطوطات کی بڑی قدر و منزلت ہوتی تھی۔ لوگ سرسوتی پوجا یا بسنت پنچھمی کے دن مخطوطات کی پوجا کرتے تھے۔ جینیوں نے اس کو اور بھی عزت دی انھوں نے اجمان اور گیان پوجا جیسے تیوہار شروع کیے تاکہ لوگوں کو علم اور مقدس کتابوں کے بارے میں معلومات ہو سکیں۔

مشرقی زبانوں بالخصوص عربی، فارسی اور اردو میں مخطوطات کی بڑی اہمیت ہے۔ ہمارا قدیم علمی و ادبی ورثہ کا تمام مخطوطات کی شکل میں ہے۔ قدیم تواریخ و تذکرے، سوانح و سیر، داستانیں، مثنویات اور شعراء کے دواوین وغیرہ سب کے سب مخطوطات کی شکل میں محفوظ ہیں۔ ان مخطوطات کے بغیر ہم اپنی ادبی روایات کی جڑوں تک نہیں پہنچ سکتے۔ عہد قدیم کے شاعروں اور نثر نگاروں کی تخلیقات سے ہم مستفید نہیں ہو سکتے جب تک کہ ہم مخطوطات تک رسائی حاصل نہ کریں۔

میں اس موقع پر اردو زبان کے حوالے سے کہوں گا کہ ہمارے قدیم صوفیاً اور اہل اللہ کے علمی و روحانی اکتسابات کا سرمایہ مخطوطات کی شکل میں ہے۔ قدیم علما کے مذہبی و فقہی رسال اور صوفیاء کے عارفانہ رسائل سب مخطوطات کی صورت میں ہیں۔ مذہب سے قطع نظر مخطوطات میں ہمارے اسلاف کا جو ادبی سرمایہ محفوظ ہے۔ وہ دراصل اپنے عہد کی معاشرتی اور تہذیبی

دستاویز ہے۔اس سے اپنا تعلق جوڑے بغیر ہم اپنے ماضی سے کٹ جائیں گے۔مخطوطات وہ پُل ہیں جو ہمارے حاصل کو ماضی سے حال کی ادبی روایات کو ماضی کی ادبی روایات سے اور حال کی زندگی کو ماضی کی زندگی سے جوڑتے ہیں۔

دکنی ادب پر تحقیق کے جو کام ہوئے ہیں یا ہو رہے ہیں ان کا دار و مدار مخطوطات ہی پر ہے۔قدیم شعراء، قدیم اصناف اور قدیم ادبی روایات کے علم کا سرچشمہ مخطوطات ہی ہیں۔ لسانیاتی تحقیق میں بھی مخطوطات کی بڑی اہمیت ہے۔مخطوطات میں زبان کے ارتقائڈ الفاظ کی شکست و ریخت، املائی تہذیبوں، الفاظ کے بچپن، عہد شباب اور الافظ کی صحت کا سارا ریکارڈ محفوظ ہوتا ہے۔اس لئے لسانیاتی تحقیق کا بیشتر دار و مدار مخطوطات پر ہوتا ہے۔

یہ امر یقینی ہے کہ اردو میں جتنے مخطوطات معرض وجود میں آئے وہ سب کے سب محفوظ موجود نہیں لیکن اس کے باوجود ان سے استفادے کے بغیر ہم اردو زبان اور اس کی ادبی و تخلیقی روایت کی قدامت کا سراغ بھی نہیں لگا سکتے۔

اردو میں قدیم عہد کے بے شمار مصنفین کی تخلیقات ہنوز مخطوطات ہی کی شکل میں ہیں۔ اردو میں تخلیق ادب کی روایت کا آغاز گجرات اور دکن میں ہوا۔گجری اور دکنی کے متعدد قدیم شاعروں اور مصنفوں کے رشحات قلم مخطوطات کی شکل میں ہے۔ان شہ پاروں کی تاریخی، لسانی، ادبی اور تہذیبی اہمیت محتاجِ بیان نہیں ہے۔قطب شاہی، عادل شاہی اور مغل عہد کا بہت کم اردو اور فارسی سرمایہ کا جزوی حصہ منت کش طباعت ہ وا ہے۔کثیر حصہ، یاضوں، قلمی نسخوں اور کشکول کی شکل میں ہے۔ادبی اور لسانی تحقیق میں ان بیاضوں اور قلمی نسخوں کی بڑی اہمیت ہے۔

قدیم مخطوطات کی دریافت کی وجہ سے اردو زبان کی قدامت میں تین سو سال کا اضافہ ہوا ہے۔ایک زمانے میں ولؔی کو اردو شاعری کا باوا آدم کہا جاتا تھا۔پھر کلیات محمد قلی کے مخطوط کی دریافت نے یہ ثابت کیا کہ ولؔی سے بہت پہلے اردو میں فارسی طرز پر دیوان مرتب کرنے کا رواج تھا۔اس کے بعد بہمنی عہد کی تخلیقات کے مخطوطوں کی دریافت نے اردو زبان

میں تخلیق ادب کی قدامت کو کہیں سے کہیں پہنچا دیا۔

مخطوطات کی اس ادبی، لسانی، تاریخی اور تہذیبی اہمیت کی وجہ سے مخطوطات کی دریافت، ان کی قرأت، مصنف اور زمانہ تصنیف کی تشخیص اور ان کی لسانی خصوصیات کا تجزیہ وغیرہ با قاعدہ ایک فن کی شکل اختیار کر گیا ہے جسے مخطوط شناسی کا فن کہتے ہیں۔

مخطوطہ شناسی جسے انگریزی میں PAELEOGRAPHY کہتے ہیں ایک جدید علم ہے۔ اردو میں تحقیق کا فن اور فن مخطوطہ شناسی تقریباً ہم سن ہیں اس کی وجہ دراصل یہ ہے کہ ادب میں مخطوطہ شناسی کی بیشتر ضرورت تحقیق کے میدان میں پیش آئی ہے۔ تحقیق کے مختلف موضوعات میں قدیم قلمی نسخوں کی شمولیت ناگزیر ہوتی ہے۔ قدیم شعراء ادباء اور اصناف وغیرہ سے متعلق موضوعات کی تحقیق میں مخطوطات اہم ماخذ ہوتے ہیں۔ ان موضوعات سے قطع نظر ایک محقق کو مخطوطات اور قلمی نسخوں سے سب سے زیادہ سابقہ تدوین متن یا متنی تنقید (جسے ترتیب متن کہنا زیادہ مناسب ہے) میں پیش آتا ہے۔ جب اسے کسی قدیم شعری یا نثری تخلیق کو اس کے مختلف نسخے سامنے رکھ کر از سرنو مرتب کرنا ہوتا ہے تحقیق کے دیگر موضوعات کی بہ نسبت تدوین متن میں چونکہ مخطوطات کا عمل دخل زیادہ ہوتا ہے اسی لئے اس میں مخطوطہ شناسی اچولی دامن کا ساتھ ہے۔

مخطوطے کی تصحیح و ترتیب تحقیق کی ایک شاخ ہے۔ اس کی اتنی ہی اہمیت ہے جتنی کسی موضوع پر مقالہ لکھنے کی۔ بعض حالتوں میں اس کی اہمیت مقابلہ سے بھی بڑھ جاتی ہے۔ بظاہر یہ کام آسان نظر آتا ہے لیکن حقیقتاً دِقت طلب، صبر آزما اور دشوار ہے۔ اس میں متعدد کٹھن منزلوں سے گزرنا پڑتا ہے۔ کسی ایک متن کے ایک سے زائد نسخوں کا باہمی تقابل متنی تنقید بھی کہلاتا ہے۔

تعریف:۔ متنی تنقید، پیش نظر مخطوطات کی شہادت کی بناء پر مصنف کے اصل نسخہ کی باز تشکیل کا نام ہے۔

مقصد:۔ متنی تنقید کا مقصد وحید ان شہادتوں کو معنی پہنانا اور منظّم کرنا جو کسی متن کے

مخطوطات یا دیگر دستاویزوں میں پائی جاتی ہیں تا کہ جہاں تک ممکن ہوسکے ان الفاظ کو متعین کیا جائے جو خود مصنف نے استعمال کئے ہیں یا استعمال کرنے کا ارادہ کیا تھا اور اس طرح ایسا متن مرتب ہوسکے جو مصنف کے تحریر کردہ نسخے سے زیادہ سے زیادہ مطابقت رکھتا ہو۔

کسی مخطوطے کو مرتب کرنے کا مقصد محض ایک کتاب کو گمنامی سے نکال کر شائع کر دینا ہی نہیں ہے بلکہ اس کا مقصد مصنف کے اصل افکار و نظریات، انداز تحریر اور زبان تک پہنچنا ہے۔ یعنی ایک صحیح نسخہ تیار کرنا ہے اس لئے POSTGATE نے متن کی تصیح کو انسانی ذہن کی با قاعدہ اور ماہرانہ مشق کہا ہے۔

انسانی فطرت ہر چیز کو اصلی روپ میں دیکھنا چاہتی ہے اور جانا پسند کرتی ہے وہ فریب پر اصلیت کو ترجیح دیتی ہے یہی حال ادب کا بھی ہے ہم کسی ادیب یا شاعر کی تخلیق کو اس کی اصل شکل میں دیکھنا چاہتے ہیں جو مصنف کے عِندیے میں تھے لیکن اصلیت کے رُخ زیبا کا دیدار یوں نہیں ہوتا۔ اس کے لئے بہت سی ٹھوکریں اور زخم کھانے پڑتے ہیں۔ بقول گیان چند "تحقیقِ متن کی دنیا سیمیا کی سی نمود ہے جہاں قدم قدم پر ادبی فریب بہروپ بھر کر سامنے آت ہیں۔ متن کے محقق کو دھوکے کی ٹٹیاں تور کر حقیقتوں کو برآمد کرنا پڑتا ہے۔ اس میں کبھی کامیابی ہوتی ہے کبھی نہیں۔ وسائل مواد یا تجربے کی کمی کے باعث کبھی کھوٹے کو کھرا سمجھ لیا جاتا ہے۔ مسائل اتنے بے نہایت ہیں کہ قسمت کی یاوری کے بغیر انہیں سر نہیں کیا جا سکتا"۔

محقق متن کے بنیادی مسائل دو ہیں۔ ایک مصنف کا تعین، اور دوسرے اس کی تصانیت کو ترتیب دینے کے مسائل کسی حد تک مختلف ہیں۔ اکثر مخطوطوں میں تمہید یا خاتمہ میں مصنف کا نام نہیں دیا ہوتا ہے۔ سبب تالیف یا ترقیمہ دستگیری کرے تو غنیمت ہے ورنہ بڑی مشکلات کا سامنا ہوتا ہے۔ غزلوں کا مجموعہ ہو تو مقطعوں سے تخلص دریافت ہو جاتا ہے۔ دوسری اصناف نظم نیز نثر میں اتنا اتا پتا بھی نہیں ملتا، مخطوطے کو جا بجا پڑھ کر مصنف کے تعین کی کوشش کی جاتی ہے۔ ضروری نہیں یہ کہ سعی کامیاب ہو۔

غیر معروف مصنف کے تخلص کے علاوہ ہمیں اس کے عہد اور مقام کا تعین بھی کرنا پڑتا ہے۔ اگر نسخے میں یہ تفصیلات بہ صراحت نہ ہوں تو عہد کا موٹا سا اندازہ زبان سے کیا جاسکتا ہے۔ کتابت کی قدامت کا اندازہ بعض حروف کے طرز کتابت سے ہوسکتا ہے۔ مثلاً اگر ٹ، ڈ، ڑ پر چار نقطوں کی جگہ بالائی ط ہے تو یہ کتابت انیسویں صدی کی پہلی یا دوسری چوتھائی کے بعد کی ہے۔ اگر دو چشمی ھ کو صحیح لکھی گیا ہے تو یہ تحریر انسیویں صدی کے آخر سے پہلے کی نہیں۔ مجہول الاسم نسخوں میں تاریخِ کتابت تاریخِ تصنیف کے تعین میں مدد ہوتی ہے۔

مخطوطے کی بازیافت اور تدوین و طباعت کے درمیان حائل دشواریوں کا انحصار مخطوطے کی کیفیت پر ہوتا ہے۔ مخطوطوں کو کیفیت کی بناء پر ہم دو حصوں میں تقسیم کرسکتے ہیں۔ ایک درست و سالم دوسرے ناقص۔ مکمل یا سالم مخطوطہ وہ ہے جس میں کسی تخلیق کا متن قابل قرأت حالت میں از بتدأ تا متہ لفظ بہ لفظ پوری طرح موجود ہو۔ ناقص مخطوطہ وہ ہے جس میں متن بہ تمام وکمال موجود نہ ہو، اس دوسری قسم کے ناقص مخطوطے کو ہم پانچ حصوں میں تقسیم کرسکتے ہیں۔

(۱) ناقص الاول

(۲) ناقص الآخر

(۳) ناقص الاوسط

(۴) ناقص الطرفین

(۵) بوسیدہ یا کرم خوردہ۔

(۱) ناقص، الاول:۔ ایسا مخطوطہ جس کے اولین صفحات غائب ہوں یا پھٹ گئے ہوں یا ناقابل قرأت ہوں تو اسے تحقیقی اصطلاح میں ناقص الاول کہیں گے۔ اس نقص کی وجہ سے مخطوطہ کا نام مصنف کا نام وحالات زندگی وحیئہ تصنیف وسنئہ تصنف وغیرہ نہیں معلوم ہو پاتے کیوں کہ یہ تمام تفصیلات عموماً ابتدائیہ میں ہی ہوتی ہیں۔ چنانچہ اس صورت میں ہم ان اہم

معلومات سے لاعلم رہ جاتے ہیں۔ جیسے ادارہ ادبیات اردو میں مخزونہ رسالہ وحدت الوجود کا مخطوطہ ناقص الاول حالت میں ہے۔

(۲) ناقص الآخر:۔ ایسا مخطوطہ جس کے آخری کے صفحات غائب یا پھٹ گئے ہوں جس کی وجہ سے ترقیمہ کی تفصیلات سے محروم ہو جانے کا احتمال رہتا ہے جیسے ولی ویلوری کا روضۃ الشہدا (۱۱۳۷ھ) کا مخطوطہ۔

(۳) ناقص الاوسط:۔ ایسا مخطوطہ جس کے درمیانی صفحات کم ہوتے ہیں چاہے ایک جگہ سے ہوں یا مختلف مقامات سے، ناقص الاوسط کہلاتا ہے۔ ایسا نسخہ تخلیق کے متن کے ایک معتد بہ حصے سے محرومی کا باعث بنتاہ اور اگر یہ مخطوطہ کسی ایسے موضوع سے متعلق ہو جس میں تسلسل بیان کی اہمیت ہو تو یہ نقصان اور شدید ہو جاتا ہے۔ ادارہ ادبیات اردو میں ملاوجہی کی سب رس کا ایک نسخہ موجود ہے جو ناقص الاوسط کی تعریف میں آتا ہے۔

(۴) ناقص الطرفین رمجہول الطرفین:۔ جس مخطوطے کی اول و آخر دونوں جانب کے صفحات غائب یا کم ہوں تو اسے ناقص الطرفین یا مجہول الطرفین کہتے ہیں۔ متذکرہ بالا نسخوں میں یہ سب سے زیادہ ناقص ہوتا ہے۔ کیوں کہ اس میں نہ صرف ابتدائیہ وغیرہ نہیں بلکہ ترقیمہ بھی نہیں پایا جاتا ہے۔ ایسے مخطوطے کے مرتبین اگر کوئی خارجی شہادت یا موجود متن میں کوئی ایسا اشارہ نہ پائیں جس کی بنا پر اس کے مصنف اور تصنیف کا نام، سنہ تصنیف اور وجہ تصنیف وغیرہ تمام تفصیلات پردۂ خفا میں ہی رہ جاتی ہیں کیوں کہ عموماً کتب میں اول یا زیادہ سے زیادہ آخر میں مصنف کا نام وغیرہ تحریر کیا جاتا ہے۔

اشعار میں تو صرف تخلص ہی مل جاتا ہے اور اردو میں عموما ایک تخلص والے کئی شعرا ہوتے ہیں۔ کتب خانہ ادارہ ادبیات اردو کا مخزونہ ملا نصرتی بیجاپوری کی مثنوی گلشن عشق کا مخطوطہ ناقص الطرفین کے زمرے میں آتا ہے اور دیوان عبداللہ قطب شاہ کا نسخہ مخزونہ کتب خانہ سالار جنگ بھی ناقص الطرفین کی تعریف میں آتا ہے۔

(۵) بوسیدہ/کرم خوردہ/آب زدہ مخطوطہ:۔ (یہ اصطلاح نہیں ہے) بعض مخطوطے اگرچہ صفحات کے لحاظ سے مکمل ہوتے ہیں لیکن ان کو پڑھنا ایک مسئلہ لاینحل ثابت ہوتا ہے۔ اس کی کئی وجوہات ہوسکتی ہیں جیسے اگر مخطوطہ قدیم ہوتو عین ممکن ہے کہ، کمنگی کی وجہ سے کاغذ بوسیدہ ہوجائے یا روشنائی اُڑ جانے سے پڑھنے میں مشکل ہو، علاوہ ازیں دیمک، جھینگر کی وجہ سے مخطوطے کے متن کو ناقابل تلافی نقصان پہنچا تا ہے۔ اسی طرح مخطوطے کو غیر محفوظ مقام پر رکھنے کی وجہ سے مخطوطے کو نمی پہنچ سکتی ہے جس کی وجہ سے اوراق آپس میں چسپاں ہوجاتے ہیں اور الگ کرنے پر اچھی خاصی عبارت ضائع ہوجاتی ہے۔ تاریخ عالمگیر میں کئی اوراق آپس میں چسپاں ہیں اور قابل مطالعہ نہیں ہیں۔ بعض دفعہ رطوبت کی وجہ سے سیاہی پھیل جاتی ہے۔ سردی گرمی اور موسم کے اثر سے بھی سیاہی کو نقصان پہنچتا ہے۔

مخطوطے مجلد اور غیر مجلد دونوں طرح کے ہوتے ہیں۔ غیر مجلد کے اوراق منتشر اور پریشان ہوجاتے ہیں۔ جس کی وجہ سے ایسے مخطوطے عموماً مجہول و ناقص ہوجاتے ہیں۔ لیکن مجلد مخطوطوں میں بھی بعض اوقات مختلف مصنفین کی تخلیقات کی ایک ہی جلد میں شیرازہ بندی کردی جاتی ہے اور اس میں سے کسی نسخے پر نام مصنف واضح نہ ہوتو انتساب کی غلطی کا باعث بنتا ہے۔ چنانچہ مشہور مستشرق اسٹیورات نے پھول بن اور طوطی نامہ کو ایک ہی جلد میں دیکھ کر دونوں کو ابنِ نشاطی کی تصانیف فرض کرلیا تھا۔

مندرجہ بالا امور کے علاوہ مخطوطے کے متن کو پڑھنے میں کئی ایک دشواریاں حائل ہوتی ہیں ہر مخطوطہ مصنف کا خودنوشتہ نہیں ہوتا بلکہ اکثر مخطوطے پیشہ ور کاتبوں کے تحریر کردہ ہوتے ہیں جن میں بیشتر کم سواد اور کم تعلیم یافتہ ہوتے ہیں جس کی وجہ سے کچھ کا کچھ لکھ جاتے ہیں۔ اردو رسم الخط کی وجہ سے بھی کئی ایک دشواریاں پیدا ہوتی ہیں۔ انیسویں صدی کے آواخر تک تحریر میں بے ضابطگیاں عام تھیں۔ ک اور گ کو ایک مرکز سے لکھا جاتا تھا۔ شوشے اور نقطے بعض اوقات لگائے جاتے ہیں اور کبھی حذف کردیئے جاتے تھے۔ ٹ، ڈ، ڑ پر طائے حطی کی جگہ چار نقطوں کا رواج تھا

جو عادتاً حذف کردیئے جاتے تھے۔ ''ؤ'' اور ''ذ'' کی کتابت میں آج بھی التباس ہوجاتا ہے۔ سطر میں الفاظ ایک سطح پر نہیں لکھے جاتے بلکہ کبھی آرائش کے خیال سے کبھی کاغذ کے بخل کی وجہ سے اوپر نیچے تحریر کئے جاتے جس سے الفاظ کے تقدم وتاخیر میں تشکیک ہوجاتی ہے۔ خصوصاً اشعار میں، اور اگر کہیں اجتماع اغلاط ہوجائے جیسے املا کی غلطی اور نقطوں کا حذف تو صورت حال مزید مضحکہ خیز ہوجاتی ہے جیسے نوطرز مرصع کے مصنف محمد غوث زرین کے نام کو محمد عوض بنادیا گیا تھا۔ اسی طرح آزاد لفظوں کو ملا کر لکھنے سے بھی التباس پیدا ہوتا ہے۔ قدیم زمانے میں دو، دو، تین، تین لفظوں کو ملا کر لکھے جاتے تھے۔ ان اسباب کی بناء پر متن کے اصل الفاظ بدل جاتے ہیں۔ اس طرح متنی تبدیلیوں کو ان کی نوعیت کے اعتبار سے مختلف نام دیئے گئے ہیں جن کی تفصیل درج ذیل ہے۔

ترمیم :۔ نامعلوم اسباب کے تحت ہونے والی تبدیلی جس میں سہوِ نظر اور لغزش قلم کو بھی دخل ہوسکتا ہے۔

تعبیر :۔ جس میں مبہم لفظ کی عبارت کے لے کسی عبارت کو بڑھایا گیا ہو۔

تنسیخ :۔ جس میں جان بوجھ کر کسی متن یا اجزائے متن کو منسوخ کیا گیا ہے۔

تصحیح :۔ صاحب متن نے خود اپنی خواہش اور مقصد کے مطابق عبارت میں کوئی تبدیلی کی ہو۔

تصحیف :۔ صاحب متن کے علاوہ کسی دوسرے شخص نے متن یا اجزائے متن میں دانستہ کوئی تبدیلی کی ہو۔

وضعی مخطوطہ یا جعلی مخطوطہ :۔ مخطوطے کی قسم جعلی مخطوطہ کی بھی قرار دی جاسکتی ہے۔ یہ ضروری نہیں کہ ہر دستیاب شدہ نسخہ اصلی ہی ہو۔ کیوں کہ یہ ممکن ہے کسی نے مالی منفعت یا شہرت کی خاطر مخطوطے کو کسی مشہور ادیب یا شاعر یا شخصیت سے منسوب کردیا ہو۔ لہذا اس کی تنقیح سب سے مقدم ہے۔ چند برس قبل ''دیوانِ غالب'' کے ایک ایسے ہی نسخہ کا کافی شہرہ رہا۔ حتی کہ ہماری پارلیمان میں بھی اس بارے میں سوال اٹھائے گئے اور خاصی ہلچل رہی۔

انتحال :۔ انتحال کا صحیح مفہوم یہ ہے کہ کسی دوسرے کی تخلیق کو اپنی بنا کر پیش کرنا۔ غلط انتساب، ایک دوسری صورت ہے جس کے اپنے کچھ اسباب دوجوہ ہوسکتے ہیں۔ کبھی یہ خواہش اور ارادے کے تحت ہوتا ہے اور اپنی تصنیف از راہ عقیدت وخلوص دوسروں کے نام کردی جاتی ہے اور کبھی نقل بردار کی لاعلمی، خیالات کی یکسانیت بحوروا وزان کی ایک رنگی اس کا سبب بن جاتی ہے۔ کبھی مصنفین یا کتابوں کے ناموں کی مشابہت اس کا موجب بن جاتی ہے اور کبھی اس سلسلے میں کچھ خاص مقاصد ومرادات کے زیر اثر نوبت جعلی و دغل تک پہنچ جاتی ہے۔ جیسے اقبال کی مشہور نظم ''نیا شوالہ'' کو محمد عبداللہ عطاؔ از چرکھاری سنٹرل انڈیا نے اپنے نام سے حیدرآباد دکن کے ماہ نامہ ''شاہد سخن'' (دسمبر ۱۹۱۳ء) میں شائع کیا جس کی نشاندہی راقم الحروف نے اپنی کتاب ''فکر ونظر'' میں کی ہے۔ کسی بھی دستیاب مخطوطے کا چار جہتوں سے خصوصی مطالعہ کیا جاتا ہے جن کی تفصیل درج ذیل ہے:۔

(الف) متنی معارض :۔ اس میں کسی نسخے کی ہئیت، اس کی تقطیع، سطر، اشعار یا مصرعوں کی تعداد، تعداد اوراق یا صفحات، خالی ورق یا صفحے (اگر ہوں)، کاغذ، قلم، روشنائی، کم یاب نسخے کی دریافت کے سلسلے میں اس کے مخزن کا ذکر، اگر وہ کسی باقادہ لائبریری کی زینت ہے تو نشانِ فہرست یا کیٹلاگ نمبر وغیرہ کا ذکر ضروری ہے۔

(ب) متنی مواقف :۔ اس میں نسخے کے مشمولات اور شعری متون کی صورت میں مختلف اصنافِ سخن کا ذکر (اس موقع پر تعداد اشعار بھی اگر دی جائے تو بہتر ہے) غیر تصنیفی حواشی (اگر موجود ہوں) اصطلاحات، قلم زدسطور یا منسوخ اشعار (بشرط ایسی کوئی صورت موجود ہو) نیز زمانہ تالیف، تاریخ کتابت، تکملہ، خاتمہ، تمتہ، ترقیمہ، تعلیقات، قطعات وغیرہ میں سے جو بھی اس متن میں شامل ہواس پر مناسب حدود کے ساتھ بحث وغیرہ امور آتے ہیں۔ اس کے علاوہ تاریخی کوائف سوانحی حقائق جن میں سیرت نگاری کو بھی شامل سمجھنا چاہئے۔ عصری معلومات، تہذیبی ماحول اور ادبی وتنقیدی رجحانات کو دکھایا جاسکتا ہے۔

(ج) متنی محاسن :۔ اس میں اسلوبِ نگارش پر خالص علمی نقطۂ نظر سے گفتگو کی جاتی ہے جس کا تحسین یا تعرض سے کوئی تعلق نہیں۔

قدیم متون کے سلسلے میں لسانی نقطۂ نظر سے جائزہ۔

اس میں جہاں تک لفظیات کا تعلق ہے لغوی حقائق اور لسانی حقائق میں فرق کرنا ضروری ہے۔

(د) متنی شواہد :۔ اس سے مراد وہ شہادتیں ہیں جو کسی متن کے بارے میں کسی دوسرے متن یا ماخذ میں ملتی ہیں۔ اس سے متن کے حدود اور اس کے زمانہ تالیف کے بارے میں ہمیں بنیادی معلومات حاصل ہوتی ہیں۔

قدیم مخطوطات میں ترقیمہ کی بڑی اہمیت ہوتی ہے۔ اسی لئے ضروری معلوم ہوتا ہے کہ اس پر علاحدہ سے روشنی ڈالی جائے۔

ترقیمہ :۔ بعض نسخوں کے آخر میں ترقیمہ ہوتا ہے۔ ''ترقیمہ'' مخطوطے کے آخر میں کاتب کی اختتامیہ عبارت کو کہتے ہیں۔ چنانچہ کسی بھی مخطوطے کا اہم حصہ اس کا ترقیمہ ہوتا ہے۔ ترقیمہ کے ذریعہ مخطوطے کے تعلق سے بہت سی اہم معلومات حاصل ہوتی ہے۔ جیسے کاتب کا نام، مالک کتاب یا فرمائش کنندہ کا نام، زماں ومکانِ کتابت وجہ تصنیف اور مخطوطے کے مواد کے متعلق اہم معلومات وغیرہ۔ اس کسی کو مخطوطے کا ترقیمہ مل جائے تو وہ اس مخطوطے کو صحیح طرح سے روشناس کرا سکتا ہے۔ مرتب یا مدون نکے لئے ترقیمہ نعمت غیر مترقبہ کی طرح ہوتا ہے۔ کیوں کہ کاتب اس میں وہ ساری تفصیلات درج کر دیتا ہے جو اس مخطوطے سے متعلق ہوتی ہیں۔ بعض دفعہ اس تصنیف کو تخلیق کرنے کے پس پشت محرکات وعوامل کی بھی نشاندہی کی جاتی ہے جیسے ''نوسرہار'' (مصنف شیخ اشرف بیابانی) کے ترقیمہ سے کافی اہم باتیں معلوم ہوتی ہیں۔

جب ہم کسی مخطوطے کا تعارف کرواتے ہیں تو اس میں حسب ذیل امور کی صراحت کرنا ضروری ہوتا ہے۔

(ا) مخطوطے کی حالت :۔ یعنی مخطوطے کی مجموعی حالت کیسی ہے۔ صفحات کا کیا حال

ہے آیا ترتیب میں یا بے ترتیب، ترک ملتے ہیں یا نہیں (ترک کی وضاحت آگے کی جائے گی)۔

(۲) تقطیع:۔ مخطوطے کے طول وعرض کیا ہیں، اس کو تقطیع کہتے ہیں۔

(۳) طرزِ تحریر:۔ مخطوطے میں جو طرز تحریر ہے کیا وہ خود مصنف کا ہے یا کسی کاتب کا، تحریر کے اندر کانٹ چھانٹ، تنسیخ موجود ہے یا نہیں اور یہ کہ تحریر کی کسی دوسرے ذریعہ سے بھی تصدی ممکن ہے یا نہیں، مثلاً مصنف کا کوئی اور معلوم ومشہور نسخہ موجود ہو یا اس کے خطوط یا مراسلے دستیاب ہوں تو ان کے ذریعے تصدیق یا تردید ممکن ہے۔

(۴) مجلد یا غیر مجلد:۔ مخطوطہ جلد بند ہے یا غیر مجلد، اگر جلد بن ہے تو آیا یہ آزاد اور علاحدہ ہے یا کسی اور مخطوطے کے ساتھ کسی مشترکہ جلد میں مجلد کیا ہوا ہے وغیرہ۔

(۵) روشنائی وکاغذ:۔ مخطوطے میں کس قسم کا کاغذ استعمال ہوا ہے۔ نیز روشنائی کیسی ہے۔ کیوں کہ یہ چیزیں مخطوطے کے اصلی یا جعلی ہونے کی تنقیح میں بنیادی اہمیت کی حامل ہیں

(۶) رسم الخط:۔ مخطوطے میں کونسا رسم الخط استعمال کیا گیا ہے۔ خط نسخ یا خط نستعلیق یا کوئی اور، اسی طرح یہ واضح اور قابل قرأت ہے یا شکستہ اور نا قابل قرأت حروف وخط کا انداز، آیا سطر کے برابر لکھا ہوا ہے یا اوپر، نیچے کیوں کہ اس کے بیان سے قاری کو الفاظ کے تقدم وتاخیر کے معاملے میں شک پیدا ہو تو اس کے لئے گنجائش موجود رہتی ہے۔

(۷) تعدادِ اوراق:۔ مخطوطے کے جملہ اوراق کی تعداد کیا ہے (اگر معلوم ہو تو) اور کتنے دستاب ہیں۔ نیز ان میں سے کتنے قابل قرأت ہیں اور کتنے جزوی طور پر قابل قرأت ہیں۔

(۸) زمانہ:۔ کیا مخطوطے سے اس کی تالیف کی تاریخ یا سنہ کا پتہ چلتا ہے یا نہیں یا کوئی داخلی یا خارجی اشارے اس مخطوطے کے زمانہ تالیف کے تعلق سے ملتے ہیں تو وہ بھی بیان کئے جائیں۔ تاکہ مخطوطے کی قدامت کا اندازہ ہو سکے۔

(۹) نام کاتب/سن کتابت وغیرہ:۔ آیا مخطوطے کا ترقیمہ ملتا ہے یا نہیں جس سے کاتب کا نام اور سن کتابت معلوم ہو سکے۔

(۱۰) عہد اور زبان :۔ مخطوطے کی زبان کے تعلق سے بھی بتانا چاہئے تا کہ اندازہ ہو سکے کہ یہ اس خاص عہد یا زمانہ (جس میں یہ تصنیف کیا گیا ہے) سے میل کھاتی ہے یا نہیں۔

آج کل مخطوطہ شناسی کا علم ایک باوقادہ فن کی حیثیت اختیار کر چکا ہے۔ مختلف علوم مثلاً آثار قدیمہ، لسانیات اور تدوین متن میں اس کے اصولوں کا اطلاق کیا جاتا ہے اور اس سے ان علوم میں بڑی مدد ملتی ہے۔ ہر منظّم اور با قاعدہ علم کی طرّ ح مخطوطہ شناسی کی بھی کچھ اصطلاحات اور ان کی خاص تشریحات ہیں۔ ذیل میں اس فن کی چند اہم اصطلاحات کی وضاحت کی جاتی ہے۔ جن سے اس فن کے ہر مبتدی کو واقف ہونا لازمی ہے۔

الحاق :۔ کسی کی تخلیق یا مجموعے میں کسی دوسرے کی تخلیقات کا شامل ہو جانا جیسے غواصیؔ کی مثنوی مینا ستونتی کے بعض مخطوطوں میں الحاقی کلام موجود ہے جس کی نشاندہی ڈاکٹر غلام عمر خاں مرتب مثنوی مذکور نے کی ہے۔

بیاض :۔ کسی کی ذاتی کاپی جس میں وہ اپنے یا دوسروں کے اشعار، نظمیں یا غزلیں لکھ لیتا ہے۔ بعض اوقات ان کے مصنف کے بارے میں تعارفی جملہ یا فقرہ بھی لکھ دیا جاتا ہے۔

کشکول :۔ وہ بیاض جس میں دوسروں کی متفرق نظم ونثر کی چیزیں لکھ لی گئی ہوں۔

تتمہ :۔ کتاب کے مکمل ہو جانے کے بعد کسی اور جزو کا اضافہ۔ مثلاً ابن نشاطی کی مثنوی ''پھول بن'' کے مخطوطے مخزونہ انڈیا آفس لائبریری (لندن) میں اصل مثنوی کے بعد محمد حیدر الدین جعفر نامی ایک شاعر نے تین سو اکتالیس اشعار بطور تتمہ لکھے ہیں۔ یہ الحاق بھی ہے اور تتمہ بھی۔ الحاق ہمیشہ دوسرے کے قلم سے ہوتا ہے جب کہ تتمہ خود مصنف کا بھی ہوسکتا ہے اور دوسروں کا بھی۔

تمت :۔ کتاب کا خاتمہ جو بالعموم اس قسم کے فقرے پر ہوتا ہے، تمت / تمت تمام شد کار من نظام شد۔

ترک / رکاب :۔ قدیم زمانے میں مخطوطات میں صفحے کا نمبر نہیں ڈالا جاتا تھا بلکہ

مصنف یا کاتب دائیں ہاتھ کے صفحہ کے نیچے بائیں کونے میں اگلے صفحے کی ابتداء کے دوالفاظ لکھ دیتے تھے انہیں ترک یارکاب کہا جاتا ہے۔

حاشیہ:۔(۱) پہلے زمانے میں کتابت وطباعت میں کچھ نثری عبارت یا اشعار درمیان صفحہ لکھتے تھے اور کچھ اطراف کے حاشیے میں ترچھا کر کے ایسی نواحی حصے کو حاشیہ کہتے ہیں۔(۲) متن کے کسی اندراج پر تبصرہ یا مزید معلومات جوفٹ نوٹ میں یا باب یا متن کے آخر میں دی جائیں۔

حواشی:۔حاشیے کے دوسرے معنی کی جمع یعنی متن پر تبصرے یا اضافی معلومات۔

حوض:۔کسی صفحے پر جدولی خطوط سے محصور درمیانی جگہ جس کے تین طرف حاشیہ ہوتا ہے اس درمیانی جگہ کو حوض کہا جاتا ہے۔حوض میں عموماً اشعار درج کئے جاتے تھے جب کہ حاشیہ میں نثر۔

خطی نسخہ رقلمی نسخہ:۔ہاتھ سے لکھا ہوا مخطوطہ

دستخطی نسخہ:۔مصنف کے ہاتھ کا لکھا ہو یا ٹائپ کیا ہوا نسخہ۔

راوی:۔روایت بیان کرنے والا مصنف یا مولف۔

روایت:۔ایک تخلیق کی مختلف شکلیں،تحریری ہوں کہ زبانی۔

قرأت:۔کسی تحریر، بالعموم مخطوطے کے کسی لفظ یا عبارت کو پڑھ کر اس کا تلفظ اور ہجے متعین کرنا مثلاً بل پری، کی صحیح قرأت پھول پڑے طئے کرنا۔

لاادری رلااعلم:۔میں نہیں جانتا، مجھے علم نہیں۔ایسے شعر،غزل،نظم یا نثری عبارت کے قبل لکھا جاتا ہے جس کا مصنف معلوم نہ ہو۔

لوح:۔کسی کتاب کا پہلا صفحہ یا سرورق بعض اوقات پہلے صفحے کا سرعنوان یعنی اوپری حصہ۔

منسوخ رنظری:۔وہ تخلیقات یا تخلیق کا حصہ جسے مصنف نے خارج کر دیا ہو۔

متداول:۔کسی ادیب کا وہ منتخب مروج متن جو حذف وترمیم کے بعد تشکیل پذیر ہوا اور جسے مصنف نے اپنی تائید سند کے ساتھ جاری کیا ہو۔

مجہول الاسم :۔ایسی قلمی یا مطبوعہ کتاب یا تخلیق جس کا مصنف معلوم نہ ہو۔

مسودہ :۔کسی کتاب یا مضمون کا نقشِ اول ۔ ہاتھ کی لکھی یا ٹائپ کی ہوئی وہ تحریر جو طباعت کے لئے دی جائے۔

مبیضہ :۔مسودے میں نظر ثانی کے بعد صاف نقل کیا ہوا نسخہ۔

وحید نسخہ :۔ اگر کسی کا دنیا میں ایک ہی نسخہ ملتا ہو تو اسے وحید نسخہ کہتے ہیں جیسے مثنوی ''کدم راؤ پدم راؤ'' کا نسخہ۔

ولہٗ /ایضاً:۔اس کے معنی ہیں ''اس کا'' کسی شاعر کا ایک شعر،نظم وغزل لکھ کر اس کے بعد اسی کی دوسری چیز دی جائے تو آخر الذکر کے اوپر ولہٗ لکھے دیتے ہیں۔جس کے معنی یہ ہیں کہ یہ بھی اسی شاعر کا کلام ہے۔نثر میں اس کا استعمال نہیں ہوتا لیکن غالبؔ نے کہا ہے (مکاتیبِ غالب مرتبہ عرشی ۲۳۴)

اس مقالے کی تیاری میں درج ذیل کتابوں سے مدد لی گئی ہے۔

۱۔ ش اختر،ڈاکٹر۔ تحقیق کے طریقہ کار۔ رانچی سنہ اشاعت ندارو۔

۲۔ انجم،ڈاکٹر خلیق۔ متنی تنقید دہلی ۱۹۶۷ء۔

۳۔ خدا بخش سمینار۔ تدوین متن کے مسائل۔ پٹنہ ۱۹۸۱ء۔

۴۔ رشید حسن خاں۔ ادبی تحقیق،مسائل اور تجزیہ۔ علی گڈھ ۱۹۷۸ء۔

۵۔ عبدالرزاق قریشی۔ مبادیاتِ تحقیق۔

۶۔ علوی،ڈاکٹر تنویر احمد۔ اصول تحقیق و ترتیب متن۔ دہلی ۱۹۷۷ء۔

۷۔ کلب عابد،پروفیسر۔ عماد التحقیق۔ علیگڈھ ۱۹۷۸ء۔

۸۔ گیان چند،ڈاکٹر۔ تحقیق کا فن۔ لکھنؤ ۱۹۹۰ء۔

فنِ تحقیق

ڈاکٹر محمد انورالدین صاحب نے اپنی ادبی زندگی کا آغاز بیسویں صدی کے نصف میں کیا۔ اس وقت شعر وادب کی دنیا میں اہم اور بلند پایہ شخصیتیں موجود تھیں۔ ان بڑے بڑے ناموں کے درمیاں محمد انورالدین نے اپنا قلم سنبھالا۔ اور نئے میدانوں کے ساتھ ان میدانوں میں بھی قدم رکھا جن پر اگلے اپنے قدم رکھ چکے تھے۔ وہ جانتے تھے کہ ابھی ان میدانوں میں بہت کچھ ہے جس کی تلاش وتحقیق ضروری ہے۔ اور جو کچھ سامنے آچکا ہے، اس پر دوبارہ نظر ڈال کر وسعت دی جاسکتی ہے۔ ایک طرف انھوں نے ایسے موضوعات کا انتخاب کیا جن پر کسی اور نے خامہ فرسائی نہیں کی تھی۔ اور جوان کے پسندیدہ موضوعات تھے۔ انھوں نے نہ صرف تحقیق و تدوین کا صحیح معیار مقرر کیا، بلکہ اپنے عالمانہ مقدموں، دیباچوں اور حاشیوں کے ذریعہ تحقیق ادب پاروں کی متن شناسی اور قدر سنجی کا حق بھی ادا کیا۔ تحقیق کے میدان میں نمایاں خدمات انجام دینے کے ساتھ ساتھ انہوں نے تفہیم شعر اور تنقید شعر کی روایت پر بھی نگاہ ڈالی۔

تحقیق کیوں کی جاتی ہے؟ کون سے ایسے پوشیدہ راز ہوتے ہیں جنہیں ایک محقق سامنے لاتا ہے۔ کیا ان راز پر سے پردہ ہٹانا ہی محقق کا فریضہ ہوتا ہے؟ تحقیق نہ کی جائے تو اس سے کیا فرق پڑتا ہے؟ آیا تحقیق ہی کے نتیجے میں معاشرے میں کوئی اہم اور متوقع تبدیلی آئی ہے؟ یہ سب باتیں ایک طالب علم کے سامنے ہوتی ہیں۔ اور وہ اپنی تعلیم کے دوران ان سوالات کے جوابات آہستہ آہستہ حاصل کر لیتا ہے۔

محمد جمال الدین قاسمی نے علمی تحقیق کے اغراض ومقاصد پر روشنی ڈالتے ہوئے لکھا ہے

"علمی تحقیق کے مقاصد کسی معدوم شئے کو ایجاد کرنا، کسی متفرق کو یکجا کرنا، ناقص کو مکمل کرنا، مجمل کو تفصیل سے بیان کرنا، مطول کی کانٹ چھانٹ کرنا، کسی بے ترتیب چیز کو مرتب کرنا، مبہم کی تعیین

کرنا اور غلطی کا آشکار کرنا قرار دئے گئے ہیں (بحوالہ ''تحقیق و تدوین کا طریق کار۔ص 30)

مصادر (Sources) کے اعتبار سے تحقیق کی کئی اقسام ہوسکتی ہیں۔ ''تحقیق و تدوین کا طریقہ کار'' میں تین اقسام بتائی گئی ہیں۔

۱۔لائبریری تحقیق (Library Research): یعنی کتابوں، رسائل، مجلّات اور انسائیکلو پیڈیاز سے معلومات جمع کی جائیں۔ محقق لائبریری جاکر کتابیں کھنگالتے ہوئے ان کا مطالعہ کرکے اپنی تحقیق کو ان مصادر کے حوالے سے تحریر کرے گا۔

۲۔میدانی تحقیق (Field Research): اس تحقیق میں ریسرچ اسکالر میدان میں سرگرم عمل ہوتا ہے۔ اور اپنے دئے گئے موضوع سے متعلق مواد جمع کرنے کے لئے لوگوں سے ملاقات کرنا، ان سے انٹرویو لیتا، ان کی بات چیت جمع کرتا اور انھیں چلتے پھرتے دیکھتا ہے۔ وہ کھیتوں، فیکٹریوں، کارخانوں، تنظیموں کے دفاتر اور کمپنیوں میں جاتا ہے اور اپنے لئے معلومات اکٹھی کرتا ہے۔

۳۔ لائبریری میدانی تحقیق (Library , Field Research): ریسرچ اسکالر اپنے موضوع سے متعلق مواد کے لئے پہلے لائبریری جاتا ہے، وہاں کا کونہ کونہ کھنگال لیتا ہے۔ پھر اس کے بعد وہ میدانوں میں سرگرم عمل ہوکر زندگی کی سچائیوں کو نزدیک سے دیکھتا ہے۔ اور ان کے عملی کام جمع کرتا ہے۔ ان سے نتائج اخذ کرتا ہے۔

۴۔ڈیجیٹل تحقیق (Digital Research): ڈیجیٹل تحقیق نئے دور کی تحقیق ہے ۔جس میں ریسرچ اسکالر انٹرنیٹ کے توسط سے مختلف ایپ، ویب سائٹ، پورٹل اور سوشیل میڈیا کے ذریعہ اپنے موضوع پر ریسرچ کرنے کے لئے مواد ڈاؤن لوڈ کرتا ہے۔ نئے دور کا یہ طریقہ آسان بھی ہے اور ریسرچ اسکالر کے ماخذ کی دریافت پر گرفت کرنے میں تیز تر بھی ہے۔ ڈیجیٹل تحقیق میں کوئی ایسا جملہ چھپا نہیں رہ سکتا جو دوسروں سے مستعار لیا گیا ہو۔ فوری طور پر دودھ کا دودھ اور پانی کا پانی ہونا طئے ہے۔

ڈاکٹر راہی فدائی ''دکنی ادب کی تحقیق وتنقید اور محمد علی اثر'' مضمون میں لکھتے ہیں۔

''کسی بھی زبان کی ترقی وترویج میں اس کے دور اولیں کی پانچ صدیاں بے کارو بے معنی نہیں ہوتیں، خصوصاً اردو جیسی نوخیز و کم عمر زبان کے لیے تو یہ پانچ سو بہاریں نہایت وقیع اور بے حد یادگار ہونے کے علاوہ سرمایۂ افتخار بھی ہیں۔ کالج اور یونیورسٹی کی سطح پر قدیم اردوادب کی اس زبوں حالی خصوصاً دکنیات سے بے توجہی و بے اعتنائی کو شدت کے ساتھ محسوس کرتے ہوئے ان سنگین حالات کے تدارک میں مصروف کار رہنے اور اپنے زور قلم سے ان احوال کا مقابلہ کرنے کے لیے کمر بستہ رہنے والے معدودے چند مستشرقین اور ماہرین دکنیات میں چارلس اسٹیوارٹ، اشپرنگر، گارساں دتاسی، بلوم ہارٹ، حکیم شمس الحق قادری، مولوی عبدالحق، نصیرالدین ہاشمی، محمود شیرانی، ڈاکٹر زور، پروفیسر سروری، افسر صدیقی، سخاوت مرزا، جمیل جالبی، شمس الرحمٰن فاروقی، سیدہ جعفر، گیان چند، معین الدین عقیل، اور محمد علی اثر قابل ذکر ہیں۔ چنانچہ ان تمام محققین نے اپنے اپنے حوصلہ کے مطابق اپنی اپنی صلاحیتوں کو بروئے کار لاکر قدیم اردو (دکنی ادب) کی جس طرح خدمت انجام دی وہ ناقابل فراموش ہے۔ ان محققین نے ایسی تاریک راہوں میں شمع علم جلایا ہے جہاں دور دور تک روشنی کی ایک کرن بھی نظر نہیں آتی تھی۔

(بحوالہ معجم دکنیات۔اول۔ پروفیسر محمد علی اثر۔ص 10 اور 11)

تحقیق کا ایک اہم مصدر مخطوطات ہیں۔ مخطوطہ شناسی ایک دقیق اور پیچیدہ فن ہے۔ اردو میں اس کے متعلق بہت کم مواد دستیاب ہے۔ اگرچہ ہمارے صف اول کے محققین اس فن سے نہ

صرف واقف تھے بلکہ اس میں کمل درجہ کی مہارت کے حال تھے لیکن انہوں نے اپنی مہارت کا عملی استعمال کیا۔نظریاتی اعتبار سے اس کے متعلق کچھ نہ لکھا۔عملی اعتبار سے یہ فن نہایت بسیط اور وسیع الاطراف واقع ہوا ہے۔اس مختصر مقالے میں اس کے تمام ابعاد پر تفصیلی نظر ڈالنا ممکن نہ تھا تاہم کوشش کی گئی ہے کہ اس کا کوئی اہم پہلو چھوٹنے نہ پائے اس فن کی مبتدیوں کے لئے یہ مقابلہ ایک تعارف نامے کی حیثیت رکھتا ہے اور یہی اس کا مقصد بھی ہے ورنہ اس فن کے مسائل و مباحث ایک مستقل تصنیف کے متقاضی ہیں۔

تحقیق میں کوئی چیز حرف آخر نہیں ہوتی۔تاہم تحقیق میں جو لطف اور محنت ہے وہ شاید ہی کسی اور میدان میں ہو۔ڈاکٹر محمد انورالدین نے بھی اسی دشت کی سیاحی کی ہے۔جن کی کاوشوں کو دادِ تحقیق دیتے ہوئے گیان چند نے لکھا ہے۔

> ''حیدرآباد کا پہلا رسالہ ایک طبی بلکہ ڈاکٹری پرچہ رسالہ طبابت تھا۔ بستان آصفیہ جلد دوم میں مانک راؤ وٹھل راؤ نے اس کا سنہ اجرا ۱۲۷۷ ائلکھا ہے ۔شمس اللہ قادری نے ۱۲۷۵ ھ دیا ہے۔ یہی تاریخ نصیرالدین ہاشمی، تمکین کاظمی اور ڈاکٹر عبدالسلام خورشید نے دہرادی۔ معاصر لکھنے والوں میں طیب انصاری اور ڈاکٹر افضل الدین اقبال نے بھی حیدرآباد کے پہلے رسالے کو ۱۲۷۵ ء سے منسوب کیا لیکن انورالدین نے پہلا شمارا تلاش کر کے حتمی طور پر طے کیا کہ یہ رسالہ ۱۲۷۲ ھ میں جاری ہوا۔اتفاق سے یہ حیدرآباد ہی کا نہیں پورے ملک کا پہلا طبی رسالہ تھا''۔

(بحوالہ ''حیدرآباد دکن کے علمی وادبی رسائل، تحقیقی وتنقیدی جائزہ۔ص 3)

پروفیسر انورالدین کی تحقیق کو سراہتے ہوئے ڈاکٹر سلیمان اطہر جاوید نے لکھا ہے۔

''اقبال کی تحسین کے مسئلہ پر ڈاکٹر انورالدین نے نہایت معروضی

انداز میں اقبال کے ناقدین کی تحریروں کا جائزہ لیا ہے۔ اقبال کے اسلوب پر بھی ان کی تحریر اہمیت رکھتی ہے لیکن اقبال کی نظم ''نیا شوالہ'' پر ان کی تحقیق اپنا جواب آپ ہے۔ یہ مضمون اقبالیات میں اپنی جگہ رکھے گا۔ فراق کے عشق اور فانی کے شعری سفر کے بارے میں ان کا مطالعہ غور وفکر کا حامل ہے۔ خصوصاً فانی کی یاسیت کا تجزیہ اعتبار رکھتا ہے۔ اکبر کے مکاتیب پر ہمارے ہاں کم ہی لکھا گیا ہے۔ ڈاکٹر انورالدین نے اس موضوع کا خوبی کے ساتھ محاسبہ کیا ہے کہ اکبرالہ آبادی کی شخصیت کے کئی پہلو اظہر من الشّمس ہو جاتے ہیں۔ یہ ایک اچھا مضمون ہے۔ جدیدیت کے بارے میں گفتگو کرتے ہوئے ڈاکٹر انور جدیدیت کو ترقی پسندی کا ردعمل قرار دیتے ہیں۔ یہ مضمون مختصر لیکن جامع ہے۔ اردو ناول میں حقیقت نگاری کے رجحانات پر بھی انہوں نے اچھی بحث کی ہے۔ دکنیات پر ان کے تینوں مضامین میں ''ابن نشاطی اور پھول بن'' معرکہ آراء ہے۔ دکنیات پر ہمارے ہاں تحقیق خاصی کی گئی ہے اور تنقید کم۔ ڈاکٹر انورالدین نے یہاں تنقیدی زاویہ سے زیادہ کام لیا ہے۔ اور خوبی کے ساتھ۔ استاد محترم پروفیسر سروری صاحب کی شخصیت اور تصانیف پر ڈاکٹر انور نے غیر معمولی محنت سے قلم اٹھایا ہے کہ سروری صاحب کی دلنواز شخصیت کچھ اور دلنواز ہو جاتی ہے۔ صحافت پر ڈاکٹر انورالدین کے پانچ مضامین ہیں۔ یہ تحقیقی نوعیت کے بھی ہیں اور تنقیدی نوعیت کے بھی، اسی کے ساتھ معلومات آفریں بھی۔ ڈاکٹر انور کے شستہ اندازِ تحریر نے ان مضامین کو خوشگوار اور دلچسپ بنا دیا ہے''۔

(بحوالہ روزنامہ ''سیاست'' حیدرآباد، صفحہ 4، 30/جون 1997ء)

پروفیسر محمد انورالدین نے اپنے تحقیقی مقالے ''ڈاکٹر زور کی مرتبہ تواریخ ادب وتذکرے'' میں ڈاکٹر زور کو دکنی تحقیق کے میر قافلہ اور اردو میں لسانیات کے ابوالآباء بتاتے ہوئے لکھا ہے

> ''انھوں (ڈاکٹر زور) نے ادب کے مختلف شعبوں کو اپنے فکر ونظر کی جولان گاہ بنایا۔ تنقید، تحقیق، لسانیات، صوتیات، افسانہ نگاری، ادبی تاریخ، سوانح نگاری، مکتوب نگاری، شاعری غرض یہ کہ ادب کا کونسا پہلو تھا جسے ان کے کلک گہر بار نے اپنی تراوش سے نہیں سنوارا۔ موضوعات کے تنوع اور رنگارنگی کے اعتبار سے اردو کا شاید ہی کوئی اہل قلم ان کی برابری کا دعویٰ کر سکتا ہے''۔

(بحوالہ ''اذکار واخبار'' ص۔ 44)

موصوف نے ڈاکٹر زور کی چار کتابیں (۱) اردو شہہ پارے (۲) تاریخ ادب اردو (۳) دکنی ادب کی تاریخ (۴) داستانِ ادبِ حیدرآباد کو سامنے رکھ کر ڈاکٹر زور کی تحقیق کو پیش کرنے کی کوشش کی ہے۔ اردو شہہ پارے کے بارے میں بتایا ہے کہ جس وقت ڈاکٹر زور اپنے ڈاکٹریٹ کے مقالے کی تکمیل اور اردو زبان کے لسانی اور صوتیاتی مسائل پر تحقیقی کام کے سلسلہ میں لندن اور پیرس میں مقیم تھے اس وقت آکسفورڈ، کیمبرج، پیرس اور اڈنبرا یونیورسٹی کے کتب خانوں میں قدیم اردو کی نایاب قلمی کتابوں کے مطالعے کا موقع ملا۔ ان میں بعض وہ تھے جن کے نسخے ہندوستان میں نہیں تھے۔ اس ادبی ذخیرے کے بیشتر حصوں کا انتخاب جمع کیا۔ حیدرآباد آنے کے بعد ان انتخابات میں مزید کا اضافہ کیا جن میں:

> ''نواب عنایت جنگ بہادر اور پروفیسر آغا حیدر حسن کے گراں قدر کتب خانوں میں مخزونہ بعض نادرونایاب مخطوطات کے انتخابات

شامل ہیں ۔ برٹش میوزیم اور انڈیا آفس کے کتب خانوں کے قلمی نسخوں میں انھیں عبداللہ قطب شاہ ،غواصی اور ابن نشاطی کی تصاویر دستیاب ہوئیں۔محکمہ آثارقدیمہ (سابقہ ریاست حیدرآباد کے گنجینۂ نوادرات) سے انھوں نے علی عادل شاہ دوم،سید شاہ راجو، ابوالحسن تاناشاہ اور محمد قلی قطب شاہ کی تصاویر کے علاوہ محمد قلی قطب شاہ اور محمد قطب شاہ کی چند اردو غزلوں کے خوش خط قطعات جو انھیں کے دور میں انھیں کے لئے بطور وصلی لکھے گئے تھے کے فوٹوز حاصل کئے اور ان سب کو اس کتاب میں شامل کیا''۔

(بحوالہ اذکار واخبار،ص 45)

پروفیسر انورالدین ڈاکٹر زور کی کتاب ''اردو شہہ پارے'' کے حوالے سے یہ بھی بتاتے ہیں کہ اس کتاب نے ولی اورنگ آبادی سے ماقبل کی تاریخ کو روشنی میں لانے کا کام کیا ہے۔ کتاب میں ادبیت کو ترجیح دی گئی ہے اور تاریخ وار مرتب کرتے ہوئے اردو زبان وادب کے ارتقاء کو دکھانے کی سعی کی گئی ہے۔ان کا دعویٰ ہے کہ 1929ء میں شائع یہ کتاب دکنی ادب کی تحقیق میں شاہ کار کا درجہ رکھتی ہے۔

آگے کے صفحات میں لکھا ہے کہ

''اس میں کوئی دو رائیں نہیں ہوسکتیں کہ اردو شہہ پارے کی اشاعت نے اردو زبان کی ادبی تاریخ کو طوالت بخشنے اور اردو کی قدامت اور بزرگی قائم کرنے میں بڑا حصہ لیا'' اس بات کا بھی اظہار انورالدین نے کیا ہے کہ ایسے کام خالی از اسقام نہیں ہوتے۔ اس کا احساس ڈاکٹر زور کو تھا۔ جس کا اظہار کتاب کے مقدمہ میں ڈاکٹر زور نے کیا ہے۔جس کا حوالہ دینے کے بعد ڈاکٹر انورالدین لکھتے ہیں۔

''اسے زور صاحب کی بصیرت کہیے یا پیش بینی کا کمال کہ ان کا اندازہ صد فیصد درست ثابت ہوا۔ چنانچہ مابعد دور میں دکنیات کے میدان میں جو نئی نئی تحقیقات ہوئیں، ان کی روشنی میں اردو شہہ پارے کے بعض مندرجات اور بیانات تصحیح طلب قرار پائے'' (بحوالہ اذکار واخبار۔ص48)

پروفیسر انور الدین نے اس کے بعد ڈاکٹر زور کی دوسری کتاب ''تاریخ ادب اردو'' کے مشمولات کا جائزہ لیا ہے اور اس بات کا انکشاف کیا ہے کہ یہ کتاب مرتبہ ادارۂ ادبیات اردو ہے۔ لیکن دراصل یہ ڈاکٹر زور ہی کے قلم کا نتیجہ ہے۔ جس کا حوالہ دیتے ہوئے پروفیسر انور الدین لکھتے ہیں:

''ماہنامہ سب رس 1963ء یادگار زور نمبر میں ڈاکٹر زور کے مقالہ نما کے مرتب وقار خلیل نے اس کتاب کو ڈاکٹر زور کی تصانیف میں شامل کیا ہے۔(ص390)'' اس کے بعد اس کتاب کا جائزہ لیتے ہوئے کوئی خاص بات کی نشاندہی نہیں کی گئی ہے۔ البتہ کتاب کے چوتھے حصہ کے ذکر کرتے ہوئے لکھا ہے۔

''اس حصے کی خاص بات یہ ہے کہ اس میں ڈاکٹر زور نے دکن کے بعض اہم شاعروں اور نثر نگاروں کو تاریخ ادب اردو کی پوری روایت کے پس منظر میں ان کا مقام متعین کرنے کی کوشش کی ہے۔ اس کے علاوہ دکن کے اہل قلم میں گردھاری پرشاد باقی، ڈاکٹر احمد حسین مائل، جلال الدین توفیق، رضی الدین حسن کیفی اور طیبہ بیگم کا ذکر شامل ہے ''۔

(اذکار واخبار۔ص50)

آخر میں ڈاکٹر انور الدین نے جو بات لکھی ہے وہ ان کے تحقیقی مزاج کے عین مطابق ہے۔ وہ مذکورہ کتاب کے بارے میں لکھتے ہیں۔

''کتاب کے آخر میں اشاریہ بھی دیا گیا ہے۔ یہ کتاب ڈاکٹر زور کے مطابق تحقیقی و سائنٹفک بنیاد پر مرتب کی گئی ہے لیکن ظاہر ہے کہ گذشتہ نصف صدی کے دوران تحقیق و تنقید نے اتنی ترقی کی ہے کہ اس کی روشنی میں اس کتاب کی کئی باتیں ساقط الاعتبار قرار پائی ہیں لیکن اختصار و جامعیت کے پہلو سے یہ کتاب بہر حال اپنی قدر و قیمت رکھتی ہے''۔ (ایضاً۔ ص 50)

وہ کئی باتیں جو ساقط اعتبار قرار پاتی ہیں، اس کا تذکرہ ڈاکٹر انور الدین نے نہیں کیا ہے۔ اگر تذکرہ کر دیتے تو مناسب ہوتا اور تحقیق کرنے والے افراد اور ریسرچ اسکالر کو آسانی ہوتی۔ مبصر جب کسی کتاب پر تبصرہ کرتا ہے تو اس کو یہ سب زیب دیتا ہے لیکن مضمون نگار کے لئے ضروری ہو جاتا ہے کہ وہ اہم چیزوں کو تذکرہ کرے۔ یعنی کوئی اہم چیز مضمون میں جگہ پانے سے نہ رہ جائے۔

ڈاکٹر زور کی تیسری کتاب ''دکنی ادب کی تاریخ'' کے بارے میں پروفیسر انور الدین نے لکھا ہے کہ:

''دکنی ادب کی تواریخ میں زور صاحب کی یہ تصنیف اختصار اور جامعیت کے اعتبار سے اپنی مثال آپ ہے۔ یہ کتاب پہلی مرتبہ 1960ء میں منظر عام پر آئی۔ اور تب سے آج تک اس کے متعدد ایڈیشن نکل چکے ہیں۔ کمال تو یہ ہے کہ زائد از ربع صدی کا عرصہ گزرنے کے باوجود اس کی اہمیت اور افادیت میں ذرہ برابر کمی نہیں آئی''۔

(اذکار واخبار۔ص 50)

یہ کتاب 1350ء سے 1750ء پورے چار سو سال کی تاریخ اپنے اندر رکھتی ہے۔ چھ ابواب پر مشتمل یہ کتاب دکن کے قدیم ادبی مراکز بیدر، گلبرگہ، بیجا پور اور گولکنڈہ کے ادبی قلمکاروں کی زندگی، ان کا فن، اور ان کی شخصیت کے بارے میں بیش بہا معلومات رکھتی ہے۔ پہلے باب میں "عہد بہمنی" کے عنوان کے تحت جن شعراء کے حالات اور ان کی تصانیف کا ذکر کیا گیا ہے ان میں شیخ عین الدین گنج العلم، سید محمد حسینی حضرت خواجہ بندہ نوازؒ، فخر دین نظامی، مشتاق، لطفی، فیروز بیدری، اشرف، شاہ میراں جی شمس العشاق اور سید شہباز حسینی شامل ہیں۔ پروفیسر انور الدین لکھتے ہیں کہ شیخ عین الدین گنج العلم سے منسوب دکنی تصنیفات معروف الاسم اور معدوم الوجود ہیں۔ اور حضرت خواجہ بندہ نوازؒ سے منسوب معراج العاشقین ڈاکٹر حفیظ قتیل مرحوم کی تحقیق کے مطابق مخدوم شاہ حسینی بلکانوری کی تصنیف ثابت ہو چکی ہے۔

دوسرا باب "عادل شاہی عہد" کے عنوان سے ترتیب دیا گیا ہے۔ اس باب میں عبدل بیجا پوری، مقیمی، حسن شوقی، شاہ برہان الدین جانم، نصرتی اور ہاشمی کا ذکر ہے۔ تیسرے باب میں قطب شاہی عہد کے نمائندہ سخن سازوں اور سخن طرازوں کے حالات زندگی کو بتلایا گیا ہے جن میں محمد قلی قطب شاہ، ملا خیالی، محمود، فیروز بیدری، وجہی، غواصی، ابن نشاطی، شاہ راجو اور طبعی وغیرہ ہیں۔ پانچویں باب میں "مغل عہد، حیدرآباد اور اورنگ آباد" کے عنوان سے ترتیب دیا گیا ہے۔ جس میں 17 ویں صدی کے اواخر اور اٹھارویں صدی عیسوی کے نصف اول کے جن دکنی شعراء اور ان کی تصانیف پر روشنی ڈالی گئی ہے ان میں بحری، عشرتی، شاہ حسین ذوقی، وجدی، فراقی، ضعیفی، ولی ویلوری، ولی اورنگ آبادی اور سراج اورنگ آبادی کے نام اہم ہیں۔

کتاب کا آخری باب "دکنی ادب کا اثر شمالی ہند کے اردو پر" ہے۔ اس کے بارے میں پروفیسر انور الدین نے لکھا ہے کہ

"ڈاکٹر زور نے بہ دلائل یہ ثابت کیا ہے کہ شمالی ہند میں اردو زبان میں

تخلیقی ادب کی روایت کا آغاز دکن کی شعری روایت کے زیر اثر ہوا۔‘‘اس کتاب کے بارے میں خود مصنف نے لکھا ہے کہ ’’گویہ کتاب دکنی ادب کی تاریخ پرحرفِ آخرنہیں لیکن دکن کی علمی وادبی تحریکوں اور کاوشوں کو عام اردو دانوں ،طلبہ اورعوام میں متعارف کرانے کاایک ذریعہ ہے‘‘۔(اذکارواخبار۔ص 52)

داستان ادب حیدرآباد:۔ 1951ء میں منظرعام پرآئی۔اس کتاب میں 1000ء سے 1370ء یعنی تقریباً پونے چارصدیوں کے دوران ،شہرحیدرآباد کی علمی وادبی تحریکات اوران کے پس منظر نیز یہاں کے مردم خیز سرزمین سے اٹھنے والے اربابِ علم ودانش اوراصحاب کمال کی تصانیف کے مطالعہ پرمشتمل ہے۔

موجودہ حیدرآباد جس قدر دلچسپ اور سیاحوں کے لئے دلکشی رکھتا ہے، اس سے زائد دلچسپی حیدرآباد قدیم کی تاریخ سے ہوسکتی ہے۔ جولوگ حیدرآباد سے محبت کرتے اوراس کی تاریخ کوسمجھنا چاہتے ہیں وہ ’’داستانِ ادب حیدرآباد‘‘ ضرور اپنے پاس رکھنا پسند کریں گے۔دکنی ادب پرتحقیق ہرکسی کے بس کی بات نہیں ہے۔کون مخطوطہ پڑھے۔اس کوسمجھے اور پھرتحریر کے ذریعہ لوگوں کوسمجھائے۔لیکن یہ کام پروفیسرانورالدین نے بھی کردِکھایاہے۔ پھول بن کے سنہ تصنیف کے بارے میں لکھتے ہیں کہ

’’پھول بن کی سنہ تصنیف کے بارے میں اختلافات پائے جاتے ہیں۔ یوروپی مصنف اسٹوراٹ نے اس کا سنہ تصنیف 1059ھ م 1649ء بیان کیاہے۔ ہندوستانی وپاکستانی محققین میں ڈاکٹر زور، نصیرالدین ہاشمی ، اور ڈاکٹر جمیل جالبی نے بالاتفاق اس کی تاریخ تصنیف 1066ھ م 1655ء قراردی ہے لیکن اب پھول بن کا صحیح ترنسخہ دستیاب ہوگیاہے۔جس کی مدد سے 1955ء میں شیخ چاندابن

حسین نے اس کو ترتیب دیا ہے۔ حیدرآباد کے گورنمنٹ اورینٹل
مینواسکرپٹ لائبریری میں بھی اس کا ایک عمدہ مکمل نسخہ موجود ہے۔
جس سے یہ ثابت ہوتا ہے کہ یہ مثنوی 1076ھ م 1665ء میں مکمل
ہوئی۔ قطعہ تاریخ یہ ہے

صفا دار اس کی دیکھ ہر ایک چمن میں
دکھیا ہوں ناؤں اس کا پھول بن میں
اٹھا تاریخ لایا تو یہ گلزار
گیارہ سو کوں کو کم تھے بیس پر چار

گیارہ سو میں سے بیس پر چار یعنی چوبیس کم کرنے سے 1076ھ برآمد ہوتے ہیں۔ چونکہ بعض نسخوں میں آخری مصرع کے بیس کو تیس پڑھا جا سکتا تھا۔ اس سے التباس ہو رہا تھا لیکن اب گورنمنٹ اورینٹل مینواسکرپٹ لائبریری حیدرآباد اور انجمن ترقی اردو کراچی پاکستان کے نسخوں سے التباس باقی نہیں رہا۔ اور 1076ھ کی تصدیق ہو جاتی ہے۔ پروفیسر عبدالقادر سروری، شیخ چاند، اور ڈاکٹر گوپی چند نارنگ نے بھی یہی سال صحیح مانا ہے۔ اس لئے پھول بن کی سنہ تصنیف 1076ھ م 1665ء قرار پاتا ہے۔ (بحوالہ ماہنامہ شاداب حیدرآباد، جولائی 1988ء، جلد 5، شمارہ 4، ص 32-33)

انورالدین نے نہ صرف خود تحقیق کی ہے بلکہ جہاں کہیں ایسی کوئی کتاب جو تحقیق سے متعلق ہو منظر عام پر آ جائے تو انھوں نے اس پر مضمون لکھ کر اس کتاب کو بھی قارئین تک پہنچانے کر قارئین کے تحقیقی ذوق کی تسکین کا سامان بھی کیا ہے۔ ایسا ہی ایک تبصرہ ماہنامہ ''آندھرا پردیش'' میں ''تحقیقات۔ دکنی تحقیق میں ایک وقیع اضافہ'' کے عنوان سے شائع کیا ہے۔ وہ لکھتے ہیں۔

''نئی پود میں دکنی اور دکنیات سے لگاؤ اور شغف باقی نہیں رہا۔ بلکہ اس

کے ساتھ ایک طرح کا متوحشانہ رویہ اور گریز کا رجحان عام ہے۔اس طرح یہ میدان ایک عرصہ دراز سے کسی تازہ وارد سیاح کی دشت پیمائی کا منتظر تھا۔ دکن کے اس سونے میکدے کے مئے مردافگن تحقیق کے حریص ہونے کا اعزاز حیدرآباد کے ایک جواں سال محقق محمد نسیم الدین فریس کے حصہ میں آیا جس کی تصنیف ''تحقیقات'' کے عنوان سے 1993ء کے اواخر منصۂ شہود پر آئی۔ چکی ناموں کے تحقیقی اور تنقیدی مطالعہ میں مصنف نے پورے اعتماد کے ساتھ سابقہ محققین جیسے ڈاکٹر زینت ساجدہ، ڈاکٹر سیدہ جعفر، ڈاکٹر زور، اور نصیر الدین ہاشمی کے تسامحات کی نشاندہی بھی کی ہے۔مصنف نے قدیم مخطوطات کے ذخائر سے بعض نئے چکی نامے اور بعض نامعلوم چکی ناموں کے نئے متون دریافت کئے ہیں۔ (ص۔14-13) نسیم الدین فریس نے نہایت تحقیق و جستجو سے دکنی کی قدیم مخطوطات کا مطالعہ کرکے بعض ایسی اصناف دریافت کی ہیں جو اب تک نامعلوم تھیں ۔اس مضمون میں دکنی کی تین متروک اصناف چار کرسی ، برہنی، کھاڑا کا تعارف کرایا ہے۔ فاضل مصنف نے ان میں سے ہر صنف کی نہ صرف تعریف کی ہے بلکہ اس کے فن اور مواد کا تجزیہ بھی پیش کیا ہے۔ (ص۔15)

''تحقیقات'' کا اگلا مضمون ایک نایاب چرخہ نامہ ہے اس میں فاضل مصنف نے دکن کے ایک قدیم چرخہ نامہ کا تعارف کرایا ہے۔ یہ چرخہ نامہ انھیں ادارۂ ادبیات اردو حیدرآباد کی ایک قدیم بیاض سے دستیاب ہوا۔ چرخہ ناموں کے سلسلہ میں عام طور پر محققین صرف ایک

ہی چرخہ نامہ کا حوالہ دیتے ہیں جس کے نسخے کتب خانہ سالار جنگ اور کتب خانہ انجمن ترقی اردو پاکستان کی زینت ہیں۔ نسیم الدین کا دریافت کردہ چرخہ نامہ اس سلسلے کی دوسری مثال ہے۔ یہ چرخہ نامہ سیدی برہان کا مصنفہ ہے جسے اس مضمون میں تنقیدی نوٹ اور تدوین متن کے ساتھ پیش کر کے مصنف نے ہمیشہ کے لئے محفوظ کر دیا ہے۔
(ص۔15,16)

مجموعی اعتبار سے تحقیقات، دکنیات کے میدان میں ایک گراں مایہ اضافہ ہے جس کے ذریعہ دکنی کے بعض قدیم شعراء، اور قدیم شہ پارے، اور قدیم اصناف کو پہلی مرتبہ دنیائے علم و تحقیق سے آشنا کرایا گیا ہے۔

(بحوالہ ماہنامہ آندھراپردیش حیدرآباد، اکٹوبر 1995ء، ص۔16)

مجموعی طور پر پروفیسر انورالدین کی تحقیق کا انداز طالب علمانہ بھی ہے اور محققانہ بھی ہے۔ جہاں کہیں سے کوئی اہم بات اور تحقیق کا پتہ چلا ہے انھوں نے اس کو یکجا کر کے دنیائے علم وادب تک پہنچانے کی سعی کی ہے۔ گوان کی تحقیق کو سند کا درجہ تو نہیں دیا گیا ہے لیکن وہ ایک معتبر اور قابل ذکر محقق ضرور ہیں۔ اوران کی تحقیق اور رائے کو نظر انداز نہیں کیا جا سکتا۔

مخطوطہ پڑھنا تحقیق میں ناگزیر ہے۔ اور جن محققین نے پہلے کے بجائے ثانوی ماخذات پر بھروسہ کیا ہے ان پر دیگر تحقیق نگاروں نے بھروسہ نہیں کیا۔ تحقیق کی شرط مخطوطہ کی قرأت ہے۔

''کرنول کا ایک گمنام شاعر: وجدیؔ کرنولی'' جیسے تحقیقی مضمون میں پروفیسر محمد انورالدین لکھتے ہیں:

''ادارۂ ادبیات اردو کے کتب خانہ میں وجدیؔ کی مثنوی پنچھی باچھا کا

ایک ایسا مخطوطہ محفوظ ہے جس کے سرورق پر یہ عبارت درج ہے ''ہذا الکتاب پنچھی باچھا من تصنیف حکیم ہدایت اللہ مرحوم'' چونکہ یہ نسخہ وجدی کی وفات کے قریب زمانے میں نسخ کردہ ہے۔ اس لیے اس میں یقینی طور پر معلوم ہوتا ہے کہ وجدی کا نام ہدایت اللہ تھا۔ وجدی کی مثنوی ''مخزن عشق'' کے ایک مخطوطے مخزونہ کتب خانہ انجمن ترقی اردو کراچی کے ترقیمے میں بھی وجدیؔ کا یہی نام درج ہے۔

(بحوالہ ادبی مجلّہ، مرتب پروفیسر فیروز احمد۔ اشاعت 2009ء، ص۔45)

آگے پروفیسر محمد انور الدین نے لکھا ہے حکیم شمس اللہ قادری نے اردوئے قدیم کے حیدر آبادی ایڈیشن میں انھیں کرنول کا اور لکھنوی ایڈیشن میں کیچ (دھارور) کا باشندہ بتایا ہے۔ ڈاکٹر زور نے دکنی ادب کی تاریخ میں دھارور کا اور تذکرہ مخطوطات جلد سوم میں کرنول کا باشندہ بیان کیا ہے۔ راقم الحروف کا خیال ہے کچھ (دھارور) وجدی کا وطن اصلی اور کرنول وطن مالوف ہوگا۔ یہاں آکر پروفیسر انور الدین کی تحقیق شاعر کے وطن سے متعلق ختم ہو جاتی ہے۔

آگے صفحہ 48 پر لکھتے ہیں

وجدیؔ کی پنچھی باچھا کے بکثرت نسخے دستیاب ہوئے ہیں۔ لیکن ان نسخوں میں اس مثنوی کے سنہ تصنیف کے بارے میں اختلاف پائے جاتے ہیں جس کی وجہ سے محققین دکنی ادب کے ہاں اس مثنوی کا سنہ تصنیف بھی مابہ النزاع ہے۔ حکیم شمس اللہ قادری کے بموجب یہ 1146ھ کی تصنیف ہے۔ ڈاکٹر زور بھی ان کے ہم خیال ہیں۔ نصیر الدین ہاشمی اسے 1131ھ کی تصنیف مانتے ہیں۔ سید محمد مرتب پنچھی باچھا 1145ھ کے قائل ہیں۔ راقم الحروف کے نزدیک پنچھی باچھا کا سنہ تصنیف 1155ھ درست ہے۔ جو اس مثنوی کے درج ذیل تاریخی شعر سے برآمد ہوتا ہے۔ اور بیشتر قلمی نسخوں میں یہی مذکور ہے

جب کیا تاریخ کادل میں حساب
تب ہوا میزاں میں کیا خاصی کتاب

۱۱۵۵ھ

وجدی کی تیسری مثنوی ''تحفۂ عاشقاں'' کی سنہ تصنیف پر بھی اس مضمون میں بحث کی گئی ہے۔اس مثنوی کے آغاز میں وجدی نے حسب روایت حمد یہ اشعار،نعت رسول ، مدح خلفائے راشدین اور حضرت شیخ عبدالقادر جیلانی رحمتہ اللہ علیہ کی منقبت قلمبند کی ہے۔مثنوی کے خاتمے پر وجدی نے اس کی تاریخ تصنیف کا اظہار اس طرح کیا ہے

دسے اس کی تاریخ مج کوں عیاں
پچھا نو اسے تحفۂ عاشقاں

پھر پروفیسر انورالدین مختلف محققین کا حوالہ دے کر بحث کرتے ہوئے کہتے ہیں ''مصر ع ثانی سے 1163ھ برآمد ہوتا ہے لیکن حیرت ہے کہ ڈاکٹر زور نے اسے 1115ھ کی تصنیف خیال کیا ہے۔غالباً انھوں نے مثنوی کے نام ''تحفۂ عاشقاں'' کو ماہ و تاریخ سمجھا ہے۔شمس اللہ قادری،نصیرالدین ہاشمی،محمد بن عمر اور افسر صدیقی کے نزدیک اس کا سنہ تصنیف 1153ھ ہے لیکن محققین نے تحفۂ عاشقاں میں ہمزہ کی قیمت محسوب نہیں کی ہے۔جو کہ درست نہیں ہے۔صحیح سنہ تصنیف کی قیمت کے بشمول 1163ھ ہے(بحوالہ ادبی مجلّہ ،مرتب پروفیسر فیروز احمد۔ اشاعت 2009ء ص 50،شعبہ اردو وفارسی ،راجستھان یونیورسٹی جے پور)

پروفیسر محمد انورالدین نے ہمیشہ اپنے تحقیقی مضامین کو سادگی سے شائع کروایا۔عموماً دیکھنے کو یہ ملتا ہے کہ تحقیقی مضامین کسی معروف رسالہ میں شائع کرائے جاتے ہیں لیکن پروفیسر

محمد انورالدین نے بجائے اس کے اپنے تحقیقی مضامین کو عوام تک فوری طور پر پہنچانے کا طریقہ یہ اختیار کیا کہ انھوں نے روزناموں میں بھی اپنے تحقیقی مضامین شائع فرمائے۔ ان ہی میں سے ایک تحقیقی مضمون ''اردو کا پہلا صاحب دیوان شاعر محمد قلی قطب شاہ'' بھی ہے جس حیدرآباد کے روزنامہ ''ہمارا عوام'' کی 5/جون 2000ء کی اشاعت میں شائع کرایا گیا۔ جس میں انورالدین قلی قطلب شاہ کے بارے میں لکھتے ہیں

> ''محمد قلی گولکنڈہ کے قطب شاہی خاندان کا پانچواں فرماں روا تھا۔ اس نے 1580ئ سے 1611ئ تک یعنی تیس سال نہایت شان وشوکت اور عظمت وسطوت کے ساتھ حکومت کی۔ اس کے زمانے میں گولکنڈہ کی رعایا نہایت خوش حال اور فارغ البال تھی۔ مملکت میں امن وامان کا دور دورہ تھا۔ یہی وجہ ہے کہ اس کے عہد میں گولکنڈہ کی تہذیب و تمدن کو نہایت عروج وفروغ حاصل ہوا''

پروفیسر انورالدین موضوع کی بابت لکھتے ہیں کہ:

> ''ایک زمانے تک یہ خیال رہا کہ ولی اردو کا پہلا شاعر ہے اس خیال کے حامل مولوی محمد حسین آزاد تھے۔ جنہوں نے اپنی شہرہ آفاق تصنیف آب حیات میں ولی کو اردو شاعری کا باوا آدم قرار دیا تھا بعد کی تحقیق سے پتہ چلا کہ ولی سے پہلے بھی دکن میں اردو شاعر ہوئے ہیں جن کا کلام محفوظ ہے۔ ولی کو پہلا صاحب دیوان شاعر بھی نہیں کہا جاسکتا کیونکہ ولی سے تقریباً دوسوسال قبل سلطان محمد قلی نے اپنا دیوان فارسی دیوان کے طرز پر ردیف وار مرتب کیا تھا۔ شمالی ہند کے اولین صاحب دیوان شعراء یعنی فائز اور آبرو اٹھارھویں صدی سے تعلق رکھتے ہیں جب کہ سلطان محمد قلی قطب شاہ دسویں صدی

ہجری سے تعلق رکھتا ہے۔ وہ سلاطین میں شہنشاہ اکبر اور قدیم شعراء میں تلسی داس، میرابائی اور سورداس کا ہم عصر تھا۔ اس کا کلیات قدیم دکنی زبان میں ہے''۔

(بحوالہ روزنامہ ''ہمارا عوام'' حیدرآباد۔ 5/جون 2000ء)

دیکھا جائے تو عنوان کے حوالے سے یہیں مضمون پر خاتمہ کی مہر لگ جانی چاہیے۔ لیکن پروفیسر محمد انورالدین نے جتنا لکھا تھا اسی قدر مزید لکھ کر اس مضمون میں یہ بتانے کی کوشش کی ہے کہ سلطان محمد قلی کی شاعری کی نمایاں خصوصیات کیا ہیں۔ انھوں نے اس مضمون میں آگے لکھا ہے کہ قلی ہندوستانی جذبات اور ہندوستانی فکر و مزاج کی ترجمانی اپنے کلام میں کرتا ہے۔ اس نے فارسی کے علاوہ تلنگی میں بھی نظمیں لکھیں جو محفوظ نہیں رہ سکیں۔ وہ حقیقت نگاری، مشاہدات اور تجربات کا شاعر ہے۔ اس کے ہاں حسن و عشق کے علاوہ مذہبی رنگ بھی شدت سے ملتا ہے۔

حوالہ کتب

۱۔ معجم دکنیات۔ اول۔ پروفیسر محمد علی اثر

۲۔ حیدرآباد دکن کے علمی و ادبی رسائل، تحقیقی و تنقیدی جائزہ۔ پروفیسر محمد انورالدین

۳۔ اذکار و اخبار، ڈاکٹر محمد انورالدین

۴۔ روزنامہ ''سیاست'' حیدرآباد، 30/جون 1997ء

۵۔ ماہنامہ سب رس 1963ء یادگار زور نمبر

۶۔ ماہنامہ شاداب حیدرآباد، جولائی 1988ء، جلد 5، شمارہ 4

۷۔ ماہنامہ آندھرا پردیش حیدرآباد، اکٹوبر 1995ء

حیدرآباد کے علمی وادبی رسالے

ڈاکٹر محمد انورالدین صاحب نے حیدرآباد کے علمی ،ادبی رسائل پر جو مقالہ سپرد قلم کیا ہے، وہ اپنی نظیر آپ ہے۔

پروفیسر موصوف کی کتاب ''حیدرآباد دکن کے علمی وادبی رسائل'' آپ کی عرق ریزی اور انتہائی جستجو اور کاوش کا نتیجہ ہے۔اس کی ترتیب کے سلسلے میں آپ نے پندرہ سے زیادہ کتب خانوں سے استفادہ کیا جن میں اسٹیٹ سنٹرل لائبریری، نظامس ٹرسٹ لائبریری، عثمانیہ یونیورسٹی ،ایس وی آر اردو ریسرچ سنٹر، بھارت گن وردھک سنستھا، حیدرآباد یونیورسٹی لائبریری، کتب خانہ ادارۂ ادبیات، کتب خانہ سالار جنگ، کتب خانہ اسٹیٹ آرکائیوز، کتب خانہ محمد عبدالرشید ایڈوکیٹ، کتب خانہ جناب عادل خان ایڈوکیٹ، کتب خانہ جناب ابراہیم خلیل صاحب ایڈوکیٹ، کتب خانہ ڈاکٹر یوسف حسین خان صاحب اور اردو ریسرچ سنٹر شامل ہیں۔

اس کتاب کی تیاری میں پروفیسر گیان چند جین کی عالمانہ رہنمائی بھی شامل رہی۔ان کے علاوہ پروفیسر مغنی تبسم، پروفیسر ثمینہ شوکت، پروفیسر غلام عمر خان، پروفیسر سید مجاور حسین رضوی ، پروفیسر سیدہ جعفر، پروفیسر یوسف سرمست، مولوی اکبرالدین صدیقی اور پروفیسر ہاشم علی کے مشورے اور تعاون بھی حاصل رہا۔

اس کتاب کا پُر مغز مقدمہ ڈاکٹر گیان چند جین کا ہے۔جس میں انھوں نے کتاب کے مواد کا مختصراً جائزہ لیا ہے۔مقالے کا پہلا باب پس منظری ہے۔یہ صحافت سے متعلق ہے اور اردو صحافت کے آغاز وارتقاء سے بحث کی گئی ہے۔اس میں ملک بھر کے اخباروں اور رسالوں کا ذکر ہے۔واضح رہے کہ ابتدائی اخبار روزنامے نہ تھے۔اکثر صورتوں میں ہفتہ وار تھے۔یہ محض سیاسی خبروں کے ظریف نہ تھے بلکہ ان کے دامن میں سوانح عمریاں ، انشائیہ، افسانے اور

داستانیں بھی ملتے تھے۔ابتدا میں اختصاصیت نے ادب اور سیاست کو جدا نہیں کیا تھا۔اودھ پنچ جتنا ادبی پرچہ تھا اتنا ہی سیاسی اور معاشرتی بھی تھا۔علی گڈھ کی تحریک سیاسی بھی تھی ،سماجی بھی ، ادبی بھی۔حسرت موہانی کا رسالہ اردوئے معلیٰ یقینی طور پر ادبی تھا مگر اس میں بار بار ایسی صحافیا نہ تحریریں شائع ہو جاتی تھیں کہ اس کی ضمانت ضبط ہو جاتی تھی۔ یہی حال الہلال ، البلاغ اور زمیندار کا ہے۔صحافت اور ادب میں میل جول تھا۔

پروفیسر انورالدین صاحب نے اس مقالے کی تیاری کے لئے قریب قریب دوسو رسائل کھنگالے۔ان کا بڑی باریک بینی سے مطالعہ کیا۔ان پر لکھی گئی ابتدائی کتابوں کا بھی تقابلی مطالعہ کیا اور سجن لال ،ڈاکٹر طیب انصاری اور حکیم شمس اللہ قادری صاحب جیسے اولین مصنفین و محققین سے جو تسامح ہوا اس کی نشاندہی کی ہے۔اس میں درحقیقت ان بزرگوں کی فروگذاشت وسائل اور ترقی یافتہ سہولتوں کے فقدان کی بدولت ہے۔

ذیل میں ان رسائل/ اخباروں کی فہرست دی جارہی ہے جنھیں ڈاکٹر محمد نورالدین صاحب نے کھوجا اور ان پر لگاتار کام کیا۔

حیدرآباد کے رسائل کی فہرست از ابتدا تا 1947

طبی رسائل

نشان سلسلہ	رسالہ کا نام	ایڈیٹر/مہتمم/سرپرست	سنہ اشاعت	نوعیت
۱۔	رسالہ طبابت حیدرآباد	جارج اسمتھ	نومبر ۱۸۵۵ء	سہ ماہی
۲۔	دکن میڈیکل جرنل	لقمان الدولہ بہادر	اکتوبر ۱۹۱۸ء	ماہ نامہ
۳۔	المعالج	حکیم بشیر احمد	اکتوبر ۱۹۱۸ء	ماہ نامہ
۴۔	حکیم دکن	حکیم محمد ظفرالدین ناصر	فروری ۱۹۳۷ء	ماہ نامہ
۵۔	صحت عامہ	حکیم لئیق احمد فائق نعمانی	اکتوبر ۱۹۴۱ء	پندرہ روزہ

تہذیبی رسائل

۶۔	مخزن الفوائد	سید حسین بلگرامی	مئی ۱۸۷۴ء	ماہ نامہ
۷۔	ادیب	سید محمد یوسف الدین	اپریل ۱۸۸۰ء	"
۸۔	معلم شفیق	محبّ حسین	نومبر ۱۸۸۰ء	"
۹۔	داستانِ سیاح	منشی سید ابراہیم عفو	مئی ۱۸۸۳ء	"
۱۰۔	حسن	سید محمد فخر اللہ	اگست ۱۸۸۸ء	"
۱۱۔	دکن پنچ	"	مارچ ۱۸۹۲ء	"
۱۲۔	معلم	محبّ حسین	اگست ۱۸۹۲ء	"
۱۳۔	معلم نسواں	محبّ حسین	ڈسمبر ۱۸۹۴ء	"
۱۴۔	سحر بیان	مجیب احمد تمنائی	مارچ ۱۸۹۵ء	"
۱۵۔	منتخب روزگار	حکیم سید علی خان	ستمبر ۱۸۹۵ء	"
۱۶۔	افسر	مولوی محبّ حسین / مولوی عبدالحق	اپریل ۱۸۹۷ء	"
۱۷۔	دبدبۂ آصفی	پنڈت رتن ناتھ سرشار	ستمبر ۱۸۹۷ء	"
۱۸۔	جام جمشید	حکیم محمد ابراہیم خان خلیل	جون ۱۹۰۰ء	"
۱۹۔	نسیم دکن	محمد نادر علی برتر	جنوری ۱۹۰۲ء	"
۲۰۔	افسانہ / دکن ریویو	مولانا ظفر علی خان	جولائی ۱۹۰۲ء	"
۲۱۔	صحیفہ	سید رضی الدین حسن کیفی	جون ۱۹۰۵ء	"
۲۲۔	ادیب	مولوی ظفر یاب خان	مئی ۱۹۰۸ء	"
۲۳۔	المحب	ثاقب بدایونی	جون ۱۹۱۰ء	"
۲۴۔	الہادی	غلام حسین داد	۱۹۱۱ء	"

۲۵۔	دربار	مولوی احمد علی جودت	جون۱۹۱۲ء	,,
۲۶۔	شاہد سخن	مانک گوند پرشاد احسان	جنوری ۱۹۱۳ء	,,
۲۷۔	تاج	ابوالوفا غلام محمد انصاری وفا	جنوری ۱۹۱۴ء	,,
۲۸۔	تزک عثمانیہ	سرکشن پرشاد	جون ۱۹۱۴ء	,,
۲۹۔	ذخیرہ	سید ناظر الحسن ہوش بلگرامی	اکتوبر ۱۹۱۵ء	,,
۳۰۔	افادہ	مرزا نظام شاہ	نومبر ۱۹۱۵ء	,,
۳۱۔	ثمرۃ الادب	محمد عبدالواسع صفا	مئی ۱۹۱۸ء	,,
۳۲۔	شعلہ	مولوی مدیر	اکتوبر ۱۹۱۸ء	,,
۳۳۔	دوست	وشنو مادھوراؤ	جنوری ۱۹۲۰ء	,,
۳۴۔	النساء	مسز ہمایوں مرزا	اپریل ۱۹۲۰ء	,,
۳۵۔	نمائش	مرزا رفیق بیگ	اکتوبر ۱۹۲۱ء	,,
۳۶۔	ارتقاء	محمد افضل شریف	اکتوبر۱۹۲۱ء	,,
۳۷۔	معلم العلم	مولوی سراج الدین	۱۹۲۲ء	,,
۳۸۔	توحید	مولوی سراج الدین احمد	۱۹۲۲ء	,,
۳۹۔	خادمہ	اہلیہ پروفیسر ولی الدین	نومبر ۱۹۲۲ء	,,
۴۰۔	ترقی	ابوالمکرّم صدیقی	نومبر ۱۹۲۲ء	,,
۴۱۔	المعلم	مولوی سید حسن	جولائی ۱۹۲۴ء	,,
۴۲۔	تحفہ	,,	اگست ۱۹۲۴ء	,,
۴۳۔	سائیں کی صدا	بھوانی پرشاد	مارچ ۱۹۲۵ء	,,
۴۴۔	ترجمان	ابوالمکارم محمد انوراللہ	ستمبر ۱۹۲۵ء	,,
۴۵۔	دستور آصفی	محمد عبدالرحمٰن	اپریل ۱۹۲۸ء	,,

۴۶۔	مجلّہ مکتبہ	محمد عبدالقادر سروری	اپریل ۱۹۲۸ء	"
۴۷۔	ارشاد	سید شاہ یوسف الدین	۱۹۲۸ء	"
۴۸۔	مشیر اہل راہ	غلام احمد وکیل	جولائی ۱۹۲۹ء	"
۴۹۔	الکشافہ	محمد حمید اللہ	اکتوبر ۱۹۲۹ء	"
۵۰۔	رفیق دکن	حاجی کرتان محمد	جنوری ۱۹۳۱ء	"
۵۱۔	ہم جولی	سیدہ بیگم خویشگی	جولائی ۱۹۳۱ء	"
۵۲۔	سفینۂ نسوان	صادقہ قریشی اختر قریشی	مارچ ۱۹۳۲ء	"
۵۳۔	خلیق	مرزا امام بیگ رونق	دسمبر ۱۹۳۲ء	"
۵۴۔	شہاب	محمد عبدالرزاق بسمل	فروری ۱۹۳۳ء	"
۵۵۔	مووی لینڈ	ایل۔سی۔مجلّہ	جنوری ۱۹۳۶ء	"
۵۶۔	آئینۂ ادب	مونس احمد	مئی ۱۹۳۶ء	"
۵۷۔	مجلّہ طیلسان	مجلس ادارت	جنوری ۱۹۳۷ء	"
۵۸۔	ترک مسکرات	"	مئی ۱۹۳۷ء	"
۵۹۔	انیس الغرباء	خواجہ بدرالدین	ستمبر ۱۹۳۷ء	"
۶۰۔	سب رس	صاحبزادہ میر محمد علی میکش	جنوری ۱۹۳۸ء	"
۶۱۔	دو آتشہ	سید ابراہیم وحید	مئی ۱۹۳۹ء	"
۶۲۔	سب رس (معلومات)	سید محی الدین قادری زور	جنوری ۱۹۴۰ء	"
۶۳۔	گلدستہ ارم	ارشاد محمد خان	مئی ۱۹۴۰ء	"
۶۴۔	معلومات	محکمہ اطلاعات	اکتوبر ۱۹۴۰ء	"
۶۵۔	گاؤں سدھار	محمد عبدالقوی	اکتوبر ۱۹۴۰ء	"
۶۶۔	روح ترقی	محمد مظہر	دسمبر ۱۹۴۱ء	"

۶۷۔	جیت	مرزا عصمت اللہ بیگ	اگست ۱۹۴۲ء	,,
۶۸۔	پیام ادب	سید عبد الوہاب	ستمبر ۱۹۴۳ء	,,
۶۹۔	خیابان دکن	حمید عسکر علی	جنوری ۱۹۴۴ء	,,
۷۰۔	ضیاء الایمان	محمد یعقوب ضیائی و محمد ایوب	دسمبر ۱۹۴۴ء	,,
۷۱۔	پروگرام بلیٹن / ندا	,,	۱۹۴۶ء	,,
۷۲۔	ایوان	سید مختار محمد کرمانی	فبروری ۱۹۴۷ء	,,
۷۳۔	مینا	تمکین کاظمی	اپریل ۱۹۴۷ء	,,
۷۴۔	سازِ نو	سید احمد علی حسینی فکر	اگست ۱۹۴۷ء	,,
۷۵۔	نوائے ادب	شیخ محبوب قریشی	اکتوبر ۱۹۴۷ء	,,
۷۶۔	مومنہ	صحبتہ النساء بیگم		,,

معلوماتی رسائل

۷۷۔	تجلی	محمد سردار علی	اپریل ۱۹۲۷ء	سہ ماہی
۷۸۔	سائنس	ڈاکٹر مظفر الدین قریشی	جنوری ۱۹۲۸ء	,,
۷۹۔	ورزش جسمانی	محمد صالح	دسمبر ۱۹۲۸ء	,,
۸۰۔	تاریخ	حکیم سید شمس اللہ قادری	جنوری ۱۹۲۹ء	,,
۸۱۔	حیدرآباد اسکاؤٹر	مجلس ادارت	۱۹۳۷ء	,,
۸۲۔	سیاست	ڈاکٹر یوسف حسین خان	جنوری ۱۹۴۰ء	,,
۸۳۔	جان نثار	,,	اگست ۱۹۴۷ء	,,
۸۴۔	تہذیب	محمد محبوب جنیدی	۱۹۴۷ء	,,

سالنامے

۸۵۔	سالنامہ انجمن طلبائے قدیم سٹی کالج	سید محی الدین قادری زور	۱۹۳۲ء	سالنامہ
۸۶۔	سالنامہ انجمن طیلسان عثمانیہ سال نامہ	غلام دستگیر رشید	۱۹۳۳ء	
۸۷۔	مجموعہ مقالات علمیہ	مجلس ادارت	۱۹۳۹ء	,,
۸۸۔	حسن کار	سید محمد اکبر وفا قانی	نومبر ۱۹۳۲ء	پندرہ روزہ
۸۹۔	قلم	سید سعد اللہ قادری	مارچ ۱۹۳۹ء	,,
۹۰۔	دکن ریویو	۔	۱۹۳۹ء	,,

قانونی رسائل

۹۱۔	مراۃ القوانین والاحکام	محسن الملک	اگست ۱۸۷۷ء	ماہنامہ
۹۲۔	مقنن دکن	مولوی محمد علی	نومبر ۱۸۸۵ء	,,
۹۳۔	مخزن القوانین	مولوی برہان الدین احمد	۱۸۸۵ء	,,
۹۴۔	آئین دکن	مولوی فدا حسیین	نومبر ۱۸۹۲ء	,,
۹۵۔	تشریح القوانین	مولوی عبدالرحیم	نومبر ۱۹۰۰ء	,,
۹۶۔	مالگزاری	محمد فصیح الدین احمد خان	اکتوبر ۱۹۰۳ء	,,
۹۷۔	دکن لا رپورٹ	ادارتی مجلس	اکتوبر ۱۹۳۰ء	,,
۹۸۔	نظائر برٹش انڈیا	پنڈت ترلوکی ناتھ سہائے	مارچ 1918ء	,,
۹۹۔	نظائر مال	میر محمد علی	اکتوبر ۱۹۳۰ء	,,
۱۰۰۔	عطیات سلطانی	میر غضنفر علی خان	۱۹۳۲ء	,,

۱۰۱۔	نظائر صرف خاص	مبارک محمد جمال الدین خان غوری	اکتوبر ۱۹۳۴ء	,,
۱۰۲۔	نظائر حیدر آباد	محمد امر اللہ صدیقی	۱۹۳۶ء	,,
۱۰۳۔	نظائر عثمانیہ عدالت عالیہ	کلیم الدین انصاری	۱۹۳۶ء	,,

گلدستے

۱۰۴۔	گل کدہ مشتاق	مشتاق احمد	جون ۱۸۸۳ء	,,
۱۰۵۔	مذاق سخن	منشی محمد مشتاق احمد	ستمبر ۱۸۸۳ء	,,
۱۰۶۔	شگوفہ	سید حسن جشن بلگرامی	نومبر ۱۸۸۳ء	,,
۱۰۷۔	جواہر سخن	عبداللہ خان ضیغم	مئی ۱۸۸۵ء	,,
۱۰۸۔	گلزار سخن	حاجی عبدالرحیم شرف	اکتوبر ۱۸۸۷ء	,,
۱۰۹۔	مطلع سخن	بشیر الدین افسر	۱۸۸۷ء	,,
۱۱۰۔	گل و بلبل	سلطان محمد عاقل	دسمبر ۱۸۸۷ء	,,
۱۱۱۔	نغمہ ہزار	عبداللہ خان ضیغم	مارچ ۱۸۹۱ء	,,
۱۱۲۔	ناز و نیاز	میر برکت علی	دسمبر ۱۸۹۶ء	,,
۱۱۳۔	پیام محبوب	غلام حسین داد	جون ۱۸۹۷ء	,,
۱۱۴۔	شمس الکلام	محمد سلیمان مہدی	اگست ۱۸۹۷ء	,,
۱۱۵۔	محبوب الکلام	جلیل مانکپوری	اگست ۱۸۹۸ء	,,
۱۱۶۔	جشن آصفیہ	محمد وزیر علی صبر	اگست ۱۸۹۸ء	,,
۱۱۷۔	جلوہ محبوب	غلام صمدانی خان گوہر	اگست ۱۸۹۸ء	,,
۱۱۸۔	ملوک الکلام	میر وزیر الدین	۱۸۹۹ء	,,
۱۱۹۔	معیار الانشاء	نواب سراج الدین احمد خان	جولائی ۱۹۰۳ء	,,

۱۲۰۔	حسن خیال	رضی کاکوروی	۱۹۲۵ء	”
۱۲۱۔	گلدستہ فیض	محمد فیاض الدین خان بہادر	۱۹۲۵ء	سالانہ
۱۲۲۔	گلدستہ سفر ہمایوں	دہلیمحمد عبداللہ خان ضیغم	۱۹۰۳ء	”
۱۲۳۔	گلدستہ جشن آصفیہ	”	۱۹۰۳ء	”
۱۲۴۔	بزم شاد	مجید آغائی ابوالعلائی	۱۹۳۰ء	”
۱۲۵۔	مرقع جشن سمیس	سید جعفر اللہ حسینی صادق	۱۹۳۵ء	”

زراعتی رسائل

۱۲۶۔	فنون	مسٹر جونس	مئی ۱۸۸۳ء	ماہنامہ
۱۲۷۔	زراعت و پرورش	آر آر جوسی	اگست ۱۹۱۳ء	”
۱۲۸۔	رہبر مزارعین	مسٹر جان کینی	۱۹۱۴ء	”
۱۲۹۔	کاشتکار	محمد عبدالرزاق بسمل	اکتوبر ۱۹۳۰ء	”
۱۳۰۔	حیدرآباد فارمر	نظام الدین حیدر	اپریل ۱۹۳۱ء	”
۱۳۱۔	حیدرآباد فاریسٹ	مرزا نوازش علی	جولائی ۱۹۴۱ء	”
۱۳۲۔	تکمیل الاحکام	عزیز جنگ	اکتوبر ۱۸۸۹ء	”
۱۳۳۔	زراعت	محمد منیر الدین	مارچ ۱۹۴۷ء	”

تعلیمی رسائل

۱۳۴۔	رفیق دکن	مولوی محمد عزیز الدین	اگست ۱۸۸۴ء	”
۱۳۵۔	ذخیرہ تعلیم	محمد عزیز الدین	نومبر ۱۸۸۴ء	”
۱۳۶۔	ترقی تعلیم	محمد افضل شریف	جولائی ۱۹۲۲ء	”
۱۳۷۔	المعلم	سید محمد حسین جعفری	جولائی ۱۹۲۴ء	”

۱۳۸۔	رہبر تعلیم	برج لال	اپریل ۱۹۴۷ء	,,
۱۳۹۔	حیدرآباد ٹیچر	سید فخر الحسن ملا	جنوری ۱۹۲۶ء	سہ ماہی
۱۴۰۔	ویلیج ٹیچر	,,	نومبر ۱۹۳۵ء	,,
۱۴۱۔	تربیت	مولوی شمس الدین	۱۹۴۵ء	,,

ادبی رسال

۱۴۲۔	خیال محبوب، محبوب عالم	مولوی عبدالسلام عرشی	ستمبر ۱۸۸۷ء	ماہنامہ
۱۴۳۔	دلگداز	عبدالحلیم شرر	مارچ ۱۸۹۷ء	,,
۱۴۴۔	مشاعرہ	نوراللہ محمد نوری	مارچ ۱۹۲۹ء	,,
۱۴۵۔	حیات سخن	حکیم محمد عبدالرزاق عرشی	اکتوبر ۱۹۳۰ء	,,
۱۴۶۔	دلگداز	محمد صدیق حسن	مارچ ۱۹۳۳ء	,,
۱۴۷۔	سلسلہ داستان گو	علی احمد	اکتوبر ۱۹۳۵ء	,,
۱۴۸۔	سلسلہ پرواز خیال	مرتضیٰ مجتہدی	فروری ۱۹۳۹ء	,,
۱۴۹۔	فصاحت	صدیق احمد اثر	اپریل ۱۹۳۹ء	,,
۱۵۰۔	ہندوستانی ادب	غلام محمد خان	جون ۱۹۴۱ء	,,
۱۵۱۔	ہماری کتابیں	سید علی شبر حاتمی	جولائی ۱۹۴۲ء	,,
۱۵۲۔	سویرا	غوث محی الدین	فروری ۱۹۴۷ء	,,
۱۵۳۔	داستان	احمد مکی	فروری ۱۹۴۷ء	,,
۱۵۴۔	اردو	مولوی عبدالحق	جنوری ۱۹۲۱ء	سہ ماہی

۱۵۵۔	نیا ادب	قاضی عبدالغفار	جنوری ۱۹۴۴ء	”
۱۵۶۔	نیا زمانہ	”	جنوری ۱۹۴۷ء	”

اقتصادی رسائل

۱۵۷۔	لسان الملک	سید محمد ضامن لتوری	جولائی ۱۹۲۳ء	ماہنامہ
۱۵۸۔	امداد باہمی زراعت	بدر الحسن	۱۹۲۶ء	سہ ماہی

بچوں کے رسائل

۱۵۹۔	ادبِ اطفال	مرزا احمد اللہ بیگ آغائی	اگست ۱۹۱۱ء	ماہ نامہ
۱۶۰۔	اتالیق	محمد عبدالرب	فروری ۱۹۱۸ء	”
۱۶۱۔	نونہال	محمد مرغوب الدین	مارچ ۱۹۲۱ء	”
۱۶۲۔	ہزار داستان	ابوالمعارفی وصف	اکتوبر ۱۹۳۰ء	”
۱۶۳۔	سب رس	صاحبزادہ میکش	جنوری ۱۹۳۸ء	”
۱۶۴۔	بزم ادب	بسواناتھ	۱۹۴۳ء	”
۱۶۵۔	مسلم	محمد صدیق جمال صدیقی	۱۹۴۷ء	”

تعلیمی اداروں کے رسائل

۱۶۶۔	نظام کالج میگزین	مجلس ادارت	جنوری ۱۹۲۳ء	”
۱۶۷۔	مجلّہ نظامیہ	شاہ ابوالخیر کنج نشین	فروری ۱۹۳۷ء	”
۱۶۸۔	نورس	مولوی عبدالحق	ستمبر ۱۹۲۵ء	دو ماہی
۱۶۹۔	زنانہ ہائی اسکول میگزین	احسن النساء	۱۹۲۲ء	سہ ماہی

۱۷۰۔	مجلّہ عثمانیہ	سید غلام محی الدین قادر زور	فروری ۱۹۲۷ء	"
۱۷۱۔	الموسیٰ	مرزا اسرفراز علی	۱۹۳۳ء	"
۱۷۲۔	تلمیذ	مولوی فیض محمد	جون ۱۹۳۸ء	"
۱۷۳۔	آصفیہ میگزین	سید حسن الدین	جنوری ۱۹۴۰ء	"
۱۷۴۔	آفتاب عالم	محمد ابرار حسینی فاروقی	اکتوبر ۱۹۴۰ء	"
۱۷۵۔	نوائے ہند		جنوری ۱۹۲۳ء	ششماہی
۱۷۶۔	نظام ادب	محمد عبدالقوی	ستمبر ۱۹۳۹ء	"
۱۷۷۔	بزم اردو	میر سعادت علی رضوی	۱۹۳۲ء	سالانہ
۱۷۸۔	چادرگھاٹ کالج میگزین	محمد عزیز الرحمٰن	۱۹۴۵ء	"
۱۷۹۔	نوخیز	مولوی محمد محبوب علی خان	۱۹۴۵ء	"
۱۸۰۔	کلیہ طبیہ	یاور عباس	۱۹۳۹ء	"

ان رسائل کا جائزہ پروفیسر صاحب نے تین عنوانات کے تحت لیا ہے :

(۱) سماجی و سیاسی پس منظر

(۲) آصف جاہی حکومت کی اردو سرپرستی

(۳) اردو مطابع کا قیام

(۱) سیاسی و سماجی پس منظر

صوبہ دکن کا قیام اورنگ زیب کی فتوحات کے بعد عمل میں آیا۔ دراصل یہ صوبہ چھ ریاستوں سے مل کر بنا تھا۔ یہ چھ مختلف اکائیاں تھیں جن میں کچھ عناصر مشترک تھے۔ صوبہ دکن کے قیام کے بعد ان مختلف تہذیبوں میں امتزاج کا عمل شروع ہوا۔

حکومتِ آصفیہ کا قیام باضابطہ 11۔اکتوبر 1724ء کو عمل میں آیا۔ یہ دکن میں

مغلیہ سلطنت کی نمائندہ تھی اور جانشین بھی۔ پہلے اس کا پایہ تخت اورنگ آباد تھا۔ عالمگیری فتح کے بعد ہی مغلیہ تہذیب کے اثرات پڑنے شروع ہو چکے تھے۔ آصف جاہی دور میں یہ اور گہرے ہوئے۔ لیکن حیدرآباد میں تہذیبی تغیرات کی نوعیت دلی سے الگ تھی۔ یہ علاقہ اس ترقی یافتہ تہذیب کا مرکز رہ چکا تھا جسے قطب شاہیوں نے مسلسل سنہ 1512ء سے سنہ 1687ء تک سینچا تھا۔ یہاں کا تمدن یہاں کی سماجی زندگی میں پیوست تھا کہ مغلیہ تہذیب اس پر پوری طرح غالب نہیں آسکتی تھی۔ بالآخر اسے مقامی تہذیب سے سمجھوتہ کرنا پڑا۔ قطب شاہی اور مغلیہ تہذیبوں کی امیزش نے ایک نئی تہذیب کو جنم دیا۔

اٹھارویں صدی کی چھٹی دہائی سے انگریزی اثر ورسوخ کا دربار حیدرآباد پر اثر بڑھنے لگا۔ یہاں تک کہ آزادی اور خودمختاری برائے نام رہ گئی۔ ریاست کا انگریز یذیڈنٹ، انگریزی مفادات کی دیکھ بھال کرتا تھا۔ ریاست کے مدارالمہام بھی انگریز ریذیڈنٹ کی مرضی سے مقرر کئے جاتے تھے۔ یہ حکومت سے زیادہ انگریزوں کے وفادار ہوتے تھے۔ ایسے ماحول میں ریاست کی ترقی جمود کا شکار ہوگئی تھی۔

ریاست کے عوام دوہری غلامی میں جکڑے ہوئے تھے۔ اس وقت مدارس کی تعداد بہت قلیل تھی۔ شمس الامراء امیر کبیر نے 1843ء میں ''مدرسہ فخریہ'' قائم کیا تھا، جہاں مغربی علوم کی تعلیم کا انتظام تھا۔۳۰ اور ان کے دارالترجمہ کی کتابیں شریک نصاب تھیں۔ بعد میں کچھ اور مدرسوں میں یہی نصاب رائج ہوا۔ لیکن اصل ضرورت انگریزی زبان سے آگہی کی تھی۔ 1880ء میں ممالک محروسہ میں پہلی بار مردم شماری کی گئی۔ 1886ء میں ریاست کو پانچ صوبوں اور 17 اضلاع میں تقسیم کیا گیا۔ پہلے تعلیم کا صیغہ محکمہ مالگزاری کے تحت تھا۔ بعد میں سر رشتہ تعلیمات کے نام سے الگ محکمہ قائم کیا گیا۔ تعلیم کے ساتھ ساتھ آہستہ آہستہ ایک نیا تمدنی شعور ابھرنے لگا۔

اس شعور کو پیدا کرنے میں بیرون ریاست تعلیمی، اصلاحی اور سیاسی تحریکات کے علاوہ

جنگ عظیم کے بین الاقوامی حالات کا بھی اثر پڑا۔ آصف سابع نے ریاست کو ایک ایک ترقی یافتہ خوشحال مملکت میں بدلنے کا ارادہ کرلیا۔ چند ہی برسوں میں یہ خواب حقیقت بن گیا۔ اور ریاست ایک عصری مملکت بن گئی۔

تعلیم کے سلسلے میں سب سے پہلے شمس الامراء نے مغربی تعلیم کو رواج دینے کی کوشش کی تھی۔ انہوں نے یہ کام ایسے وقت شروع کیا تھا جب مسلمانوں کی تعلیمی اور اصلاحی تحریکات وجود میں نہیں آئی تھیں۔ غالباً یہ تحریک وقت سے بہت پہلے شروع ہوئی تھی اور اس کے لئے زمین تیار نہیں تھی۔ دوسری بات یہ کہ جدید تعلیم کی ضرورت اور اہمیت کو جس شدت کے ساتھ برطانوی ہند میں محسوس کیا گیا تھا، وہ احساس حیدرآباد میں عام نہیں تھا۔

پھر بھی علی گڈھ تحریک نے بدیر سہی اپنا رنگ دکھایا۔ اعلیٰ تعلیم کے شائقین جن میں زیادہ تر شمال سے آئے تھے، اپنے بچوں کو تعلیم کے لئے علی گڈھ بھیجنے لگے۔ آصف جاہ سادس جن کی تعلیم میں انگریز حکام نے خاص دلچسپی لی تھی، مغربی علوم وفنون کی اہمیت سے آگاہ تھے۔ چنانچہ عنان حکومت سنبھالنے کے بعد انہوں نے ایک فرمان جاری کیا، جس میں عوام کی علمی و ذہنی ترقی اور اشاعت علم کی خواہش کا اظہار کیا گیا تھا۔ لہٰذا اس غرض کیلئے محکمہ سررشتہ تعلیمات کی نئی تنظیم عمل میں آئی۔ نظامت تعلیمات اور معتمد تعلیمات کو الگ الگ کردیا گیا۔ ہر ضلع کے مستقر پر ایک ہائی اسکول اور جہاں دس ہزار کی آبادی ہو، مقامی زبان کے اسکول اور قابل لحاظ آبادی رکھنے والے موضع میں ایک تحتانیہ مدرسہ نقائم کیا گیا۔ ۳۱ دو چار برسوں میں ہی ریاست کے طول وعرض میں کئی مدرسے قائم ہوئے۔ اساتذہ کی تربیت کے مراکز بھی کھولے گئے۔ ۳۲

علمی وادبی تحقیق اور تدوین کی طرف بھی توجہ ہوئی۔ اور اس کام کو ف فروغ دینے کے لئے مختلف علمی وادبی ادارے سرگرم عمل ہوئے جن میں انجمن ترقی اردو، ادارۂ ادبیات اور سالار جنگ مخطوطات کمیٹی قابل ذکر ہیں۔ 1914ء میں آصف سابع نے اردو ذریعہ تعلیم کی یونیورسٹی کے قیام کی منظوری دی۔ اس کے نتیجہ میں جامعہ عثمانیہ کا قیام عمل میں آیا۔ ریاست میں اردو زبان

کے اس ہمہ گیر پھیلاؤ کا نتیجہ تھا کہ انیسویں صدی کے وسط ہی میں اردو صحافت کی داغ بیل پڑ گئی۔

(۲) آصف جاہی حکومت کی اردو سر پرستی

دکن کو شعر و ادب کا گہوارہ ہونے کا فخر حاصل ہے۔ بہمنی سلطنت کے قیام سے عہد آصفی تک دکن کی ریاستوں نے اردو (دکنی) کی سر پرستی کی۔ ابتدائی آصفیہ حکمراں سلطنت مغلیہ کے صوبہ دار تھے، اس لئے فارسی سرکاری زبان بنی رہی۔ انگریزوں کا مطیع ہو جانے کی وجہ سے خارجی امور سے چھٹکارہ مل گیا تھا، اس لئے شعر و ادب اور فنون لطیفہ کے کاموں میں دلچسپی لینے لگے تھے۔ شاہانِ اودھ کی طرح آصفجاہی سلاطین کو شاعری سے کافی لگاؤ تھا۔ آصف جاہ اول فارسی میں شعر کہتے تھے۔ عبدالقادر بیدلؔ سے تلمذ تھا۔ شاعری میں صوفیت غالب تھی۔ پہلے شاکرؔ تخلص کرتے تھے، بعد میں آصفؔ اختیار کیا۔ انھوں نے فارسی کے دو دیوان مرتب کئے تھے۔ خوافی خان نے ''خزانہ عامرہ'' میں تحریر کیا ہے کہ بہت سے اہل علم اور مشائخ ان کی قدردانی کا شہرہ سن کر دکن میں آ کر بس گئے۔ ان میں ولی اورنگ آبادی، شاہ سراج، درگاہ قلی خان عارف الدین عاجز، ابدال، عاشق علی خان ایمان، نور محمد عاصی وغیرہ مشہور ہیں۔ لیکن سب سے بڑھ کر غلام علی بلگرامی کی شخصیت مینارۂ نور بنی ہوئی تھی۔ وہ بہت بڑے عالم، عربی و فارسی کے ماہر، فارسی کے شاعر اور بہت بڑے مورخ تھے۔[1]

ناصر جنگ شہید کو بھی علوم و فنون سے خاص لگاؤ تھا۔ عربی، فارسی اور سنسکرت میں مہارت رکھتے تھے۔ موسیقی، مصوری اور خطاطی میں کمال حاصل تھا۔ صائبؔ کے پیرو تھے۔ فارسی میں تین دیوان چھوڑے۔ اردو میں بھی شاعری کر لیتے تھے، مگر کسی دیوان کا پتہ نہیں چلتا۔ آزاد بلگرامی کے مداح اور سر پرست تھے۔

آصف جاہ ثانی کے زمانے میں شہر حیدر آباد میں شعر و ادب کا احیا ہوا۔ یہ علماء و فضلاء کے قدردان اور فقرا و غربا کے فیض رساں تھے۔ صارم کے علاوہ اورنگ آباد سے آنے والوں میں

لچھمی نارائن شفیقؔ ، عاجز، حفیظ ،محمد سیف اللہ انورؔ ، اسد علی خان تمنا ، جمال اللہ عشق ، میر غلام علی مصطفی سخن ، نجم الدین پنچھی وغیرہ کے نام ملتے ہیں۔ حیدرآبادی شعراء میں میر علی مردان خان، کدل ،نوازش علی خان ، شیر محمد خان ایمان ، ماہ لقابائی چنداؔ، تجلی ، کاظم علی کاظم ،ابوالبرکات خان عشرتؔ ،قادر ہاشم علی قابل ذکر ہیں۔

شمس الامراء اول صاحب سیف ہونے کے ساتھ صاحب قلم بھی تھے۔ شعراء اور ادباء کی سر پرستی کرتے تھے۔ان کا نام ابوالفتح خان تھا۔ وہ پہلے امیر پائیگاہ نواب ابوالخیر خان کے فرزند تھے۔ان کے علاہ ارسطو جاہ بھی علم وادب کے بڑے سرپرست ہوگزرے ہیں۔

آصف جاہ ثانی کے انتقال کے بعد سکندر جاہ برسر اقتدار آئے۔ یہ بھی عربی وفارسی کے ماہر تھے اور علم بلاغت اور طب سے رغبت رکھتے تھے۔ سکندر جاہ کی تخت نشینی کے ایک سال بعد ارسطو جاہ انتقال کر گئے۔ ان کی جگہ نواب راجہ رگھوتم راؤ کو مدار المہام مقرر کرنا چاہتے تھے۔ مگر انگریزی حکومت کے دباؤ سے مجبور ہوکر میر عالم کو اس عہدہ پر فائز کرنا پڑا۔ میر عالم نے چندولال کو اپنا پیشکار بنا کر سارے دفتری امور ان کے حوالے کر دیئے۔ میر عالم ایک عالم اور علم دوست شخص تھے۔انہوں نے اردو شعراء کی کافی سرپرستی کی ،جن میں محکم ،مرزا علی لطف ، میر ذوالفقار علی خان ،صفا لکھنوی ، ماہ لقابائی چندااور غلام رسول بیگ قابل ذکر ہیں۔

چندولال خود شاعر تھے۔ شاداںؔ تخلص کرتے تھے۔ شعر وادب کے بڑے سرپرست تھے۔ بہت سے شعراء وادیب چندولال شاداں کے اطراف جمع ہو گئے۔ ان میں شاہ نصیر دہلوی، شیخ محمد حفیظ دہلوی، غلام ضامن اکرم، حاجی محمد علی ساغر، میر مفتون، میر حسن علی خان ایماؔ، راجہ مکھن لال، غلام حسین خان جوہرؔ، غلام محی الدین خان متینؔ، میر حسن علی خان جولاںؔ وغیرہ۔ اس زمانے میں شاعری کے ساتھ ساتھ اردو نثر کی خدمات بھی دی گئیں۔ چند مثنویوں کا اردو میں ترجمہ کیا گیا جیسے سنگھاسن بتیسی ،قصہ شاہ وچتر لیکھا، قصہ ملکہ زماں وکام کندلا ،قصہ کام روپ ،انوار سہیلی ۔میر منشی التفات حسین بنارسی نے روسائے امرائے سلطنت آصفیہ کے حالات ''تاریخ نگارستانِ

آصفی'' میں قلمبند کیے ہیں۔

نواب سکندر جاہ کے انتقال کے بعد نواب ناصر الدولہ آصف جاہ رابع 1829ء کو تخت نشین ہوئے۔ ان کا دور کافی پُرآشوب رہا۔ تاہم یہ غیر معمولی اعلیٰ تعلیم یافتہ تھے۔ انھوں نے سر سالار جنگ اول کو مدار المہام مقرر کیا۔

انہوں نے احکام جاری کیے کہ اپنے ملک کی ساختہ شئے استعمال ہو۔۳۴؎ اس کی وجہ سے دستکاری کو فروغ ہوا۔ سرکاری دفاتر میں ملک میں تیار کاغذ استعمال کیا جانے لگا۔ عادل آباد میں سرپور کا کاغذ کا کارخانہ قائم ہوا۔ ضلع ناندیڑ میں کپڑے کے کارخانوں کو ترقی دی گئی۔

خود نواب نے اپنی تمام عمر میں کسی قسم کا انگریزی کپڑا نہیں پہنا۔۲؎ اس دور میں کئی اصلاحات بھی نافذ ہوئیں جیسے بردہ فروشی کے رسم کی مستقل کتابیں لکھی گئیں۔ 1846ء میں شفا خانہ افضل گنج کا قیام عمل میں آیا۔ سالار جنگ نے 'مدرسہ دار العلوم' قائم کیا، جہاں عربی و فارسی کے ساتھ ریاضی، سائنس کی تعلیم اردو میں دی جاتی تھی۔ مدرسہ فخریہ کے فارغ التحصیل طلبا، جو سائنس کے علوم سے واقف تھے، انھیں میڈیکل اسکول میں داخلہ دیا جاتا تھا۔ اس طرح جدید تعلیم کی افادیت کا احساس پیدا ہوا۔

میر محبوب علی خان آصف جاہ سادس کے دور میں مزید علمی ترقیاں ہوئیں۔ کئی علمی، طبی اور فنی مدرسے قائم کیے گئے۔ ابتدائی تعلیم کے لئے ہر صوبہ کے بڑے قصبہ میں تحتانی مدارس کھولے گئے۔ 1880ء میں حیدرآباد کالج کا قیام عمل میں آیا۔ 1885ء میں چادرگھاٹ میں سیول سرویس کلاسس قائم ہوئیں۔ 1890ء میں حیدرآباد کالج کو مدرسہ عالیہ میں ضم کر کے '' نظام کالج'' نام رکھا گیا۔ ہیئت کی تعلیم کے لئے رصدگاہ تعمیر کی گئی۔ طلبا کی اعانت کے لئے '' وظائف نظامیہ'' شروع کیے گئے۔ میر محبوب علی خان نے تعلیم نسواں کی طرف بھی خصوصی توجہ دی۔ ۱۸۸۵ء میں مدرسہ کالج کا قیام عمل میں آیا۔ 1885ء میں چادرگھاٹ میں سیول سرویس کلاسس قائم ہوئیں۔ 1890ء میں حیدرآباد کالج کو مدرسہ عالیہ میں ضم کر کے '' نظام کالج'' نام

رکھا گیا۔ ہیئت کی تعلیم کے لئے رصد گاہ تعمیر کی گئی۔ طلبا کی اعانت کے لئے ''وظائف نظامیہ'' شروع کئے گئے۔

میر محبوب علی خان نے تعلیم نسواں کی طرف بھی خصوصی توجہ دی۔ ۱۸۸۵ء میں مدرسہ نسواں قائم ہوا۔ 1887ء میں نام پلی میں زنانہ مڈل اسکول قائم کیا گیا۔ اسی سال محبوبیہ گرلز اسکول کا قیام عمل میں آیا۔ ''کتب خانہ آصفیہ'' نواب موصوف کا یادگار کارنامہ ہے۔ میر عثمان علی خان آصف جاہ سابع کے عہد کا زریں کارنامہ جامعہ عثمانیہ کا قیام ہے (1917ء)۔ اس میں جملہ علوم کی تعلیم اردو زبان میں دی جانا طے کی گئی۔ چونکہ یونیورسٹی کا ذریعہ تعلیم اردو تھا، اس لئے اس کا پہلا مسئلہ کتب کی فراہمی تھا۔ چنانچہ اگست 1917ء میں ''سررشتہ تالیف و ترجمہ'' قائم کیا گیا۔ اس کے ناظم مولوی عبدالحق مقرر کئے گئے۔

(۳) اردو مطابع کا قیام

اس دور میں اردو نثر میں داستانوں اور تاریخی کتابوں کے ترجموں کے ذریعہ مغربی علوم و فنون کے خزانے اردو زبان میں منتقل کئے گئے۔ شمس الامراء نہایت قابل، اعلیٰ تعلیم یافتہ اور اردو زبان کے بہت بڑے محسن تھے۔ انجینئرنگ، ریاضی، جغرافیہ، علم ہیئت اور دوسرے علوم سے کافی دلچسپی تھی۔ انگریزی اور فرانسیسی مغربی زبانوں پر کافی عبور تھا۔ انہوں نے اہل علم کی ایک جماعت اپنے اطراف اکٹھا کر لی تھی جو نواب موصوف کی فرمائش پر تالیف و ترجمہ کا کام کرتے تھے۔ شمس الامراء نے سب سے پہلے سائنس کی کتابوں کا یوروپی زبانوں سے اردو میں ترجمہ کرنے کا انتظام کیا۔ چنانچہ اس کام کو منظّم پیمانے پر چلانے کے لئے انہوں نے 1834ء میں ایک دارالترجمہ قائم کیا۔ اس کے ساتھ ایک مطبع بھی تھا جو ''سنگی چھاپہ خانہ شمس الامراء'' کے نام سے موسوم تھا۔ اس مطبع میں تصویر کشی کا انتظام بھی تھا۔ اس لیتھو میں سائنسی آلات کے خاکے اور نقشے بھی چھپتے تھے۔[۳] اس مطبع کی اولین کتاب ''شمس الہندسہ'' بزبان فارسی ہے۔ اس کتاب کا دوسرا

ایڈیشن کتب خانہ سالار جنگ میں محفوظ ہے۔اس پر سنہ 1251 ھ (5-1834ء) کی تاریخ درج ہے۔سنہ 1275ف میں حکومت کی جانب سے ''دارالطبع سرکار عالی'' سنٹرل جیل میں قائم کیا گیا۔ ابتدامیں یہاں رجسٹر ڈنمونے ،خصوصی جریدے شائع کئے جانے لگے۔حکومت کی طرف سے دوسرا قابل ذکر مطبع ''مطبع دارالترجمہ،عثمانیہ یونیورسٹی'' تھا جو 1916ء میں قائم ہوا۔

ان مطبعوں کے علاوہ امرااور عوام کی جانب سے اور مطابع قائم کئے گئے جن میں سے یہ قابل ذکر ہیں:

فخر نظامی پریس، مطبع معلم شفیق ،محبوب پریس، مطبع علوم وفنون، مطبع اسلامیہ،اعظم اسٹیم پریس، شمس الاسلام پریس، تاج پریس، عماد پریس، رحیم پریس، مطبع نظائر ہند،شمس پریس، مطبع مظفری، نظام سلور جوبلی پریس، مطبع اختر دکن، امانت پریس، مسعود دکن پریس، عہد آفریں پریس ،مکتبہ ابراہیمیہ پریس برقی ، مارواڑی پریس، مطبع مشیر دکن، مطبع معلم العلوم، مطبع دائرۃ المعارف، صحیفہ پریس، چشتیہ پریس، زندہ طسمات فائن آرٹس پریس۔آخر الذکر رنگین طباعت کا پہلا پریس تھا جو بیادگار سلور جوبلی قائم ہوا۔

عوام میں علمی وادبی ذوق پیدا کرنے کا مقصد اس طرح پورا ہوا۔دوسرے کئی ایک مطابع حیدرآباد میں قائم ہوئے تو صحافت کو پھولنے پھلنے کے مواقع میسر آئے۔ بیسیوں اخبارات و رسائل نکلنے لگے۔ذیل میں چند اہم اخبارات کے نام درج کئے جاتے ہیں :

حیدرآباد میں اردو صحافت کا آغاز

ڈاکٹر عبدالسلام خورشید نے لکھا ہے ''حیدرآباد میں صحافت کا آغاز علمی مجلوں سے ہوا۔'' یہ بات سچ بھی ہے۔ طب سے متعلق ایک رسالہ ''رسالہ طبابت حیدرآباد'' 1859ء کا اجراء عمل میں آیا۔ اس کا مقصد لوگوں میں فن طب سے واقف کرانا اور آسان نسخوں کے ذریعہ بیماریوں کا علاج معلوم کرانا تھا۔ حیدرآباد میں زمانہ قدیم سے یونانی طریقۂ علاج رائج تھا۔ بلدہ حیدرآباد میں محمد قلی قطب شاہ نے دارالشفاء تعمیر کروایا جہاں مریضوں کی دیکھ بھال کے لئے حکماء مقرر تھے۔ تمام آصفیہ حکمرانوں کو طب سے دلچسپی تھی۔ سکندر جاہ نے طب کی سرپرستی کی اور ایلوپیتھی طریقہ علاج متعارف کیا۔ ایک انگریز ڈاکٹر مسمی ''بور'' کا دو ہزار روپیہ ماہوار پر تقرر کیا گیا۔ یہ حیدرآباد کا پہلا ڈاکٹر تھا۔ ناصر الدولہ نے توپ کے سانچہ کے قریب ایک طبی اسکول قائم کیا جس کا نام ''حیدرآباد میڈیکل اسکول'' رکھا گیا۔ ڈاکٹر میکلسن کی سرپرستی میں جدید طب کی تعلیم بزبان اردو شروع کی گئی۔ چونکہ طب کے موضوع سے لوگوں میں دلچسپی بڑھ گئی تھی، فطری طور پر نشرواشاعت کی ضرورت محسوس کی گئی۔

اس طرح 1855ء میں ''رسالہ طبابت حیدرآباد'' (Hyderabad Medical Journal) کی اجرائی عمل میں آئی۔ اس رسالہ کا سب سے پہلے ذکر مانک راؤ وٹھل راؤ نے کیا۔ ؎

بستان کے بعد حکیم سید شمس اللہ قادری اور سید نصیر الدین ہاشمی نے اس کا تذکرہ کیا ہے۔ بعد میں عبدالسلام خورشید، طیب انصاری اور ڈاکٹر محمد افضل نے ان کی متابعت کی ہے۔ اس رسالہ کا پہلا شمارہ صفر سنہ 1272ھ میں نکلا تھا، اس لئے اگلا شمارہ جمادی الاول میں نکلنا چاہیئے تھا۔ مگر کسی وجہ سے ایک مہینہ تاخیر کے ساتھ جمادی الثانی میں شائع ہوا۔ مانک راؤ وٹھل راؤ نے

سہواً اسے ماہنامہ فرض کیا ہے۔

یہ طبی رسالہ ''حیدرآباد میڈیکل اسکول'' کا ترجمان تھا جس کے سرپرست ڈاکٹر میکلسن تھے۔ ان کے بعد ڈاکٹر جارج اسمتھ ان کے جانشین ہوئے۔ انہوں نے مدرسہ کے نصاب کی از سر نو تنظیم کی۔ ان کے بعد ڈاکٹر فلیمنگ نے اور پھر ڈاکٹر پیمبرٹن نے اس رسالہ کی ادارت کی۔ یہ خط نستعلیق میں نواب مختار الملک کے چھاپے خانے میں طبع ہوتا تھا۔ اس کی ضخامت 50 تا 75 صفحات ہوتی تھی۔

اور قیمت فی پرچہ 4/ر آنہ تھی۔ اس رسالہ کی خصوصیت یہ بھی تھی کہ یہ نہ صرف دکن میں بلکہ ہندوستان کے کئی شہروں جیسے کلکتہ، مدراس، آگرہ اور بمبئی وغیرہ میں کافی مشہور ومقبول تھا۔ اس رسالہ کی اس قدر اہمیت کی وجہ یہ بھی تھی کہ جس طرح یہ حیدرآباد کا پہلا اردو رسالہ تھا، اسی طرح ہندوستان بھر میں فن طب پر اردو زبان کا پہلا طبی رسالہ تھا۔ اس رسالہ کی اہمیت کا اندازہ اس کے مشمولات دیکھ کر لگایا جاسکتا ہے :

(۱) ہوا کا بیان

(۲) علم فزیالوجی

(۳) استنجا دریافت کرنے کی ترکیب

(۴) رینو پلاسٹک آپریشن

(۵) بنی بریدہ عورت کی کیفیت

(۶) چیچک وبا

(۷) وبا کا بیان

(۸) ملیریا کا بیان

(۹) تنفس معطل کا علاج

(۱۰) پانی کا بیان

(۱۱) کانچ کا بیان

(۱۲) بواسیر کا بیان

(۱۳) امبے لیکل ہرنیہ کا بیان

(۱۴) بیان سربراہی اطفال

(۱۵) زوالیعنی کرم کا بیان

(۱۶) اسکالٹیشن

(۱۷) سنگ مثانے کا بیان

(۱۸) سانپ کاٹا تو اس کے علاج کی ترکیب

(۱۹) گوبری کا بیان

(۲۰) برانکاٹیس کا بیان

(۲۱) علم کیمیا کا بیان

(۲۲) فزیالوجی یعنی علم موجودات کا بیان

(۲۳) ہائپرتروفی

(۲۴) تیومر یعنی رسولی

(۲۵) کالرا یعنی قئے جلاب کا بیان

(۲۶) بیان افعال اصطلاحات ادویہ

(۲۷) گردن کے پہلے منکے کا بیان

اسی میڈیکل کالج کے پہلے ڈاکٹر لقمان الدولہ نے ۱۳۱۶ھ میں 'دکن میڈیکل جرنل'' کے نام سے ایک رسالہ نکالا۔ یہ پہلے بھی رسالہ طبابت حیدرآباد میں لکھا کرتے تھے۔

علمی رسائل سے ہٹ کر تین عمومی رسائل کا تذکرہ کرنا مفید ہوگا جن میں مختلف موضوعات اور ہر ذوق کی تسکین کا سامان موجود تھا۔ اس سلسلہ میں پہلا رسالہ ''مخزن الفوائد''

ہے جومولوی سید حسین بلگرامی کی ادارت میں مئی 1847ء سے شائع ہونے لگا۔اس کے مہتمم مسیح الزماں تھے۔ یہ رسالہ دارالطبع سرکار عالی میں طبع ہوتا تھا۔اس کے صفحات کی تعداد 64 سے 80 تک ہوتی تھی۔اس کے قلمی معاونین میں سید حسین بلگرامی، مولوی عبدالحق، پنڈت رتن ناتھ سرشار، مولوی چراغ علی صاحب لکھنوی اور مولوی محمد عظیم صاحب لاہوری، حسن بن عبداللہ، آغا مرزا بیگ، سید باقر علی خان بہادر، مرزا قربان علی بیگ سالک، سید مہدی، مشتاق حسین، سید اکبر، سید علی اکبر (بندیل کھنڈ) اور سید ابوالحسن شامل تھے۔اس رسالہ کا تذکرہ مولوی عبدالجبار خان ملکاپوری نے ''تذکرہ شعرائے دکن'' میں کیا ہے۔

''مخزن الفوائد''

یہ سنہ 1287 ف میں شائع ہوا۔ یہ علمی وادبی رسالہ تھا۔مرزا زین العابدین شیرازی کے زیراہتمام ابتدا میں دارالطبع سرکار عالی میں طبع ہوتا تھا۔ ماہ دے سنہ 1287 ف سے طبع محبوب شاہی واقع افضل گنج سے طبع ہونے لگا۔اس میں 76 تا 94 صفحات ہوتے تھے۔

رسالہ ''ادیب''

یہ انجمن اخوان الصفا کی جانب سے ماہ ربیع الثانی سن 1297ھ (اپریل 1880ء) میں مختار گنج، حیدرآباد سے جاری ہوا۔انجمن اخوان الصفا حیدرآبادی اصحاب علم کی انجمن تھی۔اس کے مہتمم مولوی سید یوسف الدین تھے،اس کا حجم عموماً 22 تا 32 صفحات ہوتا تھا۔اس کے تحت ہر دو ماہ میں ایک مرتبہ جلسے منعقد ہوتے تھے۔ پہلا جلسہ علمی وادبی ہوتا تھا اور دوسرا تجارتی ترقی کے متعلق۔اس کا مقصد مفید کتابوں کی طباعت واشاعت اور ایک کتب خانے کا قیام تھا۔اپنے مقاصد کی اشاعت کے لئے اس انجمن نے ایک ماہوار رسالہ ''ادیب'' جاری کیا۔اس میں تمام جلسوں کی روئداد شائع کی جاتی تھی۔ اس کے علاوہ شعراء کا اردو و فارسی کلام اور ہر ماہ ''اودھ اخبار'' کا ایک مضمون یا اقتباس شائع کئے جاتے تھے۔

''معلم شفیق''

یہ رسالہ حیدر آباد دکن کی ایک اصلاحی انجمن ''خیر خواہان ہند'' نے یکم محرم سن 1298ھ (4۔نومبر 1880ء) کو جاری کیا۔اس انجمن کے صدر حافظ صدر الاسلام خان بہادر اور مہتمم تجمل حسین تھے۔اس کے ایڈیٹر مولوی محبّ محسن تھے۔ماہ ذیقعدہ 1398ھ سے یہ مطبع اسلامیہ واقع چھاونی ریذیڈنسی حیدر آباد میں طبع ہونے لگا۔بعدازاں رجب 1301 ھ سے مطبع ہزار داستان ، دارالشفاء، حیدر آباد سے طبع ہونے لگا۔اس رسالہ کا حجم 16 تا 64 صفحات ہوتا تھا۔پرچہ کی قیمت 12/ آنہ تھی۔معلم شفیق ایک اہم علمی ، ادبی رسالہ تھا جس میں ہر ماہ قدیم و جدید علوم وفنون جیسے ریاضیات ،طبیعات ، الٰہیات ، تاریخ ،جغرافیہ، سائنس ، کیمیا ،نباتیات ، معدنیات ،تجارت اور ادب پر مفید مضامیں شائع ہوتے تھے۔مجرب نسخے اور ولایتی اشیاء بنانے کی ترکیبیں مفصل طور پر بیان کی جاتی تھیں۔اس کے علاوہ زراعت کے متعلق مضامین دوسری زبانوں سے ترجمہ کر کے شائع کئے جاتے تھے۔کتابوں پر تبصرہ بھی شائع کیا جاتا تھا۔

مولوی محبّ حسین نے اس ماہ نامہ کو شوال 1301ھ سے ہفتہ وار کر دیا۔اس میں ملکی نظم ونسق پر بحث اور تنقید ہونے لگی جس کی وجہ سے بعض سرکاری عہدہ داران کے مخالف ہوگئے۔چنانچہ ماہ رجب 1302 ھ سے اس رسالہ کی اشاعت مسدود ہوگئی۔

مولوی محبّ حسین اٹاوہ کے رہنے والے تھے۔انہوں نے اس رسالہ کے ذریعہ ملک اور قوم کے علاوہ اردو زبان کی بھی کافی خدمت کی۔انھوں نے عورتوں کے حقوق کی طرف بھی توجہ دلائی اور ان میں بیداری پیدا کی۔عورتوں کی تعلیم وتربیت پر زور دیا۔انہوں نے پردہ کی بھی مخالفت کی۔وہ اپنے عہد کے باغی تھے۔ان کی ساری زندگی قومی بیداری ،سماجی شعور اور سیاسی بصیرت کو عام کرنے کی جدوجہد میں گزری۔

''رسالہ حسن''

یہ رسالہ ماہنامہ تھا۔ یہ اگست 1888ء سے جاری ہوا۔اس رسالہ کے اصلی ایڈیٹر مولوی سید محمد فخر اللہ تھے۔ان کے مضامیں رسالہ ''دبدۂ آصفیہ'' میں بھی ایڈیٹر رسالہ حسن کے نام سے چھپتے تھے۔نواب عماد نواز جنگ حسن بن عبداللہ اس کے سر پرست تھے۔ابتدا میں اس رسالہ کے منیجر محمد عبدالصمد خان تھے۔مئی سنہ 1890ء سے محمد یوسف اس کے منیجر مقرر ہوئے۔رسالہ حسن کو جنوبی ہند کے علاوہ شمالی ہند کے مشہور انشاء پردازوں کا تعاون حاصل تھا۔کچھ مدت تک یہ مطبع مفید عام، آگرہ میں چھپا، مگر اخراجات زیادہ ہونے کی وجہ سے دو بارہ حسن حیدرآباد میں چھپتا رہا۔۱۸۹۴ء میں یہ رسالہ بند ہوگیا۔اس رسالہ کا حجم 64 تا 80 صفحات ہوتا تھا۔

رسالہ حسن میں ٹھوس اور بلند پایہ علمی، ادبی تاریخی، سوانحی مقالے، سفرنامے، فلسفیانہ اور سائنسی مضامین درج ہوتے تھے۔اس کے معاونین میں مولانا شبلی نعمانی، عبدالحلیم شرر، سید علی بلگرامی، حبیب الرحمٰن خان شیروانی، شمس العلماء مولوی ذکاءاللہ اور مہاراجہ سرکشن پرشاد جیسے بلند پایہ اور انشا پرداز علمی شخصیتیں شامل تھیں، جو بذات خود رسالہ حسن کی ثقاہت اور معیار کے ضمانت تھے۔

''دکن پنچ''

یہ اولاً روزنامے کی شکل میں 28۔فبروری 1877ء سے شائع ہونے لگا۔پھر مارچ 1892ء سے اسے ماہنامہ کردیا گیا۔چار پانچ شمارے نکلنے کے بعد یہ بند ہوگیا۔

رسالہ ''معلم'' / ''معلم نسواں''۔

اسے مولوی محبّ حسین نے ماہ محرم سنہ 1310ھ (اگست سنہ 1892ء) میں مطبع

معلم شفیق، بازار رشیدی عنبر، فیل خانہ حیدر آباد سے شائع کیا۔ بعد میں مطبع مفید دکن، چھتہ بازار سے طبع ہونے لگا۔ اس رسالہ کا حجم عموماً 28 سے 64 صفحات تک ہوتا تھا۔ سالانہ چندہ دو روپیہ تھا۔ اس رسالہ میں علمی، ادبی مضامین اور مفید کتابوں کے ترجمے شائع کئے جاتے تھے۔ اس کے علاوہ قومی نظمیں، غزلیں، ترکیب بند، مسدس، مرثیہ، وسوخت اور قصائد وغیرہ بھی شائع ہوتے تھے۔ آگے چل کر محبؔ حسین نے ''محاسن اخلاق سلاطین اسلامیہ'' کے عنوان سے ہندوستان کے مشہور بادشاہوں کے حالات زندگی اور اہم کارناموں کا سلسلہ شروع کیا۔ اس رسالہ میں اکثر غزلیں اور نظمیں وغیرہ خود محبؔ حسین تحریر کرتے تھے۔ وہ ایک کامیاب مترجم بھی تھے۔ انھوں نے میڈوز ٹائلر کی ناول The Confession of a Thug کا ترجمہ ''امیر علی ٹھگ'' اور گاسٹومیس کی ناول My First Crime کا ترجمہ ''میرا پہلا جرم'' کے نام سے کیا تھا۔

نیچرل شاعری کے عنوان سے ان کے ایک مضمون سے ان کی ذہنی فکر کا اندازہ ہوتا ہے :

> '' ہماری حالت اب ایسی نہیں کہ ہم بیکار عشق و عاشقی کے خیالی جھگڑوں مین مصروف رہیں۔ بلکہ اب ہماری یہ حالت پہنچی ہے کہ اس کو دیکھیں اور اوس کی سچی تصویر موثر انداز میں کھینچ کر قوم کو دکھائیں اور اس کو اسی حالت کی طرف متوجہ کریں۔
>
> فی الواقع شاعری ایک ایسا موثر اور جوش دلانے والا جادو ہے جو ایک قوم سے بڑے بڑے اخلاقی اور تمدنی کام بآسانی لے سکتا ہے اور دلوں کو ابھارنے اور طبیعتوں میں جوش پیدا کرنے کے لئے ایک کارگر تدبیر ہے۔ پس اگر کسی شاعری سے ہمارے اخلاق پر عمدہ اثر نہ پڑے، ہماری تمدنی حالت کو مدد نہ پہنچے ہمارے قوائے دماغی اور جسمانی کو کام کی طرف ترغیب اور تحریص نہ ہو تو ہمارے نزدیک ایسی شاعری

فضول اور محض تضیع اوقات ہے۔'' ۵

معلم نسواں حیدرآباد میں خواتین کا پہلا رسالہ تھا۔اس کے تمام مضامین خواتین کی تعلیم و تربیت ،ترقی وآزادی ، پردے کی مخالفت ،کمسنی یا بچپن کی شادی کی مخالفت ، بیوہ عورتوں کی دوسری شادی ،تعدداز دواج ،اولاد کی پرورش ،خانہ داری وغیرہ پر مرکوز تھے۔اصل میں مولوی محبّ حسین ''معلم شفیق'' کے مدیر رہ چکے تھے۔ اس کی یہی پالیسی تھی۔اس کے بند ہونے کے بعد انہوں نے ''معلم'' کے نام سے رسالہ نکالا تو یہی پالیسی برقرار رہی۔لہذا ڈھائی سال بعد یعنی 1312ھ میں اس رسالہ کا نام ''معلم نسواں'' کردیا۔

مولوی محبّ حسین جانتے تھے کہ ان کے خیالات سے متاثر ہونے والے لوگ بہت کم ہیں۔مگر جو بیج وہ بو رہے ہیں، آگے چل کر سایہ دار درخت کی شکل اختیار کرے گا۔ایک نظم میں اس کا اظہار انہوں نے اس طرح کیا ہے :

آنے والی نسل پردہ کو اٹھائے گی ضرور
پوچھتے کیا ہو محبّ ہم تو نقیب اوروں کے ہیں

ان کے باغیانہ خیالات کی وجہ لوگ ان کے دشمن بن گئے۔

راحت ہے یہ تکلیف اٹھانا میرا
رہ جائے گا دنیا میں فسانہ میرا
رکھتا ہوں جو آزادی نسواں کو دوست
دشمن ہے محبّ ایک زمانہ میرا

''رسالہ سحر بیان''

یہ رسالہ ماہ رمضان سنہ 1312ھ (فبروری 1895ء) میں جاری ہوا۔اس کے مدیر مجیب تمنائی اور منیجر کشن راؤ تھے۔رسالہ کا نام تو سحرِ بیان ہے،مگر نیر حسن کی 'سحرالبیان' اس

قدر مشہور ہے کہ بہت سے ادباء (جیسے سید منظر علی شہر، سید شمس اللہ قادری، ڈاکٹر زینت ساجدہ اور طیب انصاری وغیرہ) نے اسے 'سحر البیان' لکھ دیا۔ یہ رسالہ مطبع آفتاب حیدر آباد سے طبع ہو کر ہر انگریزی مہینے کی آخری تاریخوں میں شائع کیا جاتا تھا۔ اس میں 32 صفحات ہوتے تھے اور سالانہ قیمت عام خریداروں سے دو روپے پیشگی تھی۔

رسالہ سحر بیان میں مشاہیر کی دلچسپ و پُر موعظت سوانح عمریاں، اخلاقی و تاریخی نتیجہ خیز ناول، ڈرامے اور اعلیٰ درجہ کے مضامین پیش کئے جاتے تھے۔ اس میں 'محاصرۂ دمشق' کے نام سے ایک بالاقساط ڈرامہ شائع ہوا۔ مرزا مہدی خاں کوکب کا تحقیقی مذہب 'زرتشی مذہب' بھی بالاقساط شائع ہوتی رہی۔ اس رسالہ کی زبان سادہ اور سلیس تھی۔ اعلیٰ علمی و ادبی مضامین کے باوجود اس رسالے کے صرف تین شمارے ہی نکل سکے۔ اور پھر اس کا نکلنا موقوف ہو گیا۔

''منتخب روزگار''

یہ ایک ماہنامہ تھا۔ یہ 25۔ ربیع الاول 1313ھ (15۔ ستمبر 1895ء) کو عاشق علی بیگ لکھنوی کے زیر اہتمام مطبع مفید الاسلام واقع گاڑی خانہ، حیدر آباد سے شائع ہوا۔ اس کے صفحات کی تعداد 32 ہوتی تھی۔ اس کا سالانہ چندا پیشگی چار روپیہ کلدار اور فی پرچہ 6/ آنہ تھا۔

یہ رسالہ تین حصوں میں منقسم تھا: حصہ اول 'مضامین مفید عام' کے تحت اعلیٰ علمی، تاریخی اور اخلاقی مضامین شائع ہوتے تھے۔ حصہ دوم ناول یا ڈرامہ کے لئے مختص تھا۔ اس میں انگریزی ڈراموں یا نولوں کے ترجمے بھی چھپتے تھے۔ حصہ سوم شعر و شاعری کے لئے وقف تھا۔ اس میں مختلف شعراء کی طرحی اور غیر طرحی غزلیں درج ہوتی تھیں۔ یہ رسالہ چند ماہ جاری رہ کر بند ہو گیا۔

''رسالہ افسر''۔

یہ بھی ماہوار رسالہ تھا۔ اسے نواب میجر افسر الدولہ کمانڈر ایمپریئل سروس ٹروپ گولکنڈہ اپریل سنہ 1897ء سے نکالنے لگے۔ اس کے معتمد محبّ حسین تھے۔ اس رسالہ کی قیمت عام خریداروں سے چار روپۓ سالانہ اور پرچہ کی قیمت 8/آنہ مقرر تھی۔ اس رسالہ میں عام طور پر فوج سے متعلق مضامین شائع ہوتے تھے۔ مشہور سپہ سالاروں کے تذکرے، تواریخ جنگ، سپہ گری، جنگی کھیل، ایجاداتِ عرب اور کبھی کبھی شکاریات کے عنوانات سے مضامین چھپتے تھے۔ اس رسالہ کے مضمون نگار کو ایک اشرفی بطور انعام دی جاتی تھی۔ زیادہ تر مضامین محبّ حسین کے طبعزاد یا تراجم ہوتے تھے۔

تین سال بعد کمانڈر موصوف نے جملہ ذمہ داری مدیر افسر کو سونپ دی۔ اب تک یہ فوجی مضامین کے لئے وقف تھا۔ اب چند مضامین فوج کے لئے چھوڑ کر باقی صفحات جیسے چاہے استعمال کرے۔ بابائے اردو مولوی عبدالحق صاحب کا تعلق ''افسر'' سے اکتوبر 1899ء میں ہو چکا تھا، مگر اس کی ادارت انہوں نے جنوری سنہ 1900ء میں قبول کی۔ ذیل میں اس رسالہ کے مشمولات کی ایک فہرست درج ہے تاکہ اس کی اہمیت کا اندازہ ہو سکے :

۱۔	اردو ناولوں پر ایک نظر	مولوی محمد عزیز مرزا صاحب بی اے
۲۔	اردو طرز تحریر	مولوی عبدالحق بی اے
۳۔	اشرف المخلوقات	مولوی ظفر علیخان صاحب بی اے
۴۔	محمڈن یونیورسٹی	سید حسین بلگرامی
۵۔	حروف مقطعات وعلامات معدنی وآلات تحریر طبع	مولوی نظام الدین حسن بی اے
۶۔	انسان کی نشو ونما	مولوی عبدالغنی صاحب رافت
۷۔	سوسائٹی اور گورنمنٹ	مولی محبّ حسین، ایڈیٹر معلم نسواں
۸۔	گورنمنٹ	شمس العلماء مولوی ذکاء اللہ صاحب

۹۔	استرقاق اورتسری	مولوی چراغ علی صاحب
۱۰۔	فلسفہ قیافہ	مولوی سید نظیر حسین صاحب فاروقی
۱۱۔	قوموں کی ضعف عقل کی علامتیں اورزوال کی نشانیاں اوراسباب	مولوی خواجہ غلام الثقلین
۱۲۔	اردواخبارات کے ایڈیٹروں کو نیک صلاح	مولوی عبدالحق بی اے
۱۳۔	انگریزوں کا دہلی پر قبضہ	محبّ حسین

''رسالہ دبدبۂ آصفی''

یہ رسالہ 6 ۔ربیع الثانی 1315ھ (4۔ستمبر 1897ء) سے بیادگار رسالگرہ مبارک اعلیٰ حضرت میر محبوب علی خان بہادر، زیرنگرانی ٹھاکر پرشاد شوقؔ شائع ہونے لگا۔اس رسالہ کے بانی مہاراجہ سرکشن پرشاد یمین السلطنت پیشکار و مدارالمہام تھے۔ابتدامیں اس کے مدیر رتن ناتھ سرشار تھے۔ یہ رسالہ محبوب پریس میں طبع ہوکر دوسرے ماہ سے ہر ماہ الٰہی کی پہلی تاریخ کو شائع ہونے لگا۔اس کا حجم عموماً 36 تا 80 صفحات ہوتا تھا۔اس کی قیمت تین روپیہ مقرر تھی۔

اس رسالہ کے سرِ ورق پر درج ذیل فارسی شعر ہوتے تھے :

علم برکش اے آفتاب بلند
خراماں شوائے ابر مشکیں پرند
بنال اے دل رعد چوں کوس شاہ
بخندائے لب برق چون صبحگاہ

اس رسالے کے پہلے صفحہ پر میر محبوب علی خان بہادر کی تصویر ہوتی تھی۔ابتدامیں کبھی کبھی لیتھو میں تصویریں دی جاتی تھیں۔''دبدبۂ آصفی'' میں علمی،ادبی،اخلاقی،تاریخی مضامین کے

علاوہ نظمیں اور غزلیں بھی شائع کی جاتی تھیں۔اس کے علاوہ کتابوں پر ریویو اور مختلف اخبارات کے اقتباسات بھی درج کئے جاتے تھے۔سرشآر نے اس رسالہ کے اجراء اور پالیسی کے تعلق سے اداریہ لکھا تھا ۶:

حضور بندگان عالی کی تقریب تہنیت میں یہ رسالہ شائع ہوا ہے۔اس میں التزام کیا گیا ہے کہ نظم ونثر دونوں اپنا اپنا چہچاتا ہوا جمائیں۔اعلیٰ درجے کے مضامین علوم جدیدہ خوبی اور خوش اسلوبی کے ساتھ درج ہوں۔طلبہ اور ناظرین کو فائدہ پہنچائیں۔اور ہدیہ شائقین اعجوبہ گزیں ہوں۔سوشیل معاملات پر رائے زنی کی جائے گی۔پالیٹکس سے ہم کوئی بحث نہ ہوگی۔مذہبی مضامین سے بھی سروکار نہیں۔''کل مضامین میں متانت اور سنجیدگی سے کام لیا جائے گا۔ہاں ظریفانہ خیالات شائع ہوا کریں کیونکہ ہم آدمی محرم کی پیدائش کے نہیں ہیں۔لیکن ظرافت میں کوئی نامہ نگار صاحب دائرۂ اعتدال سے باہر قدم نہ بڑھائیں۔''

سرشار نے اس رسالہ کو خالص علمی واخلاقی رسالہ بنانے کی ہر ممکن کوشش کی۔دبدۂ آصفی میں شائع ہونے والے مضامین کا معیار کافی بلند تھا۔اس معیار کو برقرار رکھنے کے لئے ایک کمیٹی بنائی گئی تھی جو مضامین کا انتخاب کرتی تھی۔اس کمیٹی کے اصول اتنے سخت تھے کہ بقول سرشار'' کسی صاحب کے ساتھ رعایت نہیں کی جائے گی۔یہانتک کہ اگر ولی نعمی مہاراجہ پیشکار بہادر کا کوئی مضمون کمیٹی نے پسند نہیں کیا تو دست بستہ بصد عجز واپس کیا جائے گا۔''

حوالہ جات

۱؎ ناصر الدولہ بہادر از طالع سید مراد علی ،ص ۱۹ 'حیدرآباد دکن کے علمی وادبی رسائل' از ڈاکٹر محمد انور الدین

۲؎ ایضاً

۳؎ اردو میں سائنسی ادب کے قدیم کارنامے از خواجہ حمید الدین شاہد، ص ب بحوالہ 'حیدرآباد

دکن کے علمی وادبی رسائل'

۴ بستان آصفیہ۔جلداول ص ۵۔۲۶۴بحوالہ حیدرآباددکن کے علمی وادبی رسائل

۵ رسالہ معلم، یکم محرم ۱۳۱۰ھ اردوریسرچ سنٹر،حیدرآباد بحوالہ 'حیدرآباددکن کے علمی و ادبی رسال'

۶ رسالہ''دبدبۂ آصفی''،اداریہ،''ہم'' جلدنمبر۱،شمارہ نمبر۱،ربیع الثانی بحوالہ 'حیدرآبادکے علمی وادبی رسائل'

☆ باب چہارم

پروفیسر محمد انور الدین بحیثیت نقاد

بیسویں صدی میں اردو تنقید: ہندوستانی تناظر

شعر و ادب کی ہیئت اور غرض و غایت سے متعلق تصورات اگر سیال اور غیر قطعی حوالوں کے ساتھ عام پیرایہ اظہار میں بیان کئے جائیں تو ان گہرے اور سنجیدہ علمی مباحث کی اہمیت، دقعت اور افادیت مشکوک ہو کر رہ جائے گی اور یہی سبب ہے کہ تنقید ایک اختصاصی اور منضبط شعبۂ علم کے طور پر منصۂ شہود پر آئی۔ تنقید کا بنیادی وظیفہ فن کی ماہیت اور اس کی تعین قدر کے معروضی اصول وضوابط کی تشکیل اور فن پارہ کی داخلی اور خارجی ساخت کی تعبیر و تشریح ہے۔ بعض نظریہ سازوں نے فن پارہ کی تعین قدر میں موضوع یا مواد کو اساسی اہمیت دی ہے اور ادب کے حسن و قبح کی بالتفصیل وضاحت تنقید کا بنیادی سروکار ٹھہرایا ہے۔ تنقید کو آخری تجزیے میں اقداری فیصلوں، Value Judgements پر مبنی رائے زنی سے بھی تعبیر کیا گیا ہے۔ ذہن انسانی معنی کا ادراک کیسے کرتا ہے اور لسانی تشکیل انسانی تجربہ کی صورت میں کیسے نو پذیر ہوتی ہے، نیز زبان پہلے سے موجود کسی حقیقت کی عکاس ہوتی ہے یا یوں ہے کہ انسان کی تہذیبی اور ثقافتی ضروریات کی تکمیل کی خاطر زبان حقیقت کو خود خلق کرتی ہے، وغیرہ۔ نئے مباحث بھی تنقید کے دائرہ عمل میں شامل کئے جاتے ہیں۔ تنقید سے متعلق ان عمومی نظریات کا اطلاق بعض فروعی مستثنیات کے ساتھ اردو تنقید پر بھی کیا جا سکتا ہے اور اس اجمال کی تفصیل کے لئے اردو تنقید کے ارتقاء کو مرکز نگاہ بنانا لابدی ہے۔

شعر کی خوبیوں اور خامیوں کی نشان دہی کے اولین نقوش ملا وجہی کی مثنوی قطب

مشتری میں ملتے ہیں۔ وجہی نے خیالات کی ترسیل کے لئے مناسب اور موزوں لفظیات اور طرز ادا کے توازن کی طرف توجہ مبذول کرائی۔ شعر کی ماہیت اور اس کے حسن و قبح سے متعلق مجمل اشارے تذکروں میں جا بجا موجود ہیں، تاہم اردو میں تنقید کا باقاعدہ آغاز مقدمہ شعر و شاعری کی اشاعت سے ہوتا ہے جس کی اشاعت کو ایک صدی سے زائد مدت ہوچکی ہے۔ حالی نے اردو میں پہلی بار شاعری کے بنیادی اصولوں کو منضبط کرنے کی کوشش کی اور ادب کی خارجی کائنات، قاری شاعر اور اپنے داخلی اجزا سے متعلق رشتوں پر دلجمعی کے ساتھ گفتگو کی اور مختلف اصناف سخن کے مابہ الامتیاز عناصر کو بھی موضوع بحث بنایا۔ حالی نے شعر کے نظریہ نقل کی تائید کی اور مقدمہ شعر و شاعری میں سادگی، اصلیت اور جوش کو شعر کی اساسی خوبی ٹھہرایا۔ حالی بنیادی طور پر عینیت پرست تھے۔ لہٰذا ان کے نزدیک ''شعر میں ایسی باتیں کی جانا چاہئیں جیسی کہ ہمیشہ دنیا میں ہوا کرتی ہیں یا ہونی چاہئیں''۔ حالی اصلیت کو شعر کی بنیادی خوبی قرار دینے کے باوجود عوامی حافظہ میں موجود عقائد کی نفی نہیں کرتے ان کے مطابق:

> ''فرض کرو کہ آسمان کا وجود اور اس کا گردش کرنا، زمین کا ساکن ہونا، پانی اور ہوا کا بسیط ہونا، عناصر کا چار میں منحصر ہونا، جام جم کا جہاں نما ہونا، ظلمات میں چشمہ حیوان کا مخفی ہونا، سیمرغ اور دیو پری کا موجود ہونا اور اسی قسم کی اور بہت سی باتیں علم انسانی کی ترقی سے غلط ثابت ہو جائیں تو پھر شاعر کا یہ کام نہیں ہے کہ ان خیالات سے بالکل دستبردار ہو جائے بلکہ اس کا کمال یہ ہے کہ حقائق اور واقعات اور سچے اور نیچرل خیالات کو ان ہی غلط اور بے اصل باتوں کے پیرائے میں بیان کرے اور اس طلسم کو جو قدما باندھ گئے ہیں، ہرگز ٹوٹنے نہ دے ورنہ وہ بہت جلد دیکھے گا کہ اس نے اپنے منتر میں سے وہی انچھر بھلا دیے ہیں جو دلوں کو تسخیر کرتے تھے''۔ (مقدمہ، ص ۲۱۸) حالی کو

ملٹن اور میکالے سے مستعار نظریات کا اتباد کرنے پر عام طور پر ملعون کیا جاتا ہے مگر حالی نے شعر کے حوالے سے لفظ اور معانی کے باہمی ربط کو یکسر نئے تناظر میں واضح کیا ہے۔ حالی کا نظریہ تاثیر قاری یا سامع سے پورے طور پر مربوط ہے کہ ان کے نزدیک تاثیر محض شعر کی صفت نہیں بلکہ اس کا براہ راست تعلق سامع سے ہے۔

''اثر قاری اور سامعین کی حالت کا تابع ہے اگر قاری اور سامع میں کم سے کم صرف قاری کے دل میں فی الواقع کوئی کیفیت موجود ہے تو اس کی کیفیت کا بیان ضرورت موثر ہوگا''۔

(مقدمہ شعروشاعری، صفحہ۱۸۱)

شعر سے لطف اندوزی کے عمل میں قاری کی فعال شمولیت پر اصرار حالی کو قاری اساس تنقید کے مویدین کی صف میں لا کھڑا کرتا ہے۔ ان کے مزدیک شعر صرف قرأت کے عمل ہی سے صورت پذیر ہوتا ہے۔ مقدمہ شعروشاعری اس نوع کی تنقید بصیرت Critical Insights سے پر ہے جو حالی کے مربوط اور مرکب تنقیدی نظام کا امتیازی حوالہ بھی ہے۔ حالی نے غزل، مثنوی، قصیدہ اور دیگر اصناف کی صنفی خصوصیات پر بھی تفصیلی اظہار خیال کیا ہے جو ان کی تنقیدی ژرف نگاہی پر دال ہے۔ حالی مشرقی شعریات کے گہرے رمز شناس تھے مگر مغربی نظریات سے ان کی واقفیت قرار واقعی نہیں تھی مگر انہوں نے ان نظریات کے اطلاقی نمونے بھی پیش کئے اور ایک نئی شعریات وضع کرنے کی کوشش کی جس کا خمیر مغربی نظریات سے اٹھا ہے۔ یہ نوآبادیاتی فکری تسلط کا ناقابل تردید اور ٹھوس علمی ثبوت بھی ہے۔

''خطابت میں بھی شاعری کی طرح جذبات اور احساسات کو برانگیخت کرنا مقصود ہوتا ہے۔ خطابت کا مقصود حاضرین سے خطاب کرنا ہوتا ہے۔ بخلاف اس کے شاعر کو دوسروں سے غرض نہیں ہوتی۔ وہ یہ نہیں جانتا کہ کوئی اس کے سامنے ہے یا نہیں۔ شاعری تنہانشینی اور مطالعہ

نفس کا نتیجہ ہوتی ہے.......شاعر اگر اپنے نفس کے بجائے دوسروں سے خطاب کرتا ہے، دوسروں کے جذبات کو ابھارنا چاہتا ہے..........تو شاعر نہیں خطیب ہے''۔

''شعر العجم'' کے علاوہ شبلی کی دوسری گرانقدر تصنیف ''موازنہ انیس و دبیر'' ہے۔شبلی نے مرثیہ کی صنفی خصوصیات اور انیس کے شعری وفنی محاسن وقت نظر کے ساتھ واضح کئے ہیں۔موازنہ میں میر انیس اور مرزا دبیر کے شعری امتیازات پر مبسوط انداز میں بحث کی گئی ہے۔''موازنہ انیس و دبیر'' نہ صرف اردو میں Legislative اور Prescriptive Criticism کی بہترین مثال ہے بلکہ تجزیاتی اور عملی تنقید اول بھی ہے۔شبلی اور حالی کے بعد نقادوں کی جو نئی کھیپ سامنے آئی وہ انگریزی سے بخوبی واقف تھی اور امداد امام اثر، اور عبدالرحمان بجنوری نے مغربی تصور شعر کو قدیم مشرقی شعریات سے ہم آہنگ کرنے کی کوشش کی۔کاشف الحقائق میں امداد امام اثر نے شاعری کی ماہیت پر غور کرتے ہوئے اسے عقلی اور جذباتی خانوں میں منقسم کیا اور لفظیات کی تازہ کاری اور اسلوب کی صلابت پر اصرار کیا۔عبدالرحمان نے ''مراۃ الشعر'' میں لفظ اور معنی کے باہمی ربط پر تفصیلی گفتگو کی اور عربی شعریات کے حوالے سے واضح کیا کہ موضوع یا مفہوم تو پرانا ہوتا ہے تاہم لفظیات کی سطح پر تازگی کلام کی مقبولیت کی ضامن ہوتی ہے۔

ترقی پسند تحریک کے آغاز سے قبل اردو میں رومانی میلان پوری توانائی کے ساتھ برگ و بار لایا۔تخلیقی ادب سے قطع نظر تنقید کی سطح پر تاثراتی رومانی تنقید کی سب سے اچھی مثال عبدالرحمان بجنوری کی تصنیف ''مقدمہ کلام محاسن غالب'' ہے۔عبدالرحمان بجنوری کے بہت سے جملے جوان کے مخصوص رومانی مزاج کے آئینہ دار ہیں مثلاً ہندوستان میں دو الہامی کتابیں، وید مقدس اور دیوان غالب وغیرہ، زبان زد خلائق ہو گئے ہیں۔عبدالرحمان بجنوری نے غالب کے اشعار کے تجزیاتی مطالعہ سے عموماً گریز کرتے ہوئے غالب کے کلام کی قدر شناسی کے ضمن میں بعض مبہم، سیال اور غیر متعین اصطلاحات استعمال کی ہیں اور اس کتب سے اندازہوتا ہے کہ عبدالرحمان بجنوری تنقید کو مابعد الطبیعیات اور جمالیات کی ایک ضمنی شاخ تصور کرتے تھے۔

تاثراتی نقادوں میں رشید احمد صدیقی اور مولانا عبدالماجد دریابادی اور کسی تک فراق گورکھپوری کو بھی شامل کیا جاسکتا ہے۔

''مقدمہ شعروشاعری'' کے مباحث کے بڑے گہرے اثرات مرتب ہوئے۔ اردو کی مقبول ترین صنف سخن غزل اور قصیدہ و دیگر اصناف پر حالی کے مدلل اور شدید اعتراضات نے مشرقی شعریات پر سے اعتماد متزلزل کر دیا اور فن کی سطح پر بھی ''اصلاح'' کی ضرورت محسوس کی جانے لگی۔ سادگی، اصلیت اور جوکو شعر کی بنیادی خوبی تصور کیا جانے لگا۔ سرسید کی اصلاحی تحریک کے اثرات ادب پر رونما ہونے لگے اور قدیم ادبی سرمایہ کم مایہ، سطحی اور پیش پا افتادہ نظر آنے لگا۔ بیسویں صدی کی تیسری دہائی میں ترقی پسند تحریک کا باقاعدہ آغاز ہوا اور باقاعدہ منشور بھی مرتب ہوا۔ جس ترقی پسند تحریک نے شعروادب کے جس تصور کو فروغ دیا اس میں موضوعاتی سطح پر مواد میں خارجی اقدار (Extrinsie Values) اور سماجی شعور کو بنیادی اہمیت حاصل تھی۔ ترقی پسند ناقدین نے ادب کے سماجی تفاعل کو توجہ کا ہدف بنایا اور ادب کی ماہیت پر از سرنو غور کرنے کی سعی کی۔ ان ناقدین کے نزدیک ادب سماجی تعاملات کا نتیجہ ہے لہذا اس کی تعین قدر کی اساس بھی معاشرتی اقدار ہونا چاہئے۔ ادب اصلاً سماجی اقدار کا آئینہ دار ہوتا ہے۔ اس تحریک کے زیر اثر ادب میں مقصدیت کی نے بہت تیز ہوگئی اور ادب کو اکثر صورتوں میں ایک سیاسی نظریہ کی بے محابا تبلیغ کا وسیلہ ٹھہرایا جانے لگا۔ یوں افادیت شعر و ادب کا بنیادی حوالہ بنی۔ ۱۹۳۶ کی اولین کانفرنس میں پریم چند نے ترقی پسند تصور ادب کو موضوع بحث بناتے ہوئے کہا کہ آرٹ کا مقصد ذوق حسن کی تربیت ہے لیکن کوئی ایسی ذوقی، معونی اور روحانی مسرت نہیں ہے جو اپنا افادی پہلو نہ رکھتی ہو۔ پریم چند نے ترقی پسند تصور حسن کی صراحت کرتے ہوئے حسن کے معیار میں تبدیلی کا برملا مشورہ دیا اور لکھا کہ حسن کا معیار امیرانہ اور عیش ورانہ تھا۔ اس کی نگاہیں محل سراؤں اور بنگلوں کی طرف اٹھتی تھیں۔ جھونپڑے اور کھنڈر اس کے التفات کے قابل نہ تھے۔ وہ انہیں انسانیت کے دامن سے خارج سمجھتا تھا۔ آرٹ نام تھا محدود صورت پرستی کا، الفاظ کی

تراکیبوں کا، خیالات کی بندش کا جسے بہر صورت بدلنا ہے۔

ادب کی زندگی کا ترجمان اور اسے بہتر بنانے کا وسیلہ گردانناترقی پسند تنقید کا بنیادی سروکار (Concern) تھا۔ سجاد ظہیر، ڈاکٹر عبدالعلیم اور اختر حسین رائے پوری نے ترقی پسند تصورادب اوراس کی نظری اساس پر مبسوط مقالے لکھے اور بعض تخلیق کاروں کے حوالے سے ادب کو سماجی مظہر کے طور پر سمجھنے کے تصور کے نقوش ابھارے۔ سجاد ظہیر نے حافظ پر بہت خیال انگیز اور وقیع مضمون لکھا۔ ادب اور زندگی کے تعلق پر ڈاکٹر عبدالعلیم اور اختر حسین رائے پوری نے دلجمعی کے ساتھ معروضی انداز میں گفتگو کی اور مارکسی جمالیات کے تناظر میں ادب اور سماج کے ناگزیر رشتے کے خدوخال واضح کئے۔ ترقی پسند ناقدوں میں سب سے اہم نام سید احتشام حسین کا ہے۔ احتشام حسین نے ادب کے نظری مسائل کے علاوہ تخلیقی فن کاروں کا بھی مارکسی جمالیات کی روشنی میں مطالعہ کیا۔ انہوں نے کرسٹوفر کاڈویل لوکاچ اور بعض دیگر مارکسی نظریہ ساموں کی وساطت سے مارکسی شعریات مرتب کرنے اور پھر اس کے اطلاقی نمونوں کی نشاندہی کی۔ انہوں نے یہ بھی باور کرایا کہ ادب ثقافتی عمل کے محور پر گردش کرنے والا ایک ایسا عمل ہے جو بعض اقدار کے حوالے سے صورت پذیر ہوتا ہے۔ ادب معاشرے میں سرگرم عمل مختلف طبقات کے باہمی تعلقات کا بھی آئینہ دار ہوتا ہے۔ لہٰذا ادبی فن پارہ کی تعین قدر معنی خیز اسی صورت میں ہوسکتی ہے جب تک سماجی شعور کو معرض بحث نہ بنایا جائے۔ سید احتشام حسین نے شاعری اور فکشن دونوں کو اپنی تنقیدی سرگرمیوں کا ہدف بنیا۔ ترقی پسند تحریک سے قبل فکشن کو زیادہ درخوراعتنا نہیں سمجھا جاتا تھا۔ سید احتشام حسین نے ناول اور افسانے کے نظری مسائل پر معروضی انداز میں لکھا۔ ترقی پسند تحریک کی ابتدا میں جب عریاں نگاری کو حقیقت نگاری کے مماثل قرار دیا جانے لگا تو احتشام حسین نے لکھا:

> ''چونکہ حقیقت نگاری اور عریانی کی حدیں بعض اوقات ایک
> دوسرے سے مل جاتی ہیں اس لئے کبھی کبھی دونوں کو ایک سمجھ لیا جاتا

ہے، حالانکہ سب سے بڑا فرق جو دونوں میں ہے وہ یہی ہے کہ حقیقت نگاری کے سلسلے میں اگر عریانی کا اظہار بھی ہوجائے تو وہ مقصد نہیں ہوتا ایک ذریعہ ہوتا ہے۔ اگر اس کا اظہار صرف عریانی اور لذت کے لئے ہوتو وہی مقصد قرار پاتا ہے۔ وہ صرف ہیجان پیدا کر کے چھوڑ دیتا ہے۔.......... ایسا ادب اچھا ادب نہیں ہے۔ اس کا مٹنا مٹا دینا ہی ہماری فرض ہے (تنقیدی جائزے، صفحہ ۱۴۵)

سید احتشام حسین کے نزدیک اشتراکی حقیقت نگاری مادی تصور تاریخ سے پیدا ہوتی ہے۔ ماضی کے ادبی ورثہ کے محاسبہ کا بنیادی حوالہ کیا ہو، یہ ترقی پسند تنقید نگاروں کا مرکزی مسئلہ تھا۔ بعض غالی نظریہ سازوں نے قدیم ادب سوختنی قرار دیتے ہوئے لکھا کہ ادب زندگی سے عبارت ہے نہ کہ زندگی ادب سے۔ ادب کے نام پر جو چیز انسان کو زندگی سے بےزار ہونے کی تعلیم دے، انسان کو فوراً اس سے بےزار ہونا چاہئے۔ سید احتشام حسین نے اس نوع کی انتہا پسندی کی کبھی ہم ہنوائی نہیں کی اور لکھا:

''ماضی کے ادب کے متعلق ہمارا جذباتی ردعمل ہر حال میں وہ تو کبھی نہیں ہوسکتا جو ان صدیوں کے لوگوں کا رہا ہوگا لیکن سوال تو یہ ہے کہ ان کی طرف ہمارا رویہ کیا ہونا چاہئے، محض یہ کہ جو تھا، ٹھیک تھا۔ اس وقت کے ذوق کے متعلق ہمیں کچھ کہنے کا حق نہیں ہے۔ یہیں ماضی کے ادب کے مطالعے کا مسئلہ دردِ سر بنتا ہے کیونکہ کوئی نقاد نہ تو مکمل طور سے اس عہد کی ساری کیفیات کو اپنے داخلی ردعمل پر حاوی کرسکتا ہے اور نہ اپنے عہد کے شعور کو دبا کر ماضی کو سمجھ سکتا ہے۔ راستہ کہیں درمیاں میں ہوگا''۔

(جدید ادب منظر اور پس منظر، ص ۸۰)

سید احتشام حسین نے داستان اور ناول کے کرداروں کے مطالعہ کا بھی آغاز کیا ان کے نزدیک کردار سماجی تعاملات کے مظہر ہوتے ہیں اور وہ اپنے طبقے کے نمائندے بھی ہوتے ہیں۔ انہوں نے فسانہ آزاد کے ناقابل فراموش کردار خوجی کا مطالعہ اسی تناظر میں کیا۔ اس مضمون سے اندازہ ہوتا ہے کہ احتشام حسین کا خیال تھا کہ مصنف کی نظری ترجیحات کا اندازہ اس کے تخلیق کردہ کرداروں سے لگایا جاسکتا ہے۔ تخلیق کار اور اس کے کرداروں کے مطالعہ کا یہ سہل الحصول طریقہ فکشن کی تفہیم کا کوئی معتبر حوالہ نہیں ہے تاہم اس سے یہ ضرور منکشف ہوتا ہے کہ سید احتشام حسین اشتراکی تصور ادب کا واضح تصور رکھتے تھے۔

علی سردار جعفری نے ''ترقی پسند ادب، پیغمبران سخن، اقبال ایک تشکیل اور انتخاب کلام میر'' کی وساطت سے ترقی پسند تنقید کے افق کو وسیع تر کیا۔ سردار جعفری نے اقبال کے فکری سروکاروں کو مارکسی نظریات سے مربوط کرنے کی کوشش کی اور بعض فکر انگیز اشارے کیئے۔

مجنوں گورکھپوری نے اقبال کی شاعری کے محرکات، موضوعات اور ان کے اظہاری وسائل مثلاً علامت، موحیف ور پیکر وغیرہ کو ہدف ملامت بنایا۔ مجنوں گورکھپوری نے اقبال کے علاوہ میر اور غالب پر بھی مضامین لکھے اور فکشن نگاروں پر بھی اپنی توجہ مرکوز کی۔ عصمت چغتائی پر ان کا مضمون مجنوں گورکھپوری کی تنقیدی ترجیحات کو خاطر نشان کرتا ہے۔ مجنوں گورکھپوری کے مطابق: ''عصمت چغتائی نے ایک نقطۂ کو ساری زندگی سمجھ لیا ہے۔ ہمارا شعور جنسی یقیناً ایک اہم خلاق قوت ہے جس کی صحت اور خیریت کی طرف سے ہم کو بھی غافل نہیں ہونا چاہئے اور سامنتی اور مہاجنی نظام تمدن نے ہماری جنسی زندگی میں طرح طرح کی خرابیاں پیدا کردی ہیں جو اصلاح چاہتی ہیں لیکن ہر وقت انہیں خرابیوں پر نظر رکھنا اور انہیں میں محو رہنا ایسا ہی ہے جیسے اپنے کو کسی کوڑھی خانے میں بند کرلینا جہاں سوا رنگ برنگ کے جذامی زخموں اور داغوں کے اور کچھ نظر نہ آئے۔ ہم کو اپنے بدن کے کوڑھ سے آگاہ رہنا چاہئے اور اس کا تدراک بھی سوچنا چاہئے لیکن اسی کے دھیان میں کھوئے رہنا حفظان صحت کے اصول سے ہٹی ہوئی حرکت ہوگی'' جنس کو کوڑھ

کے مماثل قرار دینا اور اسے عصمت کے فن کے محاسبہ کا اساسی حوالہ بنانا ناقد کے غیر پختہ تنقیدی کا شعور کا غماز ہے۔ افسانہ کی تنقید محض موضوع کی تلخیص Paraphrasing سے عبارت نہیں ہوتی۔

محمد حسن، قمر رئیس، عقیل رضوی اور شارب ردولوی ترقی پسند تنقید کے اہم نام ہیں۔ محمد حسن کی تحریروں میں حیرت انگیز موضوعاتی تنوع کا احساس ہوتا ہے مگر موضوع پر بے جا اصرار نے ان کی تنقید کو بڑی حد تک یک رخا بنا دیا ہے۔ قمر رئیس نے فکشن اور علی الخصوص پریم چند کو اپنے مطالعہ کا مرکز بنایا اور پریم چند کے امتیازات پر خاصی تفصیلی روشنی ڈالی ہے۔ قمر رئیس کا محاسبہ عموماً موضوع اساس ہے تاہم بسا اوقات پریم چند کی تکنیک اور اسلوب کو بھی زیر بحث لایا گیا ہے۔

سید محمد عقیل رضوی نے نظری مباحث کے علاوہ عملی تنقید کی طرف بھی توجہ دی ہے۔ ان کی کتاب ''سماجی تنقید اور عملی تنقید'' موضوع اساس تجزیاتی تنقید کا ایک اچھا نمونہ ہے۔ غزل کے جہات اور ناول کے فن پر ان کی کتابیں ترقی پسند تنقید کے اطلاقی مضمرات کو خاطر نشان کرتی ہیں۔ شارب ردولوی کی تحریریں ترقی پسند جمالیات کے تناظر میں ایک نئی معنونیت حاصل کر لیتی ہیں اور ان کا تجزیاتی اسلوب قاری کو فن پارہ کے معنوی امکانات سے واقف کراتا ہے۔ صدیق الرحمان قدوائی، اسلم پرویز اور عبدالسمیع خورشید وغیرہ کی تحریریں بھی ترقی پسند تنقید کا قابل لحاظ نمونہ ہیں۔

چوتھی دہائی میں ترقی پسند تحریک کو فروغ حاصل ہوا اور اس تحریک نے ادب برائے زندگی کے نقطۂ نظر پر اصرار کیا۔ شعر و ادب کے حسن و قبح کا معیار موضوع ٹھہرا اور خارجی زندگی اور سماجی شعور کا اظہار فن کار کا اولین فریضہ گردانا گیا۔ چوتھی دہائی کے اوائل میں ہی اس طاقتور تحریک کے متوازی ایک اور ادبی رجحان ابھرا جس کی شیرازہ بندی حلقہ ارباب ذوق سے وابستہ ادیبوں نے کی۔ حلقہ ارباب ذوق کے عناصر ثلاثہ میں شامل میرا جی نے ترقی پسند تصور ادب کو قبول نہیں کیا اور انہوں نے مختلف شعرا کی نظموں کے تجزیاتی مطالعے کی وساطت سے ایک نئے زاویہ نظر کے

نقوش اجاگر کئے۔ میراجی نے فن پارہ کی نثری تلخیص اور پھر موضوع کے حوالے سے اس کے حسن وقبح پر مشتمل اقداری فیصلے سے احتراز کرتے ہوئے فن پارہ کے ہیئتی اور اسلوبیاتی خصائص کو بھی مرکز مطالعہ بنایا گو کہ ان کے تجزیوں میں موضوعات تشریح سے یکسر گریز نہیں کیا گیا ہے۔ میراجی نے خارجی حقیقت کے علاوہ انسان کی نفسی اور لاشعوری کائنات پر بھی توجہ مرکوز کی۔ انہوں نے فن پارے کے ہیئتی مطالعہ اور تجزیاتی انداز نظر کو مقبول بنانے کے علاوہ ایک نوع کے ثقافتی ڈسکورس کا بھی آغاز کیا۔۱۹۴۴ء میں شائع ہونے والی اپنی کتاب ''اس نظم میں'' میں میراجی نے نظری مباحث اور اطلاقی صورتوں دونوں میں شعریات کی کلاسیکی روایات سے، جو آفاقی ادبی اقدار کو موضوع بحث بناتی ہے۔ صرف نظر کرتے ہوئے ثقافتی تشخص (Cultural Identity) پر اصرار کیا ہے جو نئے تنقیدی ڈسکورس کی اساس ہے۔ ان کے نزدیک ادبی اقدار تہذیبی حوالوں سے صورت پذیر ہوتی ہیں اور ادبی متن فی نفسہ ایک ثقافتی تشکیل کی حیثیت رکھتا ہے۔فن پارہ ثقافتی بوقلمونی کے حوالے سے مرتب بھی ہوتا ہے اور متشکل بھی۔

میراجی نے اپنی تنقیدی تحریروں میں مقامیت (Nativity) کو فن پارہ کی قدر شناسی کا بنیادی حوالہ بنایا۔ ہندوستان کی مخصوص ثقافتی فضا، تہذیبی مظاہر اور مظاہر فطرت اور دیگر حسی وسائل کی وساطت سے نظموں کی تفہیم مراجی کی تنقید کا مابہ الامتیاز عنصر ہے۔ ان کے نزدیک نسلی اور لاشعوری تجربات بھی جغرافیائی منظر نامہ سے غذا حاصل کرتے ہیں اور اس طرح ثقافت، لاشعور اور جغرافیائی منظر نامہ باہم مربوط ہو کر شعری تجربے کی تکمیل کرے ہیں۔ میراجی اردو میں نفسیاتی تنقید کے بنیادگزاروں میں تھے۔ انہوں نے پہلی بار شعری متون کے مطالعے میں لاشعور اور جنسی اثرات کو اساس دی اور خارجی مناظر کو بھی حسن کے تناظر میں دیکھا۔ میراجی نے ہیئتی تنقید سے ایک حد تک استفادہ ضرور کیا کہ مگر وہ ہیئتی ناقدوں کی طرح ہیئت کو اپنی توجہ کا تمام تر مرکز نہیں بناتے۔ وہ ادب کے خود مکتفی ہونے کے تصور کے بھی انکاری تھے کہانھوں نے اپنی عملی تنقید میں اکثر بیان کردہ تجربے کو نفسیاتی، شخصی اور ثقافتی حوالوں سے سمجھنے کی کوشش کی ہے۔ تنقید

ان کے ہاں ایک نوع کے نفسیاتی اور تہذیبی ڈسکورس کی صورت میں سامنے آتی ہے۔ انہوں نے تہذیبی اور عمرانیاتی سیاق کے تناظر میں فن پارہ کے معنی خیزی کے عمل کے نقوش کو ابھارا۔ علاوہ ازیں موضوعات کو جامد اخلاقی تصورات کے کسوٹی پر پرکھنے کے بجائے فن پارہ کی کثیر الوضعیت آشکارا کی۔

فراق گورکھپوری کا شمار ہر چند کی ترقی پسند شعرا میں ہوتا ہے، مگر ان کی تنقیدی تحریریں (اندازے اور اردو کی عشقیہ شاعری وغیرہ) ترقی پسند تصور ادب سے بمنزلہ دور ہیں۔ فراق کی تنقید انتخابی تنقید کی بہترین مثال ہے۔ انہوں نے حالی کے شعری امتیازات کو واضح کرتے ہوئے لکھا ہے کہ حالی کو Vowel Sound سے گہری مناسبت تھی اور ان کی غزلیں حرف علت کی تکرار سے آہنگ کی تشکیل کرتی ہیں۔ اسی طرح مصحفی کے ہاں لمس اور رنگ کا ذکر کرتے ہوئے فراق نے مصحفی کے ہاں لمسی، بصری اور حرکی پیکروں کے عمل پر روشنی ڈالی ہے۔ فراق نے عشقیہ شاعری کی ماہیت اور اس کے مضمرات کو بھی دقت نظر کے ساتھ واضح کیا ہے۔

محمد حسن عسکری نے اردو تنقید کو نظر اور عملی دونوں سطحوں پر ایک نئے منطقے سے روشناس کرایا۔ محمد حسن عسکری نے ادب میں فحاشی کا مسئلہ، ترقی پسند ادب، استعارہ کا خوف، چھوٹی بحر کا مسئلہ، ادب میں صفات کا استعمال، آدمی اور انسان، اردو میں ڈراما کیوں نہیں، اردو کی ادبی روایت جیسے نظری موضوعات پر انتہائی خیال انگیز مضامین لکھے اور بعض تخلیقی کاروں مثلاً میر تقی میر، محسن کاکوروی، منٹو، فراق اور عصمت چغتائی وغیرہ پر بڑے فکر انگیز مضامین لکھے۔ عسکری کی تحریریں زیر مطالعہ فن کار کے فن سے متعلق نئی بصیرتوں سے روشناس کراتی ہیں۔ عسکری کا تصور روایت یقیناً ایک متنازہ فیہ تصور ہے کہ ان کے نزدیک اردو کی ادبی روایت اصلاً دینی روایت کی تابع ہے۔ عسکری تنقید کے نئے مباحث سے حیرت انگیز طور پر آگاہ رہتے تھے۔ پانچویں اور چھٹی دہائی میں عسکری لیوی اسٹراؤس، سوسیر اور فوکو کے تصورات کو زیر بحث بنا رہے تھے۔ جب کہ مغرب میں بھی ان کا ذکر عام نہیں ہوا تھا اگر چہ عسکری کے یہاں یہ سب دینی نظریے کے تابع

تھا، اس لیئے وہ نئے فلسفے سے کوئی بصیرت اخذ نہیں کر سکے۔

آل احمد سرور ہر چند کہ ابتداً ترقی پسند تحریک سے وابستہ تھے مگر ان کی تحریروں میں انتہا پسندی یا ادب کی کسی ایک تعبیر پر اصرار نہیں ملتا۔ آل احمد سرور ہر رنگ میں بہار کے اثبات کے قائل ہیں اور انہوں نے ایک مرکب تنقیدی نظام مرتب کیا ہے جو فہم عامہ سے مستعار ادب کے تصور سے گہری مطابقت رکھتا ہے۔ سرور صاحب کے ہاں موضوعاتی تنوع کا احساس تو ہوتا ہے مگر کسی ایک سلسلہ کے ممکنہ تمام پہلوؤں کے تجزیاتی مطالعہ کا کوئی سراغ نہیں ملتا۔ انہوں نے ادب کے نظری مسائل پر بھی لکھا ہے اور اقبال، غالب، میر، پریم چند اور بیدی وغیرہ پر فکر انگیز مقالے بھی لکھے۔

کلیم الدین احمد نے اردو شاعری کی مقبول ترین صنف غزل کو برملا ہدف بنا کر ادبی دنیا کو اپنی طرف متوجہ کر لیا تھا۔ ''اردو شاعری پر ایک نظر اور اردو تنقید پر ایک نظر'' کلیم الدین احمد کے انتہا پسندانہ تنقیدی موقف کو خاطر نشان کرتی ہیں۔ اردو شاعری اور تنقید پر ان کے اعتراضات دقیع اور خیال انگیز ہیں۔ تاہم مغربی کیا دبیات کے عام ہونے کے ناطے کلیم الدین اس نکتہ سے ضرور واقف ہوں گے کہ کسی بھی زبان کے ادب کو کسی دیگر زبان یا ثقافت کے فریم ورک کے تناظر میں نہیں سمجھا جا سکتا۔ علاوہ ازیں ادب میں معنی کی تخم ریزی کا عمل اپنے ثقافتی ڈسکورس کا ناگزیر حصہ ہوتا ہے۔ غزل کو ثقافتی سیاق سے الگ کر کے دیکھنا ایک نوع کی تنقیدی سہل انگاری کو ظاہر کرتا ہے۔ کلیم الدین نے داستانوں پر اپنی کتاب ''داستان گوئی'' میں اس صنف کے امتیازات ثقافتی سیاق میں واضح کیئے اور داستان کی فراموش کردہ شعریات کو مطالعہ کا موضوع بنایا ہے۔

ترقی پسند تحریک کی سیاسی وابستگی، سماجی شعور اور زندگی کو سیاہ وسفید خانوں میں منقسم کر کے دیکھنے کی روش کے خلاف سخت ردعمل بھی پیدا ہوا اور خارجی حقیقت نگاری کے یک رخے تصور کے خلاف بھی صدائے احتجاج بلند کی گئی۔ چھٹی دہائی میں ترقی پسند تحریک کے خلاف ردعمل

کی شدت نے ایک طاقتور رجحان کی صورت اختیار کرلی جسے جدیدیت سے تعبیر کیا گیا۔ مواد کی سطح پر جدیدیت نے ذات پرستی، شکست ذات، خوابوں کی شکست وریخت، داخلیت، اضطراب، بے گانگی، لایقینیت اور یاسیت پر اصرار کیا اور یہ بھی باور کرایا کہ فن پارہ ایک خود مختار اور خود کفیل وجود رکھتا ہے۔ یہ بھی کہا گیا کہ ادب کی تعین قدر اول اور آخر فنی لوازم کی رہین منت ہونا چاہئے۔ جدیدیت کو وجودیت نے فلسفیانہ اساس فراہم کی اور جدید تنقید نے امریکی نئی تنقید کے ہیئتی ماڈل کا اتباع کیا۔ فن پارے کی داخلی اور خارجی ہیئت کو مرکز نگاہ بنا کر عملی تنقید کا آغاز کیا گیا۔ متن کے مرتکز آمیز مطالعہ (Close reading of the text) کا سلسلہ شروع کیا اور فن پارہ کے ہیئتی حقائق کی نشاندہی تنقید کا مقصودِ اولین ٹھہری۔ شمس الرحمان فاروقی اور گوپی چند نارنگ کا شمار جدید تنقید کے بنیاد گزاروں میں ہوتا ہے۔ شمس الرحمان فاروقی نے ادبی اقدار کی بحالی کو اولین اہمیت دی۔ انہوں نے موضوع اساس ترقی پسند تنقید کی نارسائیوں اور اس کے عیوب اور حدود کی نشان دہی کی اور اپنی تحریروں کے توسط سے یہ باور کرایا کہ ادب کی قدر شناسی کے لئے آفاقی اصولوں اور ضوابط کا استخراج تنقید کا بنیادی وظیفہ ہے۔ اجتماعی تجربے کے بجائے انفرادی تجربہ پر اصرار ان کی تنقید کا شناس نامہ ہے۔ جدیدیت کے مقبول اور سکہ بند موضوعات مثلاً کرب ذات اور شکست خواب، ترسیل کی ناکامی، وغیرہ کا دفاع شمس الرحمان فاروقی نے اپنے متعدد مضامین بشمول ''جدید معاشرے کا آدمی تنہائی کے ویرانے میں'' کے توسط سے کیا۔ فاروقی صاحب کا سب سے خیال انگیز مضمون ''شعر، غیر شعر اور نثر'' ہے جسے جدید تنقید کا ایک اعتبار سے منشور بھی کہہ سکتے ہیں۔ اس طویل مضمون میں فاروقی صاحب نے شعر اور نثر کے امتیازات پر تفصیلی اور مدلل گفتگو کی ہے اور جدلیاتی لفظ کو شاعری کی اساس قرار دیا ہے۔ غزل اور نظم کے مختلف اسالیب کے باہمی فرق کو واضح کرتے ہوئے شمس الرحمان فاروقی رقم طراز ہیں:۔

> ''اسلوب کے لحاظ سے غزل علامتی استعاراتی طرز تک محدود ہے اور بیان واقعہ سے عام طور پر گریز کرتی ہے۔ ہیئت کے لحاظ سے قافیہ اور

اشعار کا جریدہ ہونا، اس کے وہ شرائط ہیں جن کے بغیر غزل وجود میں نہیں آسکتی۔ نظم کے تمام اقسام میں کچھ باتیں مشترک ہیں یا کچھ چیزیں ایسی ہیں جن کے ہونے یا نہ ہونے سے نظم کے قیام پر حرف نہیں آتا۔ لیکن قافیے کا لزوم اور جریدہ اشعار کا لزوم ایسی صفات ہیں جو نظم کی کسی قسم کے لئے لازم نہیں۔ یہی وجہ ہے کہ غزل کو ہم نظم کی ایک قسم نہیں بلکہ ایک الگ ہی نوع کی نظم کہتے ہیں۔ یہی اس کی کمزوری بھی ہے اور مضبوطی بھی۔ نظم کی سب سے بڑی مضبوطی یہ ہے کہ وہ غزل نہیں ہے یعنی وہ غزل کی سی پابندیوں میں محصور نہیں ہے جہاں غزل کے لئے علامتی/استعاراتی اسلوب لازمی ہے اس قدر کہ غزل کا بیان واقعہ بھی واقعے کی سطح پر انگیز نہیں کیا جاسکتا، نظم میں بیان واقعہ غیر استعاراتی/غیر علامتی اسلوب، استعاراتی/علامتی اسلوب سب کچھ ممکن ہے یعنی نظم ان سب چیزوں کا مجموعہ بھی ہوسکتی ہے اور ان میں سے کسی ایک یا چند کو بھی اختیار کر کے کامیاب ہوسکتی ہے''۔

شمس الرحمان فاروقی کی کتاب ''افسانہ کی حمایت میں'' خاصی متنازعہ ثابت ہوگی کہ انہوں نے افسانہ کو شاعری کے مقابلے میں دوسرے درجہ کی صنف قرار دیا۔ اصناف کی درجہ بندی پایہ اسناد کو کم ہی پہنچی ہے۔ شمس الرحمان فاروقی کے بیشتر مضامین کو ہیئتی تنقید کی مثال کے طور پر پیش کیا جاسکتا ہے۔ شمس الرحمان فاروقی کا اصل کارنامہ میرے کلام کا مبسوط مطالعہ ''شعر شور انگیز'' ہے۔ فاروقی نے میر سے متعلق عام تسلیم شدہ حقیقتوں کو الٹ پلٹ کر دکھا اور اس رائے سے اختلاف کیا کہ میر کا شعری آہنگ پرسوز اور دھیما ہے اور ان کا لہجہ اصلاً سرگوشی کا ہے۔ فاروقی نے میر کے متعدد اشعار کے تجزیاتی مطالعہ سے یہ ثابت کیا کہ میر کا آہنگ بلند اور گونجیلا ہے۔ یوں بھی میر کی شاعری ایک ایسے معاشرہ کی زائیدہ ہے جہاں کلام بہ آواز بلند پڑھا جاتا ہے۔ ''شعر شور

انگیز'' مقدمات کی تدوین اور نتائج کے استخراج کے اعتبار سے میر فہمی کے بعض امکانات کو بروئے کار لاتی ہے۔ اسی طرح فاروقی صاحب نے داستان کی شعریات کو بھی از سر نو مطالعہ کا موضوع بنایا ہے اور داستانوں کی معنویت آشکارا کی ہے۔ شمس الرحمان فاروقی کی تنقیدی آگہی اور ان کے استدلالی طرز اظہار کی صلابت میں کلام نہیں مگر ایک تو ہیئتی لوازم پر حد سے زیادہ اصرار، دوسرے انہوں نے ادب کو وسیع تر ثقافتی ڈسکورس کے ایک جزو کے طور پر قبول نہیں کیا۔ اس لحاظ سے ثقافتی معنیاتی سروکار پس پشت جا پڑے اور ان کی تنقید بڑی حد تک میکانگی اور یک رخی ہوگئی۔

گوپی چند نارنگ کا شمار ہیئتی اور اسلوبیاتی تنقید کے بنیاد گذاروں میں ہوتا ہے مگر نارنگ صاحب نے ہیئتی تنقید کے فنی حربوں سے استفادہ کرنے کے باوجود ادب کے تہذیبی سیاق اور ثقافتی حیثیت پر ہمیشہ اصرار کیا۔ ان کی گرانقدر علمی اور تحقیقی کتاب ''ہندوستانی قصوں سے ماخوذ اردو مثنویاں'' کو اس اجمال کی تفصیل کے طور پر پیش کیا جا سکتا ہے۔ نارنگ صاحب نے بھی ادبی اور فنی پہلوؤں کی نشان دہی کو اپنا اولین تنقیدی فریضہ ٹھہرایا۔ گوپی چند نارنگ نے شاعری کی تنقید کے علی الرغم فکشن کی تنقید میں بھی اختصاص حاصل کیا اور انہوں ے پریم چند، منٹو، بیدی، بلونت سنگھ، انتظار حسین، سریندر پرکاش وغیرہ کے فن پر بڑے خیال انگیز مضامین لکھے جن میں موجزن تنقیدی Insights مذکورہ فن کاروں کے ایک نئے تنقیدی تناظر میں مطالعے کی اہمیت کا احساس دلاتی ہیں۔ گوپی چند نارنگ نے ہیئتی اور اسلوبیاتی تنقید کے علاوہ آرکی ٹائپل تنقید کو جس کے مفسرین میں نارتھ روپ فرائی اور لیوی اسٹراؤس کا نام سرفہرست ہے بھی اردو میں رائج کیا۔ اس ضمن میں سب سے زیادہ دقیع اور خیال انگیز مقالہ ''بیدی کے فن کی استعاراتی اور اساطیری جڑیں'' ہے۔ اس مضمون میں گوپی چند نارنگ نے بیدی کے کئی افسانوں اور ناولٹ ''ایک چادر میلی سی'' کے حوالے سے یہ ثابت کیا ہے کہ ادبی متن فی نفسہ ایک ثقافتی تشکیل کی حیثیت رکھتا ہے اور جس ی اساس آرکی ٹائپ اور اسطور پر قائم ہے۔ نارنگ صاحب نے بیدی کے افسانوں کی

داخلی ساخت میں متھ کے عمل کی نشاندہی کرتے ہوئے لکھا:

''لیکن وہ کہانی جس میں بیدی نے استعاراتی انداز کو پہلی بار پوری طرح استعمال کیا ہے اور اساطیری فضا ابھار کر پلاٹ کو اس کے ساتھ ساتھ تعمیر کیا ہے، گرہن ہے۔ اس میں ایک گرہن تو چاند کا ہے اور دوسرا گرہن اس زمینی چاند کا ہے جسے عرف عام میں عورت کہتے ہیں اور جسے مرد اپنی خود غرضی اور ہوسناکی کی وجہ سے ہمیشہ گہنانے کے درپے رہتا ہے۔ ہولی ایک نادار، بے بس اور مجبور عورت ہے۔ اس کی ساس راہو ہے اور اس کا شوہر کیتو۔ جو ہر وقت اس کا خون چوسنے اور اپنا قرض وصول کرنے میں لگے رہتے ہیں۔ ہولی کی سسرال سے مائکے بھاگ نکلنے کی کوشش بھی گرہن سے چھوٹنے کی مثال ہے لیکن چاند گرہن سے سماجی جبر کا گرہن کہیں زیادہ اٹل ہے۔ ہولی گھر کے کیتو سے بچ نکلنے کی کوشش کرتی ہے تو اسٹیمر لانچ کے کیتو کیتھورام کی گرفت میں آجاتی ہے جو اسے رات بھر کے لئے سرائے میں لے جاتا ہے اور اس طرح یہ خوبصورت چاند ایک گرہن سے دوسرے گرہن تک مسلسل عذاب کا شکار ہوتا ہے۔ اس کہانی کی معنویت کا راز یہی ہے کہ اس میں چاند گرہن اور اس سے متعلق اساطیری روایات کا استعمال اس خوبی سے کیا گیا ہے کہ کہانی کی واقعیت میں ایک طرح کی مابعد الطبیعیاتی فضا پیدا ہوگئی ہے۔ خارجی حقیقت میں آفاقی حقیقت یا محدود میں لامحدود کی جھلک دیکھنے کی یہی خصوصیت جو گرہن میں ایک بیج کی حیثیت رکھتی ہے۔ آزادی کے بعد بیدی کی کہانیوں میں ایک مضبوط اور تناور درخت کی حیثیت سے سامنے آتی

ہے اور بیدی کے فن کی خصوصیت خاصہ بن جاتی ہے''۔

بیدی کے علاوہ منٹو اور انتظار حسین کے فن کو بھی نارنگ صاحب نے مطالعہ کا موضوع بنایا اوران کے فن کی بعض بالکل نئی جہات کی نشان دہی کی ہے۔انتظار حسین کے بنیادی موضوعات ی وضاحت کرتے ہوئے نارنگ صاحب نے لکھا ہے کہ معاشرتی یادوں کی کہانیاں، انسان کے رحوانی و اخلاقی زوال اور وجودی مسائل کی کہانیاں، سیاسی مسائل کی کہانیاں، نفسیاتی کہانیاں، بودھی جاتک اور ہندو دیومالا کی کہانیاں اور آج کے مسائل کے تناظر میں ان کی نئی معنیات کی تشکیل انتظار حسین کے فن کا ناگزیر حصہ ہیں۔ فنی سطح پر انہوں نے مروج سانچوں کی تقلیب کر کے افسانے کو ایک نئی شکل اور نیا ذائقہ دیا ہے۔

نارنگ صاحب نے اقبال، انیس اور میر (نیز شہریار ڈ ساقی فاروقی، بانی اور افتخار عارف) کا مطالعہ بھی وقت نظر سے کیا ہے اور فنی لوازم اور اسلوبیاتی خصائص کے حوالے سے ان فنکاروں کے مخصوص لسانی نظام کی نشاندہی کی ہے اور پھر اس لسانی نظام کو ثقافتی اقدار اور تخلیقی رویوں سے بھی مربوط کیا ہے۔ میر نے اپنا منفرد شعری محاورہ کس طرح قائم کیا اور اس کے اسلوبیاتی خصائص اور شعری طریقہ کار کے اجزائے ترکیبی کیا تھے، پروفیسر نارنگ نے اپنی کتاب ''اسلوبیات میر'' میں ان نکات کی تفصیلی وضاحت کی ہے۔ میر پر نارنگ صاحب کی کتاب ''شعر شور انگیز'' سے آٹھ دس برس پہلے شائع ہوئی تھی۔ نارنگ صاحب نے میر کو Oral Tradition کا شاعر قرار دیتے ہوئے لکھا کہ میر اردو غزل میں Oral روایت کے آخری امین ہیں۔ خورشید احمد کے بقول نارنگ صاحب کا یہ جملہ ''میر دراصل پوری اردو زبان کے پورے شاعر ہیں'' نقد میر میں ضرب المثل کی حیثیت رکھتا ہے۔

علاوہ ازیں گزشتہ کئی برسوں سے پروفیسر نارنگ نے اپنی توجہ نشانیات، ساختاتی اور پر ساختیاتی نیز مابعد جدید فکریات کے مباحث پر مرکوز کی ہے اوران کی دقیع کتاب ''ساختیات اور مشرقی شعریات'' مابعد جدید تنقیدی تصورات کا مستند اور جامع تعارف پیش کرتی ہے۔ اس کتاب

کے مختلف ابواب برصغیر کے مقتدر ادبی جرائد یں مقالوں کی صورت میں شائع ہوئے تھے۔ گوپی چند نارنگ اور پاکستان میں وزیر آغا اور ضمیر علی بدایونی وغیرہ کے مضامین کی بدولت اردو میں پس ساختیاتی اور مابعد جدید ڈسکورس کا آغاز ہوا۔ جب یہ ڈسکورس برگ و بار لانے لگا تو یہ مطالبہ بھی کیا جانے لگا کہ نظری مباحث کی اہمیت اپنی جگہ تسلیم لیکن اب اس کے عملی نمونے بھی قارئین کے سامنے پیش کیئے جائیں۔

پروفیسر نارنگ نے اپنے مضمون ''فیض کو کیسے نہ پڑھیں ایک پس ساختیاتی رویہ'' (سوغات، ستمبر ۱۹۹۱ء) میں تشکیلی مطالعہ کا عملی نمونہ پیش کیا۔ ردتشکیل دراصل متن کی قرأت کی ایک Insight ہے جو کوئی حتمی Methodology نہیں ہے۔ نارنگ صاحب نے پس ساختیاتی فکر کے حوالے سے فیض کی نظم دست تہ سنگ آمدہ کے معمولہ یا مانوس معنی کو ایک نئی قرأت کے حوالے سے Undo کردیا۔ معاشرے کا خیال ہے کہ ہر ادبی متن میں تضادات اور خالی جگہیں راہ پاجاتی ہیں جو آئیڈیولوجی کی زبان سے ہم آہنگی پیدا کرسکنے کی عدم صلاحیت کا جواز پیش کرتی ہے۔ پروفیسر نارنگ نے فیض کے متن کو پڑھتے ہوئے موجود معنی کے ساتھ ساتھ متن کی خاموشیوں اور غیر موجودگیوں کو بھی مرکز نگاہ بنایا۔ موجود لفظوں کے ساتھ Absence کو بھی بیک وقت توجہ کا مرکز بنانا، نیز معنی کی تکثیریت کی طرف اشارہ کرنا مصنف کی گہری تنقیدی بصیرت پر دال ہے۔ اس طرح نارنگ صاحب اپنے دیگر حالیہ مضامین بھی کوئی نہ کوئی بحث انگیز نکتہ پس ساختیاتی قضایا کے حوالے سے اجاگر کرتے ہیں۔ خصوصاً ''ممتا اور خالی سنسنان ٹرین''، بلونت سنگھ کا فن: رومانیت اور شکست رومانیت''، گلزار کی کہانیوں میں زندگی کی کتاب'' اور محمد علی کے فن کی نئی قرأت پر مبنی اطلاقی نوعیت کے مضامین میں بھی یکسر نئی مابعد جدید تنقیدی فضا ہے۔ ویسے دیکھا جائے تو نارنگ صاحب کا یہ سفر ان کی 1982 کی کتاب ''سانحہ کربلا بطور شعری استعارہ'' سے شروع ہو چکا تھا۔

مابعد جدید تنقیدی ڈسکورس اردو میں قائم ہو چکا ہے اور مختلف موقر ادبی جرائد میں اس

نوع کے مضامین تواتر کے ساتھ شائع ہو رہے ہیں۔ مابعد جدید تنقیدی ڈسکورس کی ترویج کرنے والوں میں وہاب اشرفی، قاضی افضال حسین اور نظام صدیقی کا نام ہے ہے(۱)۔ وہاب اشرفی ہیئتی تنقید کے ماڈل سے استفادہ کرتے ہیں اور انہوں نے بعض اہم مضامین بھی لکھے ہیں۔ اس نوع کا ان کا ایک مضمون ''۱۹۶۰ء کے بعد کی اردو شاعری کا علامتی پہلو'' ہے۔ پروفیسر اشرفی نے میراجی کے ہاں ابہام اور علامت کے تفاعل پر روشنی ڈالتے ہوئے لکھا ہے: ''علامتی طرز اظہار کے لئے بار بار حلقہ ارباب ذوق کے شاعروں کا ذکر کیا جاتا ہے خصوصا میراجی اور ن، م راشد کی مثالیں پیش کی جاتی ہیں لیکن میراجی کے ہاں ابہام کی کچھ مثالیں علامتی سطح کو نہیں چھوتیں اس لئے بھی کہ بعض نظمیں مشکل ہونے کے باوجود معنی کے اعتبار سے Fix ہوتی ہیں...... میں یہ نہیں کہتا کہ میراجی کا موضوع بس ایک ہی یعنی جنس ہے لیکن ان کی نظمیں، زیادہ تر نظمیں اسی محور پر گھومتی ہیں، ان کی علامتیں پھیلتی نہیں ...... راشد کے یہاں بھی مفہوم Fluid نہیں رہتا، اکثر معروف نظمیں اپنی واضح اصطلاحات کے سبب اپنے معنی حتمی طور پر اگل دیتی ہیں جو علامت نگاری کی نفی ہے۔ ان کی مشکل نظمیں حسن کوزہ گر، ابولہب کی شادی، سلیمان سر بہ زانو، اندھا کباڑی وغیرہ مشکل نہیں رہتیں، ابہام کا پردہ اس طرح سرکتا ہے کہ مفہوم آئینے کی طرح چمک جاتا ہے''۔

وہاب اشرفی مابعد جدید تنقید کے تصورات سے بھی کماحقہ واقف ہیں اور ان کے حالیہ مضامین پر پس ساختیاتی قضایا سے استفادہ کے نقوش بہت واضح ہیں۔ ان کا مضمون ''مابعد جدیدیت'' نتائج کے استخراج کے حوالے سے اہم ہے۔ ان کا یہ نتیجہ معنی خیز ہے کہ ''مابعد جدیدیت ثقافت کے حوالے سے اس بات پر اصرار کرتی ہے کہ ہر زمانے میں اپنے زمانے کی ثقافت سچائیاں وضع کرتی رہی ہے، اس لئے کسی ایک سچائی کو ہر زمانے کے لئے ٹھیک باور کرنا درست نہیں، اعتقادات میں اختلافات کی وجہ یہی ہے''۔

معاصر تنقید کا منظر نامہ جن اہم ناموں سے مرتب اور متشکل ہوتا ہے اس میں ایک مشہور

نام وارث علوی کا ہے۔ وارث علوی نے ادب کے بنیادی سروکاروں اور قضایا پر تفصیل سے اظہار خیال کیا ہے۔ ادب کی ماہیت اور اس کے سماج میں ربط پر وارث علوی نے بڑی علمی اور تجزیاتی انداز میں روشنی ڈالی ہے۔ انہوں نے اپنے مضمون ''آئیڈیالوجی کا مسئلہ'' میں آئیڈیالوجی کو ادبی ڈسکورس کا جمولا ینفک قرار دیا ہے۔ (یہ وہ نکتہ ہے جس پر مابعد جدید فکر اصرار کرتی ہے) وارث علوی کے مطابق:

> ''تنقید کا محض تکنیکی اور اسلوبی بننا تنقیدی توانائی کی نہیں بلکہ سمٹاؤ اور انحطاط کی نشانی ہے۔ تنقید کے لئے زیر بحث افکار سے دامن چھڑانا خود ادب کے لئے فائدہ مند نہیں ہے۔ تنقید کو ان تمام افکار و خیالات سے بہرہ مند ہونا چاہئے جو زندگی، انسان اور کائنات کی تفسیر وفہیم میں ہمارے معاون ثابت ہوں۔ آخر ادب انسان ہی کو مرکز میں رکھ کر زندگی اور کائنات کے معنی پانے کی کوشش کرتا ہے۔ ادب کی تنقید اگر ہمیں زندگی اور انسان کے متعلق کچھ نہیں بتاتی تو وہ محض ایک کرافٹ کا بیان ہو کر رہ جاتی ہیں''۔

''پیشہ تو سپہ گری کا بھلا''، ''قصہ جدید اور قدیم'' اور ''پیروی مغربی'' وغیرہ وارث علوی کے بحث انگیز نظری مضامین ہیں۔ نظری مباحث کے علاوہ وارث علوی کا میدان فکشن کی تنقید ہے۔ وارث علوی نے پریم چند، منٹو، بیدی اور غلام عباس وغیرہ کا متنی مطالعہ بھی کیا اور ان فن کاروں کی مدلل مداحی بھی کی ہے۔ قرۃ العین حیدر اور انتظار حسین کو معاصر فکشن کا انتہائی معتبر حوالہ متصور کیا جاتا ہے اور ان کے فکشن کی عام طور پر پذیرائی کی جاتی ہے۔ شاید ہی کوئی ایسا قابل ذکر ناقد ہو جس نے ان دونوں فن کاروں کے فنی شعور کی عظمت کا اعتراف نہ کیا ہو۔ وارث علوی مروجہ تنقیدی آرا کو ذرا کم ہی درخور اعتنا سمجھتے ہیں۔ لہٰذا ان دونوں فنکاروں پر انہوں نے ترچھی نظر ہی ڈالی ہے۔ وہ اس پر بھی معترض ہیں کہ قرۃ العین حیدر اور انتظار حسین اپنے مرکزی موضوع

کی تکرار کا شکار ہیں۔

معاصر تنقیدی منظر نامہ کا ایک معتبر حوالہ مغنی تبسم بھی ہیں۔ مغنی تبسم نے ادب کے نظر مسائل پر وقت نظر کے ساتھ غور کیا ہے اور بعض فن کاروں کا انفرادی مطالعہ وقت نظری کے ساتھ پیش کیا ہے۔ فانی کو عموماً قنوطیت اور یاسیت کا امام متصور کیا جاتا ہے اور ان کی شاعری محزونی، احساس محرومی اور خواہش ترک کی زائیدہ ٹھہرائی جاتی ہے اور ان کے فن پر گفتگو کم ہی جاتی ہے۔ پروفیسر مغنی تبسم نے فانی کے شعری طریقہ کار کی صراحت کرتے ہوئے استعبادی زبان کے استعمال کو ان کی شعری کائنات کا جزو جلیل ٹھہرایا ہے۔ ان کے مطابق فانی کی سماجی خود آزار شخصیت نے استعبادی زبان کو مدافعت اور ہتھیار بنالیا تھا۔ فانی نے مظاہر کی نئی تاویلوں اور استعبادی منطق سے کام لے کر اپنی ایک الگ فرہنگ شعر مرتب کی ہے۔ مغنی صاحب کے مطابق فانی نے استعباد کو انکشاف حقیقت کا ذریعہ بنایا اور ان کا لہجہ بیانیہ نہیں جذباتی ہے اور ان کی زبان مکالماتی ہے اور مجموعے ڈرامائی عمل کے ساتھ مربوط ہیں۔

حامدی کاشمیری نے اپنا سفر ہیئتی تنقید کے سائے میں شروع کیا اور انہوں نے تنقید کا ایک ذاتی تصور اکتشافی تنقید کے نام سے پیش کیا جو اصلاً رومانی موضوعی تنقید ہی کی ایک شکل ہے۔ حامدی کاشمیری کے حالیہ مضامین تہذیبی مطالعے Cultural Studies کی ایک شکل ہیں کہ ان کے نزدیک کوئی بھی فن پارہ اپنی تہذیب کے حوالے سے ہی معنی خیز بنتا ہے۔ تہذیبی حوالے پر اصرار انہیں مابعد جدید فکر کے قریب لے آتا ہے۔

اسلوب احمد انصاری انگریزی اور اردو ادبیات کے نامور عالم ہیں۔ ان کے رسالے 'نقد و نظر' نے عملی تنقید کے فروغ میں نمایاں رول ادا کیا ہے۔ پروفیسر انصاری نے غالب اور اقبال کے شعری متون کو مرکز نگاہ بنا کر ان شعرا کے لسانی نظام اور تصور کائنات پر مبسوط انداز میں روشنی ڈالی ہے۔ شمیم حنفی بھی اردو کے تہذیبی اور اخلاقی حوالوں پر اصرار کرتے ہیں، تاہم ان کے ہاں ادب کے نظری مسائل اور فن پارہ کا تجزیاتی مطالعہ کم ہی ہا پاتا ہے۔ ''کہانی کے سات رنگ اور

جدید غزل کا منظر نامہ'' ان کی اہم تصانیف ہیں۔ قاضی افضال حسین، نظام صدیقی، عتیق اللہ اور ابوالکلام قاسمی نے مابعد جدید تنقید کے مسائل پر تواتر کے ساتھ لکھا ہے۔ قاضی افضال حسین نے پیروڈی، بین المتونیت اور تانیثیت پر مضامین لکھے ہیں مگران کا ردتشکیل مطالعہ پال دی مان سے سرموانحراف نہیں کرتا۔ عتیق اللہ نے تانیثیت پر توجہ کی ہے۔ ادھر انھوں نے نیر مسعود کے افسانوں کو ایک نئے تناظر میں دیکھا ہے۔ ابولکلام قاسمی کی تازہ ترین کتاب ''شاعری کی تنقید'' مصنف کے تنقیدی نقطہ نظر کی بہت اچھی نمائندگی کرتی ہے۔ ابوالکلام قاسمی کی تنقید اصلاً انتخابی ہے جو مابعد جدید رویوں کا احساس رکھتی ہے۔ انیس اشفاق، خورشید احمد، قاضی جمال حسین، عقیل احمد صدیقی، انور خاں، سلیم شہزاد، مہدی جعفر، علی احمد فاطمی اور ارتضی کریم کی تحریریں تنقید کے موجود منظر نامہ کی تشکیل کرتی ہیں۔

تنقید کیا ہے؟

تنقید کے بارے میں ہمیشہ سے سوال کیا جاتا ہے اور ہمیشہ ہی سوال کیا جاتا رہے گا۔ قطع نظر اس کے کہ تمام کے تمام افراد بھلے تعلیم یافتہ ہو جائیں۔ ہر دور، اور ہر عمر کے افراد کے سامنے سوال اٹھتا رہے گا کہ تنقید کیا ہے اور اس کا دائرہ کار کیا ہو۔ یا پھر تنقید کے نتیجے میں ہمیں کس قدر فائدہ پہنچ رہا ہے۔ اور کس قدر نقصان۔

تنظیموں سے وابستہ افراد، یا سیاسی کارگاہ کے افراد بھی اس پر نظر رکھے ہوئے ہوتے ہیں کہ نقد و تبصرے نے کہیں ہمارا جینا محال تو نہیں کر دیا۔ یا پھر نقد و تبصرہ کی کمی کے سبب کہیں ہم نے مختلف افراد کو اپنا خدا تو نہیں بنا لیا؟ جو لوگ ہمارے سامنے اونچی مسند پر بیٹھتے ہیں کیا وہ اس قابل ہیں کہ اتنی اونچی کرسی انھیں نصیب ہو۔ کیا ہمارے باغی ہو جانے سے یہ لوگ ترقی کر پاتے ہیں یا ہمارے غلام بنے رہنے میں ہی سب کا بھلا ہے۔

سوچ اور سوال کی اہمیت سے انکار نہیں۔ اسی حوالے سے ہمارا موضوع چونکہ تنقید ہے۔ اور تنقید زندگی کے ہر میدان میں کام آتی ہے بطور ٹول۔ اسی تنقید کی بابت ہم بات کریں گے۔

آل احمد سرور اپنی کتاب ''تنقید کیا ہے'' کے اسی نام سے لکھے گئے مضمون میں کہتے ہیں:

''بڑے تخلیقی کارنامے بغیر ایک اچھے تنقیدی شعور کے وجود میں نہیں آسکتے۔ تخلیقی جوہر بغیر تنقیدی شعور کے گمراہ ہوجاتا ہے۔ اور تنقیدی شعور بغیر تخلیقی استعداد کے بے جان رہتا ہے''۔

(کتاب ''تنقید کیا ہے۔ ص 142، مکتبہ جامعہ لمیٹیڈ دہلی اشتراک قومی کونسل برائے فروغ اردو زبان نئی دہلی۔ اشاعت 2011ء)

موصوف نے اپنے اس مضمون میں بہت کچھ لکھا ہے اور تنقید کو سمجھانے کی سعی کی ہے وہ لکھتے ہیں

''اردو میں تنقید کی کمی کی سب سے بڑی وجہ یہ ہے کہ تنقید کو عام طور پر دوسرے درجے کی چیز سمجھا گیا ہے۔ علی گڑھ میں میرے ایک کرم فرما ہیں جو کوئی تنقیدی مضمون پڑھتے ہیں تو فرماتے ہیں 'یہ بات کیا ہوئی؟ کچھ اشعار لکھے، کچھ ان کا خلاصہ بیان کیا۔ کچھ افتتاحی الفاظ یا حواشی بڑھائے اور تنقید تیار ہوگئی۔ اس میں کوئی شک نہیں کہ ادبی رسالوں میں ایسی تنقیدیں بکثرت ملتی ہیں مگر تنقید محض ان کا نام نہیں ہے۔ شبلی نے موازنہ انیس و دبیر میں طول طویل اقتباسات اس لیے دئے تھے کہ مرثیوں کی خوبی کا اندازہ دو ایک بندوں سے نہیں ہوسکتا۔ اقبال کے لیے بہت سے نقادوں نے اقبال کے اشعار زیادہ لکھے اپنے خیالات کم بیان کیے۔ آل احمد سرور کہتے ہیں۔ انتخاب تنقید تو نہیں ہے مگر انتخاب سے تنقیدی شعور ضرور ظاہر ہوتا ہے۔ انتخاب میں اپنی پسند سے زیادہ شاعر کی نمائندگی ضروری ہے۔ شاعر کی نمائندگی آسان کام بھی نہیں ہے۔ مگر جو لوگ اقتباسات کی کثرت سے بدگمان ہوجاتے ہیں، انھیں یہ سوچنا چاہیے کہ تنقید ہوائی نہیں ہوسکتی، اقتباسات تنقید کو صحت سے قریب رکھتے ہیں۔

دیباچہ، تعارف اور مقدمہ:

تنقید کہاں ملتی ہے؟ اس سوال کا آسان جواب یہ ہے کہ تنقید کتابوں کے دیباچہ، اس کے

تعارف اور مقدمہ میں ملتی ہے۔ یہاں سے کوئی شخص تنقید کو حاصل کر سکتا ہے۔اس تعلق سے آل احمد سرور لکھتے ہیں:

''تبصروں، دیباچوں، مقدموں اور تعارفوں میں عام طور پر جو تنقید ملتی ہےاس میں تنقید کے علاحدہ علاحدہ رنگ ہیں۔ دراصل ان میں سے ہر ایک کا میدان الگ ہے۔ دیباچہ یا تعارف ، کتاب یا صاحبِ کتاب کا تعارف کرتا ہے۔اس کی اہمیت کی طرف اشارہ کرتا ہے۔ اس کی قدر و قیمت متعین نہیں کرتا۔ متعین کرنے میں مدد دیتا ہے۔ مقدمہ اس سے ذرا آگے بڑھ جاتا ہے۔ وہ قدر و قیمت بھی متعین کرتا ہے اور قول فیصل بھی پیش کر دیتا ہے۔تبصرہ یا ریویو بعض اہم خصوصیات کی طرف اشارہ کرتا ہے۔مگر عام طور پر مقدموں میں بالغ نظری سے زیادہ شرافت کا ثبوت دیا جاتا ہے۔ان میں سے اکثر یقیناً گمراہ کن ہوتے ہیں۔'' پھر وہ کہتے ہیں کہ تنقید کو دوسرے درجہ کی چیز سمجھنا ایک بہت بڑی غلطی ہے۔اچھی تنقید محض معلومات ہی فراہم نہیں کرتی ہے بلکہ وہ سب کام کرتی ہے جو ایک مورّخ، ماہر نفسیات، ایک شاعر اور ایک پیغمبر کرتا ہے۔تنقید ذہن میں روشنی کرتی ہے اور یہ روشنی اتنی ضروری ہے کہ بعض اوقات اس کی عدم موجودگی میں تخلیقی جوہر میں کسی شئے کی کمی محسوس ہوتی ہے۔(تنقید کیا ہے۔ص150)

ہمارے نزدیک چاول سے کنکر نکال دینے کو تنقید کہا جا سکتا ہے۔تخلیق چاول کی مانند ہے اور اس تخلیق میں موجود سفید اور سیاہ کنکروں کی نشاندہی کر کے اس کو چاول سے نکالنے لگوانا تنقید کا کام ہے۔ یہ امر اگر ناگوار گزرے تو پھر چاول کھانے والے کے منہ میں کنکر کا آنا لازمی ہے۔ جس سے طبیعت مکدر اور غصہ واجب ہو جاتا ہے۔ کچھ کتابیں اسی لئے قاری کو متاثر کرنے میں

ناکام رہیں کہ چاول میں ڈھیروں کنکر تھے جو کسی کو نظر نہیں آتے تھے۔ کتاب شائع ہو جاتی ہے۔ اور جب قاری کے ہاتھوں میں پہنچتی ہے تو اس کا مقابلہ کنکروں سے پڑ جاتا ہے۔ اگر بغیر کنکر ہٹائے کتاب پڑھ بھی لی جائے تو کیا خاک لطف آئے گا۔ اس لئے لازم ہو جاتا ہے کہ کنکروں کی موجودگی کی اطلاع دی جائے۔ تبصروں کی ناکامی بھی اسی میں پوشیدہ ہوتی ہے کہ مبصر کنکروں کو نظرانداز کر دیتا ہے۔ اور جہاں کہیں مبصر نے کنکروں کی نشاندہی کی ہے ویسی کتابوں کا مستقبل برباد ہو گیا ہے جن میں گیان چند جین ''ایک بھاشا دو لکھاوٹ'' کو شامل کیا جا سکتا ہے جس پر شمس الرحمٰن فاروقی نے تبصرہ کرتے ہوئے جہاں اردو والوں کی طرف سے فرض کفایہ ادا کیا وہیں ان کی تنقید کی سچائی نے کتاب کو حاشیہ پر ڈال دیا۔ کبھی کبھی غلط بیانی بھی کنکروں کی مانند ہوتی ہے جس کو قاری برداشت نہیں کر پاتا۔

پروفیسر محمد انورالدین نے ہمیشہ اپنے تحقیقی مضامین کو سادگی سے شائع کروایا۔ عموماً دیکھنے کو یہ ملتا ہے کہ تحقیقی مضامین کسی معروف رسالہ میں شائع کرائے جاتے ہیں لیکن پروفیسر محمد انورالدین نے بجائے اس کے اپنے تحقیقی مضامین کو عوام تک فوری طور پر پہنچانے کا طریقہ یہ اختیار کیا کہ انھوں نے روزناموں میں بھی اپنے تحقیقی مضامین شائع فرمائے۔ ان ہی میں سے ایک تحقیقی مضمون ''اردو کا پہلا صاحب دیوان شاعر محمد قلی قطب شاہ'' بھی ہے جس حیدرآباد کے روزنامہ ''ہمارا عوام'' کی 5 ر جون 2000ء کی اشاعت میں شائع کرایا گیا۔ جس میں انورالدین قلی قطلب شاہ کے بارے میں لکھتے ہیں:

> ''محمد قلی گولکنڈہ کے قطب شاہی خاندان کا پانچواں فرماں روا تھا۔ اس نے 1580ء سے 1611ء تک یعنی تیس سال نہایت شان و شوکت اور عظمت و سطوت کے ساتھ حکومت کی۔ اس کے زمانے میں گولکنڈہ کی رعایا نہایت خوش حال اور فارغ البال تھی۔ مملکت میں امن و امان کا دور دورہ تھا۔ یہی وجہ ہے کہ اس کے عہد میں گولکنڈہ کی تہذیب و

تمدن کونہایت عروج وفروغ حاصل ہوا''

پروفیسر انورالدین موضوع کی بابت لکھتے ہیں کہ ایک زمانے تک یہ خیال رہا کہ ولی اردو کا پہلا شاعر ہے اس خیال کے حامل مولوی محمد حسین آزاد تھے۔ جنہوں نے اپنی شہرہ آفاق تصنیف آب حیات میں ولی کو اردو شاعری کا باوا آدم قرار دیا تھا بعد کی تحقیق سے پتہ چلا کہ ولی سے پہلے بھی دکن میں اردو شاعر ہوئے ہیں جن کا کلام محفوظ ہے۔ ولی کو پہلا صاحب دیوان شاعر بھی نہیں کہا جا سکتا کیونکہ ولی سے تقریباً دو سو سال قبل سلطان محمد قلی نے اپنا دیوان فارسی دیوان کے طرز پر ردیف وار مرتب کیا تھا۔ شمالی ہند کے اولین صاحب دیوان شعراء یعنی فائز اور آبرو اٹھارھویں صدی سے تعلق رکھتے ہیں جب کہ سلطان محمد قلی قطب شاہ دسویں صدی ہجری سے تعلق رکھتا ہے۔ وہ سلاطین میں شہنشاہ اکبر اور قدیم شعراء میں تلسی داس، میرا بائی اور سورداس کا ہم عصر تھا۔ اس کا کلیات قدیم دکنی زبان میں ہے''۔

(بحوالہ روزنامہ ''ہمارا عوام'' حیدرآباد۔ 5/جون 2000ء)

دیکھا جائے تو عنوان کے حوالے سے یہیں مضمون پر خاتمہ کی مہر لگ جانی چاہیے۔ لیکن پروفیسر محمد انورالدین نے جتنا لکھا تھا اسی قدر مزید لکھ کر اس مضمون میں یہ بتانے کی کوشش کی ہے کہ سلطان محمد قلی کی شاعری کی نمایاں خصوصیات کیا ہیں۔ انھوں نے اس مضمون میں آگے لکھا ہے کہ قلی ہندوستانی جذبات اور ہندوستانی فکر ومزاج کی ترجمانی اپنے کلام میں کرتا ہے۔ اس نے فارسی کے علاوہ تلنگی میں بھی نظمیں لکھیں جو محفوظ نہیں رہ سکیں۔ وہ حقیقت نگاری، مشاہدات اور تجربات کا شاعر ہے۔ اس کے ہاں حسن وعشق کے علاوہ مذہبی رنگ بھی شدت سے ملتا ہے۔

تنظیموں سے وابستہ افراد، یا سیاسی کارگاہ کے افراد بھی اس پر نظر رکھے ہوئے ہوتے ہیں کہ نقد وتبصرے نے کہیں ہمارا جینا محال تو نہیں کر دیا۔ یا پھر نقد وتبصرہ کی کمی کے سبب کہیں ہم نے مختلف افراد کو اپنا خدا تو نہیں بنالیا؟ جو لوگ ہمارے سامنے اونچی مسند پر بیٹھتے ہیں کیا وہ اس قابل ہیں کہ اتنی اونچی کرسی انھیں نصیب ہو۔ کیا ہمارے باغی ہو جانے سے یہ لوگ ترقی کر پاتے ہیں یا ہمارے غلام بنے رہنے میں ہی سب کا بھلا ہے۔

سوچ اور سوال کی اہمیت سے انکار نہیں۔ اسی حوالے سے ہمارا موضوع چونکہ تنقید ہے۔ اور تنقید زندگی کے ہر میدان میں کام آتی ہے بطور ٹول۔ اسی تنقید کی بابت ہم بات کریں گے۔

> آل احمد سرور اپنی کتاب ''تنقید کیا ہے'' کے اسی نام سے لکھے گئے مضمون میں کہتے ہیں ''بڑے تخلیقی کارنامے بغیر ایک اچھے تنقیدی شعور کے وجود میں نہیں آسکتے۔ تخلیقی جوہر بغیر تنقیدی شعور کے گمراہ ہو جاتا ہے۔ اور تنقیدی شعور بغیر تخلیقی استعداد کے بے جان رہتا ہے''۔
>
> (کتاب ''تنقید کیا ہے۔ ص 142، مکتبہ جامعہ لمیٹیڈ دہلی اشتراک قومی کونسل برائے فروغ اردو زبان نئی دہلی۔ اشاعت 2011ء)

موصوف نے اپنے اس مضمون میں بہت کچھ لکھا ہے اور تنقید کو سمجھانے کی سعی کی ہے وہ لکھتے ہیں:

''اردو میں تنقید کی کمی کی سب سے بڑی وجہ یہ ہے کہ تنقید کو عام طور پر دوسرے درجے کی چیز سمجھا گیا ہے۔ علی گڑھ میں میرے ایک کرم فرما ہیں جو کوئی تنقیدی مضمون پڑھتے ہیں تو فرماتے ہیں 'یہ بات کیا ہوئی؟ کچھ اشعار لکھے، کچھ ان کا خلاصہ بیان کیا۔ کچھ افتتاحی الفاظ یا حواشی بڑھائے اور تنقید تیار ہوگئی۔ اس میں کوئی شک نہیں کہ ادبی رسالوں میں ایسی تنقیدیں بکثرت ملتی ہیں مگر تنقید محض ان کا نام نہیں ہے۔ شبلی نے موازنہ انیس و دبیر میں طول طویل اقتباسات اس

لیے دئے تھے کہ مرثیوں کی خوبی کا اندازہ دوایک بندوں سے نہیں ہوسکتا۔ اقبال کے لیے بہت سے نقادوں نے اقبال کے اشعار زیادہ لکھے اپنے خیالات کم بیان کیے۔ آل احمد سرور کہتے ہیں۔ انتخاب تنقید تو نہیں ہے مگر انتخاب سے تنقیدی شعور ضرور ظاہر ہوتا ہے۔ انتخاب میں اپنی پسند سے زیادہ شاعر کی نمائندگی ضروری ہے۔ شاعر کی نمائندگی آسان کام بھی نہیں ہے۔ مگر جو لوگ اقتباسات کی کثرت سے بدگمان ہوجاتے ہیں، انھیں یہ سوچنا چاہیے کہ تنقید ہوائی نہیں ہوسکتی، اقتباسات تنقید کو صحت سے قریب رکھتے ہیں۔

ہمارے نزدیک چاول سے کنکر نکال دینے کو تنقید کہا جاسکتا ہے۔ تخلیق چاول کی مانند ہے اور اس تخلیق میں موجود سفید اور سیاہ کنکروں کی نشاندہی کر کے اس کو چاول سے نکالنے لگوانا تنقید کا کام ہے۔ یہ امر اگر ناگوار گزرے تو پھر چاول کھانے والے کے منہ میں کنکر کا آنا لازمی ہے۔ جس سے طبیعت مکدر اور غصہ واجب ہوجاتا ہے۔ کچھ کتابیں اسی لئے قاری کو متاثر کرنے میں ناکام رہیں کہ چاول میں ڈھیروں کنکر تھے جو کسی کو نظر نہیں آتے تھے۔ کتاب شائع ہوجاتی ہے۔ اور جب قاری کے ہاتھوں میں پہنچتی ہے تو اس کا مقابلہ کنکروں سے پڑجاتا ہے۔ اگر بغیر کنکر ہٹائے کتاب پڑھ بھی لی جائے تو کیا خاک لطف آئے گا۔ اس لئے لازم ہوجاتا ہے کہ کنکروں کی موجودگی کی اطلاع دی جائے۔ تبصروں کی ناکامی بھی اسی میں پوشیدہ ہوتی ہے کہ مبصر کنکروں کو نظرانداز کردیتا ہے۔ اور جہاں کہیں مبصر نے کنکروں کی نشاندہی کی ہے ویسی کتابوں کا مستقبل برباد ہوگیا ہے جن میں گیان چند جین ''ایک بھاشا دو لکھاوٹ'' کو شامل کیا جاسکتا ہے جس پر شمس الرحمٰن فاروقی نے تبصرہ کرتے ہوئے جہاں اردو والوں کی طرف سے فرض کفایہ ادا کیا وہیں ان کی تنقید کی سچائی نے کتاب کو حاشیہ پر ڈال دیا۔ کبھی کبھی غلط بیانی بھی کنکروں کی مانند ہوتی ہے جس کو قاری برداشت نہیں کرپاتا۔

ڈاکٹر راہی فدائی ''دکنی ادب کی تحقیق وتنقید اور محمد علی اثر'' مضمون میں لکھتے ہیں۔

''دکنی ادب جو دراصل اردو ادب کے ابتدائی لسانی آثار پر مبنی ہے

یقیناً ہمارا قیمتی اثاثہ ہے۔ جس کو کسی قیمت پر نظر انداز نہیں کیا جانا چاہئے۔ اس حقیقت کے باوجود ہمارے اکثر نقاد اس سے غافل ہی نہیں بلکہ اس کے وجود کو غیر ضروری سمجھتے ہیں۔ جس کی وجہ سے دکنی ادب کی طرف ان کی توجہ مبذول نہیں ہو پا رہی ہے۔ ان بیچاروں کی حدود اربع، طول وعرض کی تنگی وتاریکی کی شاکی رہتی ہے۔ ان کا میدان انتقاد میر وغالب سے شروع ہو کر فیض وفراق پر ختم ہو جاتا ہے۔

(بحوالہ ''معجم دکنیات'' پروفیسر محمد علی اثر، اول۔ صفحہ 10)

یہ بات دیگر ناقدین تک تو مناسب ہے لیکن پروفیسر محمد انورالدین کے ساتھ ایسا نہیں ہے۔ انھوں نے غالب، اور فراق سے ہٹ کر بھی فانی، اکبرالہ آبادی، ڈاکٹر زور، پروفیسر عبدالمجید صدیقی، جوش، علی سردار جعفری، مولانا محمد ظفر علی خاں، مولانا ابوالکلام آزاد، پروفیسر عبدالقادری سروری، کے علاوہ دکنی شعراء میں ابن نشاطی، علی عادل شاہ شاہی، محمد قلی قطب شاہ وغیرہ پر نقد کیا ہے۔ اور تحقیق سے بھی کام لیا ہے۔

پروفیسر محمد انورالدین خود اپنے مضامین کے تعلق سے کتاب ''اذکار واخبار'' میں لکھتے ہیں

''اذکار واخبار'' راقم الحروف کے تحقیقی وتنقیدی مضامین کا دوسرا مجموعہ ہے۔ یہ مجموعہ میرے انیس مضامین پر محیط ہے۔ جہاں تک ان مضامین کے موضوعات کا تعلق ہے اس میں تین طرح کے مضامین ہیں۔ کچھ مضامین تحقیقی ہیں جیسے ڈاکٹر زور کی مرتبہ تواریخ، ادب اور تذکرے، پروفیسر عبدالمجید صدیقی، اور قاضی عارف ابولعلائی وغیرہ۔ ان مضامین میں تحقیقی انداز غالب ہے۔ پیش نظر مجموعے کے کچھ مضامین تنقیدی ہیں مثلاً غالب کا تصور حیات، جدید اردو ادب اور

دلت فکر، لفظوں سے آگے ایک مطالعہ، کفر تمنا۔ ایک تاثراتی مطالعہ وغیرہ۔ ان مضامین کا مزاج تنقیدی ہے۔ راقم الحروف کو صحافت سے بھی گہری دلچسپی رہی ہے چنانچہ اس مجموعہ میں صحافت کے موضوع پر بھی کچھ مضامین شامل ہیں جیسے ادب اور صحافت، جدوجہد آزادی میں اردو صحافت کا حصہ، جوش کی ادبی صحافت، سردار جعفری کی ادبی صحافت، ابوالکلام آزاد اور مولانا ظفرعلی خان کی صحافتی خدمات وغیرہ۔ ان مضامین میں بحیثیت مجموعہ اردو صحافت اور اس کے سرکردہ صحافیوں کی خدمات کا جائزہ لیا گیا ہے" (بحوالہ "اذکار واخبار" پیش گفتار۔ ص 1۔ 2004ء)

ایک مقام پر پروفیسر انورالدین لکھتے ہیں:

"کلاسیکی شعراء کے مطالعہ کے سلسلے میں عربی وفارسی سے واقفیت بھی ضروری معلوم ہوتی ہے۔ خصوصاً غالب اور اقبال کی تفہیم کے لئے ان زبانوں پر گہری نظر لازمی ہے۔ عربی وفارسی زبانوں سے موانست کے ساتھ ساتھ یہ بھی ضروری ہے کہ تصوف اور اس کے تصورات واصطلاحات کا بھی باقاعدہ مطالعہ کیا جائے کیوں کہ قدیم دکنی شعرا اور ان کے علاوہ مرزا مظہر جان جاناں، خواجہ میر درؔد اور اثؔر سے لے کر آتشؔ و ناسخؔ، غالب اور پھر بیسویں صدی میں اصغؔر وغیرہ کا بیشتر کلام صوفیانہ خیالات وافکار کی ترجمانی کرتا ہے۔ اس کی تفہیم و تحسین کے لیے تصوف کے اہم نظریات مثلاً وحدت الوجود، وحدت الشہود، تنزلاتِ نور، مراتبِ وجود، تجددِ امثال، عینیت، غیریت وغیرہ اور ان اصطلاحات کی تعبیر ومراد سے واقفیت لازمی ہے"۔ (بحوالہ "اذکار

واخبار‘‘ص۔198)

انورالدین کی تنقید کو کس نظر سے دیکھیں اس پر پھر بات ہوگی لیکن انھوں نے تنقید پر کیا کچھ لکھا ہے اس پر پہلے نظر ڈالیں گے۔ایک مقام پر لکھتے ہیں :

’’تنقید اور تخلیق ایک دوسرے کا لازمہ اور تکملہ ہیں۔اس لیے کہ تخلیقی عمل کے دوران فن کار کے بطون میں تنقیدی عمل بھی ساتھ ساتھ انجام پاتا رہتا ہے۔اردو میں باقاعدہ اور باضابطہ تنقید کا آغاز بیسویں صدی میں ہوالیلن اس سے قبل تذکروں میں تنقید کے ابتدائی نمونے دستیاب ہیں۔ اردو تنقید بیشتر مغربی تنقید کی خوشہ چیں رہی ہے اس لیے اردو میں تنقید کی تدریس ک لیے مغرب کے تنقیدی رجحانات سے کامل واقفیت اور مغربی تنقید کے شہ پاروں کا مطالعہ اور ان سے استفادہ ضروری ہے۔ اردو میں تنقیدی نظریات کے بارے میں جو کتابیں اور مقالات ملتے ہیں ان میں سے بیشتر مغربی نقادوں کی کتب کا چربہ اور ترجمہ ہوتی ہیں۔ان کا اسلوب اس قدر ژولیدہ اور ناہموار رہوتا ہے کہ کئی مرتبہ کی خواندگی کے باوجود مدعا نہیں کھلتا‘‘
(بحوالہ’’اذکار واخبار،ص 197)

ڈاکٹر صاحب نے اردو کے بعض شعراء وادباء کی نگارشات پر بھی نقد کیا ہے۔مثلا

اقبال کی تحسین واسلوب

تنقید یا تحسین کا کام تشریح پرکھ اور محاکمہ ہے تنقید اپنے اصول تخلیق سے اخذ کرتی ہے۔ اچھی اور بری شاعری کی پہچان یہ ہے کہ وہ تنقید کے لیے ایک مسئلہ بن جاتی ہے۔ کیونکہ تنقید کے مروجہ اور بندھے ٹکے اصول اور ضوابط اس کی پرکھ اور قدرشناسی کے لیے کافی نہیں ہوتے۔

شاعری کے علاوہ ادب اور فنون لطیفہ پر بھی یہ بات صادق آتی ہے۔ یوں بھی ہر فن کار کو ایک ہی مخصوص عینک لگا کر نہیں پرکھا جاسکتا۔ میر کی تحسین انیس کی تحسین سے اور میر حسن کی تحسین غالب کی تحسین سے یقیناً مختلف ہوگی ہر بڑا فن کار اپنے لئے ایک جداگانہ تنقید کا مطالبہ کرتا ہے۔ دوسری طرف بڑے فن کاروں کی تخلیقات اپنی پہلودار اور گوناگوں خصوصیات کی حامل ہوتی ہیں۔اس لیے کہ وہ انسانی سے تنقید کی گرفت میں نہیں آسکتیں اسے ہم اس طرح واضح کر سکتے ہیں کہ جس طرح انگریزی ادب میں شکسپیئر کی تخلیقات کا مطالعہ کئی زاویوں اور نقاط نظر سے کیا گیا ہے اس پر بے شمار کتابیں لکھی گئیں لیکن اس کے باوجود اب بھی یہ محسوس ہوتا ہے کہ اس کے محاسن کا پوری طرح احاطہ نہیں کیا جاسکا۔ اسی طرح ٹی۔ ایس۔ ایلیٹ کی عظمت اس کی متقاضی تھی کہ اس کی تحسین کے لیے نئے پیمانے وضع کئے جائیں۔ چنانچہ ہم دیکھتے ہیں ایلیٹ کے مطالعہ کے لیے ایک علیحدہ مکتب تنقید وجود میں آگیا۔ اردو میں اقبال کی شاعری بھی ایسا ہی مسئلہ پیدا کرتی ہے اور یہ مطالبہ کرتی ہے کہ اس کی تنقید اور تحسین کی صحیح راہ دریافت کی جائے۔

ایک طرف اس بات سے کوئی انکار نہیں کرسکتا کہ ہمارے نقادوں اور عالموں نے اردو شعراء میں سب سے زیادہ اقبال پر توجہ کی حالانکہ غالب صدی کے بہانے غالب کی شخصیت اور فن پر بہت کچھ لکھا گیا۔اس کے باوجود یہ سرمایہ اقبالیات کے سرمایہ کے مقابلے میں بظاہر قلیل نہ سہی لیکن وقعت میں یقیناً کم تر ہے۔ دوسری طرف یہ بھی ایک واقعہ ہے کہ تنقید اور علوم کی ساری سرگرمی کے باوجود نہ تو اقبال شناسی کا صحیح راستہ متعین ہوسکا ہے اور نہ ہی اردو شاعری میں بحیثیت فن کار اقبال کے حقیقی مقام اور مرتبہ کو پوری طرح پہچانا جاسکا ہے۔

اقبال کی فکر پر کافی کام ہوا ہے اور یہ کام قابل قدر ہے اس سلسلہ میں ڈاکٹر شریف، خلیفہ عبدالحکیم، ڈاکٹر رضی الدین، عبدالسلام ندوی، ڈاکٹر یوسف حسین خاں، میکش اکبرآبادی، ڈاکٹر غلام عمر خاں، ڈاکٹر عالم خوندمیری اور بہت سے نقادوں کے علاوہ بعض متشرقین کی خدمات لائق تحسین ہیں۔ اس کے باوجود اقبال کی فکر اور فلسفے پر اور بہت کچھ لکھا جاسکتا ہے اور لکھا جائے گا

خوش قسمتی سے اقبال نے اپنے افکار اور خیالات کو شاعری کے علاوہ نثر میں بھی پیش کیا ہے۔ ان تحریروں کی وجہ سے اقبال کی فکر تک رسائی ممکن ہوسکی۔ اس ماحول میں اقبال کی شاعری کو اس کے فلسفے کا اہم ماخذ اس کی نثر سے مل گیا چنانچہ اس طرح ہمارے نقاد اور علماء اقبال کو بحیثیت فلسفی منوانے اور منفرد مقام دلانے میں کامیاب رہے ہیں اور اس حیثیت میں بھی اقبال کی عظمت اور بڑائی سے انکار نہیں کیا جاسکتا۔

لیکن ہمارے سامنے جو مسئلہ ہے وہ اقبال کی شاعرانہ عظمت کا ہے۔ یہ بات تو ادب کا معمولی طالب علم بھی اچھی طرح سمجھ سکتا ہے کہ محض فکر اور فلسفے کی آمیزش سے بڑی شاعری یا شاعری میں عظمت پیدا نہیں ہوسکتی۔ یہ ضرور ہے کہ تجربے کی شدت اور زندگی کی گہری بصیرت کے بغیر فن میں اعلی درجے کے کارنامے سرانجام نہیں دیئے جاسکتے۔ اس کا مطلب یہ ہے کہ تجربہ اور بصیرت کے ساتھ فن کے کچھ اور تقاضے بھی ہیں جن کی تکمیل ضروری ہے۔ اقبال کی شاعری کے فنی محاصل کا بھی نقادوں نے جائزہ لیا ہے ان میں سید عابد علی کی کتاب شعر اقبال زیادہ تر اسی پہلو سے بحث کرتی ہے۔ اس کے علاوہ عبدالواحد، ڈاکٹر یوسف حسین خان، ڈاکٹر عبداللہ اور چند دوسرے نقادوں نے بھی اپنی تصانیف یا مضامین میں اقبال کی فنکاری کا جائزہ لیا ہے۔

جہاں تک تنقیدی نقاط نظر کا تعلق ہے اقبال کی شاعری کا مطالعہ مختلف نظریات اور اصولوں کی روشنی میں کیا گیا ہے اور سب سے زیادہ فلسفیانہ تنقید کی گئی ہے۔ تاریخی، سماجیاتی اور مارکسی نقاط نظر سے بھی اقبال کے کلام کا جائزہ لیا گیا ہے نفسیاتی اور ہیئتی نسبتاً کم کی گئی ہے۔

اقبال کی مکمل تحسین کے لئے ایک طریقہ کار تو یہ تجویز کیا جاسکتا ہے کہ اقبال کے ان گوشوں کا تفصیل سے مطالعہ کیا جائے جن کی طرف ابھی تک کسی نے توجہ نہیں کی گئی یا جن پر بہت سرسری نظر ڈالی گئی ہے۔ دوسرے یہ کہ تنقید کے مختلف دبستانوں سے مدد لے کر نئے نئے زاویوں سے اقبال کے کلام کا جائزہ لیا جائے۔ تیسرے یہ کہ تمام نظموں اور اشعار غزل کا یا کم از کم منتخب اور بہترین۔ کلام کا مبسوط تجزیہ کیا جائے۔ یہ کام اسی نوعیت کا ہوگا جیسا کہ شیکسپیر یا مغرب کے

بعض دوسرے ادیبوں اورشاعروں کے کارناموں پر کیا گیا ہے۔اس طرح ہرزاویہ سے اقبال کی شاعری کو سمجھنے، سمجھانے، پرکھنے، جانچنے اوراس کی قدروقیمت کا تعین کرنے کی کوشش جاری رہنی چاہئے لیکن اس کے باوجود بھی اس بات کا قوی امکان رہ جاتا ہے کہ کیا اس طرح صحیح معنوں میں اقبال کی تحسن کا حق ادا ہوسکے گا۔اس شبہ کے چند معقول اسباب ہیں جن پرغور کرنا بے حد ضروری ہے۔

کسی شاعر کا مطالعہ ایک خاص نقطہ نظر سے کیا جاتا ہے اور مقصد یہ ہوتا ہے کہ اس کی شاعری کے کسی ایک خاص پہلو کا جائزہ لیا جائے۔ اس صورت میں نقاد مجبور ہوجاتا ہے کہ وہ صرف ایسے کلام کا انتخاب کرے جواس کے لئے مفید ہوسکے اوراس کی بنیاد پروہ اپنے دلائل کو مضبوط کرسکے۔ایسی صورت میں شاعر کا وہ کلام عام طور سے نظر انداز ہوجاتا ہے جواس کا اصل سرمایہ فن ہے۔ پھرایک خاص نقطہ نظر سے اس منتخب کردہ کلام کوسامنے رکھ کرشاعر کی قدروقیمت کا تعین کرنے کی کوشش کی جاتی ہے۔جس کی وجہ سے شاعری اورتنقید دونوں کے ساتھ انصاف نہیں ہوپاتا۔خلیفہ عبدالحکیم نے اقبال کے فلسفے پر مقالہ تحریر کیا تو وہ اقبال کے ایسے اشعار منتخب کرنے پر مجبور ہوگئے جن میں اقبال نے اپنے خیالات اورافکار کو نظم کردیا ہے اور جہاں اقبال کے پیچیدہ اور خوبصورت اشعار انہوں نے پیش کئے ہیں ان کی ایک مخصوص تعبیر پر ہی اکتفا کیا ہے اور یہ ناگزیر بھی تھا۔خلیفہ عبدالحکیم نے اقبال کی نظم ''عقل ودل'' کا موازنہ کرتے ہوئے اقبال نے اپنے فلسفے کے سارے نکات بڑی سادگی کے ساتھ پیش کئے ہیں۔ پھر نہایت ہی معصوم مبالغے سے کام لیتے ہوئے یہ کہا گیا ہے کہ ''بعد میں اقبال نے سینکڑوں اشعار اس مضمون پر لکھے لیکن وہ سب انہی سادہ اشعار کی شرح ہیں''۔

''عقل ودل'' اقبال کی بہت ہی معمولی نظم ہے اورحالی کی معمولی نظموں کی سطح پر رکھی جاسکتی ہے۔اس نظم کے بارے میں مصنف کا یہ محکمانہ خود مصنف کے ذوق سخن کو مشکوک بنادیا ہے۔ یہ ناگوارصورت صرف اس لئے پیدا ہوئی کہ مصنف اپنے مطالعہ میں یک طرنگی کا شکار ہوکر

ادبی تحسین کے معاملے میں غیر ذمہ دار ہو گیا۔ سید عابد علی نے خلیفہ عبدالحکیم کے برخلاف اقبال کے فن اور شعری محاسن پر توجہ کی ہے۔ اقبال کے کلام میں تشبیہات، استعاروں اور صنائع بدائع کے استعمال کا تفصیل سے جائزہ لیا ہے۔ انہوں نے بھی اقبال کے اشعار کا انتخاب ایک خاص نقطہ نظر سے کیا ہے۔ مراۃ النظیر کا استعمال دکھانا چاہا تو لامحالہ ایسے اشعار پر نظر گئی جن میں یہ صنعت موجود تھی۔ ان کا مطالعہ اقبال کی فکر سے اس درجہ مغلوب ہے کہ وہ اقبال کی ہر علامت کو اکہرا مفہوم دینے کی کوشش کرتے ہیں۔ شعر میں معانی کثیر کا مفہوم ان کے نزدیک صرف یہ ہے کہ کم سے کم الفاظ میں وسیع مضمون ادا ہو جائے۔ متبادل ردعمل اور اس سے زیادہ مفاہیم کے امکانات اور ان سے پیدا ہونے والے مسئلہ ابلاغ کو وہ نظر انداز کر جاتے ہیں چونکہ ان کے پیش نظر شاعر کا کلام تھا جس کے افکار اور تصورات پر بہت کچھ لکھا جا چکا ہے اور اس روشنی میں اس کے کلام کو ایک خاص تعبیر دینا بہت آسان ہے۔

اقبال کی فکر اور فلسفے پر جو کام ہوا ہے وہ قابل قدر ہے۔ اس کی قدر و قیمت اور ضرورت سے انکار نہیں کیا جا سکتا لیکن یہ کام اقبال کی شخصیت کو کسی حد تک ایک مفکر اور فلسفی کی حیثیت سے تسلیم کرواتا ہے۔ ان کی حقیقی شاعرانہ عظمت کو منوانے میں کامیاب نہیں ہو سکتا کیوں کہ محض فلسفے کو نظم کر دینے سے بڑی شاعری تخلیق نہیں پا سکتی۔ اقبال نے فلسفے میں بھی وجدانی طریق پر زور دیا ہے اور ان کی عظیم المرتبت شاعری وجدان کی تخلیق ہے۔ اقبال کی فلسفیانہ تنقید نے اس وجدان تک رسائی حاصل کرنیکی کوشش بہت کم کی ہے اور زیادہ تر دوسرے درجے کی تخلیقات کا سہارا لیا ہے جن میں اقبال کے افکار کو سرسری طور پر پڑھ لیا جا سکتا ہے۔ اس تنقید کے مطالعہ سے یہ تاثر ابھرتا ہے کہ اقبال کی شاعری ان کے خطبات اور مضامین کی بازگشت ہے۔ حالانکہ اقبال کی شاعری میں حیات و کائنات کی جو بصیرت ملتی ہے اس کا ایک ہلکا سا ہی پرتو ان کی نثری بیانات اور مقالات میں جھلکتا ہے۔

اقبال شناسی میں تنقید کی ناکامی کا بڑا سبب وہ طریق کار ہے جس میں کسی تخلیق کو ایک

منفرد آزاد اور جامیاتی کل کی صورت نہیں دیکھا جاسکتا ہے اور یہ سمجھا جاتا ہے کہ فنی تخلیق میں مختلف اجزاء اسی طرح جڑے ہوتے ہیں جس طرح کسی مشین میں کل پرزے ہوتے ہیں۔ ہیئت اور مواد کی دوئی کا تصور بھی نقاد کو تخلیق کی ایک تشریح پر قانع بنا دیا ہے۔ یہاں ادبا یہ اعتراض کیا جاسکتا ہے کہ اقبال کے نظریہ فن کو بھی عام طور پر غلط سمجھا گیا ہے۔

ان کے کلام سے فن کا افلاطونی نظریہ اخذ کرلیا گیا ہے۔ جب کہ فن کے تصور کے بارے میں اقبال کئی ایک جذباتی اور ذہنی کشمکش کا شکار رہے ہیں۔ ان کا مسئلہ یہ تھا کہ اظہار اور تبلیغ کے مخالف نظریوں کو کس طرح یک جا کیا جائے ڈاکٹر شریف نے اقبال کے نظریہ فن سے بحث کرتے ہوئے اس تضاد کی طرف اشارہ کیا ہے۔ بعض نقادوں نے ایسا معلوم ہوتا ہے کہ اقبال کے اس منکسرانہ اور مصلحت اندیشانہ ہدایت کے آگے بھی بے چون و چرا سر جھکا دیا کہ ع

''میری نوائے پریشاں کو شاعری نہ سمجھ''

اقبال کی شاعری کے فنی محاسن کا مطالعہ بالعموم بلاغت اور بدیع کے بندھے ٹکے معیارات اور اصولوں کی روشنی میں کیا گیا ہے۔ جب کہ ایک بڑا شاعر منفرد صناع بھی ہوتا ہے اور بلاغت اور بدیع میں صناعی اور ابلاغ کے لئے طریقوں کا اضافہ کرتا ہے۔ فلسفے اور فکر کی طرح فنی محسن کا ایک ایک طرفہ مطالعہ بھی شاعری کے تحقیقی مرتبے کے تعین اور اس کی مناسب تحسین میں رکاوٹ بن جاتا ہے۔ داخلی کیفیت اور کلی تجربہ کے آئینے ہی میں کسی نظم یا شعر کے فنی محاسن پوری طرح اجاگر ہوتے ہیں۔

اقبال اپنی نوعیت کا منفرد شاعر ہے۔ اس نے جیسی شاعری کی اس کی مثال اردو ہی میں نہیں بلکہ دنیا کی کسی اور زبان میں بھی نہیں ملتی۔ وہ اسلوب فکر اور بصیرت کا شاعر ہے۔ یہ عناصر اس کی بلند پایہ شاعری میں خاص تناسب سے گھل مل گئے ہیں۔ جہاں یہ تناسب بگڑا ہے اس کی شاعری میں پست و بلند کے مدارج قائم ہوگئے ہیں۔ اس شاعری کا یہ فطری مطالبہ ہے کہ اس کی تحسین کے لئے تنقید کے خاص اصول وضع کئے جائیں اور مروجہ پیمانوں کے استعمال میں احتیاط

برتی جائے۔ کسی فنکار کی اعلی درجہ کی تخلیقات کی بنیاد پر اس کا محاکمہ بھی کیا جانا چاہئے اقبال کی شاعری اس اصول سے مستثنٰی نہیں ہے۔

اسلوب:

اقبال کی اسلوب شناسی کے لیے ضروری ہے کہ فن کے بارے میں ان کے چند مخصوص تصورات اور رویوں کو پیش نظر رکھا جائے۔ اقبال فہمی میں عام طور پر یہ غلطی کی جاتی ہے۔جنہیں ترتیب دے کر اقبال نے ایک نئی شکل دے دی۔ عقائد اور نظریات کی دنیا میں ہر نیا خیال کلمہ کفر ہوتا ہے۔ نراعینیتی فلسفی جسے سماج کی تبدیلی سے عملاً کوئی دلچسپی نہیں ہوتی اپنے اطراف منطق کا حصار باندھ کر خود کو بارش سنگ سے محفوظ کر لیتا ہے۔ لیکن نیا خیال اگر عمل سے مشروط اور مربوط ہو تو روایت پسند معاشرے کے لیے قابل قبول اسی وقت ہو سکتا ہے جب اسے باور کرایا جائے کہ جو بات کہی گئی ہے وہ نئی نہیں ہے محض کسی پرانے خیال کا اعادہ یا تفسی ہے۔ اسی سلسلے میں ایک اور نکتہ بھی قابل لحاظ ہے کہ فلسفہ قدیم میں کوئی خیال اسی صورت میں قابل اعتنا قرار پاتا تھا جب کہ وہ نشو ونما پا کر ایک مربوط نظام نہ بن جائے۔ فکری نظام کی منطقی تشکیل اس خیال کو بہت کچھ مسخ کر دیتی اور اس کی توانائی اور اثر انگیزی کی صلاحیت کو سلب کر لیتی ہے۔ اس لیے مناسب یہ ہوگا کہ اقبال کے تمام افکار و خیالات کو ان کی جزئیات و تفصیات کے ساتھ باہم مربوط کر کے منطقی تکمیل تک پہنچانے کی کوشش کرنے کے بجائے اقبال میں جو کچھ نیا اور منفرد ہے اس پر توجہ کی جائے اور اس کی قدر و قیمت کا جائزہ لیا جائے۔

اقبال نے شاعری اور فلسفہ دونوں میں روایت شکنی کی ہے لیکن مصلحتا اوپری سانچے کو جوں کا توں برقرار رکھا ہے تاکہ مخاطب سے فوری ربط قائم ہو سکے۔ فلسفہ اور شاعری میں وہ اپنے پیش رووٴں سے اتنے مختلف تھے کہ روایتی انداز میں خود کو فلسفی یا شاعر کہلانا پسند نہیں کرتے تھے حقیقت یہ ہے کہ اقبال کی شخصیت میں فلسفی اور شاعر کی قدیم تقسیم باقی نہیں رہتی۔ لیکن یہ کہنا بھی مشکل ہو جاتا ہے کہ وہ فلسفی شاعر تھے یا شاعر فلسفی کیوں کہ ان میں سے کسی ایک حقیقت

کو دوسری حقیقت پر فوقیت نہیں دی جاسکتی۔

اقبال کے نظریہ فن کی وضاحت کرتے ہوئے عام طور پر یہ تاثر دیا جاتا ہے وہ مختلف فلسفیوں کے نظریات جمال سے ماخوذ ہے اور پھر ان تصورات کو ایک لڑی میں پروکر ان کے نظریہ خودی سے جوڑ دیا جاتا ہے۔ اقبال کے نظریہ فن میں قابل توجہ نکتہ یہ ہے کہ ان کے نزدیک فن کی تخلیق کا حسین ہونا ضروری نہیں ہے۔ حسن معروضی کی حیثیت سے وہ مقصود بالذات بھی نہیں ہوتی بلکہ کسی مقصد کے حصول کا ذریعہ ہوتی ہے۔ فن کو فطرت کی نقالی اور نمائندگی یا زندگی کی عکاسی اور ترجمانی قرار دینے و نظریات کائنات کو ایک غیر تغیر پذیر وحدت تصور کرتے ہیں۔ جس میں فطرت بشمول انسانی فطرت کبھی تبدیل نہیں ہوتی۔ اس نظریے میں فن کو بالعموم آئینے سے تشبیہ دی جاتی ہے اس کے برخلاف اقبال کا آفاق جو خودی کو نشو نما دینے کے ساتھ فطرت کو تسخیر کرے اور کائنات کو ارتقاء کی طرف لے جائے فن بھی اس مقصد کے حصول کے لیے ایک اہم ذریعہ ثابت ہوسکتا ہے۔ فن کا کام فطرت اور زندگی کی عکاسی نہیں بلکہ دنیا کو تبدیل کرنا اور بہتر بنانا ہے۔ ارتقاء کی سمت میں ہر قدم حسن افزاء ہوتا ہے۔ خوب سے خوب تر کا تعین مقاصد آفرینی کے ذریعہ ہوتا ہے۔ مقاصد آفرینی اور ان کے حصول کے لیے آزادی اور اختیار ضروری ہیں۔ اس طرح حسن کا ایک معروضی موضوعی اور حرکی تصور ابھرتا ہے جسے جدلی تصور کہا جائے تو زیادہ مناسب ہوگا۔ خودی چوں کہ مقاصد آفریں ہوتی ہے اور کائنات کی نئی تشکیل اسی کے تصور کے مطابق عمل میں آتی ہے اس لیے حسن ابتداء موضوعی ہوتا ہے جو بعد ازاں معروضی ہیں اظہار پاتا ہے۔ حسن ایک اضافی قدر ہے جس کا تعین آزاد اور ترقی یافتہ خودی کرتی ہے بقول اقبال ع

جسے زیبا کہیں آزاد بندے ہے وہی زیبا

ایک اور جگہ اقبال حسن کے لیے یہ شرط پیش کرتے ہیں کہ اس کی نمود فراز خودی سے ہو۔

جہاں خودی کا بھی ہے صاحب فرام ونشیب

یہاں بھی معرکہ آرا ہے خوب سے ناخوب
نمود جس کی فرام خودی سے ہو وہ جمیل
جو ہو نشیب میں پیدا قبیح و نا محبوب

اس اعتبار سے مقصود بالذات فن کی پیدائش خودی کے نشیب میں ہونے کی وجہ سے قبیح ونامحبوب رہے گا۔ فراز خودی سے نمود پانے والا فن جو کائنات کی تشکیل جدید میں حصہ لیتا ہے معجزے کا اثر رکھتا ہے۔ وہ مرد خدا کا ایسا عمل ہے جو عشق سے فروغ پا کر نہ صرف جلیل وجمیل بن جاتا ہے بلکہ حیات ابدی پالیتا ہے عشق، مقصد آفرینی آرزو اور عمل سے عبارت ہے اور فن اس کے اظہار کا ایک ذریعہ

فلسفہ و شعر کی اورحقیقت ہے کیا
حرف تمنا جسے کہہ نہ سکیں روبرو

اقبالؔ کے نزدیک حقیقی فن وہ ہے جس میں فن کار کا خون جگر شامل ہو''خون جگر'' کی اصطلاح اقبال کے تصور عشق سے مربوط ہے۔ ایسا فن نسخہ زندگی دوام بن جاتا ہے وہ تعمیر خودی کے جوہر کے ساتھ ضرب کلیمی کی تاثیر بھی رکھتا ہے۔

فن کے اس تصور کی روشنی میں ہم اقبال کی شاعری اور اسلوب کو بہتر طور پر سمجھ سکتے ہیں۔ اقبال نے اپی بعض تحریروں میں شاعری کے بارے میں ایسے خیالات کا اظہار کیا ہے جن سے یہ تاثر پیدا ہوتا ہے کہ وہ ہیئت ومواد اور لفظ ومعنی کو ایک دوسرے سے الگ تصور کرتے ہیں۔

''شاعری کی جان شاعر کے جذبات ہیں۔ جذبات فانی اور کیفیات قلبی اللہ کی دین ہے ہاں یہ ضرور ہے کہ طبع موزوں اس کے ادا کرنے کے لیے پر اثر الفاظ کی تلاش کرے''۔ ایک اور جگہ لکھتے ہیں۔

''شعر کا تخلیقی یا ایقانی محض اس کے مطالب ومعانی کی وجہ سے نہیں بلکہ اس میں شعر کی زبان اور الفاظ کی صوت اور طرز ادا کو بھی بہت بڑا دخل ہے''لیکن'' جان وتن'' کے عنوان سے

انہوں نے جو مختصر نظم لکھی ہے لفظ و معنی کی تشبیہ جسم و جاں سے دیتے ہوئے ہئت و مواد کی وحدت پر زور دیا ہے۔

ارتباط حرف و معنی اختلاط جان و تن
جس طرح اخگر قباپوش اپنی خاکستر میں ہے

ان بیانات میں بظاہر تناقص محسوس ہوتا ہے لیکن حقیقت میں ایسا نہیں ہے شعر کہنے کی صلاحیت ایک فطری عطیہ ہو سکتی ہے لیکن موثر اظہار کے لیے زبان کے تخلیقی استعمال پر قدرت حاصل کرنا ضروری ہے۔ اقبال نے اپنی شاعری کے سلسلے میں ہر جگہ انکسار سے کام لیا ہے اور یہ تاثر پیدا کرنے کی کوشش کی ہے کہ وہ زبان و بیان اور فنی نزاکتوں پر عدیم الفرصتی کی بنا پر توجہ نہیں دے پاتے اس لیے ان کے کلام کو فن کے معیاروں پر نہ جنچا جائے۔ انکسار کے علاوہ ایک اور بات بھی تھی۔ اقبال اسے پسند نہیں کرتے تھے کہ ان کے کلام کو محض فنی محاسن کی بناء پر سراہا یا جائے بلکہ وہ چاہتے تھے کہ ان کے پیغام پر لوگ توجہ کریں اور اس کا اثر قبول کریں۔ شاعروں کے بارے میں جو تصور عام تھا اس کے پیش نظر بھی وہ اس بات پر مصر تھے کہ انہیں شاعر نہ سمجھا جائے۔

ع مری نوائے پریشاں کو شاعری نہ سمجھ

حقیقت یہ ہے کہ اقبال اردو کے اتنے منفرد اور بڑے شاعر ہیں کہ فن کے ساتھ عظمت کے صفت لگائی جا سکتی ہے تو بلاشبہ وہ ایک عظیم شاعر ہیں۔ اقبال کی عظمت تو محض ان کے خیالات کی وجہ سے ہے اور زبان پر قدرت اور مہارت فن کی بناء پر ان کی عظمت کی پہچان ان کے اسلوب سے ہوتی ہے یہ اسلوب ہی ہے جس میں شاعر کی شخصیت اور اس کا اظہار ایک ہو جاتے ہیں۔ لسانی نقطہ نظر سے اسلوب کا تعلق زبان اور اس کے فن کارانہ استعمال سے ہے لیکن خود زبان کی ماہیت تک ماہرین لسانیات کی رسائی کوتاہ اور محدود ہے۔ وہ صوتی مجموعوں پر مشتمل اظہار و ترسیل کا محض ایک سماجی آلہ نہیں کچھ اور بھی ہے ایک وسیع تر مفہوم میں وہ زبان یا لسان ہی ہے جو حیات و کائنات اور زبان و مکان کے سامنے رشتے جوڑتی اور وجود کو معنویت بخشتی ہے زبان کی

تخلیق ایک پر تشدد و خارجی عمل ہے۔ یہ فطرت اور کائنات پر اثر انداز ہوتی ہے حیات انسانی کو امکانات سے معمور کر دیتی ہے زبان کے اس وصف کو ملحوظ رکھتے ہوئے اسلوب کی تین سطحیں قرار دی جاسکتی ہیں۔

(۱) تحت اسلوب

(۲) اسلوب

(۳) فوق اسلوب۔

تحت اسلوب وہ مرحلہ ہے جہاں زبان کا استعمال کاروباری اور عام اغراض کے لیے ہوتا ہے۔ زبان کا استعمال فن کی تخلیق میں مواد اور ہیئت کی وحدت تشکیل دیتا ہے اور جس میں زبان نشان یا اشارہ نہیں بلکہ مقصود و بالذات بن کر کسی جذبے یا تجربے کی تصویر پیش کرتے ہوئے دلکشی مہیا کرتی ہے۔ اسلوب کے دائرے میں آتا ہے۔

فوق اسلوب وہ سطح ہے جس میں زبان قاری کو زبان و مکان کی حدود سے نکال کر ایک کوئی تجربہ دوچار کرتی ہے جس کے نتیجے میں اس کی شخصیت نشونما پاتی اور حیات و کائنات سے اپنا ایک تازہ رشتہ دریافت کرتی ہے اقبال کی اچھی اور نمائندہ شاعری اسی فوق اسلوب سطح شاعری ہے عام لسانی سطح پر فوق اسلوب کی پہچان یہ ہے کہ لفظ کا رشتہ لغوی مفہوم سے برائے نام باقی رہ جاتا ہے وہ تاریخ و تہذیب کی مخصوص اور عصری فلسفیانہ تعبیر کو زندہ متحرک اور اثر انگیز بنا دیتا ہے۔

فوق اسلوب کی پہچان میں شعری روایات سے کوئی مدد نہیں ملتی اس کے لئے خود فون کار کی تخلیقات اور کوئی فکر سے استعانت طلب کرنی پڑتی ہے چنانچہ اقبال کی شاعری کی تحسین کے لیے ضروری ہے کہ اقبال کی زبان کو اپنی شخصیت میں اس طرح جذب کر لیا جائے کہ ہم اسی ماحول میں سانس لیتا محسوس کریں فوق اسلوب کی زبان مادری زبان کی مانند ہوتی ہے جسے ہم براہ راست سیکھتے اور اپنی شخصیت کو نشو نما دیتے ہیں۔

سرستوی سرن کیف۔حیات اورادبی خدمات

یہ بات روزروشن کی طرح عیاں ہے کہ اردو فی الحقیقت کسی ایک مذہب یا فرقے کی زبان نہیں ہے اس کا زندہ ثبوت ہندو،سکھ اور دوسرے مذاہب وفرقوں سے تعلق رکھنے والے وہ شاعراورادیب ہیں جنہوں نے گلستان اردو کی آبیاری میں اپنا خون جگر صاف کیا۔اس ضمن میں پریم چند۔اوپندرناتھ اشک،فراق،بیدی،رام لال،کرشن چندر،مالک رام رتن سنگھ اور گیان چند جین وغیرہ کے نام بلا کاوش زبان پر آتے ہیں لیکن یہ نام اردو کے غیر مسلم ادیبوں کا کل سرمایہ نہیں ہیں یہ فہرست سینکڑوں بلکہ ہزاروں تک پہنچتی ہے اور زبان کے شیدائیو، چاہنے والوں اور تخلیق کاروں کی اس فہرست میں ایک روشن اور معتبر نام سروسوتی سرن کیف کا بھی ہے جو اردو کے ممتاز شاعر،مصنف،ناقد،سوانح نگار،مترجم،صحافی اور مجاہد جنگ آزادی تھے۔کیف کی علمی وتصنیفی سرگرمیاں نہایت کثیرالجہت تھیں انہیں بیک وقت کئی زبانوں پر عبور حاصل تھا اردو،فارسی،ہندی اور انگریزی میں انہوں نے کئی تصانیف یادگار چھوڑی یہی ہیں وہ سنسکرت، بنگالی، پنجابی اور فرانسیسی زبانوں سے بھی بخوبی واقف تھے انہیں عروض قواعد، لسانیات، نفسیات، تاریخ، مذاہب اور علوم نجوم سے بھی گہری دلچسپی تھی ان موضوعات پر انہوں نے بیسوں مضامین قلم بند کیے۔جوملک کے مقتدر علمی وادبی رسائل کی زینت بنے۔مضامین کے علاوہ اردو، فارسی، ہندی اور انگریزی میں ان کی مستقل تصانیف کی تعداد انیس تک پہنچی ہے جن میں اردو اور فارسی کے دودوشعری مجموعے بھی شامل ہیں۔

واقعہ یہ ہے کہ کیف کی قلمی وعلمی فتوحات بحرزخار رخسار کی مانند ہیں لیکن حیرت اور افسوس کی بات یہ ہے کہ ان کے ادبی کارناموں اور خود ان کے نام کو وہ شہرت نہیں ملی جس کے وہ مستحق تھے ضرورت تھی کہ ایسی صاحب علم وصاحب نظرہستی کی شخصیت اس کی علمی خدمات اورادبی

کارناموں سے اردو دنیا کو واقف کروایا جائے۔ ڈاکٹر خالد مجید خاں نے اس کام کا بیڑہ اٹھایا اور حق تو یہ ہے کہ انہوں نے بوجوہ احسن اس کا حق ادا کر دیا۔

ڈاکٹر خالد مجید خاں بھوپال کے ایک علمی خانوادے کے چشم و چراغ ہیں۔ بنیادی طور پر وہ سائنس اور ریاضی کے آدمی ہیں لیکن ان کے والد گرامی پروفیسر عبدالمجید فارسی ادبیات کا رچا ہوا ذوق رکھتے تھے۔ شعر و ادب کا یہی ذوق ڈاکٹر خالد مجید خاں کو بھی ورثے میں ملا چنانچہ انہوں نے نہ صرف اردو میں ایم اے کیا بلکہ ادبی تحقیق کے میدان میں بھی قدم رکھا اور سرسوتی سرن کیف کی شخصیت اور ادبی خدمات پر تحقیقی مقالہ لکھ کر پی ایچ ڈی کی سند حاصل کی۔ یہ مقالہ انہوں نے اردو کے شہرہ آفاق ادیب، محقق و نقاد استاذ الاساتذہ پروفیسر آفاق احمد صاحب کی رہنمائی نگرانی میں قلم بند کیا۔ پیش نظر کتاب ''سرسوتی سرن کیف: حیات اور ادبی خدمات'' دراصل ڈاکٹر خالد مجید خاں کے سندی مقالے کا کتابی روپ ہے جو کیف صاحب کی دختر ڈاکٹر میناکشی ورما ڈائرکٹر میناکشی ہاسپٹل بھوپال کے تعاون سے منظر عام پر آیا ہے۔

کتاب کے آغاز میں مصنف کا پیش لفظ اور نگران مقالہ پروفیسر آفاق احمد صاحب کے قلم سے مقدمہ ہے۔ جس میں پروفیسر آفاق احمد صاحب نے نہایت شرح و بسط سے اردو میں تحقیق کی صورت اور معیار تحقیق پر گفتگو کی ہے اور کیف صاحب کی شخصیت اور خدمات پر جامع روشنی ڈالتے ہوئے ان پر تحقیقی کام کرنے ضرورت وافادیت کو بھرپور طریقے سے اجاگر کیا ہے۔ وہ رقم طراز ہیں۔

ڈاکٹر خالد مجید کی یہ کتاب جو چار سو سے زائد صفحات پر پھیلی ہوئی ہے پچاس سے زیادہ سرخیوں اور عناوین پر مشتمل ہے۔ ان عناوین کے تحت فاضل مصنف نے کیف صاحب کے سوانحی حالات، ان کے عہد کے سیاسی، سماجی اور ادبی پس منظر نیز ان کے خاندانی کوائف پر تفصیلی روشنی ڈالی ہے۔

جناب سرستوی سرن کیف ۲۰ مارچ ۱۹۲۲ء کو اتر پردیش کے قصبے مین پوری میں ایک تعلیم

یافتہ اور معزز کائستھ گھرانے میں پیدا ہوئے۔ان کے اجداد مغل حکومت میں قانون گو کے منصب پر فائز تھے۔کیف نے ہائی اسکول کا امتحان پاس کیا۔کانپور کے DAV کالج سے بی اے کیا۔ اور وہیں کے S,D کالج سے وکالت کی ڈگری حاصل کی۔کیف کا دل ابتداء ہی سے حب الوطنی کے جذبات سے سرشار تھا۔۱۹۳۴ء میں وہ صرف سترہ سال کی عمر کمیونسٹ پارٹی کے ممبر بن گئے اور ملک کی جدوجہد آزادی میں شریک ہوگئے۔جدوجہد آزادی میں حصہ لینے کی پاداش میں انہیں جیل بھی جانا پڑا۔جب وہ نینی سنٹرل جیل الہ آباد میں قید تھے اسی زمانے میں مولانا ابوالکلام آزاد صدر کانگریس، لال بہادر شاستری اور ڈاکٹر حسن ظہیر وغیرہ بھی اسی جیل میں تھے۔بعد میں نظریاتی اختلاف کے سبب وہ کمیونسٹ پارٹی سے علیحدہ ہوگئے۔

عملی زندگی میں کیف صحافی تھے وہ مختلف اردو ہندی اور انگریزی روزناموں سے وابستہ رہے لیکن اپنے انقلابی مزاج اور رویے کا سبب کسی جگہ جم نہیں سکے۔۲۳ جولائی ۲۰۰۷ء کو کیف صاحب کا انتقال ہوا۔انہوں نے اپنی طویل حیات مستعار کے دوران متعدد علمی وادبی کارنامے انجام دیئے۔ادبی کارناموں کے ضمن میں ڈاکٹر خالد مجید نے پہلے کیف کی شاعری کا جائزہ لیا ہے۔کیف غزل گوشاعر تھے لیکن انہوں نے نظمیں بھی نہایت اعلی درجے کی لکھی ہیں۔ مہاتما گاندھی، گرونانک، نذر بھگت سنگھ، عید اوشہیدان وطن سے خطاب وغیرہ ان کے پراثر نظمیں ہیں۔ان نظموں میں کیف کی حب الوطنی، سیکولرازم اور انقلابی افکار کی ترسیل ہوئی ہے۔ کیف شاعری ہی نہیں محقق اور ناقد بھی تھے۔انہوں نے بکثرت مضامین ومقالات تحریر کیے۔ فاضل مصنف نے ان کے دس تحقیقی وتنقیدی مضامین کا تجزیہ کیا ہے جن میں چند کے عناوین یہ ہے۔غزل کی اہمیت قواعد اردو (ہندی) داستان غریب ہمزہ، اردو میں ہجائی یا ماترک بحور درآمد بحورشعری، ہندوستان کے لئے فارسی کی اہمیت اردو ہندی مصمتی خوشے، اقبال کی منظرنگاری، چکبست اور تبدیلی رسم الخط وغیرہ یہ بات نہایت دلچسپ ہے کہ جناب کیف اردو رسم الخط میں تبدیلی کے حامی تھے۔ان کا خیال تھا کہ رومن رسم خط اختیار کرنے سے اردو ترقی کرسکتی ہے۔

ان کے اس خیال سے اختلاف کیا جا سکتا ہے، لیکن اردو سے ان کی وابستگی میں کسی کو اختلاف نہیں ہوسکتا۔

مضامین کے جائزے کے بعد فاضل مصنف نے کیف کے صحافتی کیریر پر روشنی ڈالی ہے۔ اپنی صحافتی زندگی میں کیف اردو، ہندی اور انگریزی کے جن اخبارات سے وابستہ رہے ان میں قومی اخبار، پرتاب ہندوستان، انصاری، تیج، نیا دور، وشومتر، بھارت، لیڈر، اور ٹری بیون (Tribune) اہم ہیں۔ کیف کو گنیش شنکر ودیارتھی (ہندی پرتاب) اور سی ٹی وائی چشا منی (دی لیڈر) جیسے انقلابی صحافیوں کے ساتھ کام کرنے کا موقع ملا۔ چنتا منی وہ صحافی ہیں جو کانپور میں فسادات کے دوران مسلمانوں کی حفاظت کرتے ہوئے مارے گئے تھے۔ کیف آزادی صحافت کے علمبردار تھے جس کی وجہ سے انہیں اکثر نقصان اٹھانا پڑتا تھا۔

کیف بہت اچھے مترجم تھے کیونکہ انہیں بیک وقت کئی زبانوں پر قدرت حاصل تھی۔ کیف کے اردو تراجم پر بھی ڈاکٹر خالد مجید نے تفصیلی گفتگو کی ہے۔ اس سلسلے میں کیف کے جن تراجم کو موضوع بحث بنایا گیا ہے۔ ان میں بھگوت گیتا، کبیر وچناولی اشٹاوکر سنگھ تا Ashta Vikra Sanghata اور شکتی شامل ہیں۔

کیف نے بھگوت گیتا کا اردو ترجمہ درس مغفرت کے نام سے کیا ہے۔ بھگوت گیتا اہل ہنود کی مقدس مذہبی کتاب ہے کیف سے پہلے بھی اردو میں اس کے منظوم تراجم ہو چکے ہیں۔ لیکن یہ تراجم غزل یا قصیدے کے وزن میں ہیں۔ کیف نے رباعی کی بحروں میں اس کا ترجمہ کیا ہے جو ان کے خیال میں اس کے لئے سب سے موزوں ہئیت ہے۔ گیتا میں سات سو اشلوک ہیں۔ کیف نے ہر اشلوک کا ترجمہ ایک رباعی میں کیا ہے۔ کبیر وچناولی سنت کبیر کے اشعار کا اردو ترجمہ ہے۔ اسی طرح کیف نے سنسکرت کی مشہور کتاب اشاوکر سنگھتیا کا ترجمہ اردو میں مثونی کی ہئیت میں اور سنسکرت کی ایک اور نظم شکتی کا ترجمہ اردو میں مسدس کی ہئی میں کیا ہے۔

سرسوتی سران کیف کی انگریزی تصانیف کے ضمن میں ڈاکٹر خالد مجید نے ان کی

دو کتابوں Mirza Development of urdu poetry اور Ghalib The poet of poets کا تفصیلی مطالعہ کیا ہے۔ اول الذکر کتاب منشی منوہر لال پبلشرز نئی دہلی کے توسط سے ۱۹۷۶ء میں شائع ہوئی۔ کیف کی یہ کتاب انگریزی داں طبقے کو غالب کی شخصیت اور شاعری سے روشناس کرانے کے حوالے سے نہایت اہمیت کی حامل ہے۔ ظاہر ہے اس میں اہل اردو کے لئے کوئی کوشش نہیں ہوگی۔ لیکن غالب کی سوانح وشخصیت اور ان کی شاعری کے مطالعے میں کیف کا رویہ اور ان کا اپروچ روایتی اردوداں کے اپروچ سے مختلف ہے۔ انہوں نے اس کتاب میں غالب کا زائچہ بھی دیا ہے جس کا ذکر گیان چند جین نے بھی اپنی کتاب تحقیق کا فن میں کیا ہے۔ ڈاکٹر خالد مجید نے نہایت تفصیل سے اس کتاب کا جائزہ لیا ہے جو تقریباً سو صفحات کو محیط ہے۔ انہوں نے کتاب کے اہم مباحث کا خلاصہ دے کر اصل کتاب سے بے نیاز کر دیا ہے۔

انگریزی میں کیف کی دوسری تصنیف Development of urdu poetry ہے جو ۱۹۹۰ء میں شائع ہوئی۔ اس کا مقدمہ پروفیسر گوپی چند نارنگ نے لکھا ہے جس میں انہوں نے کتاب اور صاحب کتاب کی بڑی تحسین کی ہے۔ کیف کی یہ کتاب ۲۷۷ صفحات کو محیط ہے۔ ڈاکٹر خالد مجید نے تقریباً چالیس صفحات میں اس کا عطر نکال کر رکھ دیا ہے اور اس کے سارے اہم مباحث پر نظر ڈالی ہے۔

سرسوتی سرن کیف ایک اچھے ناول نگار بھی تھے۔ تاہم انہوں نے ناول ہندی میں لکھے کتاب کو جامع بنانے کے لئے ڈاکٹر خالد مجید نے کیف کے ہندی ناولوں کا تعارف بھی کروایا ہے۔ انہوں نے پانچ ناولوں کا ذکر کیا ہے جن کے نام یہ ہیں۔ اونچی نیچی راہیں، قرن مالا، بھوک اور تڑپتی، اڑتے پتے، بالوں کی لہریں، کیف ہندی زبان کے بھی اہم قلم کار تھے۔ انہوں نے ہندی میں بیس کے قریب کتابیں لکھیں۔ انہوں نے چکبست پر اردو میں ایک کتاب لکھی پھر ہندی میں اس کا ترجمہ کیا۔ علاوہ ازیں انہوں نے اردو ادب کی ایک دوسرے انداز سے بھی

خدمت کی یعنی اردو شعراء کا کلام ان کی شخصیت اور شاعری کے تعارف کے ساتھ دیوناگری رسم خط میں شائع کروایا تاکہ ہندی والے اردو شاعری کے مزاج و معیار سے آشنا ہو سکیں۔ انہوں نے جن شعراء کے کلام کو دیوناگری میں پیش کیا ان میں میر تقی میر، مرزا سودا، خواجہ میر درد، نظیر اکبرآبادی، ذوق، اکبرالہ آبادی، داغ، حسرت موہانی، چکبست اور فانی بدایونی شامل ہیں۔ اس کے علاوہ اردو کے شعری ادب کی مختصر تاریخ بھی ہندی زبان میں مرتب کی جس میں اردو شاعری کے امتیازات واضح کیئے ہیں۔ ڈاکٹر خالد مجید نے اس کتاب میں کیف کی تمام ہندی تصانیف کا اجمالی لیکن جامع تعارف پیش کیا ہے۔

جیسا کہ قبل ازیں عرض کیا گیا ہے کیف کو فارسی زبان پر بھی دستگاہ حاصل تھی۔ وہ فارسی زبان کے خوش گو شاعر تھے۔ ان کے فارسی کلام کا ایک مجموعہ ''لذت کرب'' شائع ہو چکا ہے اور دوسرا مجموعہ ''خمار زیست'' غیر مطبوعہ ہے۔ ڈاکٹر خالد مجید نے زیر نظر کتاب میں کیف کی فارسی گوئی کا بھرپور جائزہ لیا ہے اور ان کی فارسی غزل کے علاوہ فارسی قصائد، تاریخی قطعات، توشحی نظموں اور کبیر کے دوہوں پر مبنی فارسی رباعیات کا تنقیدی جائزہ لیا ہے۔ ''عمومی جائزے'' پر مشتمل ہے جس میں سرسوتی سرن کیف کی شخصیت اور ان کے علمی کارناموں کا خلاصہ پیش کیا گیا ہے۔ کتاب کے آخر میں کیف کے بارے میں ڈاکٹر خالد مجید نے نہایت اور درست طور پر لکھا ہے۔

''کیف کو ان کا جائزہ مقام بھلے ہی نہ ملا ہو لیکن وہ اپنی تخلیقی اور تصنیفی پیاس کو بجھانے کے لئے اتنا کچھ کر گئے ہیں کہ بغیر کسی قسم کے تحفظ ذہنی کے یہ کہا جا سکتا ہے کہ وہ اپنی ذات میں ایک انجمن ایک ادارہ اور اکیڈیمی تھے اور ان کے دماغ میں سینکڑوں دماغوں کی صلاحیتیں موجود تھیں۔ وہ بلاشبہ ہماری ادبی دنیا کی ناقابل فراموش شخصیت تھے اور ادب کو انہوں نے اتنا کچھ دیا ہے کہ اسے بھلانا ادبی عصبیت کے مترادف ہوگا''۔

مختصر یہ کہ ڈاکٹر خالد مجید کی زیر تبصرہ کتاب سرسوتی سرن کیف پر ایک دستاویز کی حیثیت

رکھتی ہے۔ انہوں نے کیف کے علمی و تصنیفی کارناموں کا ہر جیت سے جائزہ لیا ہے اور کوئی پہلو تشنہ نہیں چھوڑا ہے۔ انھوں نے نہایت سلیقے اور انضباط کے ساتھ نہ صرف کیف کی تخلیقات پر تنقیدی نظر ڈالی ہے بلکہ ان کی ہر تصنیف اور ہر مضمون کا جامع خلاصہ بھی پیش کیا ہے تا کہ قاری کو اس موضوع اور مواد کا صحیح اندازہ ہو سکے۔ ڈاکٹر خالد مجید نے فن تحقیق کے جدید تقاضوں کو پیش نظر رکھا ہے۔ ان کے حوالے مستند اور معتبر ہیں۔ کتاب کی زبان شستہ ورفتہ اور مصنف کا اسلوب بیان شگفتہ و دلچسپ ہے۔ اس کتاب کی اشاعت پر میں ڈاکٹر خالد مجید ان کے نگران تحقیق پروفیسر آفاق احمد کو صمیم قلب سے ہدیہ تہنیت پیش کرتا ہوں اور ساتھ ہی ڈاکٹر میناکشی ورما کو بھی مبارکباد دیتا ہوں جنہوں نے اس کتاب کی اشاعت میں تعاون کر کے اپنے والد کے نام کو علم وادب کی دنیا میں ہمیشہ کے لیے محفوظ کر دیا جس کے وہ مستحق تھے۔

پروفیسر محمد انورالدین کی صحافت سے متعلق نگارشات

ڈاکٹر محمد انورالدین کا صحافت پر بڑا بھرپور کام ہے۔ مختلف مضامین کے علاوہ ڈاکٹر انورالدین نے پی ایچ ڈی تھیسس بھی صحافت سے متعلق ہی کی ہے۔ جس کے بارے میں وہ ایک مقام پر لکھتے ہیں:

> ''میری خوش قسمتی تھی کہ سنہ 1979ء میں محترم پروفیسر گیان چند جین صاحب کے سامنے جب زانوئے شاگردی تہہ کیا اور حیدرآباد یونیورسٹی میں پی ایچ ڈی اسکالر کی حیثیت سے داخلہ لیا تو موصوف نے میرے لئے ''رسائل'' کے موضوع کو منتخب فرمایا''۔

(حیدرآباد دکن کے علمی وادبی رسائل ۔ تحقیقی وتنقیدی جائزہ ۔ پروفیسر محمد انورالدین ۔ ص 5)

صحافت یا ذرائع ابلاغ میں رسائل کی کیا کچھ اہمیت ہے اس کے بارے میں بڑی اہم باتیں انورالدین نے لکھی ہیں:

''رسائل ذرائع ابلاغ میں ریڑھ کی ہڈی کی حیثیت رکھتے ہیں۔ راقم الحروف کی نظر میں صحافت میں ہی نہیں بلکہ بعض اعتبارات سے رسائل کو ریڈیو اور ٹی۔ وی وغیرہ پر ترجیح حاصل ہے۔ یہ درست ہے کہ ریڈیو اور ٹی۔ وی سے ذہن بہت متاثر ہوتا ہے لیکن ٹی۔ وی پر ایک منظر دیکھنے کے بعد یا ریڈیو پر کوئی پرمغز مقالہ سننے کے بعد اسے دوبارہ سننے یا دیکھنے یا اس کے حوالہ سے کچھ لکھنے کا موقع کم رہتا ہے۔ ایک خوشگوار جھونکے کی طرح ریڈیو اور ٹی وی کے پروگرام ذہن سے گزر جاتے ہیں۔ اخبارات کی فائل رکھنا بھی مشکل کام ہے۔ اور پھر اردو میں ایسے اخبارات بہت کم نکلتے ہیں جنہوں نے ادبی رخ کو زیادہ اہمیت دی ہو۔ اخبار تو عام طور سے سیاست کا نقیب وعلمبردار ہوتا ہے۔ صرف رسائل میں یہ وصف ہے کہ اس کے مضامین اور اس کی فائلیں محفوظ بھی رکھی جاسکتی ہیں۔ اور ایک بار پڑھنے کے بعد دوسری بار ان کا حوالہ بھی دیا جاسکتا ہے اور ان رسائل کی مدد سے ان کے دور کی سچی شناخت اور بازیافت بھی ممکن ہے''

(حیدرآباد دکن کے علمی وادبی رسائل۔ تحقیقی وتنقیدی جائزہ۔ پروفیسر محمد انورالدین۔ ص5)

اگر ہم صحافت سے متعلق خود انورالدین کے خیالات اور ان کا علم جاننا چاہیں گے تو ہمیں ان کی کتاب ''فکر ونظر'' میں ایک مضمون ''ہندوستان میں اردو صحافت۔ آغاز کے ابتدائی محرکات'' کے عنوان سے ملتا ہے۔ جس میں انورالدین نے لکھا ہے:

مشرق میں جاگیرداری نظام کی جڑیں مضبوط تھیں اور اس نظام کا سب سے اہم پہلو یہ تھا کہ بادشاہ کو عوام، روسا اور جاگیرداروں کے حالات سے باخبری رہے۔ چنانچہ اس مقصد کے لیے وقائع نگاری، پرچہ نویسی اور اخبار نویسی کے شعبے قائم تھے۔ یہ اخبار نویسی ایک طرح کی جاسوسی ہوا کرتی تھی اور اس کام کو انجام دینے والے مخبر کہلاتے تھے۔ ظاہر ہے کہ جاگیرداری نظام میں اس میڈیا یا عوام کا ایک دوسرے سے رابطہ یا عوام کی باخبری کی کوئی اہمیت نہ تھی۔ اقتدار کا مرکز بادشاہ ہوا کرتا تھا چنانچہ اسی کو سب کچھ معلوم ہونا چاہئے تھا۔ اس لئے مشرق میں صحافت کا آغاز بعد میں ہوا۔ مغرب میں چونکہ جمہوریت اٹھاریوں صدی سے ہی پنپنے لگی تھی اور انقلاب فرانس کے بعد سے جمہوری اقدر فرانس اور انگلینڈ میں کافی اہمیت اختیار کرگئی تھیں۔ اس لئے وہاں صحافت کا وہ تصور تھا، اس میں سلطنت کے حالات سے لوگوں کو باخبر رکھا جاتا تھا۔ حکمراں کیا کر رہا ہے یہ بات عوام تک پہنچائی جاتی تھی اور رائے عامہ کو ہموار کیا جاتا تھا۔ مشرق اور مغرب میں یہی فرق تھا۔ مشرق میں ایک فرد ساری رعایا کے حالات جاننے کے لئے بے چین اور مضطرب رہتا تھا اور مغرب میں ساری رعایا چند افراد کے طریقہ حکومت اور ان کے بارے میں جاننا چاہتی تھی اور پھر اس پر احتساب بھی کرتی تھی اور اس احتساب کا ذریعہ بھی صحافت ہوا کرتی تھی۔

ہندوستان میں جاگیردارانہ نظام اٹھارویں صدی کے ابتدائی دو دہوں تک مضبوط رہا، اس لئے یہاں صحافت کا وہ تصور نہیں ہوسکتا تھا جو پیرس یا لندن میں ہوسکتا تھا یا تقریباً سو سال بعد واشنگٹن میں ہوا لیکن انگریزوں کے قدم جب یہاں مضبوطی سے جمنے لگے تو ایسٹ انڈیا کمپنی کو بھی اس کی ضرورت محسوس ہوئی کہ اپنے محروسہ علاقوں میں خود کے اقتدار اور اس کے استحکام کے لیے جو اقدامات وہ کر رہی ہے اس کا زیادہ سے زیادہ پروپگنڈہ کرے اور عوام کا ردعمل بھی معلوم کرے۔ مغرب میں جو صحافت عوام کے لیے تھی اور عوام کی آواز تھی ہندوستان میں اسی صحافت کا نقطہ آغام حکومت کی پرپگنڈہ مشنری کی حیثیت سے ہوا۔

چنانچہ یہ امر بھی دلچسپی سے خالی نہیں ہے کہ اردو کا پہلا اخبار بنگال سے شائع ہونا شروع ہوا جو کمپنی کی عملداری میں آ چکا تھا جہاں شورشوں کے پس منظر میں اور استمراری بندوبست کے نفاذ کے بعد سے انگریزی حکومت اپنا پروپگنڈہ بھی چاہتی تھی اور ردعمل بھی دیکھنا چاہتی تھی۔

یہ عجیب وغریب بات ہے کہ اواخر اٹھارویں صدی سے انیسویں صدی کے اواخر تک اردو زبان وادب کے فروغ وترقی کے سلسلے میں جو بھی اہم اقدامات ہوئے ان کے محرک انگریزی حکام تھے اور ان اقدامات کا منشا ہندوستان میں برطانوی حکومت کی جڑوں کو مضبوط کرنا تھا۔ ایسٹ انڈیا کمپنی کی حکومت سے پہلے فارسی کو ملک کی سرکاری اور تمدنی زبان ہونے کا مرتبہ حاصل رہا۔ اردو کی حیثیت محض ایک تجارتی، معاشرتی وتہذیبی رابطے کی زبان کی رہی۔ مغلیہ سلطنت کے زوال کے ساتھ فارسی کا بھی ستارہ غروب ہونے لگا۔ اورنگ زیب کے بعد ملک میں جو سیاسی خلفشار پیدا ہوا اس کی وجہ سے سکون واطمینان کی وہ فضا باقی نہیں رہی جو درس اور تدریس وتحصیل علم کے لیے ضروری ہوتی ہے چنانچہ عوام کی تعلیمی حالت دن بدن پست ہوتی گئی نتیجتاً فارسی کا چلن بھی کم ہوتا گیا۔ اس کا اثر فارسی شاعری پر بھی پڑا اور وہ بادشاہ اور امرا کے دربار تک محدود ہو کر رہ گئی اور جب درباروں کی حالت بھی شستہ وخراب ہوگئی تو شاعر جو صرف ''خواص پسند'' شعر کہتے تھے اب ''عوام سے گفتگو'' پر مائل ہو گئے اور اردو میں شعر کہنے لگے۔

شعر میرے ہیں سب خواص پسند
پر مجھے گفتگو عوام سے ہے

برسر اقتدار آنے کے بعد انگریزوں نے بھی ابتداء فارسی کو اپنایا کیوں کہ یہی سرکاری اور دفتری زبان تھی اسے اچانک بدلا نہیں جا سکتا تھا۔ کمپنی کے ملازمین کے لیے یہ ضروری تھا کہ وہ فارسی سیکھیں اس کے لئے انہیں ''منشی کا الاونس'' دیا جاتا تھا۔

گلکرسٹ نے سب سے پہلے یہ محسوس کیا کہ فارسی صرف اونچی سطح پر سرکاری کاموں میں معاون ہو سکتی ہے لیکن عوام سے حقیقی رابطے کی زبان نہیں بن سکتی جب کہ ہندوستانی ہی ایک

ایسی زبان ہے جو تمام اقطاع ہند میں بولی اور سمجھی جاتی ہے اس نے کمپنی کے ملازمین کو فارسی سے زیادہ ہندوستانی سکھانے کی اہمیت پر زور دیا۔ چنانچہ اسی کوشش سے فورٹ ولیم کالج میں ہندوستانی زبان کا ایک شعبہ قائم ہوا۔ گلکرسٹ نے اردو زبان کی تدریس کی سہولت کو پیش نظر رکھتے ہوئے انسان اور بول چال کی زبان میں کتابیں لکھوائیں جس کی وجہ سے بالواسطہ طور پر اردو زبان کو فائدہ پہنچا اور اردو نثر کی ترقی کے لیے راستہ کھل گیا۔

ہندوستان میں برطانوی سیاست کا سب سے بڑا حربہ ''تقسیم کرو اور حکومت کرو'' رہا ہے۔ ان کا حربہ اس لیے کارگر اور کامیاب ثابت ہوا کہ ہندوستان جیسے وسیع وعریض ملک میں مختلف لسانی اور مذہبی اور نسلی گروہوں سے تعلق رکھنے والے لوگ آباد تھے جو صدیوں کے ارتباط کی وجہ سے ایک مشترکہ ہندوستانی تہذیب کے رشتہ واتحاد میں منسلک ہو گئے تھے۔ مشترک ہندوستانی تہذیب کے تشکیلی عناصر قومی اتحاد، مذہبی رواداری اور لسانی یک جہتی وغیرہ ہمیشہ انگریزوں کی آنکھوں میں کھٹکتے تھے۔

ویسے انگریزوں کی اکثریت ہندوستانی زبانوں اور ہندوستان کی تہذیب کو حقارت کی نظر سے دیکھتی تھی اور چاہتی تھی کہ وہ اس کی جگہ انگریزی زبان اور انگریزی تہذیب کو رائج کیا جائے۔ مثال کے طور پر میکالے نے یہ بات کھل کر کہی...... ہندوستان کے اس حصے کے باشندوں کی عام طور پر بولیوں میں نہ تو ادبی سرمایہ ہے نہ ہی سائنٹفک معلومات، اور وہ اتنی کم مایہ اور ٹھیٹ ہیں کہ جب تک انہیں کسی دوسرے ذریعوں سے مالا مال نہ کیا جائے ان میں کسی بھی ادبی، علمی کام کو منتقل کرنے کا کام آسان نہ ہوگا۔ اس بات سے بھی ہر طرف اتفاق نظر آتا ہے کہ اعلیٰ تعلیم کی استطاعت رکھنے والوں کا ذہنی ارتقاء صرف اسی زبان کے ذریعہ کیا جاسکتا ہے جو مقامی نہ ہو......ایک اچھے یوروپین کتب خانے کے صرف ایک الماری قدر وقیمت میں ہندوستان کے سارے ادب کے برابر ہے۔

''ہندوستان میں جاگیردارانہ نظام اٹھارویں صدی کے ابتدائی

دو دہوں تک مضبوط رہا۔ اس لیے یہاں صحافت کا وہ تصور نہیں ہوسکتا تھا جو پیرس یا لندن میں ہوسکتا تھا یا تقریباً سو سال بعد واشنگٹن میں ہوا لیکن انگریزوں کے قدم جب یہاں مضبوطی سے جمنے لگے تو ایسٹ انڈیا کمپنی کو بھی اس کی ضرورت محسوس ہوئی کہ اپنے محروسہ علاقوں میں خود کے اقتدار اور اس کے استحکام کے لیے جو اقدامات وہ کر رہی ہے اس کا زیادہ سے زیادہ پروپگنڈہ کرے اور عوام کا ردعمل بھی معلوم کرے۔ مغرب میں جو صحافت عوام کے لیے تھی، اور عوام کی آواز تھی، ہندوستان میں اسی صحافت کا نقطۂ آغاز حکومت کی پروپگنڈہ مشنری کی حیثیت سے ہوا''۔

(بحوالہ فکر و نظر، محمد انور الدین۔ص 90-89)

انھوں نے آگے لکھا ہے

''ہیگل اور مارکس کا یہ خیال کہ ہر شئے اپنے تضاد کو جنم دیتی ہے ایک کلیہ کی حیثیت رکھتا ہے۔ چنانچہ یہی اخبارات جو انگریزوں نے اپنی سلطنت کے استحکام کے لیے اور ہندوستانیوں کو رسوا کرنے کے لیے جاری کروائے تھے وہی آہستہ آہستہ عوام میں سیاسی شعور کی بیداری کا بڑا ذریعہ بننے لگے اور دھیرے دھیرے اخبار بینی کا ذوق بھی بڑھا۔ رائے عامہ کو ہموار کرنے اور اس کی تربیت کرنے کا رجحان بھی پیدا ہوا۔ بیسویں صدی کے ابتدائی دو دہوں میں ایسے اخبار بھی وجود میں آئے جنہوں نے انگریزی نظام کی چولیں ڈھیلی کر دیں۔ اگر انگریزی میں ''کامریڈ'' کو یہ فخر حاصل رہا ہے تو اردو صحافت بھی پیچھے نہیں رہی۔ اور جہاں ''الہلال'' و ''البلاغ'' کی اشاعت نے ایک طرف

صحافت کو ادبی وزن و وقار عطا کیا تو دوسری طرف ہندوستانی رائے عامہ کو انگریزوں کے خلاف بیدار کرنے اور اس کی تربیت کرنے میں نمایاں و اہم کردار ادا کیا۔

(بحوالہ ''فکر و نظر'' ڈاکٹر محمد انور الدین۔ ص 96)

اسی کتاب میں ان کا ایک معیاری مضمون ''اخبارات کے اداریئے'' سے متعلق ہے۔ اخبار کا اداریہ اخبار کی جان کہلاتا ہے جس میں ایڈیٹر اپنی پالیسی کے علاوہ اپنے نقطہ نظر کو بیان کرتا ہے اور ایک مشیر کے علاوہ مصلح کا رول بھی ادا کرتا ہے۔ یا پھر رہنمائی کا فریضہ بھی وہ چاہے تو ادا کرسکتا ہے۔ مراٹھی اخبار ''سامنا'' جو شیوسینا کا ترجمان ہے اس کے اداریہ بالا صاحب ٹھاکرے کے زمانے سے بڑے مشہور ہیں اور آج بھی ان اداریوں اور ان کے اندر موجود باتیں زیر بحث آتی ہیں۔

اداریہ کے لغوی معنی ''مدیر کی تحریر'' یا ''مدیر کے انداز میں اظہار خیال'' کے ہیں لیکن عرف عام میں اس سے وہ مضمون مراد ہوتا ہے جو اخبار یا رسالے کے ادارتی صفحے پر اس اخبار یا رسالے کے نام کی تختی کے نیچے چھپتا ہے۔ خواہ اسے مدیر نے لکھا ہو یا ادارے کے کسی دوسرے رکن نے یا کسی اور شخص نے۔ اداریہ کو مقالۂ افتتاحیہ (Leading Article) یا لیڈ ایڈیٹوریل (Lead Editorial) کہا جاتا ہے۔ ابتدائی زمانے میں اخبارات و جرائد میں اکثر و بیشتر ایک ہی اداریہ چھپتا تھا یعنی مدیر اخبار یا رسالے کی ہر اشاعت میں صرف ایک ہی مسئلہ پر اظہار خیال کرتا تھا۔ مگر آج کے دور میں اخبارات یں دنیا کے بیسوں اہم واقعات خبروں کی صورت میں چھپتے ہیں اور بعض اوقات کئی اہم مسائل پر ادارتی اظہار خیال کی ضرورت محسوس کی جاتی ہے۔ اس لئے اب اخبارات میں ایک سے زائد اداریے بھی لکھے جاتے ہیں۔ لیکن ادارتی صفحے پر اخبار کے نام کی تختی کے نیچے شائع ہونے والا پہلا مضمون ہی ''اداریہ'' یا ''مقالہ افتتاحیہ'' کہلاتا ہے۔ اور اس مقالہ افتتاحیہ کے بعد چھپنے والے اداریئے ''شذرات'' یا ادارتی نوٹ یا مختصر اداریے

کہلاتے ہیں۔ انگریزی میں ان کو نوٹس (Notes) اڈیٹوریل نوٹس (Editorial Notes) (یا لیڈرٹس (Leadretes) کہا جاتا ہے اور یہ جس صفحے پر شائع ہوتے ہیں اسے (Opinion page) کہتے ہیں۔ اس صفحے پر اداریہ کے علاوہ خصوصی مضامین ،فیچر، قارئین کے خطوط اور مزاحیہ کالم کے علاوہ کارٹون بھی چھپتے ہیں۔

اداریے کے بارے میں ڈاکٹر محمد انورالدین بتاتے ہیں کہ ''اداریے عموماً حالات حاضرہ پر موضوع کی افادیت اور جامعیت کے پیش منظر میں گزشتہ اور آئندہ ہونے والے واقعات پر محیط ہوتے ہیں۔ ان میں سرکاری نقطۂ نظر سے اختلاف بھی کیا جاتا ہے اور غیر جانبدارانہ انداز میں حکومت کو مشورے بھی دئے جاتے ہیں۔ اگرچہ ابلاغ عامہ کے دوسرے ذرائع جیسے ریڈیو، ٹیلی ویژن وغیرہ پر بھی خبروں پر تبصرے نشر یا ٹیلی کاسٹ کر کے یہ مقصد پورا کرنے کی کوشش کی جاتی ہے۔ مگر ان ذرائع ابلاغ کی ترقی اور وسعت کے باوجود اخبار اور ادارتی صفحے کی ضرورت واہمیت میں کوئی کمی نہیں آتی۔ کیونکہ اخبار ماضی میں بھی اہمیت رکھتا تھا اور دور حاضر میں بھی اخبار کی اہمیت ریڈیو اور ٹیلی ویژن کے باوجود اپنی جگہ مسلمہ ہے۔ نپولین نے ان الفاظ میں اخبار کی قوت کا اعتراف کیا تھا ''میں سو فوجی دستوں کی بہ نسبت ایک اخبار سے زیادہ ڈرتا ہوں اور جارج ہشتم نے یہ کہہ کر کہ ''اخبار ٹائمز (لندن) دریائے ٹیمز سے بھی زیادہ طاقتور ہے'' اخبار کی اسی قوت کی طرف اشارہ کیا تھا جو اداریہ کی صورت میں رائے عامہ کی تشکیل کرتا ہے اور جس سے حکومتیں بنتی بھی ہیں اور ٹوٹتی بھی ہیں''

ڈاکٹر انورالدین نے اداریوں میں بھی کئی اقسام کے اداریوں کی تخصیص کی ہے۔ اور لکھا ہے کہ پانچ قسم کے اداریئے ہوا کرتے ہیں۔

۱۔ معلوماتی اداریئے

۲۔ استدلالی اداریئے

۳۔ وضاحتی اداریئے

۴۔خصوصی اداریئے

۵۔تفریحی یا ہلکے پھلکے اداریئے

انھوں نے ان پانچوں اداریوں پر روشنی ڈالتے ہوئے لکھا ہے:

(۱) معلوماتی اداریئے:۔اس طرح کے اداریوں کا آغاز کسی موضوع، مقصد یا مسئلہ کی آگہی ہوتا ہے۔اس میں یہ بتایا جاتا ہے کہ وہ کون سے حقائق اور واقعات ہیں جنہوں نے اداریہ نویس کو قلم اٹھانے پر مجبور کیا۔موصوف نے معلوماتی اداریئے سے متعلق کوئی حوالہ نہیں دیا۔ لگتا ہے ان کے ذہن کی اپج ہے یا پھر کہیں پر پڑھا بھی ہوگا تو ایسا نہیں لگتا کیوں کہ بہت ہی مختصر انداز میں معلوماتی اداریئے کا تعارف کرایا گیا ہے۔

(۲) استدلالی اداریئے:۔ایسے اداریوں کا مقصد قارئین کو یہ یقین دلانا ہوتا ہے کہ کون سی طرز فکر درست ہے۔ اس طرح کے اداریوں میں عموماً کسی مسئلہ کو اٹھایا جاتا ہے پھر اس کی مواقف یا مخالفت میں دلائل پیش کیے جاتے ہیں۔اور ان دلائل کو مضبوط بنانے کیلئے مستند حقائق، معتبر اعداد وشمار، مسلمہ اصول وقواعد اور مدلل تاریخی حوالے دئے جاتے ہیں۔ساتھ ہی پس منظر کا بھی خیال رکھا جاتا ہے۔آج کل اکثر سنجیدہ اور معیاری اخبارات میں اسی طرح کے استدلالی اداریوں کا رواج زیادہ ہے۔کاش کہ وہ استدلالی اداریوں کی ایک آدھ مثال بھی پیش کر دیتے لیکن انھوں نے ایسا نہیں کیا۔

(۳) وضاحتی اداریئے:۔قاری کے سامنے انکشاف کی صورت پیش کئے جانے والے اداریے وضاحتی اداریئے کہلائیں گے لیکن یہ عمل ہر بار ممکن نہیں ہے۔اس تعلق سے انورالدین لکھتے ہیں'' حقائق اور واقعات بیان کرنے کے ساتھ بعض اداریوں میں کسی مسئلہ کی مختلف پہلوؤں کی وضاحت کی جاتی ہے۔ضرورت ہوتو واقعات کا پس منظر بھی بیان کیا جاتا ہے۔یہ تعارف بھی ادھورا اسلئے ہے کہ اس کے لئے بھی مثال پیش کرنے سے وہ قاصر رہے۔

(۴) خصوصی اداریئے:۔خصوصی اداریئے قومی دن، قومی شخصیات، سالگرہ یا قومی وہ ملکی

تقاریب وغیرہ کے موقع پر لکھے جاتے ہیں جیسے یوم جمہوریہ، یومِ آزادی، میلادالنبی، محرم، عیدین، مہاتما گاندھی یا پنڈت نہرو وغیرہ جیسی عظیم شخصیتوں کی برسی یا یومِ پیدائش کے موقع پر جو اداریئے لکھے جاتے ہیں وہ اسی ضمن میں آتے ہیں۔

(۵) تفریحی یا ہلکے پھلکے اداریئے:۔ اسی طرح کے اداریئے حالات حاضرہ سے تعلق رکھتے ہیں۔ برطانیہ کے مشہور صحافی مینس فیلڈ Mansfield نے لکھا ہے کہ ''تفریحی اداریہ نگار'' قوم کا بہی خواہ ہوتا ہے کیونکہ وہ ادارتی صفحے کی بوجھل اور بھاری پن کو کم کرتا ہے اور لوگوں کی مسرت کا باعث بنتا ہے۔ اردو صحافت میں اس طرح کے اداریوں کا دور حاضر میں رواج نہیں ہے۔ مدینہ (بجنور)، ہمدم (لکھنو) سرفراز (لکھنو) الامان، انجام اور وحدت (دہلی) کے اداریے 47ء سے قبل جو شیلے، ہلکے پھلکے، تفریحی اور طنزیہ بھی ہوا کرتے تھے اور انگریز، مسلم لیگ، کانگریس نشانہ ہوا کرتے تھے۔ خلاف تحریک کے زمانہ میں ہمدرد (مولانا محمد علی) میں بھی اکثر اسی طرح کے اداریئے شائع ہوتے تھے۔

> پہلے زمانے میں ''اداریہ'' ایڈیٹر خود لکھتا تھا جو عموماً نامور ادیب، شاعر، مقرر، مذہبی رہنما یا سیاسی لیڈر ہوتا تھا۔ اس کی حیثیت محض ایک کارکن صحافی کی نہیں ہوتی تھی بلکہ وہ معاشرے میں ممتاز مقام کا حامل بھی ہوتا تھا۔ آج بھی بعض اخبارات میں ایسے ایڈیٹر ہیں جو اخبار کا اداریہ خود لکھتے ہیں لیکن زیادہ تر اخبارات میں ایڈیٹر کا لکھا ہوا شاید ہی کوئی اداریہ ہوتا ہے۔ اب مختلف لوگ اداریہ نگاری کے فرائض انجام دیتے ہیں۔ ایڈیٹر کا لکھا ہوا شاذ ہی کوئی اداریہ ہوتا ہے۔
>
> (بحوالہ ''فکر ونظر'' مصنف: ڈاکٹر محمد انورالدین، ص 104 تا 106)

محمد انورالدین ''اداریہ نویس کے اوصاف'' بھی بتائے ہیں اور رہنمائی کی ہے کہ کس طرح اداریہ نویس بن سکتے ہیں۔ کچھ نکات کی شکل میں ڈاکٹر انورالدین کی باتیں یہاں پیش کی

جاتی ہیں۔

۱۔ اداریہ نگار کے لئے ضروری ہے کہ وہ اخبار کی پالیسی سے پوری طرح آگاہ رہے۔ تاکہ متعلقہ اخبار کی پالیسی کی صحیح طرح سے عکاسی ہوسکے۔

۲۔ اداریہ نگار کی علمی قابلیت اور مطالعہ وسیع ہونا چاہیے

۳۔ اداریہ نگار کو منطق سے بھی واقف ہونا چاہیے تاکہ وہ اپنی بات کو دلائل کے ذریعہ قارئین پر واضح کرسکے۔

۴۔ اداریہ نگار قارئین میں سوچنے اور کسی مسئلہ پر غور وفکر کی عادت کو پیدا کرے۔

۵۔ وہ صحافت کے قوانین اور ضابطہ اخلاق سے بھی واقف رہے۔

۶۔ اس کی تحریر میں عالمانہ رنگ نہ ہو بلکہ اس میں افہام وتفہیم کا جذبہ غالب رہے۔ اس کا انداز تحریر جذباتی نہ ہو بلکہ متوازن، بے باک اور حقیقت پسندانہ ہو۔

۷۔ اداریہ میں حقائق کا اظہار ضروری ہے۔

۸۔ اداریہ خبروں کی تشریح، توضیح کا نام ہے۔

(بحوالہ فکر ونظر از: ڈاکٹر محمد انور الدین۔ ص108-107)

اداریئے سے حکومت کا تعلق :۔ بلاشبہ صحافت اور سیاست کا چولی دامن کا ساتھ ہے اور حکومت سے تو اس کا تعلقہ بدرجہ اتم ہوتا ہے۔ اسی تعلق کو ڈاکٹر محمد انور الدین نے ان الفاظ میں بیان کیا ہے اور بڑی خوبی سے بیان کیا ہے، وہ لکھتے ہیں:

> ''موجودہ دور میں اخبار کے اداریوں کو نمایاں اہمیت حاصل ہوگئی ہے۔ ریاستی اور مرکزی سرکار کے محکمہ اطلاعات میں ان اداریوں کو پڑھنے اور انھیں متعلقہ محکموں تک پہنچانے کے انتظامات ہیں۔ حکومت کو اپنے کسی فیصلہ یا مسئلہ پر اخبارات کا ردعمل معلوم کرنے میں ان اداریوں سے ہی مدد ملتی ہے۔ بعض مرتبہ اخباری اداریئے

جمہوریت میں اپوزیشن سے زیادہ اہم اور موثر رول ادا کرتے ہیں۔
موجودہ جمہوریت میں صحافت کا رول جتنا اہم ہے ، اداریوں کی
اہمیت وافادیت بھی پہلے ہی بہ نسبت اتنی ہی موثر اور مسلمہ ہوچکی ہے
''۔

(بحوالہ ''فکرونظر'' ڈاکٹر محمد انورالدین۔ص108)

ذرائع ابلاغ میں رسائل کی اہمیت:

مذکورہ نام کا ایک مقالہ انھوں نے اپنی کتاب ''فکرونظر'' میں شامل کیا ہے۔جیسا کہ مقالہ کے نام سے ظاہر ہے اس میں موصوف نے رسائل کی اہمیت کو بیان کرنے کی کوشش کی ہے۔اور صحافت کے حوالے سے بڑی پرمغز گفتگو کرنے میں کامیاب ہوئے ہیں۔ڈاکٹر محمد انورالدین نے لکھا ہے

''صحافت میں ہی نہیں بلکہ تمام ذرائع ابلاغ میں بہت ساری جہات کی روشنی میں رسائل کو ریڈیو اور ٹی وی پر بھی فوقیت حاصل ہے۔یہ درست ہے کہ اخبارات رسائل سے یقیناً زیادہ اہم ہیں۔اخبار ماضی میں بھی اہمیت رکھتا تھا اور دورحاضر میں بھی اخبار کی اہمیت ریڈیو اور ٹی وی کے باوجود اپنی جگہ پر ہے''(ص97)

ڈاکٹر محمد انورالدین نے رسائل کے بارے میں بہت ساری باتیں لکھی ہیں جن کو جاننا دراصل ڈاکٹر انورالدین کا موضوع پر اتھارٹی ہونا سمجھ میں آتا ہے۔انھوں نے لکھا ہے''رسالہ عربی کے مادہ ''رسل'' سے بنا ہے۔جس کے معنی پہنچانے کے ہیں۔اس طرح لفظی حیثیت سے غور کیا جائے تو رسائل ایک کے خیال کو دوسرے تک پہنچانے کا وسیلہ ہوتے ہیں۔ان رسائل کے ذریعہ افراد کے رجحان اور پورے معاشرے کی سمت ورفتار کا پتہ لگایا جاسکتا ہے۔رسائل کی تعداد اوران کی اشاعت اوران کی باقاعدگی اس بات کی بھی غمازی کرتی ہے کہ کس موضوع سے کس حد

تک دلچسپی لی جا رہی ہے۔ اور اس طرح سے لوگوں کے مزاج و مذاق کا تعین کیا جا سکتا ہے'' انھوں نے آگے لکھا ہے ''رسائل کئی طرح کے ہوتے ہیں۔ ادبی، علمی، فنی، طبی، قانونی، فلمی اور خالص تفریحی۔ جن کا مقصد محض وقت گذاری ہوتا ہے لیکن ان تمام رسائل میں کسی نہ کسی شکل میں انسانی مشاہدات و تجربات کے اہم نتائج کا تذکرہ ہوتا ہے اور اس اعتبار سے رسائل کی دنیا اپنے اندر ایک وسیع کائنات رکھتی ہے''

> رسائل سے متعلق ڈاکٹر انور الدین کی باتوں کو رد کرنا یا ان پر بحث کرنے کی گنجائش کم ہی رہتی ہے۔ کیونکہ ان کا خیال ہے کہ ادبی ذوق کی تہذیب و ترتیب میں رسائل کا بڑا حصہ ہے۔ رسائل نے ادب کا سنجیدہ اور معیاری ذوق پیدا کرنے میں اہم کردار ادا کیا ہے۔ ادبی رسائل کی اشاعت کے بعد شاعری کے معیار میں بھی بہتری آئی (اختلاف کی گنجائش ہے) رسائل کے اجراء سے پہلے شعراء اپنا کلام صرف مشاعروں میں سنایا کرتے تھے اور اکثر معمولی اور سطحی اشعار پر محض ترنم اور خوش الحانی کی وجہ سے داد حاصل کر لیتے تھے۔ مگر اب ادبی رسائل کے فروغ کے بعد شاعروں کا کلام ان رسائل میں شائع ہونے لگا۔ اور کلام کے حسن و قبیح کو خالص ادبی اور فنی معیاروں پر جانچا جانے لگا۔ جس کی وجہ سے محض اپنی خوش الحانی سے شاعروں میں داد حاصل کرنے والے شاعروں کا ادب میں مقام نہیں رہا۔ (بحوالہ ''فکر و نظر'' ص 99)

نیا ادب، ادب لطیف، شاہراہ، سویرا اور صبا جیسے رسائل کا حوالہ دیتے ہوئے موصوف نے کہا ہے کہ ان رسائل نے مختلف تحریکات کو آگے بڑھایا ہے۔ اور لکھا ہے کہ مذکورہ رسائل نے ترقی پسندوں کو آگے بڑھایا تھا جبکہ شب خون، سطور، شعر و حکمت اور فنون جیسے رسائل نے

جدیدیت کی تحریک کو تقویت بخشتا ہے۔

مذکورہ مقالہ اپنے اختتام پر تشنہ رہ جاتا ہے ایسا لگتا ہے جیسے ڈاکٹر انور الدین کچھ اور بھی کہنا چاہتے ہیں لیکن ان کے اپنے پیشہ کے باعث وہ بات درج کرنے سے رہ جاتے ہیں۔

حیدر آباد دکن کے ادبی گلدستے:۔

یہ ایک مقالہ نما مضمون ہے۔ جس میں بتایا گیا ہے کہ صحافتی اصطلاح میں گلدستہ اس رسالہ کو کہتے ہیں جس میں عموماً شعراء کا کلام چھپتا ہے۔ قدیم سے ہی ایشیائی مزاج یہ رہا ہے کہ اہل ذوق اپنی پسند کے اشعار جمع کرتے تھے اور انہیں فرصت کے اوقات میں پڑھتے بھی تھے۔ اور اس سے استفادہ بھی کرتے تھے۔ اسی رجحان نے ہمارے ہاں بیاضوں، تذکروں اور شعری انتخاب کی شکل اختیار کرلی۔ چنانچہ چاہے وہ میر صاحب ہوں یا لچھی نارائن شفیق شمال سے لے کر جنوب تک اسی رجحان کی کارفرمائی نظر آتی ہے۔ یہی رجحان گلدستوں کی شکل میں بھی ظاہر ہوا جس میں مختلف شعراء کا کلام شائع ہوتا تھا۔ ان گلدستوں کی اشاعت کا اہتمام رسائل بھی کیا کرتے تھے اور کبھی کبھی اداروں، انجمنوں یا اشخاص کی طرف سے ایسے گلدستے شائع ہوتے تھے۔

ڈاکٹر انور الدین لکھتے ہیں کہ:

''گلدستوں میں اشعار کا انتخاب مختلف بنیادوں پر ہوتا تھا۔ کبھی یہ بنیا دکسی مخصوص مشاعرے کے شعراء سے متعلق ہوتی اور کبھی ایسا ہوتا تھا کہ کوئی خاص زمین میں نئے شعراء کی غزلیں ملتی تھیں اسے اکٹھا کرلیا جاتا۔ کبھی ایسا بھی ہوتا تھا کہ کسی مخصوص جشن یا تقریب کے موقع پر پڑھے گئے مختلف شعراء کے اشعار کو گلدستہ کی شکل میں پیش کیا جاتا تھا۔ بعض مقامات پر مذہبی خوش عقیدگی بزرگان دین سے وابستگی کی بناپر عرس یا میلہ کی شکل اختیار کرلیتی تھی۔ ایسے مواقع پر اس

محترم شخصیت کی یادگار میں بھی مختلف شعراء کا کلام گلدستہ کی شکل میں پیش کیا جاتا تھا۔ اکثر اصناف کے اعتبار سے بھی گلدستے شائع کیے جاتے تھے اور ان اصناف میں سلام اور قصیدہ نمایاں رہتے ہیں۔ چنانچہ سلاموں اور مسالموں کی روداد یا قصائد کا انتخاب بھی گلدستے کے ذریعہ پیش کیا جاتا تھا۔

(بحوالہ ''فکر ونظر'' ڈاکٹر محمد انورالدین۔ص 109)

اس مضمون نما مقالے میں انھوں نے گلدستہ ''گل کدہ مشتاق''، مذاق سخن، گلدستۂ شگوفہ، جوہر سخن، گلزار سخن، مطلع سخن، گل وبلبل، نغمہ ہزار، ناز و نیاز، پیامِ محبوب، شمس الکلام، محبوب الکلام، گلدستہ جشن آصفیہ، جلوہ محبوب، ملوک الکلام، گلدستہ سفر ہمایوں دہلی، گلدستہ جشنِ آصفیہ، معیا رالانشاء، حسنِ خیال، بزمِ شاد، مرقع جشن سمیں، استدراک، گلدستہ محمودی، گلدستہ بہار، گلدستہ محبوبِ دکن، گلدستۂ یادگار مستقل وزارت شاد، گلدستہ شہاب المعروف گنجینہ نعت، گلدستہ شور عاشقان، گلدستہ شایق، گلدستہ شہید ناز، گلدستہ امارت سخن، گلدستہ بزم طرب المعروف نغمہ، گلدستہ میخانہ محبت، گلدستہ زعم، گلدستہ سرمدی سویرا، گلدستہ، گلدستہ نعت شہ لولاک، اور گلدستہ نور سخن کی بابت چار پانچ سطری معلومات دی ہیں جو آبِ زر سے لکھنے لائق ہیں۔ ان کا یہ مقالہ ان کی محنت، ان کی کاوش، اور ان کے موضوع سے لگاؤ کی کہانی سناتا ہے۔

عموماً یہ گلدستے 20یا32، 36، 40، 54، 60اور80 صفحات پر مشتمل ہوا کرتے تھے۔ ایک گلدستہ کا تعارف ملاحظہ فرمائیں

محبوب الکلام

یہ ماہوار گلدستہ ۶/ربیع الثانی ۱۳۱۶ھ (م ۲۴/اگسٹ ۱۸۹۸ء) سے بہ یادگار سالگرہ اعلیٰ حضرت میر محبوب علی خاں، حسب الحکم مہاراجہ سرکشن پرشاد شاد مدارالمہام سرکار عالی جاری ہوا۔ اس کے مدیر و مہتمم اردو کے نامور شاعر حافظ جلیل حسن صاحب جلیل مانک پوری اور نائب

مہتمم ہیرالال نشاط تھے۔ یہ گلدستہ محبوب پریس میں عموماً ۲۴ تا ۶۰ صفحات پر طبع ہوتا تھا۔ اس گلدستہ کے سرورق پر ذیل کا یہ شعر درج ہوتا تھا۔

قدردان اے شاد اس کے ہیں شہ آصف نظام
گوہر تاج سخن ہو کیوں نہ محبوب الکلام

محبوب علی خاں کی تصویر محبوب الکلام کے صفحہ اول پر چھاپی جاتی تھی اور اس کے نیچے یہ شعر درج ہوتا تھا۔

تم سلامت رہو ہزار برس
ہر برس کے ہوں دن پچاس ہزار

اس گلدستہ میں سب سے پہلے میر محبوب علی خاں آصف جاہ سادس کا کلام ہر ماہ پابندی سے شائع ہوتا تھا۔ اندرونی صفحات پر مقامی و بیرونی شعراء کا طرحی و غیر طرحی کلام درج ہوتا تھا۔ محبوب الکلام کی یہ خصوصیت تھی کہ اس میں شائع ہونے والے کلام کے انتخابات کے لئے ایک کمیٹی بنائی گئی تھی تا کہ اس گلدستہ کے معیار کو برقرار رکھا جا سکے۔

اس گلدستہ کو اپنے عہد کے تمام مقامی و بیرونی شعراء کا بھرپور تعاون حاصل تھا۔ جن میں حالی، اقبال، داغؔ، سائل دہلوی، امیر مینائی، ظہیر دہلوی، نظم طباطبائی، سردار احمد ہادی لکھنوی، جلیلؔ مانک پوری، درشن پرشاد شادؔ، عبداللہ خاں ضیغمؔ، محمد حفیظ الدین یاسؔ، محبؔ حسین، سید رضی حسن کیفیؔ وغیرہ قابل ذکر ہیں۔

(بحوالہ ''فکر ونظر'' ڈاکٹر محمد انور الدین۔ ص 114-115)

دہلی سے نکلنے والے گلدستوں میں ''گل رعنا'' اردو کا پہلا گلدستہ ہے جسے مولوی کریم الدین نے 1845ء میں دہلی سے جاری کیا تھا۔ لیکن چونکہ عنوان ''حیدرآباد دکن کے ادبی گلدستے'' رکھا گیا ہے اسلئے ڈاکٹر محمد انور الدین نے بتایا کہ حیدرآباد دکن کا اردو کا پہلا گلدستہ ''گلدستۂ فیض'' ہے۔ جو میر شمس الدین فیضؔ کی یاد میں جاری کیا گیا تھا جو ایک نامور شاعر، استاد

سخن، اور صوفی تھے۔ ڈاکٹر زور نے ان کے بارے میں لکھا تھا:

''ان (فیض) کا انتقال ۱۴؍رجب ۱۲۸۳ھ کو ہوا۔ ان کے انتقال کے بعد ان کے شاگرد خاص محمد فیاض الدین خان بہادر المخاطب مشرف جنگ فیاض بڑے اہتمام سے اسی تاریخ کو جہاں مزار ہے ہر سال مراسم عرس ادا کرتے تھے۔ اور اس عرس کے موقع پر اعلیٰ پیمانے پر ایک طرحی مشاعرہ کا انعقاد بھی عمل میں آتا تھا۔ جس میں شہزادے، امراء، وزراء کے علاوہ کثیر تعداد میں مقامی و بیرونی شعراء بھی شریک ہوتے تھے جو شعراء اس مشاعرے میں کسی وجہ سے شرکت نہیں کر سکتے تھے وہ اپنا کلام روانہ کر دیا کرتے تھے۔ مشرف جنگ فیض ان تمام غزلوں کو اکٹھا کر کے ایک گلدستے کی شکل میں شائع کرتے تھے جس کو وہ ''گلدستۂ فیض'' کے نام سے طبع کرواتے تھے۔

ڈاکٹر انوار الدین نے اک دوسطری تعارف بھی ان گلدستوں کا کرایا ہے۔ مثال دیکھئے

(۱) گلدستہ شہید ناز:۔

اس گلدستہ کے مرتب محمد شمس الدین کتب فروش نے اسے ۱۳۴۸ھ میں حیدرآباد دکن سے جاری کیا۔ یہ گلدستہ رحیم چھتہ بازار میں ۴۰ صفحات پر طبع ہوا تھا اس میں صوفیانہ عاشقانہ اور نعتیہ کلام درج ہے۔ (بحوالہ ''فکر و نظر'' ص۔۱۲۱)

(۲) گلدستہ نعت شہ لولاک:۔

یہ گلدستہ زیر اہتمام صاحب زادہ میر قادر علی خاں ۲۲؍جنوری ۱۹۸۵ء کو حیدرآباد دکن سے جاری ہوا تھا۔ (بحوالہ ''فکر و نظر'' ص۔۱۲۲)

یعنی کہیں کہیں پر گلدستہ کے صفحات تک درج کرنا مناسب نہیں سمجھا۔ یہ ایسا اسلئے ہوا ہو کہ گلدستہ حاصل ہو گیا ہو لیکن صفحات کتنے ہیں اس کا پتہ نہیں چل سکا۔ اس لئے کام آگے بڑھانے کی خاطر ڈاکٹر محمد انورالدین نے ایسا کیا ہو۔ لیکن اگر اس گلدستہ کی صورتحال کے بارے میں بھی ایک سطر کے بجائے کوئی جملہ ہی لکھ دیتے تو مناسب ہوتا۔

ان گلدستوں میں بعض ایسے بھی گلدستے ہیں جو عرصہ دراز تک جاری رہے۔ جن کے بارے میں ڈاکٹر انورالدین نے بتاتے ہوئے لکھا ہے کہ عرس حضرت حافظ سید شاہ غلام محمد زعم رفاعی القادری (واقع پل مسلم جنگ) کے موقع پر ایک طرحی مشاعرہ منعقد ہوا تھا۔ اس مشاعرے میں مختلف شعراء نے جو طرحی غزلیں پڑھی تھیں اسے مولوی سید محمد حسین صاحب آزاد معتمد مشاعرہ نے گلدستہ زعم کے نام سے ۱۳۴۹ھ میں حیدرآباد سے شائع کیا۔ یہ سالانہ انتخابات پریس حیدرآباد میں ۵۴ صفحات پر طبع ہوتا تھا اور کافی عرصہ تک جاری رہا۔

ان گلدستوں کی ہجری تواریخ دی گئی ہیں۔ کہیں کہیں ایسا ہوا ہے کہ سن عیسوی تاریخ دی گئی ہے۔ ایک آدھ جگہ فصلی تاریخ کا بھی ذکر ہے۔

آج بھی ہندوستان اور حیدرآباد میں عرس ہوتے ہیں اور ان اعراس کے موقع پر مشاعرے بھی منعقد کئے جاتے ہیں۔ ان مشاعرون میں پڑھے گئے کلام کو یکجا کر کے شائع کرنے سے گلدستوں والی قدیم تہذیب پھر سے زندہ ہونا ممکن ہے۔ ایسا اہتمام آج شاذ و نادر ہی ہوا کرتا ہے۔ کیونکہ باذوق احباب نہیں رہے۔ یا پھر پیٹ کی ضرورتوں نے تہذیب و تمدن کو غارت کر کے رکھ دیا ہے۔

روزنامہ ''سیاست'' حیدرآباد کی گولڈن جوبلی کے موقع پر پروفیسر محمد انورالدین نے ''اردو صحافت کے فروغ میں ''سیاست'' کا حصہ'' عنوان سے ایک طویل مضمون لکھا جو ''سیاست'' حیدرآباد کے 15 راگست 1999ء کے سپلیمنٹ میں شائع ہوا۔ اس سپلیمنٹ میں ہاشم سعید نے ''دو دوست اور سیاست'' پروفیسر افضل محمد (وائس چانسلر اوپن یونیورسٹی) نے سیاست کے

50 سال، ایک جائزہ، نظام آباد کے پنڈت راؤ پوار نے ''اخبار سیاست کا سیکولر کردار، علامہ اعجاز فرخ نے ''حیدر آباد کا دوسرا نام سیاست'' مرزا مصطفےٰ علی بیگ نے ''سیاست ایک ادارہ ایک تحریک'' جیسے مضامین شامل تھے۔ پروفیسر انور الدین کے مضمون کے لئے پورا ایک صفحہ مختص ہوا گیا تھا۔ جس میں روزنامہ ''سیاست'' کے حالات زندگی کو بیان کرتے ہوئے لکھا تھا کہ

> ''عابد علی خاں حیدر آباد کے قابل فخر سپوت تھے۔ انھوں نے 19 / مارچ 1920ء کو حیدر آباد کے ایک معزز نوابی گھرانے میں آنکھ کھولی۔ مدرسہ عالیہ سے میٹریکیولیشن کیا اور 1942ء میں عثمانیہ یونیورسٹی سے گریجویشن کی تکمیل کی۔ تعلیم کے بعد کچھ عرصہ انھوں نے مختلف سرکاری محکموں میں ملازمت کی لیکن 1948ء میں ملازمت سے استعفیٰ دے دیا اور اپنے دوست محبوب حسین جگر کے ساتھ مل کر اخبار ''سیاست'' کا اجراء عمل میں لایا۔ جگر صاحب عابد علی خاں کے دوست، رفیق کار، شریک سفر، دست راست بلکہ ان کے ہمزاد تھے''۔

جس وقت ''سیاست'' شروع کیا گیا اس وقت نکلنے والے اخبارات کی فہرست بتاتے ہوئے پروفیسر انور الدین نے لکھا:

> ''جس زمانے میں روزنامہ ''سیاست'' کا اجراء عمل میں آیا، اس زمانے میں شہر حیدر آباد سے متعدد اخبار نکلتے تھے جیسے نظام گزٹ، منزل، شعیب، مشیر دکن، خورشید، اقدام، حمایت دکن، آواز، صبح دکن اور رعیت وغیرہ۔ ان میں کچھ اخبار تو مقامی تھے اور کچھ بڑے تھے جن کی پہنچ ساری ریاست حیدر آباد تک تھی۔ کچھ چھوٹے اخبارات تھے جو اضلاع سے نکلتے تھے اور وہیں تک محدود تھے۔ نظریاتی اعتبار سے کچھ اتحاد المسلمین کے حامی تھے، کچھ کانگریس کے پرچارک تھے اور کچھ

> غیر جانبدار، ان میں قاضی عبدالغفار کا ''پیام'' بھی تھا جس نے متحدہ قومیت اور قوم پروری کے خیالات کی اشاعت کی تھی۔ قاضی صاحب اس اخبار کو حیدر آباد کے ممتاز دانشور اختر حسن صاحب کے حوالے کر گئے تھے لیکن 1949ء میں میجر جنرل این چودھری کی فوجی حکومت کے حکم پر اسے بند کر دیا گیا تھا۔ روزنامہ ''سیاست'' سے قبل ''رہبر دکن'' کے جانشین کی حیثیت سے یکم اگست سے ''رہنمائے دکن'' شائع ہونے لگا تھا۔ البتہ ''پیام'' کے نصب العین کو آگے لے کر چلنے والے اخبار کی ضرورت تھی جو روزنامہ ''سیاست'' نے پوری کر دی ''۔

پروفیسر انورالدین نے سیاست کی کسمپرسی اور اس کی ترقی ان دونوں پہلوؤں پر بھی روشنی ڈالی ہے۔ لکھتے ہیں ''عابد علی خاں صاحب نے محدود سرمائے، مختصر ساز و سامان، معمولی ٹین شیڈ کے دفتر اور چھوٹے سے عملے کے ساتھ روزنامہ ''سیاست'' کی تاسیس کی۔

حالات سخت نامساعد اور ناسازگار تھے۔ تعداد اشاعت کم تھی اور مسلمانوں کے تباہ شدہ معاشی حالات کے پیش نظر اس میں بظاہر توسیع کے امکانات بھی نہیں تھے۔ اس پر مستزاد اشتہارات کی آمدنی نہ ہونے کے برابر تھی۔ نتیجتاً اخبار کی اشاعت کے ابتدائی دور میں کئی مرتبہ مالی مشکلات نے سر اٹھایا اور یہ سمجھا گیا کہ اخبار کی اشاعت مسدود ہو جائے گی لیکن عابد علی خاں صاحب اور جگر صاحب نے نہایت حوصلہ واستقلال اور پامردی کے ساتھ ان مشکلات اور موانعات کا سامنا کیا اور اخبار ''سیاست'' کا سفر جاری رکھا''۔

پھر لکھتے ہیں:

''روزنامہ سیاست کی ادبی ثقافتی اور تہذیبی خدمات سے اردو صحافت کی تاریخ کے ایک نئے دور کا آغاز ہوتا ہے۔ وقیع و مفید مواقد، معتبر اطلاعات، خبروں کی ترتیب، اخبار کی تزئین،

تصاویر کی شفافیت اور واضح طباعت اور مسائل میں افراط وتفریط سے گریز، نئے نئے سپلیمنٹ، نئے ایڈیشن، نئے کالم نے اخبار کو معروف کرنے میں اہم رول ادا کیا۔ اخبار سیاست کی وساطت سے جناب عابد علی خاں نے بے شمار مثبت اور مفید کارنامے انجام دیئے۔ جیسے اردو ہال، اور اردو گھر کی تعمیر، ادبی ٹرسٹ کا قیام، ماہنامہ ''سب رس'' کی امداد، عابد علی خاں ایجوکیشنل ٹرسٹ، اردو امتحانات، اردو کتابوں کی فروخت، ریلیف فنڈ کا قیام، اور دیگر بے شمار خدمات اور کارنامے جو نہ صرف ''سیاست'' کا مابہ الامتیاز ہیں بلکہ اردو صحافت کی تاریخ کا بھی سرمایۂ افتخار ہیں۔ اتنا ہی نہیں سیاست نے ادیبوں، شاعروں اور صحافیوں کی کارگاہ اول کا رول ادا کیا۔ ادارہ سیاست میں تربیت پائے ہوئے صحیفہ نگار حیدرآباد کے دوسرے اخباروں، خبر رساں ایجنسیوں، آل انڈیا ریڈیو، پریس انفارمیشن بیورو، اور مرکزی اور ریاستی حکومتوں کے تعلقات عامہ کے دفاتر سے وابستہ ہوگئے۔ اور اپنا کیریر بنالیا۔ اس دور میں جب کہ ملک کی کسی جامعہ میں جرنلزم کا شعبہ نہیں تھا، ادارہ ''سیاست'' نے جرنلزم کی ایک یونیورسٹی کا کردار ادا کیا۔ اردو زبان کے فروغ کی مہمات شروع کیں۔ غیر مسلم حضرات میں اخبار کو مقبولیت ملی۔ اس کے علاوہ روزنامہ ''سیاست'' نے اردو صحافت کو پتھر کے زمانے سے نکال کر آج کے عصری کمپیوٹر کی دنیا میں پہنچادیا ہے۔ دور آغاز میں ''سیاست'' لیتھو پریس میں طبع ہوتا تھا۔ اس کے بعد اس نے ایک قدم آگے بڑھاتے ہوئے اسے آفسیٹ ٹیکنالوجی سے روشناس کیا۔ اور پھر اس کے بعد ایک انقلابی قدم اٹھاتے ہوئے رنگین طباعت، کمپیوٹر اور انٹرنیٹ کی بلندیوں کو چھولیا۔ سارے ہندوستان میں ''سیاست'' اردو کا پہلا اخبار ہے جس کی اپنی ویب سائٹ ہے۔ اس طرح سیاست نے اردو صحافت کو زمانے کی رفتار کے ساتھ قدم سے قدم ملا کر چلنے کا سلیقہ اور شعور دیا۔

ادب اور صحافت :

ڈاکٹر محمد انورالدین کا ایک اور مضمون نما مقالہ ہے جو ان کے تحقیقی وتنقیدی مضامین کی کتاب ''اذکار واخبار'' میں شامل ہے۔ عموماً ادب اور صحافت جیسے موضوعات پر بات کم کی جاتی

ہے کیونکہ دونوں کا میدان بعد المشر قین رکھتا ہے۔ادب ایک طویل مشق اور صبر آزما مرحلہ ہے۔ مشق تو صحافت میں بھی ہے لیکن یہاں وقت کا تعین ہوتا ہے۔اس دیئے گئے وقت کے اندر خبر بنتی ہے۔ بھلے جن الفاظ میں بن جائے لیکن ادب اپنے اختیار اور سلیقہ پر منحصر ہوتا ہے۔ جتنا چاہیں وقت لیں اور جس قدر چاہیں لکھیں۔کمیت اور کیفیت کا تعلق اپنے مزاج اور اپنی پسند سے ہے۔ صحافت میں اپنی پسند نہیں چل سکتی۔سب کچھ وقت کی پابندی کے دوران ادا کرنا پڑتا ہے۔ بالکل ایسے جیسے سورج طلوع ہونے کے قریب ہو اور آپ کو نمازِ فجر ادا کر لینی ہے۔

آیئے ہم اس تعلق سے ڈاکٹر محمد انور الدین کی باتیں سماعت کرتے ہیں۔وہ لکھتے ہیں۔

''ادب کی تعریف میں مختلف اقوال ملتے ہیں ۔مختلف ادیبوں اور دانشوروں نے اس باب میں الگ الگ آرا اور جداگانہ نقطہ نظر کا اظہار کیا ہے۔تاہم ادب کی ایک سادہ سی تعریف اس طرح کی جاسکتی ہے کہ یہ انسان کے اعلیٰ خیالات وتصورات کا تحریری بیان ہے جس میں حسنِ اظہار کی صفت بھی پائی جاتی ہے۔اس کے مطالعہ سے ہمیں مسرت اور بصیرت حاصل ہوتی ہے۔ جہاں تک صحافت کا تعلق ہے یہ خارجی حقائق وواقعات کے معروضی اظہار کا نام ہے جس کی نوعیت ہنگامی یا عارضی ہوتی ہے۔ اور جس کے مطالعہ سے انسان کو اپنے گردوپیش کے حالات وکوائف کا علم ہوتا ہے''

گویا ادب مسرت اور بصیرت کے حصول میں مدد دیتا ہے اور صحافت دراصل اپنے گردوپیش کے حالات وکوائف کے علم سے واقف کراتی ہے۔آگے انھوں نے ان دونوں کو دو علیحدہ فنون سے جوڑنے کی سعی کی ہے اور کہا ہے کہ ''ادب اور صحافت دو جداگانہ فنون ہیں۔ دونوں اپنی جگہ مستقل اور آزادانہ حیثیت رکھتے ہیں۔ دونون جس سے کوئی

بھی اپنے وجود اور بقاء کے لئے دوسرے پر دارومدار یا انحصار نہیں کرتے ۔ یہاں اس حقیقت کا اظہار بھی بے جا نہ ہوگا کہ بعض ایسے فنون ہیں جو اپنی بقاوارتقاء کے لئے دوسرے فنون کے محتاج ہوتے ہیں جیسے رقص اور موسیقی، خطاطی اور حکا کی وغیرہ لیکن ادب اور صحافت میں اس قسم کا کوئی علاقہ نہیں ہے لیکن اس کے باوجود بعض معاملات میں ادب اور صحافت میں ایک گونہ تعلق پایا جاتا ہے۔''۔

(بحوالہ مضمون ''ادب اور صحافت''اذ کار واخبار۔ص95-96)

ادب اور صحافت ایک ہی شئے:

ڈاکٹر انورالدین لکھتے ہیں کہ ماضی میں ادب اور صحافت ایک ہی شئے تصور کی جاتی تھیں۔ چنانچہ اس سلسلہ میں انگریزی کے ممتاز ڈرامہ نگار جارج برنارڈ شا کا مشہور قول ہے All great literature is journalismیعنی سارا عظیم ادب صحافت ہے۔ واقعہ یہ ہے کہ بعض دفعہ کوئی نگارشِ قلم ادبی رنگ وآہنگ سے مزین ہونے کے باوجود اپنے موقتی اور عارضی مزاج واثر کی وجہ سے صحافت کے زمرے میں شمار کی جاتی ہے۔ ترقی پسند تحریک کے زیر اثر تخلیق کردہ ادب کا قابل لحاظ سرمایہ اس زمرے کی مثال ہے۔ اسی طرح بعض دفعہ کوئی صحافیانہ تحریر ہنگامی موضوع پر مبنی ہونے کے باوجود ادب عالیہ میں شمار کی جاتی ہے۔ چنانچہ الہلال اور البلاغ کے بعض مضامین جو وقتی موضوعات پر مبنی تھے لیکن آج ان کا شمار ادبِ عالیہ میں کیا جاتا ہے۔

ادب اور صحافت کے رشتے کی بحث میں بقول عابد صدیقی یہ نکتہ بھی نہایت اہم ہے کہ

''اکثر ادیبوں نے اخبارات ورسائل کے لئے مضامین لکھنے شروع کئے اور بعد میں ان کی تحریروں کو ادبی حیثیت حاصل ہوئی۔ برطانیہ میں ایسے بے شمار صحافی ادیب ملیں گے، جنہوں نے دونوں حیثیتوں سے شہرت اور کامیابی حاصل کی۔ ان میں ڈائنل ڈی خو، جوزف ایڈیسن، رچرڈ اسٹیل، جوناتھن سائنٹ (سولفٹ چارلس) لیمب، چارنس ڈکنس، ولیم میک پیس،

جی کے چسٹرٹن، برنارڈ شاہ، ایچ جی ویلز، اور رہیکا ویسٹ شامل ہیں۔ امریکی ادب میں بھی ایسے ممتاز ادیب ہیں جنہوں نے اپنی تحریروں میں ادب وصحافت کو بڑی فنکارانہ مہارت سے پیش کیا ہے۔ ان میں الیکزینڈر ہملٹن ولیم کولن برائٹ، مارک ٹوین اور یوگن فلیڈ تک اور جدید ادیبوں میں آرنسٹ ہمینگ وے اور جان اسٹن بیک شامل ہیں۔ ان کی تخلیقات ادبی اور صحافتی نقطہ نظر سے اہمیت کی حامل ہے''۔

(بحوالہ ''اذکار واخبار'' ص 97-96)

ادیب صحافی تھے اور صحافی ادیب:

اردو کے صفِ اول کے صحافی وہ اہل قلم ہیں جو ادب کی دنیا میں بھی ایک ممتاز مقام رکھتے ہیں جیسے سرسید احمد خاں، رتن ناتھ سرشار، عبدالحلیم شرر، حسرت موہانی، مولانا ظفر علی خاں، محمد علی جوہر، مولانا ابوالکلام آزاد، مولانا عبدالماجد دریا آبادی، اور قاضی عبدالغفار وغیرہ۔ اردو میں صحافت کی داغ بیل شاعروں اور ادیبوں نے ڈالی۔ ہندوستانی تاریخ، صحافت کے پہلے شہید مولوی محمد باقر سے لے کر قرۃ العین حیدر تک ادیبوں اور شاعروں کی ایک طویل کہکشاں ہے۔ جو صحافت کے آسمان پر اپنے قلم کی روشنائی اور فکر کی روشنی بکھیرتی رہی۔ اس کے جواب میں صحافت نے بھی ادب کی بڑی خدمت کی ہے۔ مثلاً اس نے مختلف علمی وادبی تحریکوں اور رجحانات کی سرپرستی کی اور ان کے فروغ واشاعت میں اہم رول ادا کیا۔ علی گڑھ تحریک، ترقی پسند تحریک، جدیدیت اور مابعد جدیدیت رجحان ان سب کی ترویج وتبلیغ میں صحافت نے سرگرم حصہ لیا ہے۔ اردو زبان کو قدیم مسجع ومقفع عبارت آرائی کی ثقیل زنجیروں سے آزاد کرنے اور اسے نیا اسلوب وآہنگ عطا کرنے میں صحافت کا بڑا دخل ہے۔ صحافت کے آغاز سے قبل مضامین لکھ کر ان کے مجموعے مرتب کرنے کا کوئی تصور نہیں تھا۔ صحافت کے وجود میں آنے کے بعد اخبارات ورسائل میں شائع شدہ مضامین ومقالات کے مجموعوں کی روایت پڑی جس کی وجہ سے بے شمار گراں قدر ادبی مضامین کے مجموعے مرتب ہوئے۔

ڈاکٹر انورالدین نے ان مرتبہ مجموعوں کے نام پیش نہیں کئے۔ ہوسکتا ہے کہ سرسید احمد خاں اور شبلی کے مضامین کی طرف ان کا اِشارہ ہو۔ جو آج کلاسیک کا درجہ رکھتے ہیں۔ ڈاکٹر انورالدین نے ادبی اصناف کو صحافت کی دین بتاتے ہوئے لکھا ہے۔صحافت نے ادب کو بعض نئی اصناف سے روشناس کیا جن کا پہلے وجود ہی نہیں تھا۔مثال کے طور پر رپورتاژ نگاری کو لیجئے جو خالص صحافت کی دین ہے۔صحافت کی وجہ سے اس صنف کا آغاز وارتقا ہوا۔ یہاں پر بھی انھوں نے رپورتاژ نگاروں اوران کی کتابوں کے نام بتانے سے گریز کیا ہے۔

ڈاکٹر صاحب اپنی پر مغز باتیں حوالوں کے ذریعہ بھی پیش کرتے ہیں اور لکھتے ہیں۔

جارج سنٹیانا ادب اورصحافت میں خطِ امتیاز کھینچتے ہوئے لکھتا ہے کہ صحافت واقعات کا اظہار ہے اور ادب واقعات کو خیالات میں تبدیل کرنے کا نام ہے۔لیکن فی زمانہ یہ امتیاز بھی ختم ہوتا جارہا ہے۔آج کل اخبارات میں خبر News کے ساتھ نظر Views کواورادب میں نظر Views کے ساتھ خبر News کوترجیح دی جارہی ہے۔

(''اذکاروا خبار۔ص 98)

موصوف نے ادب اورصحافت میں تضاد کو بھی تلاشا ہےاوراس پر بھی سیر حاصل بحث کی ہے۔

وہ لکھتے ہیں:

دونوں میں تخالف وتضاد کے بھی متعدد پہلو پائے جاتے ہیں۔ جیسے صحافت نامعلوم کو معلوم بنانے کا وسیلہ ہے جو بے خبری کو باخبری میں تبدیل کرتا ہے۔ادب غیر محسوس کومحسوس بنانے کا وسیلہ ہے۔ اس کے ذریعہ حاصل ہونے والا علم بصیرت کے ساتھ مسرت بھی بخشتا ہے۔ صحافت حقائق وواقعات سے سروکار رکھتی ہے۔ ادب حقائق وواقعات کے ساتھ خیالات و محسوسات سے بھی کام لیتا ہے۔صحافت کو واقعات کے اسباب وعلل سے زیادہ اصل واقعہ سے دلچسپی ہوتی ہے جبکہ ادب میں واقعے سے زیادہ اس کے اسباب ومحرکات پر توجہ دی جاتی ہے۔

انفرادی سطح پر ادب اظہارِ انا، اکتسابِ وجود اور توسیع ذات کا نام ہے جب کہ صحافت میں سماج، طبقے اور اجتماعی افکار و خیالات اور آرزوؤں اور خواہشات کی ترجمانی کی جاتی ہے۔

صحافت یا جرنلزم حقائق سے راست طور پر آگاہی کا نام ہے۔ اس میں واقعات کی معروضی عکاسی کی جاتی ہے۔ صحافی کے اپنے ردعمل کی اس میں کوئی گنجائش نہیں ہوتی۔ ادب میں حقائق کے راست اظہار سے گریز کیا جاتا ہے۔ اس کے بجائے حقائق میں تخیل کی آمیزش کے ذریعہ من گھڑت پن Fictionality پیدا کی جاتی ہے۔ ادیب کو اپنے ذاتی ردِعمل اور تاثر کے اظہار کی آزادی ہوتی ہے۔

صحافتی زبان کا اسلوب، سادہ، اکہرا، واضح اور دوٹوک ہوتا ہے، اس کی زبان ترسیلی ہوتی ہے جس میں اختصار پر زور دیا جاتا ہے۔ ادبی زبان کا اسلوب صنائع و بدائع اور لفظی و معنوی محاسن سے مملو ہوتا ہے۔ ادب کی زبان تخلیقی ہوتی ہے۔ اس میں اسلوب کو پوری وسعت ہوتی ہے۔ صحافت میں واقعیت کو بنیادی اہمیت حاصل ہے۔ صحافت میں صحتِ واقعیت کی صفت کا پایا جانا ضروری ہے۔ ادب میں حقیقت پسندی کی بہ نسبت عینیت پسندی کا رویہ اختیار کیا جاتا ہے۔ اور ساتھ ہی اس میں تخیل اور شیرینی پن کا وصف پایا جاتا ہے۔ یعنی اوقات ماورائے واقعیت مافوق الفطرت عناصر بھی اس میں شامل ہو جاتے ہیں۔ ادب اور صحافت میں زمانی قدروں کا بھی فرق ہوتا ہے۔ صحافت میں واقعات اور حالات کی تازگی یا ہنگامیت ایک بنیادی شرط ہے۔ صحافت میں عام طور پر روزمرہ زندگی، زمانے اور معاشرے کے وقتی پہلو زیر بحث آتے ہیں۔ جیسے چوری، قتل، آتشزدگی وغیرہ۔ اس کے برعکس ادب میں مستقل اور دائمی قدروں کو موضوع بنایا جاتا ہے۔ اس میں Time Liness کی قید نہیں ہوتی۔ وہ زماں و مکاں کی پابندیوں سے ماوریٰ ہتا ہے۔ ادیب، قتل و فساد یا بدعنوانی کے کسی واقعہ کو موضوع تخلیق بنانے کے بجائے اس کو ایک اجتماعی مسئلے کی حیثیت سے دیکھتا ہے اور اسے اس عہد کی سماجی زندگی کی ایک قدر بنا کر پیش کرتا ہے۔

Literature in Hurry: متعینہ وقت کے اندر روزانہ کام کرنا صحافت کا فریضہ ہے۔اور کام کو تیزی سے نمٹانا بھی ضروری ہو جاتا ہے۔اگر نظر چوکی، وقت ہاتھ سے نکل گیا تو خبر رہ جاتی ہے اور لکیر پیٹنے سے فائدہ نہیں ہوتا۔ادب کا معاملہ اس میں تاخیر یا تحمل کا ہوتا ہے۔

ڈاکٹر محمد انور الدین لکھتے ہیں۔

''صحافت کو تعجیلی ادب Literature in Hurry کہا جاتا ہے۔کیوں کی صحافی کو ہر روز مقررہ وقت کے اندر اپنا کام نپٹانا ہوتا ہے۔خبریں تیار کرنے والوں کو چند گھنٹے کی مختصر مدت میں اتنا مواد تیار کرنا پڑتا ہے کہ اخبار کی شکم پری کی جاسکے۔اسی طرح تبصرہ نگار، کالم نویس اور اداریہ نویس کو مختصر مدت اور مقررہ گنجائش کے حدود میں اپنا کام مکمل کرنا پڑتا ہے۔اسے نہایت زود نویسی اور تیز روی کا مظاہرہ کرنا پڑتا ہے۔اس کے پاس الفاظ کے انتخاب، اور جملوں کے تزئین و آرائش کے لئے زیادہ وقت نہیں ہوتا۔اسی وجہ سے اس کی تحریروں میں ادبی چاشنی اور حسنِ بیان کا وصف نہیں ہوتا۔سادگی، اختصار اور وضاحت اس کی تحریر کے خاص لوازم ہوتے ہیں۔اس کے مقابلے ادیب کو اس طرح کی جلدی اور تعجیلی کا سامنا نہیں ہوتا۔وہ اپنے موڈ کے مطابق لکھتا ہے۔اس کا تخلیقی عمل عموماً سست روی سے انجام پاتا ہے۔اور کافی فرصت و سکون سے مکمل ہوتا ہے۔اس وجہ سے اسے الفاظ کے انتخاب، جملوں کی ساخت و ترتیب، اور ادبی محاسن کی صورت گری کے لئے کافی وقت ملتا ہے۔وہ اپنے مافی الضمیر کو حسبِ منشا استعارہ، علامت، معنی آفرینی اور ابہام کی جمالیات سے سنوار سکتا ہے۔ادب میں اسلوب اور ہیت کو اولیت اور تقدم حاصل ہے۔اس کے برخلاف صحافت میں مواد اور متن پر زیادہ زور دیا جاتا ہے۔صحافت میں کسی واقعہ کا آغاز اس کے کلائمکس سے کیا جاتا ہے۔جب کہ ادب میں قاری رفتہ رفتہ کلائمکس کی طرف آتا ہے۔صحافت میں موضوع کے اعتبار سے متن کی اہمیت ہوتی ہے لیکن ادب میں ایک موضوع کے تحت کئی مضامین بیان کئے جاتے ہیں۔صحافی کا قلم اخبار کی حکمت عملی یا پالیسی کا تابع ہوتا ہے۔اعلیٰ درجہ کا ادب لافانی اور آفاقی قدروں کا حامل ہوتا ہے۔ماہ و سال کی گردش اس پر

اثر انداز نہیں ہوتی ۔کسی طرح وہ قید مکاں سے بھی ماوریٰ ہوتا ہے اور اساری دنیا کے قارئین کو مسرت اور بصیرت دے سکتا ہے۔اس کے برخلاف صحافتی تحریر کی عمر نہایت محدود اور مختصر ہوتی ہے۔اس کا مزاج عموماً ''آج کی تازہ خبر'' کے انداز کا ہوتا ہے۔ جو کل اپنی کوئی قدر و قیمت نہیں رکھتی۔

ادب کی پائیداری کے مقابلے میں صحافت کی ناپائیداری اور کم عمری کو کوئی نسبت نہیں ہے۔کسی دانشور کا قول ہے کہ Nothing is dead as yesterdays news paper یعنی گزرے ہوئے کل کے اخبار سے زیادہ بے جان شئے کوئی نہیں ہے۔ادب کے تعلق سے یہ بات پیش کی جاسکتی ہے کہ ادب سدابہار رہتا ہے۔ نیز یہ ہر دور اور ہر خطے کے قارئین کے لئے دلچسپی اور کشش کا حامل ہوتا ہے۔اس کے مقابلے میں کوئی اخبار لافانی اور آفاقی دلچسپی کا حامل نہیں ہوتا۔

بلاشبہ ادب سماج کا آئینہ اور زندگی کی تہذیب وتنقید کا متقاضی ہوتا ہے۔ یہ سماج سے متاثر بھی ہوتا ہے اور اسے متاثر بھی کرتا ہے۔ انقلاب فرانس میں روسو کی تحریروں کی اثر انگیزی اس کی بہترین مثال ہے۔صحافت بھی زندگی کی ترجمانی کرتی ہے۔اور سماجی اصلاح وتعمیر میں اہم رول انجام دیتی ہے۔ سرسید احمد خاں کے تہذیب الاخلاق کی اصلاحی وتعمیری خدمات نیز ہندوستان کی جدوجہد آزادی میں مولانا ابوالکلام آزاد کے الہلال، مولانا ظفر علی خاں کے زمیندار، اور مولانا محمد علی جوہر کے ہمدرد کی خدمات اس کا بین ثبوت ہیں۔ مذکورہ بالا مثالوں میں کبھی صحافت ادب کے روپ میں اور کبھی ادب صحافت کے روپ میں جلوہ گر نظر آتا ہے۔ہم یہ کہتے ہوئے اس بحث کو ختم کرنا چاہتے ہیں کہ بھلے ہی ادب اور صحافت دونوں کی زبان ایک ہوجائے اس کے باوجود ادب، ادب رہے گا اور صحافت، صحافت ۔ دونوں کا کلی اتحاد وانجذاب ناممکن ہے۔

(بحوالہ ''اذکار واخبار'' ص۔101-102)

ڈاکٹر صاحب نے جوشؔ کی ادبی صحافت کا اس طرح جائزہ لیا ہے :

اردو صحافت کے نشو نما اور ارتقاء کی تاریخ ادیب صحافیوں کے کارناموں سے درخشاں ہے۔ان ادیب صحافیوں نے اردو زبان میں نہ صرف فن اخبار نویسی کو پروان چڑھایا بلکہ اردو میں علمی وادبی صحافت کی تہذیب و ترتیب بھی انہی کے دست ہنر کی رہین منت ہے۔ چنانچہ اردو صحافت کے آسمان پر اردو کے ادیب صحافیوں کی ایک کہکشاں بھی نظر آتی ہے جس میں مولوی محمد باقر، ماسٹر رام چندر، سر سید احمد خاں، رتن ناتھ سرشار، عبدالحلیم شرر، مولانا محمد علی جوہر، مولانا ظفر علی خاں، مولانا ابوالکلام آزاد، مولانا عبدالماجد دریابادی، حسرت موہانی، رشید الخیری، نیاز فتح پوری، اور مولوی عبدالحق جیسے جید اہل قلم کے جلیل القدر اسماء آفتاب کی طرح روشن و تابناک ہیں۔اردو کے ادیب صحافیوں کی اس کہکشاں میں ایک درخشندہ ستارہ جوش ملیح آبادی کا نام بھی ہے۔جنہوں نے بیسویں صدی کی چوتھی اور پانچویں دہائی میں اپنی صحافتی خدمات کے ذریعہ اردو کی ادبی صحافت میں نہایت وقیع اور گراں مایہ اضافہ کیا۔

راقم الحروف کے ناقص علم و مطالعہ کی حد تک جوشؔ کی صحافیانہ زندگی پر کوئی مبسوط اور مستقل تحقیقی یا تنقیدی مقالہ یا کتاب نہیں لکھی گئی ہے۔حتی کہ اردو صحافت کی تواریخ بھی جوش کے صحافتی کارناموں کے ذکر سے خالی ہیں۔دراصل جوش کی شاعری نے ان کی صحافت کو دبا دیا ہے۔یہی وجہ ہے کہ عام طور پر اہل نقد و تحقیق نے جوش کی صحافتی زندگی کی درخور التفات نہیں سمجھا۔حالانکہ یہ ان کی ادبی شخصیت کا ایک اہم پہلو ہے۔ پیش نظر مقالے میں جوش کی ادبی صحافت اور بہ حیثیت ادیب صحافی ان کی خدمات اور کارناموں کا جائزہ لینے کی کوشش کی گئی ہے۔

جوش کی صحافتی زندگی کو ہم دو ادوار میں تقسیم کر سکتے ہیں۔ پہلا دور رسالہ کلیم کے اجزاء سے تعلق رکھتا ہے اور دوسرا دور رسالہ آج کل کی ادارت سے متعلق ہے۔

مملکت آصفیہ سے دیس نکالا ملنے کے بعد جوش نے سروجنی نائیڈو کی گراں قدر مالی امداد اور مشورے کے ہمو جب دہلی سے ایک ماہ نامہ جاری کرنے کا منوبہ بنایا۔ وہ اس رسالے کا نام

''کاخ بلند'' رکھنا چاہتے تھے لیکن ان کے ایک دوست ذوالفقار علی بخاری نے مشورہ دیا کہ وہ اس رسالے کا نام ''کلیم'' رکھیں۔ ''کاخ بلند'' مشکل نام تھا جوش نے بخاری صاحب کا مشورہ مان لیا۔اور رسالے کا نام کلیم رکھا (جوش ملیح آبادی) ''یادوں کی برات'' کراچی ۱۹۷۰ء صفحہ۔۲۵۷)
کلیم کی اشاعت سے قبل ہی جوش نے اردو کے اہم رسائل میں اس کے اشتہارات شائع کروائے۔ ماہ نامہ کلیم کا پہلا شمارہ جنوری ۱۹۳۶ء میں منظر عام پر آیا۔ راقم الحروف کو جناب عبدالصمد خاں صاحب کے بے نظیر گنجینۂ رسائل ''اردو ریسرچ سنٹر'' میں کلیم کا ماہ مئی ۱۹۳۶ء کا شمارہ اور اس کے بعد ۱۹۳۹ء تک کے چیدہ چیدہ مختلف رسائل دستیاب ہوئے۔ ماہ مئی ۱۹۳۶ء کے پرچے پر جلد۔ا۔نمبر ۵ لکھا ہے جس سے ظاہر ہوتا ہے کہ کلیم کا اجراء جنوری ۱۹۳۶ء میں عمل میں آیا۔

رسالہ کلیم کے مختلف شماروں کے مطالعے سے اس رسالے کی زندگی اور جوش کی ادبی صحافت کے بارے میں بعض اہم حقائق کی انکشاف ہوتا ہے۔سطور ذیل میں راقم الحروف نے اپنی اس تحقیق کا ماحصل حوالہ قلم کیا ہے۔

کلیم ایک علمی وادبی ماہ نامہ تھا جو ۲۲/۴۔۱۸ تقطع پر شائع ہوتا تھا اس کی ضخامت ۹۴ تا ۹۶ صفحات ہوا کرتی تھی۔اس کا سالانہ چندہ چھ روپئے اور ایک پرچے کی قیمت نو آنے تھی۔سرورق کی تصویر تمام شماروں میں مشترک ہے۔اس میں آبشار کے کنارے ایک حسینہ ہاتھ میں آئینہ لیے کھڑی ہوئی ہے۔دائیں جانب اور کلیم دہلی اور نیچے مدیر جوش ملیح آبادی درج ہوتا تھا۔

کلیم ایک مصور رسالہ تھا جس میں آرٹ پیپر پر رنگین تصاویر شائع ہوتی تھیں۔اندرونی صفحے پر لوح کے اوپر ''بنام قوت وحیات'' بطور سرنامہ لکھا ہوا تھا جس پر بعض لوگوں نے اعتراض بھی کیا کہ بسم اللہ کے بجائے ''بنام قوت وحیات کیوں؟ لوح کی عبارت کے نیچے ذیل کی عبارت درج ہوتی تھی۔

''اردو زبان کا ہر جہت سے قیمتی ماہ نامہ'' بائیں جانب کونے میں'' جملہ حقوق محفوظ''

مستقلا درج کیا جاتا تھا۔ نیچے مستطیلی خانوں میں جلد اور شمرہ نمبر کی صراحت کی جاتی تھی۔ اس رسالے کی خصوصیت یہ تھی کہ اس کے چھ ماہ کے شماروں کو ملا کر ایک جلد بنائی جاتی تھی۔ جب کہ جلد کا جدید تصور ہے کہ ایک جلد ایک سال کے کل شمارہ پر مشتمل ہوتی ہے۔ جوش نے جلد شماری کے اصول سے انحراف کرتے ہوئے سال کے بجائے چھ ماہ کے زمانی وقفے کو ایک جلد قرار دیا ہے۔ یعنی جنوری تا جون کے شمارے ایک جلد کے تحت اور جولائی تا دسمبر کے شمارے دوسری جلد کے تحت۔ ہر جلد میں اول سے لے کر آخر مہینے تک کے رسالوں میں صفحہ نمبر چلتا رہتا تھا۔ مئی ۱۹۳۶ء کے شمارے میں ٹائیٹل کے بعد اندرونی صفحے پر فہرست مضامین کے نیچے ڈیکلریشن کی عبارت اس طرح درج ہے۔

''جوش ملیح آبادی پرنٹر و پبلشر نے کرونیشن برقی پریس فتح پوری میں چھپوا کر دفتر کلیم دہلی سے شائع کیا۔ بعد کے زمانے میں رسالہ کلیم کے دفاتر اور مطابع بدلتے رہے۔ کبھی اس کا دفتر گلی کندلہ کشن بازار فتح پوری دہلی میں رہا تو کبھی اکبر منزل اجمل روڈ قرول باغ میں اور کبھی جینتی نواں ۲۔ دریا گنج دہلی میں۔

ابتداء میں کلیم کے اندرونی ٹائیٹل پر رسالے کے نام کے نیچے کوئی شعر درج نہیں ہوتا تھا لیکن چند شماروں کے بعد کلیم کے نام کے نیچے اور فہرست مضامین کے اوپر جوش کی درج ذیل رباعی پابندی سے شائع ہونے لگی۔

آئے گا نہ جانے کب زمانہ اپنا
آگے کئی صدیوں ہے فسانہ اپنا
قدرت سے ملا ہے مجھ کو صد حیف یہ کلیم
بہروں کو سنائے جا ترانہ اپنا

رسالہ کلیم کے کچھ خاص اغراض و مقاصد کا تعین ہم جوش کی تحریروں سے کر سکتے ہیں جن کی تفصیل درج ذیل ہے۔

وطن عزیز کو پنڈتوں اور ملاؤں کے اختلاف وفساد سے نجات دلانا۔

تقلید و مسلم اتحاد کے ذریعہ ایک زندہ ہندوستانی قومیت کی تعمیر کرنا۔

ملک کو انگریزی سامراج کے چنگل سے آزاد کرانا۔

رسالہ کلیم کو بہت جلد شہرت اور مقبولیت حاصل ہوگئی۔ عوام کے علاوہ بعض دیسی ریاستوں نے بھی اس کی سرپرستی شروع کی چنانچہ اس کے اجراء کے اندرون ایک سال ریاست میسور نے سرکاری مدارس کے لئے اس کی خریداری شروع کی اس کے بعد جب پٹیالہ کی اس کے بعد جب پٹیالہ اور حیدرآباد کی ریاستوں نے بھی اس کی سرپرستی شروع کی تو لکھا جانے لگا۔

''منظور شدہ ڈائرکٹران تعلیم ریاست ہائے میسور پٹیالہ وحیدرآباد دکن''۔

کلیم کی شہرت اور مقبولیت کا ایک قرینہ اس میں شائع ہونے والے اشتہارات کی کثرت بھی ہے۔ اس رسالے میں ہر ماہ ابتدائی اور آخری صفحات پر کتب ورسائل کے علاوہ مختلف تجارتی اداروں کے بہ کثرت اشتہارات شائع ہوئے تھے۔ ٹائیٹل کی پشت پر بھی اشتہارات دیئے جاتے تھے۔ اور اگر کسی ماہ اس جگہ کے لئے کوئی اشتہار نہ ملتا تو ''اشتہار کے لئے خالی ہے'' کا اشتہار دے دیا جاتا تھا۔

کلیم ایک علمی وادبی رسالہ تھا جس میں ہرماہ زبان وقواعد لسانیات تنقید سیاسات، معاشیات، اقتصادیات، سائنس اور تعلیم وتربیت جیسے موضوعات پر مضامین ومقالات شائع کئے جاتے تھے۔ اس مضامین کے ساتھ ساتھ بین الاقوامی حالات پر تبصرے رپورٹس، ادبی مباحث نیز دوسری زبانوں کے ادب کے تراجم بھی درج رسالہ ہوتے تھے اس کے علاوہ افسانے، ڈرامے، انشائیے، نظمیں، رباعیات اور قطعات وغیرہ شامل رسالہ ہوتے تھے۔ اور کتابوں اور رسائل پر تبصرے بھی چھاپے جاتے تھے علاوہ ازیں اشارات، مسائل حیات اور رفتار وقت کے مستقل عنوانات بھی بسا اوقات مصرعوں کی صورت میں درج ہوتے تھے۔

''اخبار کے کاغذ سے دریافت ہوا کہ ربیع الثانی مہینے کی پہلی تاریخ منگل کے دن۔ اس

روز موافق معمول کے رزیڈنٹ بہادر کے واسطے حاضری کی تیاری تھی۔ حضرت بادشاہ کو کرایل کی طرف سے سیر کر کے قصر شاہی میں رونق افروز ہوئے پانچ گھڑی دن چڑھے تک منتظر بیٹھے تھے کہ صاحب رزیڈنٹ بہادر آئے آٹھ انگریز عالی قدر ساتھ لائے۔ جہاں پناہ نے سب صاحبوں کے ساتھ حاضری تناول فرمائی اور اس کے بعد اختلاط کی باتیں کیں۔ آخر بڑے صاحب رخصت کے وقت عطر پان جو کچھ رسم ہے لے کر کوٹھی کو سوار ہو گئے۔ تس پیچھے جب حضرت کے کھانے کا وقت آیا اور سب قسم کا کھانا دستر خوان پر چنا گیا، حضرت نے خشکے کے چاولوں کو بادشاہی طعام کے لائق نہ دیکھا۔ غلام حسین داروغہ کو ارشاد ہا و کہ للو مودی اور چمن لال مشرف باورچی خانے کا مقید ہو۔ آخر دونوں نے اپنی غفلت پر نادم ہو کر پانچ ہزار روپۓ احمقانہ کے گزارنے بادشاہ خطا بخش نے قصور معاف فرمایا۔

لکھنو کے دربار کی کچھ اور خبریں ملاحظہ ہوں :

''ایک دن مسیتا بیگ کوتوال نے حکم دیا کہ جتنی لونڈیاں شہر میں بکیں انہیں حضور کی دیوڑھی پر حاضر کیا کرو۔

مرزا محمد تقی خاں آغا نصیر کے بھائی جو ناراض ہو کر کانپور کی طرف روانہ ہوئے۔ الہی جان ان کی طوائف چالیس رنڈیوں کے ساتھ گیروے کپڑے پہنے اور علم ہاتھ میں اٹھا کر حضرت کی درگاہ کو گئی''۔

''ایک عرضی پہنچی کہ احسان علی بردہ فروش چار کنیزیں لایا ہے اور اس نے آٹھ کنیزیں مرزا مسیتا بیگ کوتوال کو بھیجی تھیں وہ بھی دردولت پر حاضر ہیں۔ ارشاد ہوا کہ انہیں احسان علی کے پاس روانہ کردو جو کنیزیں کوتوال کے پاس آئی تھیں ان کو مسترد کر دیا۔''

اخبار جام جہاں نما کے اجراء کے بعد جو اخبار مقامی لوگوں نے جاری کئے ان میں بھی مغربی علوم وفنون سے متعلق مضامین شائع کئے جاتے تھے۔ اس سے یہ اندازہ ہوتا ہے کہ اس

زمانے میں ہندوستانیوں کے ذہنوں میں یہ تجسس پیدا کیا جاتا تھا کہ اہل مغرب اوران کی تعلیمات کے بارے میں زیادہ سے زیادہ معلومات حاصل کریں ہیگل اور مارکس کا یہ خیال کہ ہرشئے اپنے تضاد کوجنم دیتی ہے ایک کلیہ کی حیثیت رکھتا ہے۔ چنانچہ یہی اخبارات جوانگریزوں نیا پنی سلطنت کے استحکام کے لئے اور ہندوستانیوں کورسوا کرنے کے لیے جاری کروائے تھے وہی آہستہ آہستہ عوام میں سیاسی شعور کی بیداری کا سب سے بڑا ذریعہ بننے لگے اور دھیرے دھیرے اخبار بینی کا ذوق بھی بڑھارائے عامہ کوہموار کرنے اوراس کی تربیت کرنے کا رجحان بھی پیدا ہوا۔ بیسویں صدی کے ابتدائی دودہوں میں ایسے اخبار بھی وجود میں آئے جنہوں نے انگریزی نظام کی چولیں ڈھیلی کردیں۔ اگر انگریزی میں ''کامریڈ'' کو یہ فخر حاصل رہا ہے تواردو صحافت بھی پیچھے نہیں رہی اور جہاں ''الہلال'' و''البلاغ'' کی اشاعت نے ایک طرف صحافت کوادبی وزن ووقار عطا کیا تو دوسری طرف ہندوستانی رائے عامہ کوانگریزوں کے خلاف بیدار کرنے اوراس کی تربیت کرنے میں نمایاں واہم کردارادا کیا۔

ذرائع ابلاغ میں رسائل کی اہمیت

رسائل کا تعلق بھی ذرائع ابلاغ سے ہے۔عوام میں ترسیل کا بہترین وسیلہ ہونے کے ساتھ رسائل اپنے عہد کی تفسیر بھی کرتے ہیں۔ راقم الحروف کی نظر میں صحافت میں ہی نہیں بلکہ تمام ذرائع ابلاغ میں بہت ساری جہات کی روشنی میں رسائل کو ریڈیواوری وی پر بھی فوقیت حاصل ہے۔ یہ درست ہے کہ اخبارات رسائل سے یقیناً زیادہ اہم ہیں اخبار ماضی میں بھی اہمیت رکھتا تھااور دور حاضر میں بھی اخبار کی اہمیت ریڈیواورٹی وی کے باوجوداپنی جگہ پر ہے۔
دراصل اخبارزبان وادب کے لئےتشہیری حیثیت رکھتے ہیں جب کہ دوسرے ذرائع
ابلاغ میں تفریحی عناصرزیادہ ہوتے ہیں۔ جیسے ریڈیو پرگانے وموسیقی اورٹی وی پر رقص اورفلمی مناظر۔ان کا مقصد محض تفریح بہم پہنچانا ہوتا ہے۔ایسا بہت کم ہوتا ہے کہ ہم کوئی مقالہ یا

مذاکرہ سننے کے لیے ریڈیو یا ٹی وی کو استعمال کریں۔ اس اعتبار سے ریڈیو اور ٹی وی کی اہمیت تفریحی زیادہ اور فکری اور ادبی کم ہے۔ رسائل اس پہلو کو زیادہ ابھارتے ہیں۔ یہ درست ہے کہ ریڈیو اور ٹی وی سے ذہن بہت جلد متاثر ہوتا ہے۔ لیکن ٹی وی پر ایک منظر دیکھنے کے بعد یا ریڈیو پر کوئی پر مغز مقالہ سننے کے بعد اسے دوبارہ سننے یا دیکھنے یا اس کے حوالے سے کچھ لکھنے کا موقع کم رہتا ہے۔ ایک خوشگوار جھونکے کی طرح یہ ریڈیو اور ٹی وی پروگرام ذہن سے گذر جاتے ہیں۔ اخبارات کی فائیل رکھنا بھی مشکل کام ہے ارپھر اردو میں ایسے اخبارات بہت کم نکلے ہیں جنھوں نے ادبی رخ کو زیادہ اہمیت دی ہو۔ اخبار تو عام طور پر سیاست کا نقیب و علمبردار ہوتا ہے ۔صرف رسائل میں، یہ وصف ہے کہ اس کے مضامین اور اس کی فائلیں محفوظ بھی رکھی جا سکتی ہے اور ایک بار پڑھنے کے بعد دوسری بار ان کا حوالہ بھی دیا جا سکتا ہے۔ اور ان رسائل کی مدد سے ان کے دور کی سچی شناخت اور بازیافت بھی ممکن ہے۔

کتابیں کسی ایک مخصوص موضوع پر ہوتی ہیں یہ ممکن ہے کہ ایک کتاب کے کئی مصنف ہوں یہ بھی ممکن ہے کہ ایک رسالہ کا موضوع بھی محدود ہو۔ لیکن کتاب اور رسالہ میں جو شئے مایہ الامتیاز ہے وہ اس کا میقاتی اور ہنگامی ہونا ہے۔ رسالہ میقاتی (Periodical) ہے اس اصطلاح میں اخبار اور رسالہ دونوں شامل ہیں رسالہ ہر مہینہ نکلتا ہے یا دوسرے تیسرے مہینے نکلتا ہے کتاب میں اس طرح کی کوئی پابندی نہیں ہوتی۔ اس طرح رسائل کے ذریعہ ہم وقت کے تغیرات اور ہر لمحہ جو تبدیلیاں پیدا ہوتی ہیں جس طرح سے لوگوں کا رجحان بنتا یا بگڑتا ہے اس کا اندازہ لگا سکتے ہیں۔

رسائل کئی طرح کے ہوتے ہیں۔ ادبی علمی، فنی، طبی، قانونی، فلمی اور خالص تفریحی، جن کا مقصد محض وقت گذاری ہوتا ہے لیکن ان تمام رسائل میں کسی نہ کسی شکل میں انسانی مشاہدات وتجربات کے اہم نتائج کا تذکرہ ہوتا ہے اور اس اعتبار سے رسائل کی دنیا اپنے اندر ایک وسیع کائنات رکھتی ہے۔ رسالہ عربی کے مادہ ''رسل'' سے بنا ہے۔ جس کے معنی پہنچانے کے ہیں۔

اس طرح لفظی حیثیت سے اگر غور کیا جائے تو رسائل ایک کے خیال کو دوسرے تک پہنچانے کا وسیلہ ہوتے ہیں۔ ان رسائل کے ذریعہ افراد کے رجحان اور پورے معاشرے کی سمت ورفتار کا پتہ لگایا جاسکتا ہے رسائل کی تعداداوران کی اشاعت اوران کی باقاعدگی اس بات کی بھی غمازی کرتی ہے کہ کس موضوع سے کس حد تک دلچسپی لی جارہی ہے اوراس طرح سے لوگوں کے مزاج ومذاق کا تعین کیا جاسکتا ہے۔ مثلاً آج کے دور میں فلمی رسائل بہت نکلتے ہیں اس سے یہ اندازہ ہوتا ہے کہ لوگوں کا رجحان فلم کی طرف زیادہ ہے اور بہت آسانی سے یہ نتیجہ نکالا جاسکتا ہے کہ دور حاضر میں تناؤ اور ذہنی بوجھ اتنا بڑھ گیا ہے کہ عام رجحان سنجیدہ اقدارِ حیات کے بجائے تفریحی اقدار کی طرف زیادہ ہے۔ یہ اس وقت ہوتا ہے جب ہم مادہ پرست ہوں اور ہم صرف ظاہری چیزوں اور ظاہری عیش کی طرف زیادہ توجہ کرنے لگے ہوں۔ اس طرح ہم یہ اندازہ لگا سکتے ہیں کہ آج کا دور مادہ پرستی کا ہے۔

رسائل کی اہمیت اس بناء پر بھی ہے کہ ان کے ذریعہ تاریخ کے تسلسل کو سمجھنا آسان ہوتا ہے یہ رسائل اس خلا کو پر کرتے ہیں جو مسلسل کسی اہم ادبی تخلیق کے وجود میں نہ آنے کی وجہ سے پیدا ہوتا ہے ادبی تاریخ کی گمشدہ کڑیوں کی بازیافت میں بھی رسائل مددگار ہوتے ہیں اوران کے مطالعہ کے ذریعہ یہ اندازہ لگایا جاسکتا ہے کہ بہت سارے موضوعات یا مصنفین یا ان کی تخلیقات یاان کے اجتہادات یا تسامحات کب کیسے اور کن حالت میں وجود میں آئے۔

ادبی ذوق کی تہذیب وترتیب میں رسائل کا بڑا حصہ ہے رسائل نے ادب کا سنجیدہ اور معیاری ذوق پیدا کرنے میں اہم کردار ادا کیا ہے۔ ادبی رسائل کی اشاعت کے بعد شاعری کے معیار میں بھی بہتری آئی۔ رسائل کے اجراء سے پہلے شعراء اپنا کلام صرف مشاعروں میں سنایا کرتے تھے اور اکثر معمولی اور سطحی اشعار پر محض ترنم اور خوش الحانی کی وجہ سے داد حاصل کر لیتے تھے۔ مگر اب ادبی رسائل کے فروغ کے بعد شاعروں کا کلام ان رسائل میں شائع ہونے لگا اور کلام کے حسن وقبیح کو خالص ادبی اور فنی معیاروں پر جانچا جانے لگا جس کی وجہ سے محض اپنی

خوش الحانی سے شاعروں میں داد حاصل کرنے والے شاعروں کا ادب میں مقام نہیں رہا۔

اس طرح رسائل کے اجراء سے مختلف تحریکات کے فروغ میں بھی مدد ملی اردو میں ترقی پسند ادب اور جدید ادب کی تحریکوں کو مقبول بنانے میں ان رسائل کا بڑا حصہ ہے جو کسی خاص مسلک کی ترجمانی کرتے تھے۔ مثال کے طور پر ترقی پسند تحریک کو آگے بڑھانے میں ''نیا ادب'' ادب لطیفہ شاہراہ، سویرا، اور صبا جیسے رسائل نے نمایاں حصہ لیا۔ اسی طرح حلقہ ارباب ذوق کے مسلک کو فروغ دینے میں رسالہ ''ادبی دنیا'' کی خدمات کو نظر انداز نہیں کیا جاسکتا گزشتہ چند برسوں میں شب خون، سطور شعر وحکمت اور فنون جیسے رسائل کی وجہ سے ہمارے ادب میں جدیدیت کی تحریک کی جڑیں مضبوط ہوئیں اسی طرح آج کل جو سینکڑوں مضامین اور افسانوں کے مجموعے شائع ہورہے ہیں۔ یہ سب رسائل کی دین ہیں رسال کی اشاعت سے پہلے ان کا کوئی وجود نہیں تھا۔

اردو رسائل کی تاریخ پر نظر ڈالنے سے کچھ پہلو سامنے آتے ہیں اور ان میں ایک بات یقیناً بہت اہم ہے۔ اور وہ یہ کہ بیشتر اردو رسائل نظم ونثر دونوں کو اپنے دامن میں سمیٹے ہوئے ہیں یہ رسائل اپنے اپنے عہد کی ادبی شخصیتوں کی تعمیر بھی کرتے ہیں اور انہیں عوام سے روشناس کرانے میں بھی مددگار ثابت ہوتے ہیں۔ مثلاً رسالہ ''زمانہ'' نے پریم چند اور رسالہ ''ادبی دنیا'' نے کرشن چندر کی ادبی شخصیت کی تعمیر کی۔

اخبارات کے اداریئے :

اداریہ اخبار کا ضمیر اور اس کی پالیسیوں کو پرکھنے کی کسوٹی ہے جس سے اخبار کی شخصیت کو جاننے اور جانچنے میں مدد ملتی ہے۔ عام طور پر اخبار میں اداریہ ہوتا ہے جو اس اخبار کے نقطہ نظر پالیسی اور رائے کا مظہر ہوتا ہے۔ جس طرح روح کے بغیر زندگی کا تصور ممکن نہیں اسی طرح اداریہ کے بغیر اخبار کی زندگی سوالیہ نشان بنی رہتی ہے۔ اداریہ کے ذریعہ خبروں کے زیریں لہروں کی دھڑکن سنائی دیتی ہے۔ فکر کے نئے افق اور واقعات کی نئی جہتیں سامنے آتی ہیں۔

اداریہ اخبار کا وہ آئینہ ہے جس میں اس کے سارے نقش واضح دکھائی دیتے ہیں۔ اس کے علاوہ خبروں کی ترتیب وتدوین، سرخیوں کا اتار چڑھاؤ اور مضامین وفیچر کے انتخابات کے پس پردہ جو ذہن کار فرما ہوتے ہیں اداریے میں ان کا عکس جھلکتا ہے۔ اداریئے اخبار کی جرائت و بے باکی کے بھی ترجمان ہوتے ہیں ان کی مرعوبیت اور کمزوریوں کا اعلان بھی کرتے ہیں مصلحت اندیشوں کی دکھتی رگ پر اگر ہاتھ رکھنا ہو تو اخبار میں اداریہ سے بڑھ کر کوئی اور تحریر نہیں۔

اداریئے ایک مخصوص پالیسی کے آئینہ دار ہوتے ہیں۔ تقریباً ہر اخبار کسی ایک خاص پالیسی کو اپناتا ہے۔ کیس کا مقصد سرکار کی مخالفت ہوتا تو کچھ اخبارات سرکار کی حاشیہ نشینی اور قصیدہ گوئی کو ہی اپنے اخبار کے لیے ضروری قرار دیتے ہیں۔ چند اخبارات بین بین پالیسی پر کاربند ہوتے ہیں تو کچھ اخبارات کسی بھی مسئلے یا فیصلے پر بے باکانہ اظہار سے نہیں چونکتے۔ اخبار کے کردار کا اداریوں کے مطالعہ سے ہی صحیح اندازہ ہوتا ہے۔ چنانچہ اداریئے کی ان ہی خصوصیات کو پیش نظر رکھتے ہوئے مشہور صحافی مسٹر نٹراج نے کہا تھا۔

”دو اخباروں کو ایک دوسرے سے جو بات ممتاز اور مختلف کرتی ہے وہ ان کا ادارتی صفحہ ہے۔“

جمہوریت میں صحافتی آزادی کا سب سے بڑا ثبوت ”اداریہ“ ہے جس میں ہر طرح کے نظریات وافکار کے اظہار کی پوری آزادی ہوتی ہے۔ اداریئے کے ذریعہ رائے عامہ کو ہموار، قارئین کے نقطہ نگاہ میں تبدیلی حکومت پر نکتہ چینی، عوام یا حکومت سے اپیل، کسی فیصلہ کی ندمت یا تعریف، کسی سائنسی یا عملی کارنامے کو خراج تحسین پیش کرنے کے لئے بھی اداریئے وسیلہ بن سکتے ہیں۔

رائے عامہ کی تعمیر وتشکیل صحافت کے اہم مقاصد رہے ہیں۔ جیسے قارئین کو گرد وپیش کے حالات سے باخبر رکھنا اور ان کی ذہنی تربیت کے ساتھ ان کی فکری صلاحیتوں کی نشو نما کرنا وغیرہ۔

صحافتی ضابطہ اخلاق کے تحت ہر اخبار کا فرض ہے کہ وہ خبروں کو پوری صحت کے ساتھ شائع کرنے۔ خبروں کے انتخابات اور ان کی اشاعت یا پیشکش میں اپنی پالیسی اور پسند و ناپسند کو دخل انداز نہ ہونے دے۔ چنانچہ ''خبر'' کے ذریعہ صرف معلومات فراہم کی جاتی ہیں۔ جب کہ قاری کو ''خبروں'' کے پس منظر اور ان کے بارے میں موافق و مخالف نقطۂ نظر کی تفہیم اداریہ کے ذریعہ ممکن ہوتی ہے۔

اداریہ نویس اداراتی کالموں میں جس رائے کا اظہار کرتا ہے اسے اخبار کی رائے سمجھا جاتا ہے اور اس کی تحریر کی بناء پر اداراتی صفحے کو اخبار کی روح قرار دیا جاتا ہے۔ اداریہ اخبار کے پورے حلقہ قارئین کا ترجمان سمجھا جاتا ہے۔ اداریہ نویس کے خیالات، تجاویز اور تبصروں کا ملک کی سیاست اور زندگی کے دوسرے شعبوں پر گہرا اثر پڑتا ہے۔ وہ عوامی خواہشات و رجحانات کی ترجمانی کرنے کے ساتھ ساتھ اپنے قارئین کو فکر کی روشنی بھی دیتا ہے۔ اس کی تحریر سے قارئین رہنمائی کی توقع بھی رکھتے ہیں۔ چنانچہ مسائل حاضرہ کی توضیح و تشریح، قارئین کی فکر کو تازہ رکھنا ان کی رہنمائی کرنا اور ان کے لئے معلومات و تفریح کا سامان مہیا کرنا، ان میں نیک خواہشات اور صحت مند خیالات و رجحانات کو پروان چڑھانا اداریئے کے اہم اور بنیادی مقاصد ہیں۔

ادارایہ کے لغوی معنی مدیر کی تحریر'' یا'' مدیر کے انداز میں اظہار خیال کے ہیں لیکن عرف عام میں اس سے وہ مضمون مراد ہوتا ہے جو اخبار یا رسالے کے اداراتی صفحے پر اس اخبار یا رسالے کے نام کی تختی کے نیچے چھپتا ہے خواہ اسے مدیر نے لکھا ہو یا ادارے کے کسی دوسرے رکن نے یا کسی اور شخص نے۔

اداریہ کو مقالہ افتاحیہ (Leading Article) یا لیڈ ایڈیٹوریل Lead Editorial کہا جاتا ہے۔ ابتدائی زمانے میں اخبارات و جرائد میں اکثر بیشتر ایک ہی اداری چھپتا تھا یعنی مدیر اخبار یا رسالے کی ہر اشاعت میں صرف ایک ہی مسئلے پر اظہار خیال کرتا تھا۔ مگر آج کے دور میں اخبارات میں دنیا کے بیسوں اہم واقعات خبروں کی صورت میں چھپتے

ہیں اور بعض اوقات کئی اہم مسائل پر ادارتی اظہار خیال کی ضرورت محسوس کی جاتی ہے۔اس لئے اب اخبارات میں ایک سے زائد اداریے بھی لکھے جاتے ہیں۔لیکن ادارتی صفحے پر اخبار کے نام کی تختی کے نیچے شائع ہونے والا پہلا مضمون ہی ''ادار یہ'' یا مقالہ افتاحیہ کہلاتا ہے اوراس مقالہ افتاحیہ کے بعد چھپنے والے اداریے ''شذرات'' یا ادارتی نوٹ یا مختصر اداریے کہلاتے ہیں۔ انگریزی میں ان کونوٹس (Notes) اڈیٹوریل نوٹس Editorial Notes یا لیڈرٹس leadretes کہا جاتا ہے اور یہ جس صفحے پر شائع ہوتے ہیں اسے (Opinion page) کہتے ہیں۔اس صفحے پر اداریہ کے علاوہ خصوصی مضامین ،فیچر قارئین کے خطوط اور مزاحیہ کالم کے علاوہ کارٹون بھی چھپتے ہیں۔

اداریے عموماً حالات حاضرہ پر موضوع کی افادیت اور جامعیت کے پس منظر میں گزشتہ اور آئندہ ہونے والے واقعات پر محیط ہوتے ہیں۔ان میں سرکاری نقطہ نظر سے اختلاف بھی کیا جاتا ہے اور غیر جانبدارانہ انداز میں حکومت کومشورے بھی دئے جاتے ہیں۔اگر چہ ابلاغ کے دوسرے ذرائع جیسے ریڈیو ٹیلی ویژن وغیرہ بھی خبروں پر تبصرے نشر یا ٹیلی کاسٹ کر کے یہی مقصد پورا کرنے کی کوشش کی جاتی ہے۔

ان ذرائع ابلاغ کی ترقی اور وسعت کے باوجود اخبار اور ادارتی صفحے کی ضرورت ونیت میں کوئی کمی نہیں آتی۔ کیونکہ اخبار ماضی میں بھی اہمیت رکھتا تھا اور دور حاضر میں بھی اخبار کی اہمیت ریڈیو ٹیلی ویژن کے باوجود اپنی جگہ مسلمہ ہے۔ نپولین نے ان الفاظ میں اخبار کی قوت کا اعتراف کیا تھا ''میں سوفوجی دستوں کے بہ نسبت ایک اخبار سے زیادہ ڈرتا ہوں'' اور جارج ہشتم نے یہ کہہ کر کہ ''اخبار ٹائمنز (لندن) دریائے تھیمز سے بھی زیادہ طاقتور ہے'' اخبار کی سی قوت کی طرف اشارہ کیا تھا جو اداریہ کی صورت میں رائے عامہ کی تشکیل کرتا ہے جو جس سے حکومت بنتی بھی ہیں اور ٹوٹتی بھی ہیں۔

اب تو کئی بڑے اخبارات میں ایک دوسرے کے اداریوں کے اقتباسات یا دوسری

زبان کے اخبارات میں شائع شدہ اداریوں کے تراجم ''دوسروں کی رائے'' کے عنوان سے شائع کیے جارہے ہیں۔ جس کا مقصد متعلقہ اخبار کے قاری کو معاصر صحافت کے نقاط نظر سے واقف کرانا ہوتا ہے۔

موضوعات اور مدیر کے ذہنی رویئے کی بنا پر اداریے مندرجہ ذیل نوعیت کے ہوتے (۱) معلومات اداریئے (۲) استدلالی اداریئے (۳) وضاحتی اداریئے (۴) خصوصی اداریئے (۵) تفریحی یا ہلکے پھلکے اداریئے

(۱) معلوماتی اداریئے :

اس طرح کے اداریوں کا آغاز کسی موضوع مقصد یا مسئلہ کی آگہی ہوتا ہے۔ اس میں یہ بتایا جاتا ہے کہ وہ کونسی حقائق اور واقعات ہیں جنہوں نے اداریہ نویس کو قلم اٹھانے پر مجبور کیا اگر کوئی خبر موضوع بحث ہو تو ایک دو سطر میں اس خبر کا خلاصہ پیش کیا جاتا ہے اور واقعہ یا مسئلہ کا پس منظر بھی بیان کیا جاتا ہے اسی کے ساتھ مسئلہ کے تمام پہلوؤں کو واضح کیا جاتا ہے اس سلسلے کی مختلف محرکات کی کا نشاندہی کی جاتی ہے اسی طرح زیادہ سے زیادہ معلومات فراہم کی جاتی ہیں۔

(۲) استدلالی اداریئے :

ایسے اداریوں کا مقصد قارئین کو یہ یقین دلانا ہوتا ہے کہ کونسی طرز فکر درست ہے۔ اس طرح کے ادریوں میں عموماً کسی مسئلہ کو اٹھایا جاتا ہے پھر اس کی مواقف یا مخالف میں دلائل پیش کئے جاتے ہیں۔ اور ان دلائل کو مضبوط بنانے کے لئے مستند حقائق، معتبر اعداد و شمار، مسلمہ اصول وقواعد اور مدلل تاریخی حوالے دیئے جاتے ہیں۔ ساتھ ہی پس منظر کا بھی لحاظ رکھا جاتا ہے۔ اس طرح اداریہ نویس اپنی رائے کو مدلل بنا کر اپنا ہمنوا ہم خیال بنانے کی کوشش کرتا ہے۔ آج کل اکثر سنجیدہ اور معیاری اخبارات میں اسی طرح کے استدلالی اداریوں کا رواج زیادہ ہے۔

(۳) وضاحتی اداریئے :

حقائق اور واقعات بیان کرنے کے ساتھ بعض اداریوں میں کسی مسئلہ کے مختلف پہلوؤں کی وضاحت کی جاتی ہے۔ضرورت ہوتو واقعات کا پس منظر بھی دیا جاتا ہے۔ساتھ ہی وہ حقائق بیان کئے جاتے ہیں جو عام طور پر خبروں میں موجود نہیں ہوتے۔ بلکہ اداریہ نویس انھیں تحقیق وجستجو کے بعد حاصل کرتا ہے۔جو بعض دفعہ قاری کے لئے انکشاف کی حیثیت رکھتے ہیں۔

(۴) خصوصی اداریئے :

جہاں تک خصوصی اداریوں کا تعلق ہے یہ اداریے اہم قومی دنوں، قومی شخصیتوں کی سالگرہ یا برسیوں یا اہم قومی وملکی یا مذہبی تقاریب وغیرہ کے موقع پر لکھے جاتے ہیں۔ وہ اسی ضمن میں آتے ہیں۔اسی طرح کے اداریوں میں متعلقہ یوم کی اہمیت اس کا تاریخی پس منظر اوراس کے مختلف پہلوؤں کا فلسفہ قارئین کے ذہن نشین کرایا جاتا ہے شخصیتوں سے متعلق لکھے جانے والے اداریوں کا مقصد بھی یہی ہوتا ہے۔اوراس میں قارئین کے جذبہ اور عقل دونوں سے اپیل کی جاتی ہے لیکن بعض اوقات یہ اپیل صرف جذبات ہی سے کی جاتی ہے ان اداریوں کو حالات سے ہم آہنگ کیا جاتا ہے۔یعنی اس وقت کے حالات ، رحجانات، نظریات اور لوگوں کے اعمال وافعال کو سامنے رکھ کر بتایا جاتا ہے کہ جو کچھ ہو رہا ہے وہ متعلقہ شخصیت کی آواز ،فکر یا متعلقہ یوم کے تقدیس اور مقصد سے ہم آہنگ ہے یا نہیں اور اگر نہیں ہے تو متعلقہ شخصیت یا یوم کے فلسفے کو سمجھنے اوراس پر عمل پیرا ہونے کی تلقین کی جاتی ہے۔

(۵) تفریحی یا ہلکے پھلکے اداریئے :

اسی طرح اداریئے حالات حاضرہ سے تعلق رکھتے ہیں برطانیہ کے مشہور صحافی مینس فیلڈ Mansfield نے لکھا ہے کہ ’’تفریحی اداریہ نگار قوم کا بہی خواہ ہوتا ہے کیونکہ وہ ادارتی

صفحے کے بوجھل اور بھاری پن کوم کرتا ہے اور لوگوں کی مسرت کا باعث بنتا ہے۔''اردو صحافت میں اس طرح کے اداریوں کا دور حاضر میں رواج نہیں ہے''۔

مدینہ (بجنور)، ہمدم (لکھنو)، سرفراز (لکھنو)، الامان، انجام اور وحدت (دہلی) کے اداریے ۴۷ء سے قبل جوشیلے، ہلکے پھلکے، تفریحی اور طنزیہ بھی ہوا کرتے تھے اور انگریز، مسلم لیگ، کانگریس نشانہ ہوا کرتے تھے، خلافت تحریک کے زمانہ میں ہمدرد (مولانا محمد علی) میں بھی اکثر اسی طرح کے اداریے شائع ہوتے تھے۔

پہلے زمانے میں ''اداریہ'' ایڈیٹر خود لکھتا تھا جو عموماً نامور ادیب، شاعر، مقرر، مذہبی رہنما یا سیاسی لیر ہوتا تھا۔ اس کی حیثیت محض ایک کارکن صحافی کی نہیں ہوتی تھی بلکہ وہ معاشرے میں ممتاز مقام کا حامل بھی ہوتا تھا۔ آج بھی بعض اخبارات میں ایسے ایڈیٹر ہیں جو اخبار کا اداریہ خود لکھتے ہیں۔ لیکن زیادہ تر اخبارات میں ایڈیٹر کا لکھا ہوا شاید ہی کوئی اداریہ ہوتا ہے۔ اب مختلف لوگ اداریہ نگاری کے فرائض انجام دیتے ہیں۔ ایڈیٹر کا لکھا ہوا شاذ ہی کوئی اداریہ ہوتا ہے۔

بعض اخبارات میں تو موضوعات کے لحاظ سے الگ الگ اداریہ نگار ہوتے ہیں۔ کبھی کبھی تو خاص موضوعات پر اس موضوع کے ماہرین سے بھی اداریئے لکھوائے جاتے ہیں۔ جیسے کسی بڑے سائنسی کارنامے یا معاشی فیصلہ یا پالیسی وغیرہ پر اس شعبہ کے ماہر سے اداریہ لکھوایا جاتا ہے۔ جدید صحافت میں اداریئے کے موضوعات کا دائرہ کافی وسیع ہو گیا ہے اس لئے اداریہ نگاری کا کام عموماً دو تین صحافیوں کے ذمہ کیا جاتا ہے۔

اداریہ نویس کے اوصاف۔

اداریہ نگار کے لیے ضروری ہے کہ وہ اخبار کی پالیسی سے پوری طرح آگاہ رہے اسے ذاتی رائے کے بجائے اخبار کی رائے یا پالیسی کو پیش نظر رکھنا چاہیئے تاکہ متعلقہ اخبار کی پالیسی کی صحیح طرح سے عکاسی ہو سکے۔ اسی کے ساتھ اداریہ نگار کی علمی قابلیت اور مطالعہ وسیع ہونا چاہیئے

اسے تاریخ، جغرافیہ، سائنس سیاسیاست کے ساتھ دیگر علوم سے بھی واقفیت رکھنا ضروری ہے۔ اسے دیگر اخبارات کے مطالعہ کے ساتھ ساتھ نئی کتابوں کے مطالعہ کا بھی عادی ہونا چاہئے۔ تا کہ وہ کسی بھی واقعہ کے پس منظر سے واقف رہے۔ اس کی اپنی لائبریری یا اخبار کے دفتر کی لائبریریوں میں حوالہ کتابیں، اعداد وشمار جائزہ رپورٹوں، مسائل کے دریکاڈ ماہرین کی تحریروں اور تجزیوں پر مشتمل مواد موجود اور وہ منصف کی حیثیت سے کسی معاملے یا مسئلے میں فیصلہ دینے سے قبل ان تمام معلومات سے استفادہ کرے اور انہیں کام میں لائے۔ اس کے ساتھ اداریہ نگار کو منطق سے بھی واقف ہونا چاہئے تا کہ وہ اپنی بات کو دلائل کے ذریعہ قارئین پر واضح کر سکے۔ اداریہ نگار کو چاہئے کہ وہ قارئین میں سوچنے اور مسئلہ پر غور وفکر کرنے کی صلاحیت پیدا کر لے چنانچہ اس کی دعوت فکرنا گزیز ہے اسے نہ صرف اخبار کے قارئین کی نفسیات سے باخبر ہونا چاہئے بلکہ ان کی ذہنی سطح علم بھی ضروری ہے۔ اسی کے ساتھ صحافت کے قوانین اور ضابطہ اخلاق سے واقفیت لازمی ہے۔ ان تمام خصوصیات کے ساتھ اس میں یہ جذبہ بھی ہونا چاہئے وہ سماج کی خدمت کرر ہاہے اور ملک وقوم کی ترقی میں ہاتھ بٹا رہا ہے۔

اداریہ نویس کو اپنے خیالات پیش کرنے کے لئے سادہ سلیس لیکن دلنشین موثر اور جاندار طرز تحریر جذباتی نہ ہو بلکہ متوازن، باک اور حقیقت پسند ہو۔ اس کے اداریوں میں کسی مسئلے پر تنقید کرتے ہوئے زبان اور لہجہ میں درشتی یا تلخی اگر ہو بھی تو عامیانہ پن یا سوقیانہ پن قطعی نہ آنا چاہئے۔

اداریہ میں حقائق کا اظہار ضروری ہے۔ اداریوں کے انتخاب میں ''خبر'' کی اہمیت مسئلہ ہے۔ مقامی قومی یا بین الاقوامی واقعات کوئی واقعہ، جنگ تصادم، سماجی برائیاں حادثات، غرض کئی موضوعات ہیں اداریہ میں جگہ پاسکتے ہیں یا اداریہ کا موضوع بن سکتے ہیں۔ ایسے موضوعات جو اخباروں کی سرخیوں میں جگہ نہیں پاسکتے ہو اداریہ کا بھی موضوع نہیں بن سکتے اداریہ خبروں کی تشریح، توضیح کا نام ہے۔

بعض خبریں پڑھنے کے بعد جو تشنگی محسوس ہوتی ہے وہ اداریہ سے بجھتی ہے کیونکہ اداریہ میں اس خبر کا پس منظر، محرکات، ماضی، حال اور مستقبل کی ساری پرچھائیاں واضح نظر آتی ہیں۔

موجودہ دور میں اخبار کے اداریوں کو نمایاں اہمیت حاصل ہوگئی ہے ریاستی اور مرکزی سرکار کے محکمہ اطلاعات میں ان اداریو کو پڑھنے اور انہیں متعلقہ حکموں تک پہنچانے کے انتظامات ہیں۔ حکومت کو اپنے کسی فیصلہ یا مسئلہ پر شبارات کا ردعمل کرنے میں ان اداریوں سے ہی مدد ملتی ہے بعض مرتبہ اخباری اداریے جمہوریت میں اپوزیشن سے زیادہ اہم اور موثر رول ادا کرتے ہیں۔ موجودہ جمہوریت میں صحافت کا رول جتنا اہم ہے اداریوں کی اہمیت افادیت بھی پہلے کی بہ نسبت اتنی ہی موثر اور مسلمہ ہو چکی ہے۔

حیدرآباد دکن میں بچوں کے رسائل

بچے کسی بھی قوم، معاشرے یا ملک کا مستقبل ہوتے ہیں اور عمر کا یہی حصہ ہوتا ہے جب انہیں سب سے زیادہ تربیت کی ضرورت ہوتی ہے ہمارے قدیم مشرقی ادب میں حکایتوں اور تمثیلوں کے ذریعہ بچوں کی ذہنی تربیت کا ایک تصور تھا۔ لیکن انگریزی میں چھوٹے چھوٹے مضامین، انشائیوں، لطیفوں اور چٹکوں وغیرہ کے علاوہ ایسے طریقے جن سے بچوں کی ذہنی تربیت ہو سکے انیسویں صدی کی پیداوار ہیں۔ ہندوستان کی دوسری زبانوں کے بارے میں نہیں کہا جاسکتا کہ وہاں بچوں کے ادب کے سلسلے میں کیا رویہ تھا لیکن اردو میں حالی اور آزاد اور اس کے بعد اقبال نے بھی اپنی شعری کاوشوں اور مضامین کے ذریعہ بچوں کے ادب میں وقیع اضافہ کیا یہ شاعرہ تھے جو نظم و نثر دونوں میں یہ طولی رکھتے تھے اور انہوں نے ہر طرح سے ایسے مضامین اور ایسی شعری تخلیقات پیش کیں جو بنیادی تعلیم سے لے کر ابتدائی تعلیم کے مرحلے تک ذہنی تربیت کا فریضہ انجام دیتی تھیں۔

بچوں کے ادب کے سلسلے میں حامد اللہ افسر میرٹھی کا نام بہت مشہور ہوا۔ ان کے علاوہ

چکبست ،سرور جہاں آبادی اور شفیع الدین نیر نے بھی بڑی معرکہ کی نظمیں کہیں اور دوسری زبان سے ترجمے بھی کیئے۔

کسی بھی زبان کی ترویج وترقی کے لئے اور عوام تک اپنی بات پہنچانے کے لئے رسائل وجرائد کی اشاعت عام وسیلہ اظہار ہے۔ حیدرآباد فرخندہ بنیاد میں جہاں ہر موضوع پر رسائل جاری ہوئے وہاں اس اہم موضوع کو بھی نظر انداز نہیں کیا گیا۔ چنانچہ بچوں کے جو رسائل حیدرآباد دکن سے نکلے ان میں علمی ادبی تعلیمی اور سائنسی موضوعات انکشافات، ایجادات، بہادری کے قصے، حب الوطنی پر مبنی تخلیقات پیش کی گئیں ان رسائل کا ایک اہم پہلو یہ بھی تھا کہ ان میں خود بچوں کی تخلیقات بھی شائع ہوتی تھیں جس سے ان میں آئندہ لکھنے کے لئے حوصلہ ملتا تھا چنانچہ اس موضوع پر سب سے پہلا رسالہ مرزا احمد اللہ بیگ آغائی کی ادارت میں ''ادیب الاطفال'' کے نام سے افضل گنج حیدرآباد دکن سے جاری ہوا۔ اس رسالہ کے سن اشاعت کے تعلق سے مولانا امداد صابری مولف ''تاریخ صحافت اردو'' کو تسامح ہوا ہے انہوں نے اس کا سن اشاعت ۱۹۰۹ لکھا ہے جو کہ درست نہیں ہے۔

حیدرآباد میں بچوں کے رسائل کے سلسلے میں طیب انصاری نے اپنی کتاب ''حیدرآباد میں اردو صحافت'' میں رسالہ ''اتالیق'' کو بچوں کا پہلا رسالہ قرار دیا ہے اور اس کا سن اجراء ۱۹۰۸ بتایا ہے اور ساتھ ہی اس رسالہ کے ایڈیٹر مولوی عبدالرب کوکب کو بچوں کے رسائل کا باوا آدم قرار دیا ہے۔۔ جو کہ درست نہیں ہے۔

جناب پروفیسر محمد انورالدین نے اردو ریسرچ سنٹر (حیدرآباد) کے خزینہ رسائل میں رسالہ ''اتالیق'' کے ابتدائی دوسال کے فائل اور بعض چیدہ چیدہ شمارے دیکھے۔ ان کے مطالعہ سے نہ صرف اس رسالہ کی حقیقی تاریخ اجراء کا تعین ہو جاتا ہے بلکہ اس سلسلے میں طیب انصاری کو جو تسامح ہوا اس کی تصحیح بھی ہو جاتی ہے۔ رسالہ اتالیق کی جلد اول کا شمارہ اول ماہ فروری ۱۹۱۸ء میں جاری ہوا۔ اس اعتبار سے یہ رسالہ حیدرآباد میں بچوں کا دوسرا رسالہ قرار پاتا ہے۔ راقم

الحروف کی تحقیق کے مطابق حیدر آباد دکن میں بچوں کا پہلا رسالہ ''ادیب الاطفال'' ہے جو ماہ اگست ۱۹۱۱ء میں جاری ہوا۔ اس لحاظ سے حیدر آباد میں بچوں کے رسائل کے باوا آدم مولوی عبدالرب کوکب نہیں بلکہ مرزا احمد اللہ بیگ آغائی ہیں۔

ماہ نامہ ''ادیب الاطفال'' کے جوائنٹ ایڈیٹر رگھوناتھ راؤ تھے یہ رسالہ مطبع اختر دکن واقع افضل گنج میں عموماً بیس صفحات پر طبع ہوتا تھا اور اس کا سالانہ چندہ ایک روپیہ چودہ آنہ تھا۔ اس رسالہ کی اجرائی کے محرکات پر روشنی ڈالتے ہوئے ایڈیٹر رسالہ مذکور لکھتے ہیں۔ ''اس کے اجراء سے مقدم غرض یہی ہے کہ یہ رسالہ تربیت اطفال میں والدین کا معین و مشیر ثابت ہوا اور ملک کے ہونہار پودے کے ہاتھ میں آجائے اور اپنی غیر معمولی طاقت سے ان کے دماغ کی اصلاح کرے۔ تعلمی اغراض وترقی کے اسباب بتائے۔ صنعت وحرفت کے فائدے سمجھائے، دلچسپ معلومات بزرگوں کے اقوال اور ان کے حالات سنائے اتحاد واتفاق کے خوشگوار نتائج پیش کرے گورنمنٹ کی وفاداری وعظمت اور والدین کی اطاعت، محبت و بزرگی کا سبق پڑھائے۔''

اس رسالہ کے درج ذیل مقاصد بھی تھے۔

۱) بچوں کے اخلاق کو اخلاقی مضامین کے ذریعہ سدھارنا، ان میں علم وعمل کا شوق پیدا کرنا او مطالعہ ومضمون نگاری کا ذوق پیدا کرنا۔

۲) اتباع شریعت کی ترغیب دلانا، طرز معاشرت کی اصلاح کرنا، تعصب سے نفرت دلانا، غلط تاریخی واقعات کی صحت کرنا، صلح جوی وامن پسندی کے خیالات کو عام کرنا۔

۳) بچوں کے دلوں میں قومی وملکی درد پیدا کرنا، قانون کی اطاعت کی رغبت دلانا قانون کا احترام کرنا، والدین وبادشاہ وقت کی محبت وبزرگی ان کے دلوں میں پیدا کرنا اور ان کی اطاعت کی تعلیم دینا اپنی مدد آپ کرنے کا جذبہ پیدا کرنا۔

۴) ہندو مسلمانوں میں اتفاق واتحاد پیدا کرنے کی کوشش کرنا بچوں میں مضمون نگاری کا شوق پیدا کرنے کی غرض سے مضمون نگاری کے مقابلے کروانا۔

یہ ایسے صالح مقاصد تھے کہ جس کی اہمیت وافادیت سے آج بھی کوئی انکارنہیں کرسکتا۔

اس رسالہ کے ایڈیٹر نے طلباء میں مضمون نگاری کا ذوق پیدا کرنے کی غرض سے یہ اعلان کیا تھا کہ وہ اچھے مضمون نگار طلباء کو ایک چاندی کی جیب گھڑی بطور انعام دیں گے اس رسالہ کے مضامین عام فہم اور سادہ سلیس زبان میں لکھے جاتے تھے تاکہ طلباء آسانی سے پڑھ اور سمجھ سکیں۔

یہ رسالہ کافی عرصہ تک کامیابی سے جاری رہا۔

حیدرآباد دکن سے بچوں کا دوسرا ماہ نامہ فروری ۱۳۲۷ف م ماہ فروری ۱۹۱۸ء میں نظامت تعلیمات سرکار عالی کی سرپرستی میں ''اتالیق'' کے نام سے شاہ علی بنڈہ سے جاری ہوا۔اس کے ایڈیٹر محمد عبدالرب کوکب مولوی فاضل (دارالعلوم) تھے یہ رسالہ ابتداء میں صدرالمطابع میں عموماً ۳۲ صفحات پر طبع ہوتا تھا۔اس کا سالانہ چندہ دوروپیہ تھا۔

اس رسالہ کے اجراء کا اہم مقصد کمسن طلبہ کی اخلاقی نشونما اور علمی ترقی میں مدد دینا تھا۔ اس ماہ نامہ میں اخلاقی اور علمی مضامین خصوصاً سائنس،طبیعات تاریخ بڑے لوگوں کے بچپن کے حالات بزرگوں کی سوانح عمریاں،نتیجہ خیز اور دلچسپ کہانیاں شائع کی جاتی تھیں اس کے علاوہ بچوں کی نفسیات ضرورتیات کو مدنظر رکھتے ہوئے کھیل کود کے قصے،علمی لطیفے،حفظان صحت اور ورزش سے متعلق مضامین اور ایسے قصے اور واقعات جن کے پڑھنے سے بچوں میں قومی جوش، حب الوطنی،ایثار واستقلال،صداقت ورحم دلی نیک نفسی،علوہمتی سعادت مندی کے جذبات پیدا ہوں قلمبند کئے جاتے تھے۔

رسالہ اتالیق ۱۹۳۳ء تک حیدرآباد میں کامیابی سے جاری رہا اس کے بعد اورنگ آباد سے شائع ہونے لگا راقم الحروف کو اس رسالہ کے ۱۹۳۶ء تک کے چیدہ چیدہ شمارے اردو ریسرچ سنٹر دستیاب ہوئے۔

''نونہال'' کے نام سے بچوں کا ایک ماہ نامہ محمد مرغوب الدین بی اے (علیگ) کی

ادارت میں ماہ رجب ۱۳۳۹ھ م مارچ اپریل ۱۹۲۱ء میں چیلہ پورہ حیدرآباد سے جاری ہوا۔اس کے معاون ایڈیٹر خواجہ احمد تھے۔

اس رسالہ کے سرورق پر ذیل کے اشعار درج ہوتے تھے۔

ہے قوم اگر باغ تو تم اس کے شجر ہو
ہے قوم اگر نخل تو تم اس کے ثمر ہو
ہے قوم اگر آنکھ تو تم نور بصر ہو
ہے قوم اگر چرخ تو تم شمس و قمر ہو
ہے قوم کان تو تم لعل و گوہر ہو
نظارگی ہے قوم تو تم حد نظر ہو

اس رسالہ میں مضامین شائع ہوتے تھے جو بچوں اور طلباء کے لئے مفید کارآمد اور دلچسپ ہوتے اسی کے ساتھ اس میں جوش ملیح آبادی اور امجد حیدرآبادی جیسے نامور شعراء کا کلام بھی شائع ہوتا تھا اس کے علاوہ ''لڑکیوں کا صفحہ'' کے عنوان سے ہر ماہ صغرا ہمایوں مرزا (ایڈیٹر النساء) دلچسپ اور مفید مضامین قلمبند کرتی تھیں یہ رسالہ سنہ ۱۹۳۰ء تک جاری رہا۔

ماہ اکتوبر ۱۹۳۰ء میں ابوالمعانی وصف کی ادارت میں ایک مصور ماہ نامہ ''ہزار داستان'' کے نام سے چھتہ بازار حیدرآباد سے جاری ہوا۔ یہ رسالہ ابتداء میں تاج پریس میں عموماً صفحات پر طبع ہوتا تھا۔ بعد میں دوسرے مطابع میں طبع ہونے لگا۔ اس کا سالانہ چندہ ڈھائی روپیئے تھا۔ اس رسالہ کی پالیسی کی وضاحت کرتے ہوئے مدیر رسالہ لکھتے ہیں :

''اس رسالہ میں جھوٹی نہیں سچی کہانیاں، مفید ادبی، اخلاقی تاریخی، جغرافیائی، دلچسپ مضامین ہیں زبان بھی صاف اور بول چال کے موافق ہے صنعت وحرفت سیکھنے والے لڑکے لڑکیاں بھی اس سے فائدہ اٹھا سکتی ہیں۔

یہ رسالہ نہ صرف بچوں کی تعلیم کے لئے بلکہ ان میں صحیح علمی ذوق بڑھانے کے لئے نکالا گیا تھا۔ مضامین اس قسم کے ہوتے تھے جو بچوں کی زبان اور استعداد سے مناسبت رکھتے تھے۔ مقصد یہ تھا کے کوئی باران کے دماغ پر نہ پڑے ساتھ ہی ان کی معلومات میں اضافہ ہو۔ اوران کواز خود پڑھنے کا ذوق پیدا ہو یہ رسالہ چند برس جاری رہ کر بند ہوگیا۔

جنوری ۱۹۳۸ء میں اردو کے نامور محقق ونقاد اور بانی ادارہ ادبیات اردو (حیدرآباد) ڈاکٹر سید محی الدین قادری زور نے ایک ماہ نامہ ''سب رس'' کے نام سے جاری کیا جوادارہ ادبیات اردو کا ترجمان ہے اوراسی کے ساتھ اس کا ایک علیحدہ ضمیمہ سب رس (بچوں کا) بھی جاری کیا یہ بچوں کا سب رس ابتداء میں صاحبزادہ میر محمد علی خاں میکش کی ادارت میں نکلا سنہ ۱۹۳۹ء سے یہ معین الدین احمد انصاری بی ایس سی (علیگ) کی ادارت میں نکلنے لگا بچوں کا سب رس ابتداء میں مکتبہ ابراہیمیہ پریس میں عموما سولہ صفحات پر طبع ہوتا تھا۔ اس کا سالانہ چندہ ایک روپیہ تھا۔

سب رس (بچوں کا) اجرائی کے مقاصد پر روشنی ڈالتے ہوئے ڈاکٹر زور نے اداریہ میں لکھا۔ سب رس میں بچوں اور طلبہ کے لئے جوسولہ صفحے وقف کئے گئے ہیں ان کوایک علیحدہ دیدہ زیب سرورق کے ساتھ ضمیمہ کے طور پر شائع کیا جارہا ہے تا کہ جو بچے اور طلبہ ''سب رس'' نہ خرید سکیں وہ سالانہ ایک روپیہ چندہ میں ہر ماہ ''سب رس'' کے اس حصہ سے فائدہ اٹھاسکیں جوان کی دلچسپی اورضروریات کی تکمیل کے لئے خاص اہتمام سے مرتب کیا جائے گا''۔ اس رسالہ میں بچوں کی دلچسپی کے لئے دلچسپ اور سبق آموز قصے کہانیاں، مختصر معلومات مضامین، افسانے اور نظمیں وغیرہ شائع ہوتی تھیں اس کے علاوہ معمے پہلیاں اور لطیفے بھی درج کئے جاتے تھے۔

یہ ماہ نامہ نہ صرف زبان وبیان کے لحاظ سے بلکہ دوسروں کی دلچسپیوں کے اعتبار سے وسطانیہ اور فوقانیہ کے طلباء کے لئے بھی کافی مفید تھا۔ اس رسالہ نے بچوں کے لئے دکن نمبر (جنوری ۱۹۳۹) ریڈیو نمبر (جنوری ۱۹۴۱ء) اقبال نمبر اور اردو نمبر بھی نکالا تھا۔ راقم الحروف کواس

رسالہ کے ڈسمبر ۱۹۵۰ء تک کے شمارے کتب خانہ ادارہ ادبیات اردو میں دستیاب ہوئے ہیں۔

رائے جیرام پرساد صدر مدرس دھرم ونت ہائی اسکول کی سرپرستی میں بچوں کے لئے ایک مصور ماہ نامہ ''بزم ادب'' کے نام سے ۱۳۵۲ف م۴۲-۱۹۴۳ء میں کوٹلہ عالی جاہ حیدرآباد دکن سے جاری ہوا۔ اس کے ایڈیٹر بشواناتھ مدرس دھرم ونت کالج تھے۔ یہ رسالہ چشتیہ پریس میں عموماً ۲۴ صفحات پر طبع ہوتا تھا اس کا سالانہ چندہ ایک روپیہ چار آنہ تھا۔ ''بزم ادب'' میں بچوں کی دلچسپی کے لئے انگریزی کی (fairy tales) قسم کی کہانیوں کی طرح راجہ، رانی جن اور پریوں کی کہانیاں درج ہوتی تھیں۔ اس کے علاوہ عام فہم سادہ سلیس زبان میں صنعت وحرفت سے متعلق مضامین بھی درج ہوتے تھے اور لطیفے بھی شائع کئے جاتے تھے۔ اس رسالہ کا مقصد بچوں کو ابتداء ہی سے تعلیم کے ساتھ ساتھ صنعت وحرفت کی تعلیم کی طرف بھی راغب کرنا تھا۔ یہ رسالہ تین سال تک پابندی کے ساتھ جاری رہ کر بند ہوگیا۔

سنہ ۱۹۴۷ء میں محمد صدیق جمال کی ادارت میں ایک بچوں کا ماہ نامہ ''مسلم'' کے نام سے جاری ہوا۔ یہ رسالہ شیام سندر پریس حیدرآباد میں عموماً بیس تا تیس صفحات پر طبع ہوتا تھا۔ اس کا سالانہ چندہ معہ محصول ڈاک تین روپے تھا۔ اس رسالہ میں ہر ماہ بچوں کی دلچسپی کے لئے سبق آموز قصے، کہانیاں، تعلیمی اور اخلاقی مضامین درج ہوتے تھے اس کے علاوہ نصیحت کی باتیں اور لطیفے بھی شائع کئے جاتے تھے اور نظمیں بھی قلمبند کی جاتی تھیں۔ یہ رسالہ اپنے مندرجات کی مقبولیت کی بناء پر کافی عرصہ تک جاری رہا۔

بچوں کے رسائل کے اس مختصر جائزے سے اس بات کا بخوبی اندازہ لگایا جاسکتا ہے کہ حیدرآباد دکن سے نکلنے والے ان رسائل نے جہاں ایک طرف اردو زبان وادب کی ترقی وترویج میں بنیادی کردار ادا کیا تو وہ دوسری جانب بچوں کا ذہن بنانے میں بھی معاون ومددگار ثابت ہوئے۔

ادب وصحافت

ادب زندگی کا آئینہ اور مسرت کا خزانہ ہے۔ افکار اعلیٰ کا مجموعہ ادب ہے۔ ادب کا موضوع انسانی جذبات واحساسات ہوتے ہیں۔ ادب دستور حیات ہے۔ تخیل ادبی تخلیقات کی اساس ہے۔ تخیل علم سے زیادہ اہم ہے۔ آئین اسٹائین کہتا ہے : Imagination is more important than knowledge. ادب سے معاشرے کی اصلاح کی جا سکتی ہے۔ کیوں کہ ادب میں دلوں کو چھو لینے کی تاثیر ہوتی ہے۔ موضوع اور اظہار کے درمیان ہم آہنگی کا نام ادب ہے۔ ادبی تخلیقات اس طرح پیش کی جاتی ہیں جیسے وہ ہمارے مشاہدے اور تجربے کا حصہ ہوں۔ جب اخبارات اس طرح رپورٹنگ کرتے ہیں تو افسانے حقیقت بن جاتے ہیں۔ قومی تحریکیں ہوں کہ انفرادی کوششیں، سبھی ان اخبارات کے ذریعہ پھیلتی ہیں۔

آج صحافت کا دائرہ اخبارات، فلم، ٹیلی ویژن، کتابوں اور میگزین سے نکل کر انٹرنیٹ، موبائل، آؤٹ آف ہوم میڈیا سمیت ان گنت میدانوں تک وسیع ہو چکا ہے۔ صحافت ایک عظیم لیکن ترقی پذیر فن ہے۔ اسے جمہوریت کا چوتھا ستون تسلیم کیا گیا ہے۔ رائے عامہ ہموار کرنے، حکومت بنانے اور بگاڑنے میں اس کا موثر رول ہوتا ہے۔

مشہور محقق اور ادیب رشید حسن خان لکھتے ہیں:

یہ بات مشہور ہے کہ صحافت اور ادب میں تضاد کی نسبت ہے۔ روزنامہ اخبار کا اگر پہلا صفحہ ہمارے سامنے ہو، تو اپنے آپ معلوم ہو جائے گا کہ اخباری خبروں میں اور ادبی تحریروں میں کیا فرق ہوتا ہے۔ اخبار کا اداریہ بڑی اہم چیز ہوتا ہے۔ مگر یہ بھی مبنی ہوتا ہے کسی خاص خبر پر، اگر چہ اصل خبر کے مقابلے میں وہ بالکل مختلف ہوتا ہے۔ اگر اڈیٹوریل کے دو تین حصے ہوں، یعنی دو یا تین عنوانوں کے تحت دو یا تین مختلف تحریریں ہیں، تو وہ سب کسی نہ کسی خاص خبر ہی سے متعلق ہوں گی۔ خبروں میں یا اس نوٹ میں جو فرق ہوتا ہے، اس کو اندازِ پیش کش سے متعلق سمجھا جاتا ہے۔ اس صورت میں مطلب یہ نکلے گا کہ سارا معاملہ ''کیسے لکھا گیا ہے'' سے تعلق رکھتا ہے۔ اس

کے باوجود روزانہ اخبار کے شاید ہی کسی ایڈیٹوریل کو ادبی تحریر کہتے ہوں۔ اور اس سے ظاہری طور پر یہی مطلب نکلتا ہے کہ ادبیت کے لئے صرف انداز پیشکش کا مختلف ہونا ضروری نہیں بلکہ اصل بات کو ادب کے دائرے میں ہونا پڑتا ہے۔ مثلاً اخبار میں کسی فساد کے متعلق خبر ہو، ایڈیٹر نے اس پر ایک پُر زور اداریہ لکھا، اس کے کچھ دنوں بعد اس پر مبنی ایک افسانہ چھپا، اور اب معلوم ہوا کہ ادارتی نوٹ اور افسانے سے کوئی نسبت نہیں ہے، جبکہ بنیاد ان تینوں کی ایک ہی ہے۔ افسانہ تو ادب پارہ قرار پایا اور باقی دونوں چیزیں اخباری بن کر رہ گئیں۔

ادب زندگی کا آئینہ اور مسرت کا خزانہ ہے۔ افکار اعلیٰ کا مجموعہ ادب ہے۔ ادب کا موضوع انسانی جذبات و احساسات ہوتے ہیں۔ ادب دستور حیات ہے۔ تخیل ادبی تخلیقات کی اساس ہے۔ تخیل علم سے زیادہ اہم ہے۔ آئین اسٹائین کہتا ہے : Imagination is more important than knowledge. ادب سے معاشرے کی اصلاح کی جا سکتی ہے۔ کیوں کہ ادب میں دلوں کو چھو لینے کی تاثیر ہوتی ہے۔ موضوع اور اظہار کے درمیان ہم آہنگی کا نام ادب ہے۔ ادبی تخلیقات اس طرح پیش کی جاتی ہیں جیسے وہ ہمارے مشاہدے اور تجربے کا حصہ ہوں۔ جب اخبارات اس طرح رپورٹنگ کرتے ہیں تو افسانے حقیقت بن جاتے ہیں۔ قومی تحریکیں ہوں کہ انفرادی کوششیں، سبھی ان اخبارات کے ذریعہ پھیلتی ہیں۔

صحافت ایک مقدس اور معزز پیشہ ہے۔ دیانتداری، سچائی، بہادری اور اولوالعزمی کے عملی مظاہرے کا نام صحافت ہے۔ جامع، موثر، دل پذیر مدلل اور مختصر انداز میں خبروں کو سرعت کے ساتھ قاری تک پہنچانے کا نام صحافت ہے۔ کسی مسئلہ پر رائے عامہ ہموار کرنا، معاشرے کی تربیت کرنا، قیام امن میں مدد دینا عوامی رجحانات کی رہنمائی کرنا اور عوام کے حقوق کی حفاظت کرنا بھی صحافت میں شامل ہے۔

حیدر آباد کے اردو اخباروں کا کام صرف یہی نہیں تھا کہ جگہ جگہ کی مختلف خبریں شائع کر کے عوام کی دلچسپی اور ان کے معلومات میں اضافہ کیا جائے، بلکہ ان میں اصلاح حال کا شعور پیدا

کیا جائے۔ان کے فکر ورائے کی صحیح سمت میں رہنمائی کی جائے۔انھیں اخباروں کی بدولت گھر گھر علم ودانش کے چراغ روشن ہوئے۔شعروادب کی محفلیں آراستہ کی گئیں۔

قومی تحریکیں ہوں کہ انفرادی کوششیں،سبھی ان اخبارات کے ذریعہ پھیلتی ہیں۔حیدرآباد کی ادبی ،لسانی ،معاشی ،سماجی ،تہذیبی ، مذہبی زندگی کے لیل ونہار کے مطالعہ کے لئے ان اخباروں کا پڑھنا بے حدضروری ہے۔ان کے حوالہ کے بغیر حیدرآباد کی تاریخ نہیں لکھی جاسکتی۔ یہ اخبارات درحقیقت صحیفے ہیں،اعلیٰ قدروں اوراعلیٰ اصولوں کے۔آج کے اس جمہوری دور میں جو ہمہ جہتی ترقیاں ہورہی ہیں،ان میں بلاشبہ ان اخباروں کا اہم کردار ہے۔حیدرآباد کی تہذیب کو سمجھنے، یہاں کے ماحول سے قریب ہونے اورحیدآباد کی ادبی ،لسانی ،معاشی ،سماجی ،تہذیبی ، مذہبی اورادبی وسیاسی زندگی کے لیل ونہار کے مطالعہ کے لئے ان اخباروں کا پڑھنا ضروری ہے۔

صحافت کا تعلق کسی قوم اور ملک کی پوری اجتماعی ہیت سے ہوتا ہے۔حیدرآباد کی علمی و ادبی صحافت کے آغاز کا جائزہ لینے کے لئے اس ریاست کی سماجی ،تہذیبی ،سیاسی زناگی کا مطالعہ ناگزیر ہے۔

☆ باب پنجم

پروفیسر محمد انورالدین کے بارے میں مشاہیر کی رائے

ڈاکٹر سلیمان اطہر جاوید لکھتے ہیں:

''ڈاکٹر محمد انورالدین ہمہ جہت صلاحیتوں کے مالک ہیں۔ ایک اچھے استاد، صدر شعبہ اردو حیدرآباد یونیورسٹی کی حیثیت سے ایک کامیاب منتظم، ایک اچھے مقرر، ادارہ ادبیات اردو کے شعبہ امتحانات کے شریک معتمد، کئی ادبی وسماجی انجمنوں اور اداروں سے وابستہ، سمیناروں اور سمپوزیموں کے ڈائرکٹر، اس کے علاوہ اور کئی سمتوں میں اعلیٰ اور بہتر صلاحیتوں کا مظاہرہ کرنے والے، تحریر وتصنیف سے بھی ڈاکٹر انورالدین کو اپنی طالب علمی کے زمانے سے دلچسپی رہی ہے''۔
(بحوالہ روزنامہ ''سیاست'' حیدرآباد، صفحہ 4، بتاریخ 30/جون 1997ء)

پروفیسر محمد انورالدین کے بارے میں ڈاکٹر عباس متقی لکھتے ہیں:

''ڈاکٹر انورالدین حیدرآباد سنٹرل یونیورسٹی کے پہلے پی ایچ ڈی اور J.R.F. ہولڈر ہیں۔ جس جامعہ سے ڈاکٹریٹ کی وہیں لکچرر بھی ہوگئے۔ اس کے تھوڑے ہی عرصہ کے بعد ریڈر اور اب خدا کے فضل سے پروفیسر اور صدر شعبہ کے عہدے پر فائز ہیں۔ ہندوستان کی

متعدد جامعات کے بورڈ آف اسٹڈیز اور کمیٹیوں کے ممبر ہیں۔ کئی کتابوں کے مصنف ہیں۔ بحمد اللہ تعالیٰ ان کی نگرانی میں 30 طلباء (1998ء تک) نے ایم۔فل اور نصف درجن سے زائد نے پی ایچ ڈی کی ہے''۔

(بحوالہ پروفیسر محمد انورالدین۔ نرم دم گفتگو، گرم دم جستجو۔ روزنامہ ''منصف'' حیدرآباد، ایڈیشن آئینہ شہر، ص2، جمعرات 24 ستمبر 1998ء)

ڈاکٹر عباس متقی آگے لکھتے ہیں:

''ڈاکٹر انورالدین فن کے آدمی ہیں۔ شائستگی اظہار نے انھیں دوسرے قلمکاروں سے ممتاز گردانا ہے۔ تحریر نہایت عالمانہ ہوتی ہے۔ ہر لفظ گویا معدن ودانش سے نکلا ہوا جوہر آب دار ہوتا ہے جس کی روشنی سے ڈاکٹر صاحب کے مطالعے کی وسعت و گہرائی آشکار ہوتی ہے۔ جملوں کی دروبست مثنوی کے اشعار کی طرح مربوط و مسلسل ہوتی ہے کہ کہیں کوئی خلاء یا کھانچا نہیں ملتا۔ وہ اپنے طرزِ تحریر سے خشک موضوعات میں بھی شگفتگی وجاذبیت پیدا کردیتے ہیں۔ بعض نقادوں کا خیال ہے کہ اسلوب شخصیت کا غماز ہوتا ہے۔ ڈاکٹر صاحب کے اسلوب نگارش کی پختگی وحسن ودلکشی ان کی شخصیت کی صلابت اور سلامتی فکر کی آئینہ دار ہے۔ موصوف کی تقریر کا بھی جواب نہیں، الفاظ موتیوں کی طرح ڈھلتے اور نکات چشمے کی طرح ابلتے ہیں۔ وسعت علم ودانش نے تقریر کو ایجاز وجامعیت سے مالا مال کردیا ہے''(بحوالہ۔ایضاً)

پروفیسر مغنی تبسم ''فکر و نظر'' کے دیباچہ میں لکھتے ہیں۔

''ڈاکٹر محمد انور الدین کے تنقیدی مضامین میں تازگی اور ندرت ہے۔ وہ فکر و فن کے نئے زاویے تلاش کرتے ہیں اور عام ڈگر سے ہٹ کر کسی نئے خیال کو پیش کرنے کی کوشش کرتے ہیں۔اس کا اندازہ ان کے مضامین ''اقبال کی تحسین کا مسئلہ' فراق کا عشق اور فانی کا شعری سفر پڑھ کر لگایا جاسکتا ہے۔اقبال کی تحسین کا مسئلہ ناقدین اقبال کے لیے خاص طور پر قابل توجہ ہے۔ اور جیسا کہ ڈاکٹر محمد انور الدین نے بتایا ہے ضرورت ہے کہ ''اقبال کی تحسین کے لیے تنقید کے خاص اصول وضع کیے جائیں اور مروجہ پیمانوں کے استعمال میں احتیاط برتی جائے''۔ ''فراق کا عشق'' مضمون میں انھوں نے فراق کے عشق کی انفرادیت، اس کی جنسی، ارضی اور ارتفاعی سطوں کا عمدگی سے جائزہ لیا ہے''۔

مغنی تبسم نے یہ بھی لکھا ہے کہ:

''ڈاکٹر محمد انور الدین کا انداز تحقیق سلجھا ہوا ہے۔ ان کے تحقیقی مضامین میں چند ایسے ہیں جن پر پہلے کسی نے قلم نہیں اٹھایا تھا۔اور بعض مضامین تحقیق مزید کے دائرے میں آتے ہیں۔ان کی تحقیق کا خاص میدان صحافت ہے''۔

مغنی تبسم کے نزدیک'' ڈاکٹر محمد انور الدین نے دکنیات کو بھی اپنی تحقیق کی جولان گاہ بنایا ہے۔ابن نشاطی اور پھول بن اور علی عادل شاہ شاہی جیسے مضامین دکنی زبان و ادب سے ان کی گہری دلچسپی کا پتا دیتے ہیں۔توقع کی جاسکتی ہے کہ وہ اس دلچسپی کو قائم رکھیں گے اور دکنیات کے محققین میں جلد ہی اپنا مقام بنالیں گے'' (بحوالہ کتاب ''فکر و نظر'' ڈاکٹر محمد انور الدین)

ممتاز و بزرگ نقاد سلیمان اطہر جاوید لکھتے ہیں۔

''حیدرآباد کے علمی وادبی رسائل پر یہ کتاب (حیدرآباد دکن کے علمی وادبی رسائل) تحقیق اور تنقید دونوں زاویوں سے اہمیت کی حامل ہے۔ڈاکٹر محمد انورالدین نے نہایت لگن سے کام کیا ہے اور غیر معمولی تلاش وجستجو سے رسائل کی پرانی فائلوں تک رسائی حاصل کی ہے۔ان کی تازہ کار تحقیق کا اندازہ یوں کیا جاسکتا ہے کہ انھوں نے کئی جگہوں پر اپنے پیشرو محققین کی تحقیقات کو خوش اسلوبی سے رد کیا ہے جس کو مسلمات کا درجہ حاصل ہو چکا تھا۔ڈاکٹر محمد انورالدین کو اس ضمن میں جتنی کدوکاوش کرنی ہوئی ہوگی اس کا احساس کچھ وہی اصحاب کرسکتے ہیں، جنھوں نے اس دشت میں سیاحی کی ہے۔مجموعی طور پر ڈاکٹر محمد انورالدین نے تحقیق کے اعلیٰ اور جدید اصولوں سے کام لیتے ہوئے اس کتاب کو کہیں جامع اور دقیق بنادیا ہے۔اردو صحافت بالخصوص حیدرآباد دکن کے علمی وادبی رسائل کی تاریخ میں یہ کتاب دستاویزی اہمیت رکھتی ہے''۔

(بحوالہ ''حیدرآباد دکن کے علمی وادبی رسائل'' بیاک کور)

ڈاکٹر محمد انورالدین کی کتاب ''حیدرآباد دکن کے علمی وادبی رسائل'' کے ناشر نے لکھا ہے:

''زیرنظر کتاب ''حیدرآباد دکن کے علمی وادبی رسائل'' ڈاکٹر محمد انورالدین صاحب کی کئی برسوں کی محنت اور موضوع سے ان کی لگن اور وابستگی کا اظہار ہے۔حیدرآباد دکن کی اردو صحافت پر تاحال جو کام ہوئے ہیں ڈاکٹر صاحب کی یہی کتاب ان میں نمایاں حیثیت کی حامل ہے۔اس

میں ہندوستان کی اردو صحافت کا جہاں عمومی جائزہ ہے دکن میں آصف جاہی عہد میں اردو صحافت کو فوکس کیا گیا ہے۔ ڈاکٹر صاحب نے مناسب تفصیل اور جامعیت کے ساتھ موضوع کا حق ادا کر دیا ہے کہ کئی مقامات پر نگاہ ٹھہر جاتی ہے اور قاری داد دینے پر مجبور ہو جاتے ہیں۔ سچ تو یہ ہے کہ ڈاکٹر محمد انورالدین نے اس موضوع کو منور کر دیا ہے"۔

☆ باب ششم

اختتامیہ

ڈاکٹر محمد انورالدین نے روزِ اول سے ہی ادب کو اپنے قلم کو جولانگاہ بنایا۔ جہاں اوروں نے محض شعروشاعری پر توجہ دی اور برسوں پہلے جن امور پر محسنین اردو نے قلم اٹھایا اور اپنی رائے دی، اسے ہی حتمی سمجھ لیا گیا۔ کالج اور یونیورسٹی کی سطح پر قدیم اردو ادب کی اس زبوں حالی خصوصاً دکنیات سے بے توجہی و بے اعتنائی کو شدت کے ساتھ محسوس کرتے ہوئے ان سنگین حالات کے تدارک میں مصروف کار رہنے اور اپنے زورِ قلم سے ان احوال کا مقابلہ کرنے کے لیے کمر بستہ رہنے والے معدودے چند مستشرقین اور ماہرین دکنیات میں چارلس اسٹیوارٹ، اشپرنگر، گارساں دتاسی، بلوم ہارٹ، حکیم شمس الحق قادری، مولوی عبدالحق، نصیرالدین ہاشمی، محمود شیرانی، ڈاکٹر زور، پروفیسر سروری، افسر صدیقی، سخاوت مرزا، جمیل جالبی، شمس الرحمٰن فاروقی، سیدہ جعفر، گیان چند، معین الدین عقیل، اور محمد علی اثر قابل ذکر ہیں۔ چنانچہ ان تمام محققین نے اپنے اپنے حوصلہ کے مطابق اپنی اپنی صلاحیتوں کو بروئے کار لا کر قدیم اردو (دکنی ادب) کی جس طرح خدمت انجام دی وہ ناقابل فراموش ہے۔ ان محققین نے ایسی تاریک راہوں میں شمع علم جلایا ہے جہاں دور دور تک روشنی کی ایک کرن بھی نظر نہیں آتی تھی۔

(بحوالہ معجم دکنیات۔اول۔ پروفیسر محمد علی اثر۔ص 10 اور 11)

ایسے میں ڈاکٹر محمد انورالدین صاحب نے ایک نئی راہ دِکھائی ہے۔ پروفیسر انورالدین کی تحقیق کو سراہتے ہوئے ڈاکٹر سلیمان اطہر جاوید نے لکھا ہے :

''اقبال کی تحسین کے مسئلہ پر ڈاکٹر انورالدین نے نہایت معروضی انداز میں اقبال کے ناقدین کی تحریروں کا جائزہ لیا ہے۔ اقبال کے

اسلوب پر بھی ان کی تحریر اہمیت رکھتی ہے لیکن اقبال کی نظم ''نیا شوالہ'' پر ان کی تحقیق اپنا جواب آپ ہے۔ یہ مضمون اقبالیات میں اپنی جگہ رکھے گا۔ فراق کے عشق اور فانی کے شعری سفر کے بارے میں ان کا مطالعہ غور وفکر کا حامل ہے۔ خصوصاً فانی کی یاسیت کا تجزیہ اعتبار رکھتا ہے۔ اکبر کے مکاتیب پر ہمارے ہاں کم ہی لکھا گیا ہے۔ ڈاکٹر انورالدین نے اس موضوع کا خوبی کے ساتھ محاسبہ کیا ہے کہ اکبر الہ آبادی کی شخصیت کے کئی پہلو اظہر من الشّمس ہو جاتے ہیں۔ یہ ایک اچھا مضمون ہے۔ جدیدیت کے بارے میں گفتگو کرتے ہوئے ڈاکٹر انور جدیدیت کو ترقی پسندی کا ردعمل قرار دیتے ہیں۔ یہ مضمون مختصر لیکن جامع ہے۔ اردو ناول میں حقیقت نگاری کے رجحانات پر بھی انہوں نے اچھی بحث کی ہے۔ دکنیات پر ان کے تینوں مضامین میں ''ابن نشاطی اور پھول بن'' معرکہ آراء ہے۔ دکنیات پر ہمارے ہاں تحقیق خاصی کی گئی ہے اور تنقید کم۔ ڈاکٹر انورالدین نے یہاں تنقیدی زاویہ سے زیادہ کام لیا ہے۔ اور خوبی کے ساتھ۔ استادِ محترم پروفیسر سروری صاحب کی شخصیت اور تصانیف پر ڈاکٹر انور نے غیر معمولی محنت سے قلم اٹھایا ہے کہ سروری صاحب کی دلنواز شخصیت کچھ اور دلنواز ہو جاتی ہے۔ صحافت پر ڈاکٹر انورالدین کے پانچ مضامین ہیں۔ یہ تحقیقی نوعیت کے بھی ہیں اور تنقیدی نوعیت کے بھی، اسی کے ساتھ معلومات آفریں بھی۔ ڈاکٹر انور کے شستہ اندازِ تحریر نے ان مضامین کو خوشگوار اور دلچسپ بنا دیا ہے''۔

(بحوالہ روزنامہ ''سیاست'' حیدرآباد، صفحہ 4، 30/جون 1997ء)

ڈاکٹر انورالدین صاحب نے ڈاکٹر زورؔ کی مرتبہ تواریخ وادبی تذکروں کا بھی تفصیلی جائزہ لیا ہے۔ اردو دنیا میں ڈاکٹر زور کی شخصیت کسی تعارف کی محتاج نہیں ہے۔ وہ دکنی تحقیق کے میر قافلہ اور اردو میں لسانیات کے ابوالآباء تھے۔ انہوں نے ادب کے مختلف کو اپنے فکر ونظر کی جولان گاہ بنایا۔ تنقید، تحقیق، لسانیات، صوتیات، افسانہ نگاری، ادبی تاریخ، سوانح نگاری، مکتوب نگاری، شاعری غرض یہ کہ ادب کا کونسا پہلو تھا جسے ان کے کلک گہربار نے اپنی تراوش سے نہیں سنوارا۔ موضوعات کے تنوع اور رنگارنگی کے اعتبار سے اردو کا شاید ہی کوئی اہل قلم ان کی برابری کا دعویٰ کرسکتا ہے۔

دکنی اور دکنیات سے زور صاحب کو خاص وابستگی اور شغف تھا۔ بلکہ یہ ایک طرح سے ان کی زندگی کا حصہ بن چکے تھے۔ دکنی سے قطع نظر اردو زبان وادب کی تاریخ بھی ان کے تحقیقی مطالعہ کا خاص موضوع تھی۔ ان تمام موضوعات سے متعلق انہوں نے بے شمار مضامین ومقالات کے علاوہ کئی کتابیں اپنی یادگار چھوڑی ہیں۔ لیکن پیش نظر مقالے میں ان کی صرف ایسی تصانیف کا ذکر کیا جائے گا جو ادب کی تاریخ اور تذکرے کے دائرے میں آتی ہیں۔ یہ تصانیف حسب ذیل ہیں:۔

۱) اردو شہ پارے

۲) تاریخ ادب اردو

۳) دکنی ادب کی تاریخ

۴) داستان ادب حیدرآباد

جس زمانے میں ڈاکٹر زور اپنے ڈاکٹریٹ کے مقالے کی تکمیل نیز اردو زبان کے لسانی اور صوتیاتی مسائل پر تحقیقی کام کے سلسلے میں لندن اور پیرس میں قیام پذیر تھے اسی دوران انہیں۔ آکسفورڈ کیمرج، پیرس اوراڈنبرا یونیورسٹی کے کتب خانوں میں قدیم اردو کی نایاب قلمی کتابوں کے مطالعے کا موقع ملا۔ ان میں بعض ایسی بھی تھیں جن کے نسخے ہندوستان میں بھی

موجود نہیں تھے۔ ڈاکٹر زور نے محسوس کیا کہ ان نادر مخطوطات کو علمی دنیا میں متعارف کرانا ضروری ہے۔ اس مطمع نظر سے انہوں نے فرصت نکال کر اس ادبی ذخیرے کے بہترین حصوں کا انتخاب جمع کرنا شروع کیا۔ انتخاب کے ساتھ ساتھ وہ ان کتابوں کے مصنفین کے حالات وکوائف بھی جمع کرتے گئے۔ چھٹیوں میں جب وہ ہندوستان آئے تو یہ سارے انتخابات ان کے ساتھ تھے۔ ان کا خیال تھا کہ اس کو یورپ ہی میں ایک انگریزی مقدمے کے ساتھ نسخی ٹائپ کے حروف میں چھپوائیں لیکن یہاں احباب کے اصرار پر انہیں اس کتاب کی طباعت اوراشاعت کے متعلق اپنے سابقہ خیال کو بدل دینا پڑا اور انہوں نے جو انتخابات فراہم کئے تھے حیدرآباد آنے کے بعد ان میں چند اوراضافے بھی کئے جن میں نواب عنایت جنگ بہادر اور پروفیسر آغا حیدر حسین کے گراں قدر کتب خانوں میں مخزونہ بعض نادرونایاب مخطوطات کے انتخابات شامل ہیں۔ برٹش میوزیم اور انڈیا آفس کے کتب خانوں کے قلمی نسخوں میں انہیں عبداللہ قطب شاہ، غواصی اور ابن نشاطی کی تصاویر دستیاب ہوئیں۔ محکمہ آثار قدیمہ (سابقہ ریاست حیدرآباد کے گنجینۂ نوادرات) سے انہوں نے علی عادل شاہ دوم، سید شاہ اجو، ابوالحسن تاناشاہ اور محمد قلی قطب شاہ کی تصاویر کے علاوہ محمد قلی قطب شاہ محمد قطب شاہ کی چند غزلوں کے خوش خط قطعات جو انہیں کے دور میں انہیں کے لئے بطور وصلی لکھے گئے تھے کہ فوٹوز حاصل کئے اور ان سب کو اس کتاب میں شامل کیا۔

اردو شہ پارے ۱۹۲۹ء میں شائع ہوئی۔ یہ دکنی ادب کی تحقیق میں شاہ کار کا درجہ رکھتی ہے۔ اس قدر گراں مایہ کتاب ہے جس نے دکنیات کے میدان میں مطالعے کی بنیاد فراہم کی اور محققین کے لئے نئی راہیں ہموار کیں۔ اردو میں ولی اورنگ آبادی سے اٹل ادبی تاریخ لاعلمی کے دھندلکوں میں مخفی تھی۔ ڈاکٹر زور نے اس کتاب میں قدیم شہ پاروں کی روشنی میں ولی سے پہلے کی ادبی تاریخ کو مربوط مرتب کرنے کی کوشش کی۔ قدیم اردو کے شہ پاروں کے اس انتخابی عمل میں ادبیت کو ترجیح دی گئی ہے اور انہیں تاریخ وار یکے بعد دیگرے مرتب کرکے اردو زبان وادب کا ارتقاء دکھایا گیا ہے۔

اردو شہ پارے کے مشمولات اوران کے اہم خدوخال اس طرح ہیں۔

اردو ادب مغلوں کی حکومت میں اس باب کے ضمن میں افضل، شیخ جیون، جعفر زٹلی جیسے شعراء شمال کے علاوہ دکن اور گجرات کے عاجزؔ، ضعیفیؔ، امینؔ، ذوقیؔ، بحریؔ، عشریؔ، ولی ویلوریؔ اور ولیؔ اورنگ آبادی وغیرہ کے حالات وتصانیف پر روشنی ڈالی گئی ہے۔

ابن ابواب کے بعد مضامین اور مصنفین کے اعتبار سے اس انتخاب میں شامل شہہ پاروں کی دو علاحدہ فہرستیں دی گئی ہیں۔ اس کے بعد کتاب کا دوسرا حصہ شروع ہوتا ہے جو قدیم اردو شہ پاروں کے انتخاب پر محتوی ہے۔ اس میں بھی نظم اور نثر کے حصے علاحدہ علاحدہ ہیں۔

اردو شہ پارے کے آخری میں مقدمے کے مشمولات سے متعلق آٹھ ضمیمے شامل ہیں۔ کتاب کے آخر میں اشاریہ دیا گیا ہے۔

ڈاکٹر زور کا خیال تھا کہ اردو شہ پارے کی طرز پر اردو کے بعد کے ادبی کارناموں سے بھی انتخابات کئے جاسکتے ہیں۔ انہوں نے اس منصوبے کا خاکہ بھی تیار کیا تھا۔ جس کے تحت یہ پورا کام تین جلدوں میں تقسیم کیا گیا تھا۔ پہلی جلد ابتداء سے ولیؔ سے حالی تک اور تیسری جلد حالی سے موجودہ زمانے تک کی اہم ادبی تصانیف کے انتخابات پر مشتمل تھی۔ زمانی تعین کے ساتھ زور صاحب نے دوسری اور تیسری جلد کے مرتبین کا بھی انتخاب کیا تھا۔ دوسری جلد کا کام عبدالقادر سروری صاحب اور تیسری جلد کا کام سید محمد صاحب کے تفویض کیا گیا تھا لیکن زورؔ صاحب کا یہ خواب شرمندہ تعبیر نہ ہوسکا اور اردو شہ پارے کی دوسری اور تیسری جلد کی ترتیب واشاعت تعویق وتعطل کا شکار ہوگئی۔ اس میں کوئی دورائیں نہیں ہوسکتیں کہ اردو شہ پارے کی اشاعت نے اردو زبان کی ادبی تاریخ کو طوالت بخشنے اور اردو کی قدامت اور بزرگی قائم کرنے میں بڑا حصہ لیا۔ زور صاحب نے اپنے زمانے کے دستیاب وسائل اور مواد کی روشنی میں اردو شہ پارے کو تحقیق واستناد کے اعتبار سے جامع اور ٹھوس بنانے کی پوری پوری کوشش کی تھی۔ لیکن انہیں اس کا مرکا احساس بھی تھا کہ اس قسم کے کام کبھی مکمل اور خالی از اسقام نہیں ہوتے چنانچہ وہ رقم

طراز ہیں۔

''کوئی شخص بھی دعویٰ نہیں کرسکتا کہ میں جو کام پیش کر رہا ہوں وہ ہر حیثیت سے مکمل ہے۔ آئے دن دکنی دور کی جونئی کتابیں برآمد ہوتی جارہی ہیں ان کی رفتار ظاہر کرتی ہے کہ بہت جلد ہمیں اس جلد کا ایک ضمیمہ یا دوسرا حصہ شائع کرنا پڑے گا۔ بہ حالت موجودہ یہ کہا جاسکتا ہے کہ اس کتاب میں ان تمام قلمی تصنیفات کے انتخاب دے دیئے گئے ہیں جو اس وقت دستیاب ہوسکی ہیں یا جنہیں کچھ ادبی حیثیت حاصل ہے۔ یہی حال مقدمے کا بھی ہے جس میں ان شہ پاروں اوران کے مصنفین پر تاریخی حیثیت سے نظر ڈالی گئی ہے۔ یہ بھی اس دور کے ادب اردو کی ایک مکمل تاریخ نہیں ہوسکتی جتنی معلومات فراہم کی جاسکتی تھیں۔ ان کے پیش کرنے کی حتی الامکان کوشش کی گئی ہے۔'' (مقدمہ س۔س ۷۶)

اسے زور صاحب کی بصیرت کہیئے یا پیش بینی کا کمال کہ ان کا اندازہ صد فیصد درست ثابت ہوا۔ چنانچہ مابعد دور میں دکنیات کے میدان میں جونئی تحقیقات ہوئیں ان کی روشنی میں اردو شہ پارے کے بعض مندرجات اور بیانات تصحیح طلب قرار پائے۔

تاریخ ادب اردو:

اس کتاب پر مصنف کے نام کی بجائے مرتبہ ادارہ ادبیات اردو درج ہے لیکن اہل علم پر یہ حقیقت الم نشرح ہے کہ یہ دراصل ڈاکٹر زور ہی کے تراوش قلم کا نتیجہ ہے۔ چنانچہ ماہ نامہ سب رس ۱۹۶۳ء بارگاہ میں ڈاکٹر زور کے مقالہ نما کے مرتب وقار خلیل نے اس کتاب کو ڈاکٹر زور کی تصانیف میں شامل کیا ہے (ص ۳۹۰) یہ کتاب ادارۂ ادبیات اردو حیدر آباد کی مطبوعات کے سلسلے کی ساتویں کڑی کے طور پر پہلی مرتبہ ۱۹۴۰ء میں منظر عام پر آئی اور تا حال اسکی دس اشاعتیں نکل چکی ہیں۔ ڈاکٹر زور کے زمانے میں ادارۂ ادبیات اردو کے ہمہ گیر اور ہمہ جہتی منصوبوں میں ایک منصوبہ یہ بھی تھا کہ دنیا ک اہم زبانوں کی ادبی تواریخ اردو میں شائع کی جائیں۔ اس

منصوبے کے تحت مولوی میر حسن صاحب انگریزی ادب مولوی سید ابوالفضل صاحب عربی ادب، پروفیسر عبدالقادر سروری صاحب ہندی ادب اور ڈاکٹر زور کو اردو ادب کی تاریخ قلم بند کرنے کا کام تفویض کیا گیا تھا۔ ڈاکٹر زور کی مرتبہ تاریخ اتنی ضخیم ہوگئی کہ اس کی طباعت کا فی الفور اہتمام نہ ہوسکا۔ لیکن ادارۂ ادبیات اردو کے امتحانوں کے سلسلے میں ایک مختصر اور جامع تاریخ ادب کی شدید ضرورت تھی چنانچہ زور صاحب نے اپنی ضخیم تاریخ کے سمندر کو ایجاز واختصار کے کوزے میں بند کر کے تاریخ ادب اردو کی شکل میں پیش کیا۔ یہ کتاب چار حصوں پر مشتمل ہے

پہلا حصہ اردو کی ابتداء سے عہد ولی تک کا احاطہ کرتا ہے۔ بہ الفاظ دیگر اس میں دبستان دکن کے تمام اہم شعراء اور ان کی تصانیف پر سرسری لیکن تحقیقی نظر ڈالی گئی ہے۔ دوسرے حصے کے پہلے جزو میں دہلی میں اردو ادب کے آغاز سے بحث کی گئی ہے۔ اس میں دور حاتم سے لے کر عہد مصحفی وانشاء تک کا جائزہ لیتے ہوئے ''اردو نثر کی ترقی'' کے عنوان سے فورٹ ولیم کالج کے مصنفین اور ان کی تخلیقات کا اجمالی جائزہ لیا گیا ہے۔

اسی حصے کے دوسرے جزو میں دکن میں اردو ادب کا احیا کے عنوان سے اٹھارویں صدی عیسویں کے دکنی شعراء اور جدید علوم وفنون کے عنوان سے نواب شمس الامراء اور ان کے دارالترجمے کی خدمات کا ذکر کیا گیا ہے۔

تیسرے حصے میں دبستان لکھنو اور دبستان دہلی کے شعراء میں ذوق، غالب، مومن، ظفر، شیفتہ، ازردہ اور مجروح قابل ذکر ہیں۔

چوتھے حصے کا عنوان ''اردو ادب کا دور جدید'' ہے۔ اس میں سرسید، آزاد، حالی، شبلی، نذیر احمد اور ذکاء اللہ جیسے نثر نگار اور امیر، داغ، تسنیم، اکبر، چکبست اور اقبال جیسے شعراء شامل ہیں۔ اس حصے کی خاص بات یہ ہے کہ اس میں ڈاکٹر زور نے دکن کے بعض اہم شاعروں اور نثر نگاروں کو تاریخ ادب اردو کی پوری روایت کے پس منظر میں ان کا مقام متعین کرنے کی کوشش کی ہے۔ اس کے علاوہ دکن کے اہل قلم میں گردھاری پرشاد باقی، ڈاکٹر احمد حسین مائل،

جلال الدین توفیق، رضی الدین حسن کیفی اور طیبہ بیگم کا ذکر شامل ہے۔

اسی باب کے دوسرے جز میں اردو کے مختلف تحقیقی و تصنیفی اداروں مثلاً دارالترجمہ جامعہ عثمانیہ، دارالمصنفین اعظم گڑھ، انجمن ترقی اردو ہندوستانی اکیڈیمی، ادارہ ادبیات اردو اور اردو اکیڈیمی جامعہ ملیہ کا تعارف بھی کرایا گیا ہے۔ اور تیسرے جز میں اردو صحافت کے عنوان سے اردو اخبارات ورسائل پر ایک مختصر نوٹ لکھا گیا ہے۔ کتاب کے آخر میں اشاریہ بھی دیا گیا ہے۔ یہ کتاب ڈاکٹر زور کے مطابق تحقیقی وسائنٹیفیک بنیاد پر مرتب کی گئی ہے۔ لیکن ظاہر ہے کہ گذشتہ نصف صدی کے دوران تحقیق وتنقید نے اتنی ترقی کی ہے کہ اس کی روشنی میں اس کتاب کی کئی باتیں ساقط الاعتبار قرار پائی ہیں۔ لیکن اختصار و جامعیت کے پہلو سے یہ کتاب بہرحال اپنی قدر و قیمت رکھتی ہے۔

دکنی ادب کی تاریخ:

دکنی ادب کو تواریخ میں زور صاحب کی یہ تصنیف اختصار اور جامعیت کے اعتبار سے اپنی مثال آپ ہے۔ یہ کتاب پہلی مرتبہ ۱۹۶۰ء میں منظر عام پر آئی او تب سے آج تک اس کے متعدد ایڈیشن نکل چکے ہیں۔ کمال تو یہ ہے کہ زائد ز ربع صدی کا عرصہ گزرنے کے باوجود اس کی اہمیت اور افادیت میں ذرہ برابر کمی نہیں آئی۔ اس گراں قدر کتاب میں ڈاکٹر زور نے ارض دکن میں دکنی زبان اور شعر وادب کے ارتقاء کا بسیط اور سیر حاصل جائزہ لیا ہے۔ پوری کتاب چھ ابواب پر مشتمل ہے جن میں دکن کے قدیم ادبی وشعری مراکز مثلاً گلبرگہ، بیدر، بیجاپور، اور گولکنڈے کے سخن طرازوں اور نثر نگاروں کے حالات زندگی اور ان کی تصانیف پر ایجاز واختصار کے ساتھ بحث کی گئی ہے۔ زمانی اعتبار سے یہ کتاب ۱۳۵۰ء سے ۱۷۵۰ء تک یعنی چار سو سال کی مسافت پر مشتمل ہے۔

باب اول میں عہد بہمنی کے عنوان کے تحت جن شعراء کے حالات اور ان کی تصانیف اور ان کی تصانیف کا ذکر کیا گیا ہے ان میں شیخ عین الدین گنج العلم، سید محمد حسینی حضرت خواجہ بندہ

نواز، عبداللہ حسینی، نظامی بیدری، مشتاق، لطفی، فیروز، اشرف، شاہ میراں جی شمس العشاق اور سید شہباز حسینی شامل ہیں۔ لیکن ان میں شیخ عین الدین گنج العلم سے منسوب دکنی تصانیف معروف الاسم اور معدوم الوجود ہیں اور حضرت خواجہ بندہ نواز سے منسوب معراج العاشقین ڈاکٹر حفیظ قتیل صاحب مرحوم کی تحقیق کے مطابق مخدوم شاہ حسینی بلگانوری کی تصنیف ثابت ہو چکی ہے۔ دوسرے باب میں عادل شاہی عہد کے عنوان سے دبستان بیجاپور کے جن سخنوروں کے حالات اور تصانیف پر روشنی ڈالی گئی ہے ان میں شاہ برہان الدین جانم، عبدل بیجاپوری، مقیمی، حسن شوقی، صنعتی، رستمی، ملک خوشنود، نصرتی اور ہاشمی قابل ذکر ہیں۔

تیسرے باب میں قطب شاہی عہد، گولکنڈہ اور حیدرآباد کی سرخی دبستان گولکنڈہ کے جن نمائندہ سخن طرازوں کے حالات اور ادبی کارناموں کو موضوع بحث بنایا گیا ہے ان میں محمد قلی قطب شاہ، ملا خیالی، محمود فیروز، وجہی، غواصی، ابن نشاطی، شاہ اجو اور طبعی وغیرہ قابل ذکر ہیں۔

تیسرے باب میں قطب شاہی عہد، گولکنڈہ اور حیدرآباد کی سرخی دبستان گولکنڈہ کے جن نمائندہ سخن طرازوں کے حالات اور ادبی کارناموں کو موضوع بحث بنایا گیا ہے ان میں محمد قلی قطب شاہ، ملا خیالی، محمود فیروز، وجہی، غواصی، ابن نشاطی، شاہ اجو اور طبعی وغیرہ قابل ذکر ہیں۔

پانچواں باب ''مغل عہد، حیدرآباد اور اورنگ آباد'' کے عنوان سے ہے۔ اس باب میں سترہویں صدی عیسوی کے اواخر اور اٹھارویں صدی عیسوی کے نصف اول کے جن دکنی شعراء اور ان کی تصانیف پر روشنی ڈالی گئی ہے ان میں بحری، روحی، مرزا، قادر، ضعیفی، عشرتی، شاہ حسین ذوقی، وجدی، فراقی، ولی ویلوری، ولی اورنگ آبادی اور سراج اورنگ آبادی اہم ہیں۔

کتاب کا آخر باب ''دکنی ادب کا اثر شمالی ہند کی اردو پر'' ہے۔ اس میں ڈاکٹر زور نے بہ دلائل یہ ثابت کیا ہے کہ شمالی ہند میں اردو زبان میں تخلیقی ادب کی روایت کا آغاز دکنی کی شعری روایت کے زیر اثر ہوا۔

یہ کتاب اردو ادب کی علاقہ داری تواریخ میں منفرد حیثیت رکھتی ہے۔ اس کے بارے

میں خود مصنف کا یہ خیال تھا کہ ''گویہ کتاب دکنی ادب کی تاریخ پر حرف آخر نہیں لیکن دکن کی علمی وادبی تحریکوں اور کاوشوں کو عام اردو دانوں، طلبہ اور عوام میں متعارف کرانے کا ایک ذریعہ ہے۔

داستان ادب حیدر آباد :

ڈاکٹر زور کی مرتبہ ادبی تواریخ کے سلسلے کی ایک کڑی ''داستان ادب حیدر آباد'' ہے جو ۱۹۵۱ء میں زیور طباعت سے آراستہ ہو کر منظر عام پر آئی اس کتاب میں ۱۰۰۰ھ سے ۱۳۷۰ھ یعنی تقریباً پونے چار صدیوں کے دوران شہر حیدر آباد کی علمی وادبی تحریکات اور ان کے پس منظر نیز یہاں کی مردم خیز سرزمین سے اٹھنے والے ارباب علم و دانش اور اصحاب کمال کے حالات زندگی اور ان کی تصانیف کے مطالعے پر مشتمل ہے۔ داستان ادب حیدر آباد دس ابواب پر محیط ہ۔ پہلا باب۔ ۱۰۰۰ھ تا ۱۰۵۰ء کے دوران دکنی کے ابتدائی سخن دروں اور ان کی تصانیف کے تذکرے پر مشتمل ہے۔ دوسرا باب عہد ابن خاتون اور ابن نشاطی ۱۰۵۰ھ تا ۱۱۰۰ھ کا احاطہ کرتا ہے۔ تیسرا باب ۱۱۰۰ھ تا ۱۱۵۰ھ کے دور انتشار سے متعلق ہے چوتھے باب میں ادب وشعر کا احیا کے عنوان سے ۱۱۵۰ھ تا ۱۲۰۰ھ کے ادب کا جائزہ لیا گیا ہے۔ پانچواں باب عہد ارسطو جاہ ۱۲۰۰ھ تا ۱۲۲۰ھ کے مشاہیر ادب کے اکتسابات کا تعارف کراتا ہے۔ چھٹا باب چنداور چندولال ۱۲۲۰ھ تا ۱۱۵۰ھ کے آصف جاہی کے تذکرے پر مشتمل ہے۔ ساتواں باب شمس الامراء اور شمس الدین فیض ۱۲۵۰ھ تا ۱۲۸۰ھ اور آٹھواں باب مختار الملک اور وقار الملک ۱۲۸۰ھ تا ۱۳۲۰ھ اور نواں باب عہد کشن پرشاد، شاد یمین السلطنت ۱۳۲۰ھ تا ۱۳۵۰ھ کے عہد سے تعلق رکھنے والے شاعروں اور ادیبوں کے حالات وادبی خدمات کے مطالعے پر مبنی ہے دسویں اور آخری باب کا عنوان جامعہ عثمانیہ ۱۳۵۰ھ تا ۱۳۷۰ھ ہے اس میں جامعہ سے نسبت رکھنے والے اہل قلم کے کارناموں کا جائزہ لیا گیا ہے۔

اس کتاب کے دیباچے میں ڈاکٹر زور لکھتے ہیں۔

''یہ کوئی مبسوط یا تذکرہ نہیں ہے بلکہ ایک ایسا جائزہ ہے جو زیادہ

ترمؤلف کے تاثرات پر مشتمل ہے اور جس میں پہلی بار اردو فارسی اورعربی تینوں زبانوں کے نہ صرف شاعروں بلکہ ہر موضوع کے نثر نگاروں کی نسبت بھی ضروری معلومات یکجا کردی گئی ہیں''۔

چوں کہ اس کتاب میں ڈاکٹر زور نے حیدر آباد کے علم وفضل اور شعر وسخن کی تاریخ، تاریخ ادب کے جدید اصولوں کے مطابق باقاعدہ زمانی ادوار بندی کے ساتھ قلم بند کی ہے اس لئے راقم الحروف نے ادبی تواریخ کے ضمن میں اس کا مطالعہ کیا ہے۔

مذکورہ بالا تصانیف کے علاوہ زور نے اردو کے قدیم اور جدید مختلف مشاہیر اوراہل قلم کی حیات اور سوانح پر بھی مشتمل تصانیف اپنی یادگار چھوڑی ہیں۔ جن میں سرگذشت غالب، حیات سلطان محمد قلی قطب شاہ، حیات میر محمد مومن، سرگذشت حاتم، حیات گارساں دتاسی وغیرہ شامل ہیں۔ لیکن فنی اعتبار سے ان کا شمار تذکروں میں نہیں ہوتا۔ یہ ایک فرد کی سوانح حیات ہے۔

اردو ناول میں حقیقت نگاری نئے رجحانات :

ریلزم اور ناول ہم معنی لفظ ہیں۔ حقیقت نگاری کی تحریک ناول کے آغاز کے ساتھ ہی شروع ہوئی۔ ناول کے وجود میں آنے سے قبل ہر زبان میں تخیلی قصے تھے خواہشات کی تکمیل جب حقیقی عنوان سے نہ ہو پاتی تو تخیل کے سہارے اس کو پورا کرنے کی کوشش کی جاتی۔ ان قصوں کے طرز بیان میں ایک قسم کا تکلف اور تصنع کے ساتھ حد درجہ مبالغہ ہوتا تھا۔ کردار، خیال اور واقعات کی بنیاد عموما فوق فطری عناصر پر ہوتی تھی۔ داستان نگار قاری کو عجائبات کی دنیا میں لے جاتا جہاں بھوت، جندیو، پریاں اور اسی قسم کے فوق فطری کردار ہوتے تھے اور پھر ان کے کارنامے جو ان کے وجود ہی کی طرح بعید از قیاس ہوتے تھے۔ داستان دراصل زندگی اور اس کے حقیقی مسائل سے فرار کا دوسرا نام تھا۔

آگے چل کر جب ایسا قصہ لکھا گیا جس میں حقیقی زندگی اور اس کے مسائل کو موضوع

بنایا گیا تو یہ قصہ ناول کہلایا۔ ادب کی دنیا میں جو سب سے پہلا ناول لکھا گیا وہ رچرڈسن کا ''پامیلا'' ہے اس میں ایک گھریلو خادمہ کے ذریعہ زندگی کو پیش کیا گیا۔ جب کہ داستانوں میں اعلیٰ طبقے کی زندگی پیش کی جاتی تھی۔

حقیقت نگاری کی تحریک ۱۸۴۸ء میں یورپ میں شروع ہوئی اور ادب میں رومانیت کے ردعمل کے طور پر ابھری چنانچہ حقیقیت نگار عام آدمی کی روم مرہ زندگی پر زور دیتا ہے جو اکثر موافقاور نامساعد حالات وکوائف کی ترجمانی سے لبریز ہوتی ہے اور وہ ایسی مناسبت سے زبان اور اسلوب بھی اختیار کرتا ہے۔

یوں تو اردو ناولوں میں نذیر احمد کے ظاہر دار، بیگ اور مرزا ہادی رسوا کے کردار بالخصوص کالے خاں، امراؤ جان کا بھائی اور امراؤ جان حقیقت نگاری کا جوہر رکھتے ہیں لیکن باقاعدہ طور پر حقیقت نگاری کا بیڑہ منشی پریم چند نے اٹھایا۔

حقیقت نگاری اور واقعیت نگاری دونوں ایک ہی ہیں مگر یہ سوال بعد میں اٹھایا گیا کہ حقیقت اور واقعیت کسے کہیں گے۔ پہلے خارجی حقیقت جو مشاہدے میں آتی تھی وہی ادب کا موضوع بنی رہی۔ زندگی کی تعبیر کس طرح کی جائے اس کا اطلاق مختلف تحریکات ونظریات کے ساتھ ہوا۔ فرائیڈ کے تحلیل نفسی کے نظریے کے بعد نفسیاتی حقیقت نگاری پر بھی زور دیا جانے لگا۔ آگے چل کر حقیقت نگاری کے کئی رجحانات پیدا ہوئے اور اسی کے ساتھ ناولوں میں بھی مختلف رجحانات آنے شروع ہوئے۔ مغرب میں ناولوں میں نئے رجحانات کثرت سے آتے گئے لیکن اردو میں تبدیلیاں بہت کم ہوئیں۔ ترقی پسند دور میں ادب میں اشتراکی حقیقت نگاری کا زور رہا۔ اشتراکی حقیقت نگاری ایک طرح کی رومانیت تھی۔ لینن نے ادیبوں کو ہدایت کی تھی کہ ادب کا کام صرف یہ نہیں کہ خارجی حقائق کی محض عکاسی کردی جائے بلکہ ادیب کو چاہئے کہ وہ انسارے عوامل کو پیش نظر رکھے جس سے خارجی حقیقت تشکیل باتی ہے اور اسی کے ساتھ مستقل کے امکانات کو بھی نظر انداز نہ کرے۔ اور انقلاب کے زیر اثر جو خوش آئند تبدیلیوں کے امکانات ہیں

ان کو بھی پیش کرنا چاہئے اردو میں کرشن چندر، خواجہ احمد عباس اور دوسرے ترقی پسند ناول نگاروں کے ہاں یہی رجحان ملتا ہے اس کے برخلاف راجندر سنگھ بیدی نے انسانی فطرت اور انسان کے وجودی مسائل کو جگہ دی اور حقیقت کو واشگاف انداز میں پیش کیا۔ جب کہ قرۃ العین حیدر نے حقیقت کا ایک تاریخی ادراک پیش کیا۔ وہ تاریخ میں انسانی وجود کے سفر کو نگاہ میں رکھتی ہیں۔ ان کا ناول ''آگ کا دریا'' آزادی کے بعد کا پہلا اور اہم ناول ہے۔ اس ناول کے کرداروں میں ناآسودگی تاریخ اور فلسفی کی کتابوں، بھگتی تحریک میں سکون کی تلاش میں پھرنے کا عمل ۔۔ وقت کے بہاؤ میں انسان لباس، کردار اور شکلوں کی تبدیلی اور بوقت کے جبر کے آگے بے بسی جو ہم سب کا مقدر ہے جس سے کوئی نہ بچ سکا یہ ایک ابدی حقیقت ہے اور اس طرح کے تصورات کا حقیقی اظہار ہے۔

۱۹۵۵ء کے بعد اشتراکی سکہ بندی کو ہندوستان اور پاکستان کے ادیبوں نے توڑا کیوں کہ روس کے اشتراکی نظریوں میں بھی تبدیلی آ گہی تھی۔ اس دور میں ہمیں ''خدا کی بستی'' میں حقیقت نگاری کا پہلا رجحان نظر آتا ہے۔ شوکت صدیقی نے اس ناول میں نچلے متوسط طبقے کے کرداروں کے حوالے سے معاشرے کی بھیانک اور ہولناک سچائیوں پر سے پردہ اٹھایا ہے۔

حیات اللہ انصاری کا ضخیم ناول'' لہو کے پھول'' میں حقیقت نگاری کم اور سیاسی پارٹی کا پروپگنڈہ زیادہ ہے اس لئے یہ ناول تو تاریخ بن سکا اور نہ ہی ناول البتہ ان کا ایک چھوٹا سا ناول ''مدار'' اس لحاظ سے اہم ہے کہ اس میں یہ بتایا گیا ہے کہ کمیونیکیشن گیاپ یا ترسیل کی ناکامی کی وجہ سے عشق بھی ناکام ہو جاتا ہے۔ ہم زبان کے مسئلہ کو نظر انداز نہیں کر سکتے۔ اس کا کوئی نہ کوئی حل ضرور نکالنا پڑے گا۔

خدیجہ مستور کے ناول ''آنگن'' میں حقیقت نگاری کی ایسی اکائی ہے جو کسی تراشی ہیرے کی طرح ہے۔ جس زاویے سے دیکھئے ایک نیا پرتو نظر آتا ہے۔ حقیقت نگاری اور معاشرے کی یہ عکاسی، سیاسی البعاد، جنسی البعاد تہذیبی پہلو وغیرہ۔ آنگن'' مسلم متوسط طبقے کی معاشرتی گھٹن کی

حقیقی تصویر کشی کرتا ہے۔

پروفیسر محمد انورالدین کی علمی وادبی خدمات وسیع سے وسیع تر ہیں۔ جہاں انھوں نے علمی وادبی مضامین تحریر کیے، وہیں انھوں نے اپنی زندگی کو علمی وادبی خدمات کے لئے وقف کردیا۔ چونکہ ڈاکٹر اور پروفیسر رہے اس لئے روزانہ کی مشغولیات علمی وادبی ہی رہیں۔ ان کے بارے میں پروفیسر مغنی تبسم لکھتے ہیں۔

''ڈاکٹر محمد انورالدین عثمانیہ یونیورسٹی میں میرے شاگرد رہے ہیں۔ انھوں نے میری نگرانی میں ام۔فل کی ڈگری کے لئے اپنا مقالہ ''عالمی امن تحریک اور اردو ادب'' تحریر کیا۔ بعدازاں یونیورسٹی آف حیدرآباد سے پروفیسر گیان چند جین کی نگرانی میں حیدرآباد دکن میں ''اردو کے علمی وادبی رسائل'' پر مقالہ لکھ کر پی ایچ۔ڈی کی ڈگری حاصل کی''۔

(بحوالہ فکرونظر۔ڈاکٹر محمد انورالدین۔دیباچہ)

ڈاکٹر گیان چند جین نے جب ڈاکٹر صاحب کے مقالے ''حیدرآباد کے علمی وادبی رسالے'' کا مطالعہ کیا تو انھیں لگا کہ اس میں کئی باتیں ان کے لئے بالکل نئی ہیں۔ مثلاً 'گلدستے' ۔انھوں نے دلی سے نکلنے والے گلدستہ کو بھی پہلی بار سنا۔ اس بنا پر ڈاکٹر صاحب نے یہ سجھاؤ بھی دیا کہ ''گلدستوں'' پر تحقیق ہو۔ یہ ایک استاد کی اپنے شاگرد کے لئے اس سے بڑی تحسین کیا ہوسکتی ہے !

کتابیات

۱۔ اذکار واخبار (تحقیقی وتنقیدی مضامین) از ڈاکٹر محمد انور الدین 2004ء مکتبہ شعر وحکمت، حیدرآباد

۲۔ حیدرآباد دکن کے علمی وادبی رسائل (تحقیقی وتنقیدی جائزہ) از ڈاکٹر محمد انور الدین 1997ء مکتبہ شاداب، ریڈ ہلز، حیدرآباد

۳۔ فکر ونظر از ڈاکٹر محمد انور الدین 1995ء اردو ریسرچ سنٹر، نور خاں بازار، حیدرآباد

۴۔ ذرائع ابلاغ وترجمہ بی۔اے، سال سوم، سمسٹر V مدیر: پروفیسر محمد انور الدین 2020ء

ڈاکٹر بی۔آر۔امبیڈکر اوپن یونیورسٹی حیدرآباد

۵۔ اردو کی ادبی، تہذیبی اور ثقافتی تاریخ، ایم۔اے اردو سال اول نصاب IV مدیر پروفیسر محمد انور الدین 2011ء

ڈاکٹر بی۔آر۔امبیڈکر اوپن یونیورسٹی حیدرآباد

۶۔ تلنگانہ کے اردو شاعروں، ادیبوں، صحافیوں اور مصنفین کی ڈائرکٹری مرتب: ڈاکٹر محمد غوث،

ڈائرکٹر رسکریٹری تلنگانہ ریاستی اردو اکیڈیمی 2020ء ناشر: تلنگانہ ریاستی اردو اکیڈیمی، چوتھی منزل،

حج ہاوز، نامپلی۔حیدرآباد، 500001

۷۔ تنقید کیا ہے ؟ آل احمد سرور 2011ء مکتبہ جامعہ لمیٹیڈ نئی دہلی

رسائل واخبار

۱۔	روزنامہ ''سیاست'' حیدرآباد	5اپریل 1999ء
۲۔	روزنامہ ''منصف'' حیدرآباد	جمعرات 24 ستمبر 1998ء
۳۔	روزنامہ ''سیاست'' حیدرآباد	30/جون 1997ء
۴۔	روزنامہ ''سیاست'' حیدرآباد	15/اگست 1999ء
۵۔	روزنامہ ''ہماراعوام'' حیدرآباد	5/جون 2000ء
۶۔	شاداب	فبروری 1984ء
۷۔	محیط	
۸۔	سب رس	مارچ، اپریل ۱۹۸۱ء
۹۔	''	فروری، مارچ ۱۹۹۱ء
۱۰۔	''	دسمبر ۱۹۹۶ء
۱۱۔	نیاپیام	مئی ۱۹۸۲ء
۱۲۔	آندھراپردیش	جنوری ۱۹۸۵ء
۱۳۔	''	جنوری ۱۹۹۴ء
۱۴۔	ہندوستانی زبان	اپریل، جون ۱۹۹۹ء
۱۵۔	شاعر	دسمبر ۲۰۰۵ء
۱۶۔	اُردودنیا	جون ۲۰۲۰ء
۱۷۔	قومی اقبال اعزاز	۲۰۰۱ء ۲۰۰۲ء
